BIBLIOTHECA
SCRIPTORVM GRAECORVM ET ROMANORVM
TEVBNERIANA

1221

# M. TVLLI CICERONIS
## SCRIPTA QVAE MANSERVNT OMNIA

FASC. 45

## DE NATVRA DEORVM

POST O. PLASBERG

EDIDIT

W. AX

EDITIO STEREOTYPA
EDITIONIS SECVNDAE
(MCMXXXIII)

BEROLINI ET NOVI EBORACI
WALTER DE GRUYTER MMVIII

☉ Gedruckt auf säurefreiem Papier,
das die US-ANSI-Norm über Haltbarkeit erfüllt.

ISBN 978-3-11-020843-6

*Bibliografische Information der Deutschen Nationalbibliothek*

Die Deutsche Nationalbibliothek verzeichnet diese Publikation in
der Deutschen Nationalbibliografie; detaillierte bibliografische Daten
sind im Internet über http://dnb.d-nb.de abrufbar.

© Copyright 2008 by Walter de Gruyter GmbH & Co. KG, D-10785 Berlin
Dieses Werk einschließlich aller seiner Teile ist urheberrechtlich geschützt. Jede Verwertung außerhalb der engen Grenzen des Urheberrechtsgesetzes ist ohne Zustimmung des Verlages unzulässig und strafbar. Das gilt insbesondere für Vervielfältigungen, Übersetzungen, Mikroverfilmungen und die Einspeicherung und Verarbeitung in elektronischen Systemen.

Printed in Germany
Druck und Bindung: AZ Druck und Datentechnik GmbH, Kempten

# PRAEFATIO

Cicero in libri de divinatione II prooemio (3), ubi temporum ordine servato libros a se usque ad id tempus de philosophia scriptos enumerat, commemoratis Tusculanis disputationibus sic scribit: *quibus rebus editis tres libri perfecti sunt de natura deorum*[1]), *in quibus omnis eius loci quaestio continetur. quae ut plane esset cumulateque perfecta, de divinatione ingressi sumus his libris scribere, quibus, ut est in animo, de fato si adiunxerimus, erit abunde satisfactum toti huic quaestioni.* similiter hos ut perfectos commemorat div. 1, 7. 2, 148 fat. 1, ac velle se illos qui sunt de divinatione horum esse supplementum, in quibus ea quaestio praetermissa esset id est inchoata (cf. p. 170 v. *divinatio*), indicat div. 1, 9. utque prooemium illud scriptum esse paulo post C. Caesaris mortem, ipsos autem libros ante apparet ex 2, 7, ita in horum librorum prooemio (p. 4, 16) unius dominatio iis verbis commemoratur ex quibus eam nondum concidisse intellegatur. verum iam medio anno 709/45 Ciceronem videmus in omni hoc loco versantem, cum scribat Att. 13, 8 VI Id. Iun. e Tusculano *epitomen Bruti Caelianorum velim mihi mittas et a Philoxeno Παναιτίου περὶ προνοίας*. Caelianis quidem se usum ipse testatur p. 52, 9 div. 1, 48. 49. 55. 56. 78, Panaetium se auctorem sequi div. 2, 97, cuius sententiam commemorat etiam p. 97, 12. quare quae paulo post scribit Att. 13, 38, 1 prid. Non. Sext. e Tusculano *ante lucem cum scriberem contra Epicureos*, ea ad Cottae orationem quae est in horum librorum primo referri probabile est, itemque ad Vellei orationem illa pertinent quae postridie illius diei scripsit Att. 13, 39, 2 *Romam ut censes veniam, sed invitus, valde enim in scribendo hae-*

---

1) Sic hos libros ipse vocat etiam div. 1, 7. 8. 2, 148 fat. 1 (cf. infra p. 14, 26. 17, 17. 48, 16), atque ita nos vocare par est, quamquam et in codicum optimorum inscriptionibus et subscriptionibus est *de deorum natura* et eodem ordine grammatici quidam constanter utuntur, Probum dico qui fertur Vergili eclogarum commentatorem Charisium Diomedem Nonium, quibus accedit Augustinus de civ. Dei; sed Priscianus semper exhibet *de natura deorum*, idem singulis locis scholia Vergili Veronensia et Iuvenalis scholia; alii modo hoc modo illud, Lactantius (sed hic semel tantum *de d. n.*) Servius. codex Vossianus B in paginarum marginibus superioribus habet *de natura deorum*. cf. IVahlen *Zeitschr. f. d. österr. Gymn.* 24 (1873) 241 n. vel *Gesamm. philol. Schr.* 1, 566 n.

reo¹) ... libros mihi de quibus ad te antea scripsi velim mittas et maxime Φαίδρου περὶ θεῶν et ΠΛΛΙΔΟC: quos priore loco libros dicat incertum est, incertum etiam quid lateat in extremis²); Phaedri librum certe adhibere voluit ad primum de nat. deor. librum conscribendum, quamquam certum indicium eius rei extat nullum. videmus igitur Ciceronem hos libros mense Sextili anni 709/45 et proximo tempore ita conscripsisse ut Tusculanis disputationibus eodem tempore operam daret sed eas prius ederet quam hos confecisset³). eosdem ab ipso editos esse nullo testimonio constat: perfectos dicit div. 2, 3, quae verba supra exscripsi, perpolitos non potuit dicere; cuius rei maxime illud indicium est, quod, cum nunc colloquium eodem die incipiat atque finiatur (cf. p. 160, 14), extant tamen prioris vestigia instituti (p. 78, 20. 118, 12. 124, 32), quo tribus diebus continuis ita disputabatur ut singulis diebus singuli libri tribuerentur.

Sunt autem nunc etsi unum ac continuum colloquium tamen duae disputationes, quarum participes idem sunt homines, sed prior in libro I maxime habetur inter C. Velleium Epicureum et C. Aurelium Cottam Academicum, posterior (lib. II et III) inter C. Lucilium Balbum Stoicum et eundem Cottam; quibus paene κωφὸν πρόσωπον accedit ipsius Ciceronis (p. 7, 4—8, 14. 90, 24. 160, 28, cf. Att. 13, 19, 4) iuvenis sed ita intellegentis et eruditi ut Velleius eum dicat (p. 8, 6) Cottae adiutorem fore. ac de Velleio quidem et Balbo quae scimus ea omnia his libris debemus, nisi quod Velleium L. Licini Crassi oratoris clarissimi fuisse familiarem ut ex 1, 58 discitur, codicibus quidem non consentientibus, ita ex de orat. 3, 78, ubi etiam 'duo Balbi' inter homines Stoicos commemorantur eius aetatis. et hi et Cotta suae quisque disciplinae principes dicuntur p. 7, 15 (cf. index), et si Antiochus, Academicus ille quidem sed qui proxime abesset a Stoicis, ad Balbum illum librum misit (p. 7, 18), inde quoque apparet eius principatum quendam fuisse. praeterea

---
1) Similiter 13, 45, 2 III ld. *quod me hortaris ut eos dies consumam in philosophia, currentem tu quidem*; cf. 13, 47 *instituta omisi*.

2) Παλλάδος scripsit Orelli, probavit Diels *Sitz.-B. Berl. Ak.* 1893, 116 n. 2 admonens Diogenis libri qui fuit de Minerva (p. 17, 23). [Plasberg 1911, 198 duo nomina fuisse putat cf. subscriptionem Philodemi de nat. deor. III (Diels Philodemus III 1, p. 41) ΦΙΛΟ-ΔΗΜΟΥ | π]ερὶ τῆ[ς] ε̣ὐ̣σ̣τρ̣φ̣θ̣[οὺς τῶν | θ]εῶν διαγωγ|ῆς] | Γ.]

3) Cf. MPohlenz *Cic. Tusc. disp. ... erklärt* I (1912) 24. eodem fere tempore Timaeo Platonis operam dedisse videtur convertendo, quo factum ut isdem fere verbis et illic uteretur et hic p. 67, 7 ss.; utra tamen prius scripserit definire non ausim.

## PRAEFATIO

omnium familiaris dicitur Posidonius (p. 48, 15), quem a. 668 86 Romam venisse constat. plura nobis tradita sunt de Cotta, cuius persona iam ad Academicos Ciceroni commendata erat ab Attico (Att. 13, 19, 3), sed inducta multo ante erat in libris de oratore, ubi eum se ad Academicos adplicuisse commemoratur 3, 145; oratorem Cicero adulescens cupidissime audierat (Brut. 305. 317). is cum anno 664/90 in exilium eiectus esset (de orat. 3, 11) lege Varia (cf. p. 154, 19), Romam rediit a. 672/82 (Brut. 311); a. 679/75 cum consul fuisset cum L. Octavio, pro consule obtinuit Galliam, deinde priusquam triumpharet est mortuus. pontifici successisse C. Caesarem auctor est Velleius 2, 43, 1; ipse cui successerit nescimus, sed credas post exilium pontificem factum. certe exemplis illis quae Cotta p. 154, 3 ss. profert usque ad annum 672/82 deducimur, quo scilicet anno Q. Scaevola pont. max. a Damasippo praetore est trucidatus (Brut. 311 Vell. 2, 26, 2). de consulatu autem Cottae, quo consule Cicero Lilybaei quaestor fuit, mentio nulla fit, ne de petitionibus quidem eorum aut designationibus. ac si recte statuimus Posidonium Ciceronis familiarem (p. 48, 15) dici non potuisse nisi post iter illud quo hic Posidonium audivit Rhodi (Plut. Cic. 4), efficitur ut sermonem habitum finxerit aut a. 677/77 aut 678/76, quo tempore etiam P. Vatinius is qui Cicerone consule quaestor fuit (Vatin. 12) potuit adulescens vocari (p. 51, 7).

Codices[1]) horum librorum multi sunt, sed ex iis pauci veteres neque ullus saeculo IX vetustior; omnes autem, qui quidem noti sunt, ad unum archetypum redire et olim intellectum est et multis argumentis probatur. quorum gravissima illa sunt quae e defectibus petuntur et transpositionibus ita codicum communibus omnium ut iis vitiis ne typis quidem expressa exemplaria vacent vetustissima. sed priusquam de iis rebus exponam, enumerandi sunt ii quibus ut in maiore editione[2]) ita in hac recognitione primariis usus sum testibus.

---

1) Cf. PSchwenke *apparatus criticus ad Ciceronis libros de n. d.* (*Classical Review* 4 [1890] 347 ss. 5, 12 ss.) ODieckhoff *de Ciceronis libris de natura deorum recensendis* diss. Gotting. 1894. mihi cum fusius de his rebus in maioris editionis praefatione agendum sit, hoc loco gravissimas tantum res mihi duxi esse attingendas nec fere ultra horum librorum qui nunc eduntur fines progrediendum.

2) *M. Tulli Ciceronis Paradoxa Stoicorum Academicorum reliquiae cum Lucullo Timaeus de natura deorum de divinatione de fato* ed. *O. P. fasc. II. Lipsiae 1911.*

## PRAEFATIO

A    Bibliothecae academiae Lugduno-Batavae codex Vossianus Lat. Fol. 84, scriptus saeculo IX extremo vel ineunte X, foliis 132 formae oblongae, quorum pleraque 35 versus habent, continet hos libros et post eos de divinatione, Timaeum, de fato, Topicorum partes, Paradoxa Stoicorum, Lucullum, de legibus. libri de n. d. in paginis 1ʳ—36ᵛ a duobus librariis scripti sunt alternis, quibus tertius quidam pag. 23ᵛ paucis versibus intercessit. corrigendi munere praeter ipsos librarios (Aᶜ) duo homines functi sunt illorum aequales, quorum manus quia aegre plerumque discernuntur uno signo notabo A². tertius quidam huius codicis corrector in his libris non videtur esse versatus, quare quartum, qui saeculi est XII, signabo A³. fusius de hoc codice egi in praefatione imaginis Sijthoffianae¹); unius paginae imaginem exhibuit Aemilius Chatelain *Paléographie des classiques latins* tab. 188, 1.

V    Eiusdem fere aetatis et litteraturae est bibliothecae Caesareae Palatinae Vindobonensis codex 189 (olim Philolog. 208) formae quadratae, foliorum nunc 128 binis columnis versibus 24 scriptorum. in hoc olim iidem libri fuerunt qui in A praeter Topica ut videtur, sed quaternionibus compluribus et foliis amissis et legum libri perierunt et primus de nat. deor. secundique partes (vide p. XIV) nec de div. II Timaeusve sunt integri²). correctores dico V² librarii fere aequalem, V³ saeculi XII; tertium quendam non opus fuit commemorare. unius paginae imaginem praebet Chatelain l. d. tab. 38. Ad huius codicis defectus supplendos ex progenie eius adscivi bibliothecae quae vocatur nationalis Pa-

N    risinae Latinum 17812, qui olim Nostradamensis fuit 178, scriptum saec. XII binis columnis forma maxima, versibus in initio 43, postea 36 vel 37. foliis 50 continet Lucullum, de nat. deor., de fato; nam quae secuntur aliunde accesserunt. sed hunc memoria tenendum est descriptum esse e Vindobonensi iam primi correctoris (V²) curam passo.

O    idem valet de Oxoniensi bibliothecae Bodleianae Mertoniano 311 (H. 3. 11), qui eodem saeculo exeunte scriptus foliis 100 (quibus postea alia addita sunt) versuum 37 binarum columnarum continet de off., de nat. deor., de divin. I usque ad *dolores* (106), Philipp. I—IV 15. hunc, cum plerumque cum Nostradamensi concinat, perraro commemorabo.

---

1) *Codices Graeci et Latini photographice depicti duce Scatone De Vries, tom. XIX. Lugduni Batavorum 1915.* ibi p. IV col. 1 casu intercidit libri de fati commemoratio qui est fol. 71ʳ—77ʳ.

2) Cf. Detlefsen *Sitzungsberichte d. Kais. Akad. d. Wiss. Philos.-hist. Cl. 21. Band. Wien 1857* p. 110 ss.

PRAEFATIO VII

Saeculo X scriptus videtur Leidensis Vossianus alter, qui B
forma paene eadem est qua A foliisque 192 eosdem libros continet quos ille, nisi quod duorum in extremo foliorum iactura
interciderunt quaedam de extrema parte libri III de legibus.
in hoc quoque correctores duo librarii fere aequales una nota
comprehendo B², tertium quendam multo posteriorem signo B³.

Hic autem ut cum altero Vossiano et Vindobonensi cum
alia multa vitia habet communia tum defectus quosdam
maiores, ut in his libris p. 144, 15, ita differt ab illis praeter
lectiones multas primum multitudine traiectionum. velut in
hoc uno illa quae leguntur p. 25, 15 *non est — cognationem*
p. 35, 29 suo loco omissa multo infra invenias post libri de
fato primam particulam (1—4), quae ipsa cum hac et aliis
quibusdam particulis adhaerentibus in libros de legibus delata est. iam cum post illam quam dixi particulam lacuna
hiet in omnibus codicibus, ut aliis ita hoc exemplo discimus ab ipso archetypo etiam illarum transpositionum partem quandam repetendam esse quae in hoc uno codice
sunt, partem dico non omnes, id quod accuratiore versuum
computatione evincitur, quae huius loci non est sed hunc
codicem arguit non ex ipso archetypo esse descriptum. aut
igitur huius stirps antiquior est et post eius ortum archetypi
folia ex parte quadam in ordinem redacta, aut hic ordo,
postquam altera illa stirps nata est, magis est perturbatus
usque ad eum statum quem Vossiani B praebuit ille quasi
parens. sed est etiam in illis transpositionibus quas hic cum
ceteris habet communes memorabilis quaedam diversitas
ad stirpes potius quam ad codices atque ad ipsum archetypum referenda quodam modo. hoc enim ordine particulae
se excipiunt in libro de nat. deor. II:

| A V | | B |
|---|---|---|
| (usque ad p. 86, 16 deficit V) | — p. 55, 17 *quam deum* | — p. 55, 8 *gubernari* |
| | p. 113, 15 *largitate* — *videtur* p. 113, 16 | |
| | p. 83, 14 *ex sese — maxuma* p. 113, 15 | |
| | p. 55, 17 *etenim — aliquid* p. 83, 14 | p. 55, 5 *tam multarum* |
| | p. 113, 15 *largitate* et reliqua suo ordine | |

in his quae scripsi esse Vindobonensis libri testimonio destituta, tamen cum in cognatis codicibus sint, de quibus iam
dicetur, probantur non Vossiani A esse propria sed eius

stirpis, ac facile intelleguntur ad codicem redire, cuius librarius nescio quo errore incidens in eum archetypi fasciculum qui a p. 113, 15 inciperet inde prima verba usque ad finem vel versus vel enuntiati descripserit, deinde errore suo cognito ea quae falso scripsisset non induxerit. sed idem non cognovit permutatam esse eam partem archetypi quae proxima erat (p. 83—113) cum ea quae deinceps sequebatur (p. 55—83); quod ante eum cum alius intellexisset vel alii, ex illius vel illorum conatibus ortae videntur stirpium differentiae. nimirum cum hiatus qui sunt p. 55, 8 et 55, 17 plena tamen enuntiata relinquant, ille qui est p. 55, 5 in mediam incidat sententiam, hunc putes esse primitivum, illos inde correctionibus effectos: altera adiecti erant p. 55 versus 5—8, altera etiam 8—17; in posterioris fasciculi initio illa (B) relicta quae iam supra scripta erant v. 5—8, hac (AV) deleta quae supra addita omnia (v. 5—17). quod si in ipso archetypo illa effecta erant, videatur inde codicis B stirps prius deducta esse quam ceterorum; si minus, tamen effecta videntur ab iis quibus aut ipse archetypus praesto esset aut notae quaedam inde transcriptae. priori illi opinioni forsitan aliquid fidei inde accedat quod in ipso principio unus Vossianus B servavit illa quae leguntur p. 1, 7—2, 5; quae quidem, ut ne ipsa quidem integra sunt (vide p. 1, 8), fuisse putes in prima archetypi pagina ita detrita ut ab alterius stirpis conditore iam legi non possent. verum ne hanc quidem rationem satis certam esse manifestum est.

Duae igitur stirpes cum sint ex archetypo ductae multisque etiam praeter illas quas dixi rebus inter se diversae, tertiae autem stirpis vestigium certum exstet nullum, quae earum lectiones communes sunt, eae putandae sunt fuisse in archetypo. sed eorum codicum qui ad nos pervenerunt, nullus videtur ex ipso archetypo esse descriptus, ac priusquam ad eum liceat adscendere, recuperandae sunt si fieri potest eae lectionibus quas praebuerunt stirpium duces olim amissi. qua in re primum illa difficultas est quod alterius stirpis unicus testis est Vossianus B, unde non numquam dubitatio nascitur, suine librarii vel culpa vel merito discedat a reliquis an eius qui stirpem illam condidit. deinde et in hoc et in altero Vossiano correctores saepe ita versati sunt radendo ut primitiva scriptura aut vix aut nullo modo oculis dispici possit. quod incommodum non numquam observatione quadam sublevatur, qua discimus correctiones saepe ad nullam aliam rem pertinere nisi ad vocabula recte distinguenda. sed praeterea in Vossiano B interdum Florentini codicis ope uti licet de quo infra dicam, eius autem stirpis e qua ducti sunt Vossianus A et

PRAEFATIO IX

Vindobonensis eo melior condicio est quod ad hos alii testes accedunt quorum fides etsi minor tamen propria quaedam est, ut per magnas horum librorum partes communis parentis lectio quae fuerit satis certo statui possit.

Quorum testium, qui quasi subsidio sunt adsciscendi, alter est bibliothecae Vaticanae Palatinus Lat. 1519, formae P oblongae, aetatis dubiae sed ut non videatur scriptus esse post medium saeculum X, ut mihi olim affirmavit vir harum rerum peritissimus Aemilius Monaci Romanus. ex foliis versuum 26, quae olim fuerunt 126 numero a compluribus librariis scripta, perierunt 32, qua re maximam iacturam hi ipsi libri fecerunt (vide p. XIV), minorem qui secuntur, nullam poema quod extremum est Walahfridi Strabonis de cultura hortorum. sed satis apparet transpositum fuisse eodem quo in cognatis modo.

Praeter hunc subsidio sunt tres codices inter se artiore necessitudinis vinclo coniuncti:

Universitatis Leidensis bibliothecae publicae 118, qui a H Nicolao Heinsio, cuius olim fuit, vocatur Heinsianus. is folia olim habuisse videtur 128, nunc habet 102; sed libri de nat. deor. integri sunt, mutili qui secuntur de divinatione et de legibus. litterarum genus non Carolinianum est ut in ceteris sed id quo utebantur in Italia inferiore saeculo XI, videturque codex sub exitum eius saeculi confectus in monasterio Casinensi a librariis sex, deinde correctus partim ex exemplari partim ingenio ab homine eiusdem aetatis ($H^2$), centum fere annis post ab alio quodam ($H^3$) opera non perpetua sed desultoria. imago unius paginae est in Aemilii Chatelain libro supra laudato tab. 38, 2; totus codex phototypice descriptus cum praefatione mea ex officina Sijthoffiana prodiit a. 1912[1]).

Huius persimilis non litteris sed lectionibus est musei Britannici Burneianus 148 saec. XIII, in quo fol. 3—57 hi G libri sunt, fol. 58—84 de legibus.

Tertius accedit sed longius quam Burneianus ab Hein- D siano distat eiusdem musei codex Harleianus 2622 saec. XI, qui nunc ita mutilus est ut foliis 27 contineat Paradoxa Stoicorum et de nat. deor. I usque ad p. 45, 1. hac igitur in parte huius codicis ope scripturae recuperantur eius e quo is cum Heinsiano Burneianoque originem ducit, quem voco C, et intellegitur etiam in reliquis partibus multa in C quibus Heinsianus a Vossiano A discedit recentiora esse nec ad recuperandum stirpis ducem aut adeo archetypum pertinere.

---

1) *Codices Graeci et Latini* (cf. p. VI n. 2) tom. XVII.

Fluxerunt igitur hi omnes ex eodem archetypi apographo e quo Vossianus A et Vindobonensis, sed minore quam illi fide sunt. et Palatinus quidem praeterquam quod iniuria temporum mutilus est etiam omissis verbis multis, pluribus ad libidinem transpositis per se admodum inutilis est; perraro unus veram lectionem praebet (p. 25, 20. 158, 19), quae quin coniecturae debeantur in rebus tam levibus vix dubium est. plura habuit is quem C signo meliora quam primitus Vossiani et Vindobonensis, sed in his quoque vix quidquam est quod non potuerit homo doctus adsequi coniectura. nonnulla eiusdem modi accesserunt in Heinsiano; qua si quis bonitatis specie inductus Heinsiano veram id est ab archetypo ductam virtutem tribuat is eodem iure ubi Vindobonensis non praesto est Nostradamensem efferat laudibus.

Correctorum in restituendo archetypo auctoritas aut ambigua est aut nulla. ii quidem quos signo A² quin sui codicis exemplari usi sint vix potest dubitari, qui saepe ea effecerint quae etiam Vindobonensis aliique eius stirpis testes praebeant, interdum etiam exemplari oboedientes falsa scripserint pro veris, ut p. 126, 10, quae autem in eo corrupta fuisse intellegantur intacta fere reliquerint, nisi forte facilis coniectura suppeditaret seu vera seu falsa. sunt quidem quae suspicionem moveant usos esse altero Vossiano iam correcto (B²), videaturque ei suspicioni illud suffragari quod in eadem bibliotheca utrumque Vossianum fuisse indiciis quibusdam fit probabile. velut quaeras unde p. 119, 17 praenomen in codicem A inlatum sit nisi ex B. nec ea ratio prorsus est abicienda; sed tamen infirmatur ea re quod in archetypo multa scimus fuisse correcta: fac T. ibi fuisse in margine additum, nonne potuit idem fieri in exemplari codicum AV, deinde singularis littera omitti ab eorum librariis, restitui a correctore A²? vel p. 114, 23 videatur sane is corrector ad *percipi e*, quod verum est, in *percipue* mutandum adduci potuisse codicis B comparatione, in quo est *praecipue*: quid si in ipso archetypo fuit illud *percipue* et in codicum AV exemplar delatum, in his ipsis autem, quod sane facile erat, *percipi e* recte scriptum, deinde in A a correctore ex exemplari *percipue* rursus inductum. similiter disputes de *habeunt* p. 69, 6, semperque potest dubitari de codice B a correctore A² adhibito. Aliquanto probabilius est correctorem B² codicem A correctum inspexisse; velut p. 114, 24 *mulorum* quidem pro *multorum* vel quidquid primitus fuit facile scribere potuit ipse; sed unde sumpsit *si* nisi ex A vel si forte ex nescio quo eius gemello? conferas quae adnotavi ad p. 4, 8. 29, 25. 41, 20. 44, 29. 45, 8. 82, 33. 98, 20. 108, 9. 139, 12. nam quod non numquam cum C(H)

## PRAEFATIO XI

vel P vel V potius consentit ille corrector, id interdum ab archetypo repeti, saepe coniecturae eius tribui potest forte in illorum lectionem incidentis, praesertim cum coniecturae eum indulsisse quaevis probet pagina. ipso autem sui codicis exemplari eum usum esse nec probari potest argumentis, cum alter codex indidem descriptus non praesto sit, nec vero ullo modo negari, quippe quo nihil per se probabilius sit; inde igitur suspicari licet multa correctorem B² sumpsisse quae cum Vossiani maioris stirpe congruentia in minore effecit. praeterea certum est eum Arateorum quodam codice usum esse ad Ciceronis verba p. 94 et 95 aliquotiens satis temere interpolanda. Similiter atque ille etiam Vindobonensis codicis corrector (V²) modo exemplaris sui auctoritatem secutus est modo coniectura ingenioque usus, nisi quod hic aliquanto doctior fuit illo inventisque suis multis etiam recenti aetate doctis imposuit. De recentioribus correctoribus tantum hoc loco dicam, etsi hoc et illud recte fecerint, tamen auctoritatem eorum esse nullam. Nec maior est codicum quorundam auctoritas, quos ex Vossiano B deductos esse certis indiciis constat. ex ipso enim illo iam correcto (B²) descriptus est bibliothecae Laurentianae Florentinae codex Marcianus 257 saec. X, qui eosdem libros continet F quos Vossiani. hic quam interdum utilitatem praebeat supra dixi, sed eo paulo post usus videtur Hadoardus presbyter *Hado-* in florilegio illo conficiendo quod e codice Vaticano regi- *ardus* nae Sueciae 1762 in Philologi supplemento 5 p. 397 ss. edidit PSchwenke. ex eodem Florentino admixtis multis ex altero genere codicum lectionibus fluxit stirps quaedam, cuius non vetustior proles extare videtur quam bibliothecae universitatis Monacensis 528 saec. XI, qui praeter Topica M eosdem libros continet quos Vossiani et Florentinus. horum igitur quae propria sunt, sive a librariis scripta sive a correctoribus, coniecturae sunt putanda deberi. Nec alia ratio est eorum codicum quos deteriorum nomine complector, *dett.* qui scripti saeculis XIII XIV XV nihil demonstrant nisi aut corruptelae progressus aut emendationis interdum sane felicis. quorum magnam partem ipse inspexi; aliorum notitiam editores dederunt. adnumerandus his et ille Eliensis Davisii est (p. 17, 2) et, ut videtur, 'perantiquus Sigonii liber' quo usus Manutius (p. 141, 14), nec quod interdum Lambini codices vel libros nominavi (p. 16, 8. 81, 19. 105, 14), eorum putes peculiarem fuisse virtutem.

Duarum igitur quas dixi stirpium comparatione cum archetypus restituendus sit, utra earum plus ad eam rem conferat aegre dicas. est ubi neutra verum praebeat sed partem veri utraque, ut non ponderandae sint lectiones sed coniungendae. atque hoc saepe ab archetypi condicione repetendum est, qui videtur erroribus librarii vel librariorum et correctionibus non uno modo factis eandem fere speciem praebuisse quam codices nostri. unde modo in utraque stirpe talia$_a$ nata sunt quale illud est p. 154, 11 (fuerit *praestantissumę*), modo discedentibus inter se stirpibus pro *uult* vel *uult* altera traditum *uul* altera *uut* p. 27, 12 et similiter factum p. 43, 27. 76, 21. 136, 25 vel maiores discrepantiae ortae ut p. 26, 1. 45, 1. 2. In archetypi mendorum numero sunt quae vetustiora esse videantur, repetenda nimirum e scriptura maiuscula, quod genus p. 26, 1 ETHAMATA probabiliter pro FIRAMATA restitutum videtur, eodemque referas A et X, B et D, D et P, E et I, I et T, P et R commutatas. aliis autem litterarum permutationibus ut *a* et *u*, *c* et *t*, *ti* et *u*, probari videtur archetypum ipsum e codice minusculis litteris scripto esse deductum. Sed ut redeam ad constituendi verba Ciceronis rationes, est ubi et Vossianus B et altera stirps lectionem praebeat nulli per se dubitationi obnoxiam, ut p. 50, 5. 88, 21. 116, 8. 125, 29; in talibus soleo illi stirpi oboedire quae plurium testium est, quam leve id momentum sit non ignorans.

Plenam autem lectionis varietatem in hac editione cave requiras. cum enim hos libros ante hos sex annos edidissem apparatu instructos satis copioso, hac opportunitate ita mihi putavi utendum ut in adnotatione ea tantum constanter proponerem quae mihi viderentur ad recuperandam archetypi formam pertinere. quare ubi potui in Vossianorum et Vindobonensis lectionibus me continui, sed ex iis quoque singulorum librariorum vel stirpium apertos errores fere tacui; item si quid in loco raso nullam aliam ob causam scriptum videbatur nisi quod primo verba falso distincta essent, non commemoravi, nec magis si quid ipse librarius correxerat; denique corrigendo effectas lectiones ac reliquos codices non ascivi nisi ubi opus esse videbatur, sive quod de archetypo sine his iudicari non posset, sive quod iuxta verbum correctione mutatum deesse non deberet id quod inde esset effectum, sive quod aliquid illinc ad emendationem accederet praesidii vel doctis visum esset accedere.

Addidi ut par fuit testimonia scriptorum et grammaticorum, in quibus interdum aliquid utilitatis inest ad emendanda archetypi vitia. velut in Acci versibus qui sunt p. 84, 28. 30 et 85, 7 codices quaedam praebent corrupta, eadem integra Priscianus et quidem, cum fabulam non Medeam vocet sed Argonautas, non fabulae ut videtur codice usus sed Ciceroniano. iisdem ne temere credamus monere potest mirus Prisciani error de p. 152, 26. eidem de p. 81, 19 nemo

## PRAEFATIO XIII

credet, Plinio de p. 113, 27 ita credi potest ut tamen dubitatio relinquatur. similiter reliqui testes modo vera praebent modo falsa; quam rem hoc loco non persequar, tantum dicam, quam vetusti interdum sint errores apparere p. 108, 9. Sed scriptorum testimonia ea quae non tam ipsorum verborum sunt quam sententiarum a ceteris ita discerni volui, ut indicibus notam *cf.* adderem, in variis lectionibus si quae afferendae videbantur nomina auctorum semicirculis includerem. grammaticorum lemmata quam brevissime addidi.

Ex omni autem adnotatione seclusi fere ea quae pertinent ad orthographiam. quo in genere eandem quam olim rationem secutus sum, ut quae de archetypo probabilibus rationibus mihi visus essem effecisse ea retinerem quatenus ab ipsius Ciceronis usu abhorrere non viderentur, nec varietatem quandam aspernarer velut in adsimilandis praepositionibus vel in superlativi terminatione vel in *dis diis deis* aliisque similibus. perraro mihi ab ea ratione discedendum putavi; velut *i is* saepe scripsi cum uno alterove codice, saepe codicibus in diversa velut in *ii* et *hi* discedentibus, consentientibus in aspiratione codicibus tantum p. 6, 6. 97, 6. 98, 6. 99, 23. 110, 27. utque *ph* posui etiam ubi codicum consensus *f* praebebat, ita *umidum umor* sine aspiratione p. 105, 6. 129, 26, *rettulit* geminata *t* p. 53, 5. 8 scripsi contra codices; *corcodilos* et *crocodillos* ad hanc editionem admittendos non duxi. similiter cum codices inter se discedunt velut in *ae* et *e*, *i* et *y*, *ci* et *ti*, ea in adnotatione non commemoravi. sed praenomina non scripsi nisi per notas, alibi pro notis quae in codicibus sunt, velut *r. p.* et *cos.*, plena vocabula posui. Graeca vocabula, ubi Cicero ipse peregrina esse significat, extra Arateorum fragmenta Graecis litteris scripsi, quamquam eas codices nullas habent, id nobis commoditatis nostrae causa facere non minus licere ratus quam minusculis litteris uti pro maiusculis qui in veterum libris fuerunt.

Typis hic libellus exprimi coeptus est autumno anni MCMXV, sed variis moris intercedentibus factum est ut nunc demum possit emitti. sed aegrius illud fero, quod non tam emendatus exit quam vellem; ignoscent fortasse qui intellegent quam difficile sit his minutiis operam dare animo aequo iniquo patriae tempore.

Scr. Argentorati m. Martio a. MCMXVII.

## Praefatio alterius editionis.

Qui quem laborem Otto Plasberg in edendo interpretandoque corpore philosophico quod dicunt Ciceroniano consumpserit non nesciunt, morte praematura doctissimi viri opus summa cum sagacitate et scientia inceptum ad umbilicum adduci non potuisse valde dolent. Sed et minorem editionem Ciceronis de natura deorum libri, quam anno ˙917 'iniquo patriae tempore' confecerat, 'non tam emendatam exisse quam vellet' Plasberg ipse, qua erat et diligentia et modestia, aegre tulit. Nunc bibliopola honestissimus novam editionem imprimi iusserat, sed ita ut liber photomechanica arte refingeretur et 'vilissima pecunia comparatio eius pateret tam ditioribus quam tenuioribus' (Iust. const. Tanta § 12). Quare ne aut textus aut adnotatio critica editionis ipsius nimis mutaretur, curare debebam. Sed etiam pietas, qua opus a viro, qui philosophicis Ciceronis libris per omnem vitam suam tanta scientia tanto amore studuerat, perfectum servare aequm et iustum erat, manus asperas abstinere me iussit.

Tamen cum in hereditate a Plasbergio relicta exemplar editionis 1911 multis locis correctum emendatum auctum praesto esset, hunc laborem editioni novae addendum putavi ea mente consilioque, ut non tam editioni minori supplementum adiungeretur quam ut renovaretur editio maior abhinc annos viginti et unum edita, quam, cum divendita nondum sit, denuo impressum iri nemo est qui speret his praesertim temporibus, quae litteris satis inimica sint. Bibliopola igitur, qua est liberalitate, appendicem addendam concessit. Sic opportune accidit, ut quaequae ad editionem maiorem augendam corrigendamque apta essent, addi possent.

Scripturas codicum Plasberg a. 1911 tam copiose fuseque atque tanta diligentia curaque adtulerat, ut nonnulla tantum corrigi deberent; neque vero mihi videbantur omittenda esse, nam id ipsum Plasberg imprimis in animo habuerat, ut quasi exemplar archetypi corporis philosophici Ciceroniani restitueret. Quare etiam ea addenda existimabam, quae Plasberg ex Hadoardo, quem Mollweide contulerat, excerpserat. Et ad verba Ciceronis emendanda multum prosunt hi loci, qui Plasbergio Ciceronis libros nocturna diurnaque manu versanti obvii ibant. Sed et grammatica ratio, quae nostris temporibus sermonem Ciceronianum vinculis artis logicae minime coartandum esse docuit, non paucis locis vel hanc vel illam scripturam comprobavit.

Et cum illos locos in appendice addidissem, quos libenter lectores verbis quidem Ciceronis interpretandis vel explicandis adhibebunt, utile esse putavi addere locos philosophorum, quos vel Cicero secutus est ipse vel qui Ciceronis doctrinam in usus suos converterant, quorum exempli causa Epicurum Posidonium vel Arnobium Lactantium nomino. Multa quoque excerpsi ex scriptoribus nostrae aetatis, utqui tum ad verba cum ad res philosophicas a Cicerone tractatas enodandas inde ab anno, quo Plasberg morte oppressus calamo uti desierat, permulta contulerunt. Neque ne vituperer vereor, quod passim ultra fines a Plasbergio in editione a. 1911 constitutos progressus sim, Plasberg enim ipse satis multis locis in commentario suo et de compositione et de fontibus huius libri egit Hirzelio aliisque allatis. Et cum nostri philologi his annis felicissime difficultatibus huius libri dissolvendis operam dederint, aequum est — simodo vis declarare non solum verba, sed etiam res — verbi gratia neque Reinhardti neque Heinemanni libros praeterire ac relinquere.

Pohlenz, qui semper Ciceroni philosopho studuit, hunc quoque librum sibi commendatum habuit perlegendis emendandis augendis plagulis appendicis. Quare viro illi benevolentissimo mecum lectores gratiam sinceram non neglegent.

Hamburgi, Id. Dec. MCMXXXII.

W. Ax.

# SIGLA CODICUM

## CICERONIS DE NAT. DEOR.

- **A** = Vossianus 84
- **C** = consensus codicum DHG (usque ad p. 45, 1 *nec*)
- **D** = Harleianus 2622 (deficit p. 45, 1 post *nec*)
- **H** = Heinsianus 118 (omittit p. 141, 9 *tertiae*—19 *accepimus*) vel eius primitiva scriptura cum G i. e. Burneiano 148 fere consentiens
- **P** = Palatinus 1519 (deficit usque ad p. 12, 5 *censuit*, p. 29, 8 *species* — p. 55, 17 *deum*, p. 71, 31 *mundo* — p. 73, 23 *Chrysippo*, p. 76, 6 *et* — p. 93, 17 *an(tecedit)*, p. 113, 15 *largitate* — p. 115, 25 *confirmare*, inde a subscriptione libri II usque ad p. 120, 10 *inquit*)
- **V** = Vindobonensis 189 (deficit usque ad p. 55, 17 *deum* et p. 83, 14 *ex* — p. 86, 16 *nocent*)
- **N** = Nostradamensis Parisinus 17812 adhibitus ubi deficit V
- **O** = Oxoniensis Mertonianus 311
- **B** = Vossianus 86
- **F** = Florentinus Marcianus 257
- **M** = Monacensis 528
- *dett.* = deteriores (sive unus ex iis sive plures)

---

$A^p$ = $A^1$ primitus  
$A^c$ = $A^1$ e correctione  
$A^e$ = dubium utrum $A^c$ an $A^1$  
$A^2$ = dubium utrum $A^2$ an $A^3$  
$\mathcal{A}^1$ = $A^1$ lectio incerta  
$[\mathcal{A}^1]$ = $A^1$ quid habuerit prorsus obscurum  

⎫  
⎬ similiter in aliis  
⎭

## ARATEORUM CICERONIS

- *H* = Harleianus
- *D* = Dresdensis
- *ed. pr.* = editio princeps

## LACTANTI INSTITUTIONUM

- *B* = Bononiensis
- *H* = Palatinus
- *R* = Regius
- *S* = Parisinus
- *V* = Valentianensis

## NONI MARCELLI

- $A^A$ et $D^A$ stirpes codicum a Lindsayo sic signatae
- *E* = Escurialensis
- *L* = Leidensis

## PROBI IN VERGILI ECLOGAS

- *P* = Parisinus
- *V* = Vaticanus
- *M* = Monacensis
- *ed. pr.* = editio princeps

**SERVI IN AENEIDEM** *C* = Cassellanus

## SIGLA CODICUM. NOTAE

Inter Ciceronis verba * defectum significat, paragraphi finem, capitum et paragraphorum numeri semicirculis circumscripti Baiteriani sunt a Muellerianis discrepantes.

In adnotatione

acc. = accedit
add. = addidit
app. = appendix
def. = deficit
del. = delevit
mg. = margo (margine)
om. = omittit
praef. = praefert
prob. = probat
ras. = rasura
v. = vide

* = littera erasa
| = versus finis
⟨ut⟩ magno B² = ut ante magno add. B²
causam ⟨id est⟩ M = id est post causam M
cognitionem A¹B agn- A²CN] lege agnitionem A²CN
ex(s)titit DM¹] ex DM¹ alter s habet, alter eo caret

Quae hoc signo ⌈...⌉ includuntur, sumpta sunt ex notis quas Plasbergius exemplari suo editionis 1911 adscripserat.

## NOTAE

Al. = Alanus 1836
Ald. = Aldina 1523
ALL = Archiv für lat. Lexikographie
Ar. = Aratus
Arat. = Arateorum Ciceronis fragmentum codicibus servatum
Asc. = Ascensiana 1511
Asc.² = Ascensiana 1521
Ba. = Bake (Mnemos. 2 [1853] 414 ss.)
Bährens = Bährens Beiträge zur lat. Syntax, Philologus suppl. 12, 1912
Bai. = Baiter 1861
Bai.² = Baiter 1864
Bailey = Bailey Greek atomists
Betul. = Betuleius (in Cic. lib. III de n. d. ... commentarius 1550)
Bou. = Bouhier (remarques sur Cic. 1746)

BphW = Berliner philologische Wochenschrift
Bue. = Buecheler
Cap. = WCapelle Die Schrift von der Welt, Neue Jahrbücher 15, 1915
Clark = ACClark Descent of manuscripts 1918
Cleomed. = Cleomedes de motu circulari ed. HermZiegler 1891
Crat. = Cratandrina 1528
Creu. = Creuzer 1819[1])
Dav. = Davisius 1718—1744
Diels I = H. D. Philodemus Über die Götter. Erstes Buch. Abh. Ak. Berl. 1915
Diels III 1 = H. D. Philodemus Über die Götter. Drittes Buch. Griech. Text. ibidem 1916
Diels III 2 = H. D. Philodemus Über die Götter. Drittes Buch. Erläuterungen. ibidem 1916

---

1) nisi qui alius locus indicatur.

*Ern.* = Ernesti 1776
*Facc.* = Facciolati
*Forchh.* = Forchhammer (Nordisk Tidskrift for Filologi, nov. ser. 5 [1880] 40. 52)
*FPL* = Fragmenta poetarum Latinorum edd. Bährens-Morel 1927
*Goe.* = Goethe 1887 (cf. Neue Jahrb. 129 [1884] 32. 33)
*Gr.* = Gruterus 1618
*Gron. (Gro.)* = Iac. Gronovius 1692 [1])
*Gronau* = KGr., Poseidonios und die jüdisch-christliche Genesis-Exegese 1914
*Gul.* = Gulielmius apud Gr.
*Ha.* = Halm apud Bai.
*Hei.* = Heindorf 1815
*Heinem.* = lHeinemann Poseidonios' metaphysische Schriften 1921. 1928
*Hofm.* = JBHofmann Lat. Syntax u. Stilistik 1928
*Idg. F.* = Indogermanische Forschungen
*Iunt.* = Iuntina 1516
*Kalbfl.* = Kalbfleisch litteris ad editorem datis 1910
*Kind.* = Kindervater (Anmerkungen und Abhandlungen ... über Cicero's Bücher von der Natur der Götter 1790. 92)
*RKl.* = Reinh. Klotz 1855 [1]) (*RKl. adn.* = eiusdem adnotationum criticarum ad M. Tullii Ciceronis librum de nat. d. I partes IV 1867. 68)
*Kroll* = WKr. Studia Arnobiana Rh. M. 72, 1917/18
*KStegm.* = Kühner-Stegmann Grammatik d. lat. Sprache[2] 2. Band. 1912. 1914

*Landgr.* = GLandgraf Komm. zu Cic. pro S. Rosc.[2] 1914
*Laurand* = LLaurand Études sur le stile de Cicéron. I[3]. II[2]. III[3]
*Lb.* = Lambinus 1566
*Lbm. (mg. Lb.)* = margo Lambinianae 1573
*Lesc.* = Lescaloperius (humanitas theologica 1660)
*Leu.* = MLeumann Lat. Laut- u. Formenlehre 1928
*Lind.* = HLindemann Sondergötter in civ. dei Augustins diss. München 1930
*Ma.* = Marsus 1507
*Madvig* = INM. de finibus 1876
*Man.* = Paulus Manutius 1541 —1560
*Mdv.* = Madvig apud Bai.[1])
*Mollw.* = Mollweide W. St.
*Mos.* = Moser 1821
*Mue.* = CFWMueller 1878
*Mur.* = Muretus apud Man.
*My.* = IBMayor 1880—1885
*Oliv.* = Olivetus (notae versionis primum editae 1721, repetitae ab IVLe Clerc 1826)
*Or.* = Orelli 1828        [mes
*Philipps.* = RPhilippson Her-
*Pl.* = Plasberg 1911 vel 1917
*Pohl.* = MPohlenz litteris ad editorem datis 1932
*Poim.* = RReitzenstein Poimandres 1904
*PW.* = Paulys Realencyklopädie der klassischen Altertumswissenschaft, neue Bearbeitung
*Reinh. KuS* = KReinhardt Kosmos u. Sympathie 1926
*Reinh. Pos.* = KReinhardt Poseidonios 1921

---

1) nisi qui alius locus indicatur.

# NOTAE XIX

*Reitz.* = Reitzenstein litteris ad editorem datis 1910
*Rh. M.* = Rheinisches Museum
*Ribb.* = ORibbeck (trag. Latin. reliq. 1852, com. 1873)
*Rom.* = Romana 1471
*Sallust. ed. Nock* = Sallustius Concerning the gods and the universe Ed. Nock. Cambridge 1926
*Sch.* = Schoemann 1850—1876 (cum paginae numero = eius opusculorum vol. III)
*Schue.* = Schuetz 1816
*Sjö.* = HSjögren Commentationes Tullianae Upsala 1910
*Sommer* = FSommer Handbuch d. lat. Laut- u. Formenlehre[2,3] 1914
*StVFr.* = Stoicorum veterum fragmenta colleg. I. ab Arnim 1921—24

*Theil.* = WTheiler Vorbereitung des Neuplatonismus (Problemata I) 1930
*Urs.* = Fulvius Ursinus (in omnia opera Ciceronis notae 1581)
*Us.* = Usener (Neue Jahrbücher 139 [1889] 390 vel Kleine Schriften 1, 354). *Us. Epic.* = Epicurea ed. U. 1887
*Va.* = Vahlen (Zeitschr. f. d. österr. Gymnasien 24 [1873] 241 ss. vel Gesamm. philol. Schriften 1, 566 ss.[1]))
*Ven.* = Veneta 1471
*Vict.* = Victorius (Iuntina) 1538[1])
*Vors.* = HDiels Fragmente d. Vorsokratiker[4] 1922
*Wa.* = Walker apud Dav.
*Walde* = AW. Lat. etym. Wörterbuch[2] 1910
*Wiss.* = GWissowa Religion u. Kultus d. Römer[2] 1912
*W. St.* = Wiener Studien.

Auctores librique Latini iisdem fere compendiis notantur quibus in Thesauro linguae Latinae (sed *GL.* = Grammatici Latini Keiliani, *TG.* = Thesaurus glossarum emendatarum Goetzii), Graeci iis quae non putem cuiquam ambigua fore.

---

1) nisi qui alius locus indicatur.

## INDEX FRAGMENTORUM

| Bai. | Mue. | | huius ed. pag. |
|---|---|---|---|
| 1 | 1 | Lact. inst. 2, 3, 2 | 144, 16 |
| 2 | 2 | Lact. inst. 2, 8, 10 | 145, 13 |
| 3 | — | Arnob. nat. 3, 6 | 144, 18 |
| [4] | — | Non. p. 96 (de orat. 3, 99) | — |
| 5 | 3 | Schol. Verg. Veron. Aen. 5, 95 | 146, 5 |
| — | — | Lact. ira 13, 9—12 | 146, 8 |
| — | — | Lact. ira 13, 20. 21 | 146, 24 |
| 6 | [4] | Diom. GL. I 313, 10 | 147, 7 |
| 7 | 5 | Serv. in Aen. 3, 284 | 69, 9 |
| 8 | [6] | Serv. in Aen. 3, 600 | 56, 11 |
| [9] | [7] | Serv. in Aen. 6, 893 s | 108, 20 |
| — | — | Serv. auct. in ecl. 6, 33 | 145, 7 |

## ERRATUM

In p. 114 errore typographi exciderunt numeri in margine:

§ 159    incipit a versu 13
caput 64  ,, ,, ,, 24
§ 160    ,, ,, ,, 26.

## M. TULLI CICERONIS
# DE NATURA DEORUM
## LIBRI TRES

### LIBER PRIMUS

Cum multae res in philosophia nequaquam satis 1
adhuc explicatae sint, tum perditficilis, Brute, quod tu
minime ignoras, et perobscura quaestio est de natura
deorum, quae et ad cognitionem animi pulcherrima
5 est et ad moderandam religionem necessaria. De qua
⟨cum⟩ tam variae sint doctissimorum hominum tamque discrepantes sententiae, magno argumento esse
debeat ⟨ea⟩ causa, principium philosophiae ad h * scientiam, prudenterque Academici a rebus incertis adsen-
10 sionem cohibuisse. quid est enim temeritate turpius
aut quid tam temerarium tamque indignum sapientis
gravitate atque constantia quam aut falsum sentire aut
quod non satis explorate perceptum sit et cognitum
sine ulla dubitatione defendere? Velut in hac quaes- 2
15 tione plerique, quod maxime veri simile est et quo

---

ACNB; 7 def. ACN]    4 ad om. A¹    cognitionem A¹B
agn- A²CN ⟨cognoscendam⟩ cognationem Pl.    6 add. Bai.²
⟨Quod⟩ N    tam om. B¹    sunt DH²B²    7 ⟨ut⟩ magno B²
7—p. 2, 5 esse ... sententias om. ACN    7 esse B² se B¹
8 add. Pl.    causa ⟨et⟩ B² causam ⟨id est⟩ M    ad h an ad
hoc B¹ ad hanc B² esse M, om. F. lacunam statuit Petrus Peti-
tus miscell. observ. (1682) 1,3 nescio an non primus; adh⟨uc
non esse exploratum satis. etenim cum maxima sit et in ipsis
rebus obscuritas et in iudiciis nostris infirmitas, videatur haec ars
aut non facile aut numquam posse pervenire ad⟩ scientiam Pl.
    9 achademici B¹F -mia B² -micos M    10 cohibuisse F
conhib- B² conb- B¹    turpius dett. Iunt. forcius B

omnes †sese duce natura venimus, deos esse dixerunt, dubitare se Protagoras, nullos esse omnino Diagoras Melius et Theodorus Cyrenaicus putaverunt. Qui vero deos esse dixerunt tanta sunt in varietate et dissensione, ut eorum infinitum sit enumerare sententias. nam et de figuris deorum et de locis atque sedibus et de actione vitae multa dicuntur, deque is summa philosophorum dissensione certatur; quod vero maxime rem causamque continet, utrum nihil agant nihil moliantur omni curatione et administratione rerum vacent, an contra ab iis et a principio omnia facta et constituta sint et ad infinitum tempus regantur atque moveantur, in primis [quae] magna dissensio est, eaque nisi diiudicatur in summo errore necesse est homines atque in maximarum rerum ignoratione versari. Sunt enim philosophi et fuerunt qui omnino nullam habere censerent rerum humanarum procurationem deos. quorum si vera sententia est, quae potest esse pietas quae sanctitas quae religio? haec enim omnia pure atque caste tribuenda deorum numini ita sunt, si animadvertuntur ab is et si est aliquid a deis inmortalibus hominum generi tributum; sin autem dei neque possunt nos iuvare nec volunt nec omnino curant nec quid agamus animadvertunt nec est quod ab is ad hominum vitam permanare possit, quid est quod ullos deis inmortalibus cultus honores preces adhibeamus? in specie autem fictae simulationis sicut reliquae virtutes item pietas inesse non potest; cum qua simul sanctitatem et religionem tolli necesse est, quibus sublatis perturbatio vitae sequitur et magna confusio; atque haut scio an pietate adversus deos sublata fides etiam et socie-

---

B; 5 *acc.* ACN]  1 sese *del.* M², fere *Pl.*  2 nullus B¹
3 Cyrenaeus *dett. Bou.*  3—17 *cf. Firm. math. praef.*  4 dissensione B² sensione B¹  5 infinitum *Pl.* tum B¹ molestum B² enumerare *dett. Dav. (Firm.)* innum- B¹ dinum- B² nam *om.* B¹
6 de (*ante* actione) *om.* ACN, *prob. Sjö. 140*  13 que B², *del. dett. Man.*  diiudicetur B²  25 permanere A¹B¹  28 poterunt A³[A¹]

## DE NATURA DEORUM PROOEMIUM

tas generis humani et una excellentissuma virtus iustitia tollatur. Sunt autem alii philosophi, et hi quidem magni atque nobiles, qui deorum mente atque ratione omnem mundum administrari et regi censeant, neque vero id solum, sed etiam ab isdem hominum vitae consuli et provideri; nam et fruges et reliqua quae terra pariat et tempestates ac temporum varietates caelique mutationes, quibus omnia quae terra gignat maturata pubescant, a dis inmortalibus tribui generi humano putant, multaque quae dicentur in his libris colligunt, quae talia sunt ut ea ipsa dei inmortales ad usum hominum fabricati paene videantur. Contra quos Carneades ita multa disseruit, ut excitaret homines non socordes ad veri investigandi cupiditatem. res enim nulla est de qua tantopere non solum indocti sed etiam docti dissentiant; quorum opiniones cum tam variae sint tamque inter se dissidentes, alterum fieri profecto potest ut earum nulla, alterum certe non potest ut plus una vera sit.

Qua quidem in causa et benivolos obiurgatores placare et invidos vituperatores confutare possumus, ut alteros reprehendisse paeniteat, alteri didicisse se gaudeant; nam qui admonent amice docendi sunt, qui inimice insectantur repellendi. Multum autem fluxisse video de libris nostris, quos compluris brevi tempore edidimus, variumque sermonem partim admirantium unde hoc philosophandi nobis subito studium extitisset, partim quid quaque de re certi haberemus scire cupientium; multis etiam sensi mirabile videri eam nobis potissimum probatam esse philosophiam, quae lucem eriperet et quasi noctem quandam rebus offunderet, desertaeque disciplinae et iam pridem relictae

---

A C N B] 4 ratione C B² oratione A³ N -nem B¹ [*A*¹] 7 tempestas *A*¹G *H*¹ -tatem H³ -tatum *Mue.* 10 *cf. p. 112, 24—115, 20* 11 ei ipsi B² ea ipsi *Ern. ft. recte* 18 alterum CN sal- *A* aliorum B¹ allutrum B² etearum A uetearum B¹ 22 dedicisse A B¹ 25 compluris M cum pl- A B

patrocinium necopinatum a nobis esse susceptum. Nos
autem nec subito coepimus philosophari nec medio-
crem a primo tempore aetatis in eo studio operam
curamque consumpsimus, et cum minime videbamur
tum maxime philosophabamur; quod et orationes de- 5
clarant refertae philosophorum sententiis et doctissimorum hominum familiaritates, quibus semper domus
nostra floruit, et principes illi Diodotus Philo An-
7 tiochus Posidonius, a quibus instituti sumus. et si omnia philosophiae praecepta referuntur ad vitam, ar- 10
bitramur nos et publicis et privatis in rebus ea prae-
4 stitisse quae ratio et doctrina praescripserit. Sin autem
quis requirit quae causa nos inpulerit ut haec tam
sero litteris mandaremus, nihil est quod expedire tam
facile possimus. Nam cum otio langueremus et is 15
esset rei publicae status ut eam unius consilio atque
cura gubernari necesse esset, primum ipsius rei publicae causa philosophiam nostris hominibus explican-
dam putavi, magni existimans interesse ad decus et
ad laudem civitatis res tam gravis tamque praeclaras 20
8 Latinis etiam litteris contineri. eoque me minus instituti mei paenitet, quod facile sentio quam multorum
non modo discendi sed etiam scribendi studia com-
moverim. complures enim Graecis institutionibus eruditi ea quae didicerant cum civibus suis communicare 25
non poterant, quod illa quae a Graecis accepissent Latine dici posse diffiderent; quo in genere tantum pro-
fecisse videmur, ut a Graecis ne verborum quidem
9 copia vinceremur. Hortata etiam est ut me ad haec
conferrem animi aegritudo fortunae magna et gravi 30
commota iniuria; cuius si maiorem aliquam levationem
reperire potuissem, non ad hanc potissimum confu-
gissem. ea vero ipsa nulla ratione melius frui potui
quam si me non modo ad legendos libros sed etiam
ad totam philosophiam pertractandam dedissem. om- 35

---

ACNB]   8 pililo ANB²   16 esse A¹B¹   35 omnis AB¹

nes autem eius partes atque omnia membra tum facillume noscuntur, cum totae quaestiones scribendo explicantur; est enim admirabilis quaedam continuatio seriesque rerum, ut alia ex alia nexa et omnes inter se aptae conligataeque videantur. Qui autem requirunt quid quaque de re ipsi sentiamus, curiosius id faciunt quam necesse est; non enim tam auctoritatis in disputando quam rationis momenta quaerenda sunt. quin etiam obest plerumque iis qui discere volunt auctoritas eorum qui se docere profitentur; desinunt enim suum iudicium adhibere, id habent ratum quod ab eo quem probant iudicatum vident. nec vero probare soleo id quod de Pythagoreis accepimus, quos ferunt, si quid adfirmarent in disputando, cum ex iis quaereretur quare ita esset, respondere solitos 'ipse dixit'; ipse autem erat Pythagoras: tantum opinio praeiudicata poterat, ut etiam sine ratione valeret auctoritas. Qui autem admirantur nos hanc potissimum disciplinam secutos, his quattuor Academicis libris satis responsum videtur. Nec vero desertarum relictarumque rerum patrocinium suscepimus; non enim hominum interitu sententiae quoque occidunt, sed lucem auctoris fortasse desiderant. ut haec in philosophia ratio contra omnia disserendi nullamque rem aperte iudicandi profecta a Socrate repetita ab Arcesila confirmata a Carneade usque ad nostram viguit aetatem; quam nunc prope modum orbam esse in ipsa Graecia intellego. quod non Academiae vitio sed tarditate hominum arbitror contigisse. nam si singulas disciplinas percipere magnum est, quanto maius omnis; quod facere is necesse est quibus propositum est veri reperiendi causa et contra omnes philosophos et pro omnibus dicere. cuius rei tantae tamque difficilis facultatem consecu-

---

ACNB] 4 exallis B¹; alie ex allis nexe N   7 auctores A²CN -re A¹ auctoritas *Hadoardus* -atis *praef. etiam Mollw. 35, 1913, 316*   25 ercesila ACO -lia N arcessila B   30 magis B

tum esse me non profiteor, secutum esse prae me fero.
Nec tamen fieri potest ut qui hac ratione philosophentur hi nihil habeant quod sequantur. dictum est omnino de hac re alio loco diligentius, sed quia nimis
indociles quidam tardique sunt admonendi videntur
saepius. non enim sumus i quibus nihil verum esse
videatur, sed i qui omnibus veris falsa quaedam adiuncta esse dicamus tanta similitudine ut in is nulla
insit certa iudicandi et adsentiendi nota. ex quo exsistit
et illud, multa esse probabilia, quae quamquam non
perciperentur, tamen, quia visum quendam haberent
insignem et inlustrem, his sapientis vita regeretur.

Sed iam, ut omni me invidia liberem, ponam in medio sententias philosophorum de natura deorum. quo
quidem loco convocandi omnes videntur, qui quae sit
earum vera iudicent; tum demum mihi procax Academia videbitur, si aut consenserint omnes aut erit
inventus aliquis qui quid verum sit invenerit. itaque
mihi libet exclamare ut in Synephebis:

'pro deum, popularium omnium, ⟨omnium⟩ adulescentium

clamo postulo obsecro oro ploro atque inploro fidem'

non levissuma de re, ut queritur ille in civitate fieri
facinora capitalia: 'ab amico amante argentum accipere
meretrix non vult', sed ut adsint cognoscant animadvertant, quid de religione pietate sanctitate caerimoniis
fide iure iurando, quid de templis delubris sacrificiisque sollemnibus, quid de ipsis auspiciis, quibus nos
praesumus, existimandum sit (haec enim omnia ad
hanc de dis inmortalibus quaestionem referenda sunt):
profecto eos ipsos, qui se aliquid certi habere arbitrantur, addubitare coget doctissimorum hominum
de maxuma re tanta dissensio.

---

ACNB] 4 *cf. Luc. 98 ss.* 9 ex(s)titit DM¹ 10 et *om.*
ACN 20—25 *Caecil. com. 211 ss.* 20 *add. Man.* 26 non
vult] nevolt *FAWolf Kl. Schr. Halle 1869, 1, 518*

Quod cum saepe alias tum maxime animadverti cum 15
apud C. Cottam familiarem meum accurate sane et diligenter de dis inmortalibus disputatumst. nam cum
feriis Latinis ad eum ipsius rogatu arcessituque venis-
sem, offendi eum sedentem in exedra et cum C. Velleio
senatore disputantem, ad quem tum Epicurei primas
ex nostris hominibus deferebant. aderat etiam Q. Lucilius Balbus, qui tantos progressus habebat in Stoicis,
ut cum excellentibus in eo genere Graecis comparare-
tur.

Tum ut me Cotta vidit 'Peropportune' inquit 'venis;
oritur enim mihi magna de re altercatio cum Velleio,
cui pro tuo studio non est alienum te interesse.'

'Atqui mihi quoque videor' inquam 'venisse, ut dicis, $\frac{7}{16}$
oportune. tres enim trium disciplinarum principes con-
venistis. M. enim Piso si adesset, nullius philosophiae,
earum quidem quae in honore sunt, vacaret locus.'

Tum Cotta 'Si' inquit 'liber Antiochi nostri, qui ab
eo nuper ad hunc Balbum missus est, vera loquitur,
nihil est quod Pisonem familiarem tuum desideres;
Antiocho enim Stoici cum Peripateticis re concinere
videntur verbis discrepare; quo de libro Balbe velim
scire quid sentias.'

'Egone' inquit ille, 'miror Antiochum hominem in
primis acutum non vidisse interesse plurimum inter
Stoicos, qui honesta a commodis non nomine sed genere toto diiungerent, et Peripateticos, qui honesta
commiscerent cum commodis, ut ea inter se magnitudine et quasi gradibus non genere differrent. haec
enim est non verborum parva sed rerum permagna
dissensio. verum hoc alias; nunc quod coepimus, si 17
videtur.'

'Mihi vero' inquit Cotta 'videtur. sed ut hic qui inter-

---

A C N B] 1 animaduertim B¹  3 st] est B¹ sit A C N B² *Hofm.*
749 s.  4 feris A¹ ferus B¹  6 Epicurei *dett. Rom.* -ri A B  14 atque D¹H  16 enim *dett. Rom. Ven.* N Á B etiam *Hei.* autem
*Mue.* om. *dett. Dav.*  18 tunc B

venit' me intuens 'ne ignoret quae res agatur, de natura
agebamus deorum, quae cum mihi videretur perobscura, ut semper videri solet, Epicuri ex Velleio scisci-
tabar sententiam. quam ob rem' inquit 'Vellei, nisi
molestum est, repete quae coeperas.'

'Repetam vero, quamquam non mihi sed tibi hic
venit adiutor; ambo enim' inquit adridens 'ab eodem
Philone nihil scire didicistis.'

Tum ego: 'Quid didicerimus Cotta viderit, tu autem
nolo existimes me adiutorem huic venisse sed auditorem, et quidem aecum, libero iudicio, nulla eius modi
adstrictum necessitate, ut mihi velim nolim sit certa
quaedam tuenda sententia.'

Tum Velleius fidenter sane, ut solent isti, nihil tam
verens quam ne dubitare aliqua de re videretur, tamquam modo ex deorum concilio et ex Epicuri intermundiis descendisset, 'Audite' inquit 'non futtilis com-
menticiasque sententias, non opificem aedificatoremque mundi Platonis de Timaeo deum, nec anum fatidicam Stoicorum Pronoeam, quam Latine licet Providentiam dicere, neque vero mundum ipsum animo et
sensibus praeditum rutundum ardentem volubilem
deum, portenta et miracula non disserentium philosophorum sed somniantium. Quibus enim oculis animi
intueri potuit vester Plato fabricam illam tanti operis,
qua construi a deo atque aedificari mundum facit; quae
molitio quae ferramenta qui vectes quae machinae qui
ministri tanti muneris fuerunt; quem ad modum autem
oboedire et parere voluntati architecti aer ignis aqua
terra potuerunt; unde vero ortae illae quinque formae,
ex quibus reliqua formantur, apte cadentes ad animum
afficiendum pariendosque sensus? longum est ad om-

---

ACNB] 2 uidetur DGB¹ 10 me *om*. B^p, *ante* existimes
*add*. B^c aud.] adiutorem CB¹ 18 futtiles B² fuit tilis B¹ fut-
cilis A 23 *cf. p. 66, 22* 25 animi *om. Ven.* 28 mulitio A¹
amolitio *B*¹ 33 afficiendum *Sch. 282* eff- AB

nia, quae talia sunt ut optata magis quam inventa
videantur; sed illa palmaris, quod, qui non modo na- 20
tum mundum introduxerit sed etiam manu paene factum, is eum dixerit fore sempiternum. hunc censes
primis ut dicitur labris gustasse physiologiam id est
naturae rationem, qui quicquam quod ortum sit putet
aeternum esse posse? quae est enim coagmentatio non
dissolubilis, aut quid est cuius principium aliquod sit
nihil sit extremum? Pronoea vero si vestra est Lucili
eadem, requiro quae paulo ante, ministros machinas
omnem totius operis dissignationem atque apparatum;
sin alia est, cur mortalem fecerit mundum, non, quem
ad modum Platonicus deus, sempiternum. Ab utroque 9
autem sciscitor cur mundi aedificatores repente ex- 21
stiterint, innumerabilia saecla dormierint; non enim si
mundus nullus erat saecla non erant (saecla nunc dico
non ea quae dierum noctiumque numero annuis cursibus conficiuntur; nam fateor ea sine mundi conversione effici non potuisse; sed fuit quaedam ab infinito
tempore aeternitas, quam nulla circumscriptio temporum metiebatur, spatio tamen qualis ea fuerit intellegi
potest, quod ne in cogitationem quidem cadit ut fuerit
tempus aliquod nullum cum tempus esset) — isto igi- 22
tur tam inmenso spatio quaero Balbe cur Pronoea
vestra cessaverit. laboremne fugiebat? at iste nec attingit deum nec erat ullus, cum omnes naturae numini
divino, caelum ignes terrae maria, parerent. Quid
autem erat quod concupisceret deus mundum signis
et luminibus tamquam aedilis ornare? si ut deus ipse
melius habitaret, antea videlicet tempore infinito in
tenebris tamquam in gurgustio habitaverat. post autem:
varietatene eum delectari putamus, qua caelum et ter-

---

ACNB] 2 palmaria *Dav.* 4 dixit *dett. Ven.* 8 cuius]
cui B *Mollw. 36, 1914, 193* 9 vero vestra L. si est *Bai*. 10 eadem,
⟨eadem⟩ *Hei.* 11 designationem HN 22 ⟨non⟩ potest NO
⟨qui⟩ p. *Us. Epic. fr. 367* 26 nomini B¹

ras exornatas videmus? quae ista potest esse oblectatio deo? quae si esset, non ea tam diu carere potuisset. an haec, ut fere dicitis, hominum causa a deo constituta sunt? sapientiumne? propter paucos igitur tanta est rerum facta molitio. an stultorum? at primum causa non fuit cur de inprobis bene mereretur; deinde quid est adsecutus, cum omnes stulti sint sine dubio miserrimi, maxime quod stulti sunt (miserius enim stultitia quid possumus dicere), deinde quod ita multa sunt incommoda in vita, ut ea sapientes commodorum conpensatione leniant, stulti nec vitare venientia possint nec ferre praesentia. Qui vero mundum ipsum animantem sapientemque esse dixerunt, nullo modo viderunt animi natura intellegentis in quam figuram cadere posset. de quo dicam equidem paulo post, nunc autem hactenus: admirabor eorum tarditatem qui animantem inmortalem et eundem beatum rutundum esse velint, quod ea forma neget ullam esse pulchriorem Plato: at mihi vel cylindri vel quadrati vel coni vel pyramidis videtur esse formosior. Quae vero vita tribuitur isti rutundo deo? nempe ut ea celeritate contorqueatur cui par nulla ne cogitari quidem possit; in qua non video ubinam mens constans et vita beata possit insistere. Quodque in nostro corpore si minima ex parte significetur molestum sit, cur hoc idem non habeatur molestum in deo? terra enim profecto, quoniam mundi pars est, pars est etiam dei; atqui terrae maxumas regiones inhabitabilis atque incultas videmus, quod pars earum adpulsu solis exarserit, pars obriguerit nive pruinaque longinquo solis abscessu; quae, si mundus est deus, quoniam mundi partes sunt, dei membra partim ardentia partim refrigerata ducenda sunt.

---

ACNB] 3 an] nam B¹ 14 naturam CNB² intellegentis A²C -tes A¹NB¹ -ter B² 16 cf. p. 20, 7 19 Plato Tim. 33 B Cic. Tim. 6, 17 cf. p. 67, 2 s. 20 pyramides AB¹ 22 cogitare A¹B 23 ubinam CN -nan A² -non A¹B¹ ubi B² 33 dicenda C

Atque haec quidem vestra Lucili; qualia vero * est, 25
ab ultimo repetam superiorum. Thales enim Milesius,
qui primus de talibus rebus quaesivit, aquam dixit
esse initium rerum, deum autem eam mentem quae
ex aqua cuncta fingeret: si dei possunt esse sine sensu;
et mentem cur aquae adiunxit, si ipsa mens constare
potest vacans corpore? Anaximandri autem opinio est
nativos esse deos longis intervallis orientis occiden-
tisque, eosque innumerabilis esse mundos. sed nos
deum nisi sempiternum intellegere qui possumus? Post 26
Anaximenes aera deum statuit, eumque gigni esseque
inmensum et infinitum et semper in motu: quasi aut
aer sine ulla forma deus esse possit, cum praesertim
deum non modo aliqua sed pulcherrima specie deceat
esse, aut non omne quod ortum sit mortalitas consequatur. Inde Anaxagoras, qui accepit ab Anaximene 11
disciplinam, primus omnium rerum discriptionem et
modum mentis infinitae vi ac ratione dissignari et confici voluit. in quo non vidit neque motum sensu iunctum et [in] continentem infinito ullum esse posse, neque sensum omnino quo non ipsa natura pulsa sentiret.
deinde si mentem istam quasi animal aliquod voluit
esse, erit aliquid interius ex quo illud animal nominetur;
quid autem interius mente: cingatur igitur corpore externo; quod quoniam non placet, aperta simplexque 27
mens nulla re adiuncta, quae sentire possit, fugere in-

---

ACNB] 1 est] alia sint B²; *defectum indicavit Goe.:* ⟨ve-
tera sint, quorum unum quidque longissime remotum a vero⟩
*Pl.; sed vide ne plura interciderint* 1—5 *cf. Min. Fel. 19, 1
Lact. inst. 1, 5, 16* 5 si N sic AB 6 mentem B¹ -te ACNB²
10—12 *cf. Min. Fel. 19, 5 Lact. inst. 1, 5, 19* 10—15 *cf. Aug.
epist. 118, 23* 16—19 *cf. Min. Fel. 19, 6 Lact. inst. 1, 5, 18 Aug.
epist. 118, 24* 17 descriptionem N *(Min. Aug.)* discrepationem H
modum AB *(Min. Aug.)* motum *Hadoardus* 18 ui ac CN
uiae AB designari C 19—p. 12, 1 neque ... videtur *Aug.
epist. 118, 24 s.* 19 sensui B² *Aug.* -sus B¹ uinctum *H*B¹
20 om. NO ⟨in⟩ inf. H 21 ipsa] tota *Aug. (etiam interpretatus)* tota ipsa *Hei.* 22 ipsam *Aug.* esse voluit *dett. Aug.*
23 anima AC 26 qua *Aug. Vors. I 388, 14*

tellegentiae nostrae vim et notionem videtur. Crotoniates autem Alcmaeo, qui soli et lunae reliquisque sideribus animoque praeterea divinitatem dedit, non sensit sese mortalibus rebus inmortalitatem dare. Nam Pythagoras, qui censuit animum esse per naturam rerum omnem intentum et commeantem, ex quo nostri animi carperentur, non vidit distractione humanorum animorum discerpi et lacerari deum, et cum miseri animi essent, quod plerisque contingeret, tum dei partem esse miseram, quod fieri non potest. cur autem quicquam ignoraret animus hominis, si esset deus? quo modo porro deus iste, si nihil esset nisi animus, aut infixus aut infusus esset in mundo? Tum Xenophanes, qui mente adiuncta omne praeterea, quod esset infinitum, deum voluit esse, de ipsa mente item reprehendetur ut ceteri, de infinitate autem vehementius, in qua nihil neque sentiens neque coniunctum potest esse. Nam Parmenides quidem commenticium quiddam: coronae similem efficit (στεφάνην appellat) continentem ardorum lucis orbem, qui cingit caelum, quem appellat deum; in quo neque figuram divinam neque sensum quisquam suspicari potest. multaque eiusdem monstra, quippe qui bellum qui discordiam qui cupiditatem ceteraque generis eiusdem ad deum revocet, quae vel morbo vel somno vel oblivione vel vetustate delentur; eademque de sideribus, quae reprehensa in alio iam in hoc omittantur. Empedocles autem multa alia peccans in deorum opinione turpissume labitur. quattuor enim naturas, ex quibus omnia constare censet,

---

ACNB; 5 acc. P]   5—7 cf. Min. Fel. 19,6 Lact. inst. 1,5,17 ira 11,14   6 omnium C   13—15 cf. Min. Fel. 19,7   14 omnem NB   esset ⟨unum et⟩ Dielsio duce Kalbfl.   15 reprehendetur dett. Ven. -deretur AB¹ -ditur NB²   18 commenticium dett. Rom. Ven. cohuenticium AB   corones B¹   19 simile OM² similitudinem P -ne Ven. stephane A¹H istefanen B¹ et st- B²   20 ardorum B¹ -rem ACNB² -rum ⟨et⟩ Pl. continente ardore Dav. Vors. 18 A 37   cingat Ern.   22 eiusdem ⟨modi⟩ Hei.   24 revocet Or. Hofm. 713 revocat ACNB (P evanidum)   26 cf. v. 2

divinas esse vult; quas et nasci et extingui perspicuum
est et sensu omni carere. Nec vero Protagoras, qui
sese negat omnino de deis habere quod liqueat, sint
non sint qualesve sint, quicquam videtur de natura
deorum suspicari. Quid Democritus, qui tum imagines
eorumque circumitus in deorum numero refert, tum
illam naturam quae imagines fundat ac mittat, tum
sententiam intellegentiamque nostram, nonne in maximo
errore versatur? cum idem omnino, quia nihil semper
suo statu maneat, neget esse quicquam sempiternum,
nonne deum omnino ita tollit, ut nullam opinionem
eius reliquam faciat? Quid aer, quo Diogenes Apolloniates utitur deo, quem sensum habere potest aut
quam formam dei? Iam de Platonis inconstantia longum est dicere, qui in Timaeo patrem huius mundi
nominari neget posse, in Legum autem libris quid sit
omnino deus anquiri oportere non censeat. quod vero
sine corpore ullo deum vult esse (ut Graeci dicunt
ἀσώματον), id quale esse possit intellegi non potest:
careat enim sensu necesse est, careat etiam prudentia,
careat voluptate; quae omnia una cum deorum notione conprehendimus. idem et in Timaeo dicit et in
Legibus et mundum deum esse et caelum et astra et
terram et animos et eos quos maiorum institutis accepimus. quae et per se sunt falsa perspicue et inter
se vehementer repugnantia. Atque etiam Xenophon
paucioribus verbis eadem fere peccat; facit enim in his
quae a Socrate dicta rettulit Socratem disputantem for-

---

ACPNB] 3 habere *om.* ACPN    4 uideatur B¹    5—8 *cf.*
*Min. Fel.* 19, 8    6 earumque *dett. Rom. Ven.* ⟨⟨εἴδωλα vocat⟩⟩
eor. *Vors.* 55 A 74    numerum *Lb.*    6—10 *cf. Aug. epist.*
*118, 27*    8 scientiam *dett. Rom. Ven.* nostram *del. Wa.*

9 cum⟨que⟩ *Pl.*    10 negat B¹, *prob. Pl.*    12 diogenes *sic*
DᶜFᶜ -nis AB    15 *Plato Tim.* 28 C *Cic. Tim.* 6    16 *Plato*
*leg. VII 821 A, cf. Lact. ira 11, 13*    22 *Plato Tim.* 34. 40 D E
41 AC *al. leg. VII 821 B C X 886 D 896 E 897 B*    24 malorum A¹
26 *Xen. mem.* 4, 3, 13 s., *cf. Min. Fel.* 19, 13 *Lact. ira 11, 13*

mam dei quaeri non oportere, eundemque et solem et
animum deum dicere, et modo unum tum autem plures deos; quae sunt isdem in erratis fere quibus ea
quae de Platone dicimus. Atque etiam Antisthenes in
eo libro qui physicus inscribitur popularis deos multos
naturalem unum esse dicens tollit vim et naturam
deorum. Nec multo secus Speusippus Platonem avun-
culum subsequens et vim quandam dicens, qua omnia
regantur, eamque animalem, evellere ex animis conatur
cognitionem deorum. Aristotelesque in tertio de philosophia libro multa turbat a magistro suo Platone dis-
sentiens; modo enim menti tribuit omnem divinitatem,
modo mundum ipsum deum dicit esse, modo alium
quendam praeficit mundo eique eas partis tribuit ut
replicatione quadam mundi motum regat atque tueatur,
tum caeli ardorem deum dicit esse non intellegens
caelum mundi esse partem, quem alio loco ipse desig-
narit deum. quo modo autem caeli divinus ille sensus
in celeritate tanta conservari potest? ubi deinde illi
tot dii, si numeramus etiam caelum deum? cum autem
sine corpore idem vult esse deum, omni illum sensu
privat, etiam prudentia. quo porro modo mundus moveri carens corpore aut quo modo semper se movens
esse quietus et beatus potest? Nec vero eius condisci-
pulus Xenocrates in hoc genere prudentior est, cuius
in libris qui sunt de natura deorum nulla species divina
describitur; deos enim octo esse dicit, quinque eos qui
in stellis vagis nominantur, unum qui ex omnibus sideribus quae infixa caelo sint ex dispersis quasi membris simplex sit putandus deus, septimum solem adiungit octavamque lunam; qui quo sensu beati esse
possint intellegi non potest. Ex eadem Platonis schola

---

ACPNB] 1 dei ⟨non videri et⟩ *Schwenke Berl. philol.
Woch. 8 (1888) 1308* 4 diximus *dett. Dav.* 10 *Aristot. fr. 26 R.*
11 suo *dett.* uno AB 22 ⟨privat⟩ etiam *Pl.* mundus|
deus *Schue., del. Hei.* 23 ⟨deus⟩ semper *Reitz.* 25 prudentior est A²D -orem A¹H -or PNB 29 sunt *dett. Ven.*

Ponticus Heraclides puerilibus fabulis refersit libros,
et tamen modo mundum tum mentem divinam esse putat, errantibus etiam stellis divinitatem tribuit sensuque deum privat et eius formam mutabilem esse vult,
eodemque in libro rursus terram et caelum refert in
deos. Nec vero Theophrasti inconstantia ferenda est;
modo enim menti divinum tribuit principatum modo
caelo, tum autem signis sideribusque caelestibus. Nec
audiendus eius auditor Strato is qui physicus appellatur, qui omnem vim divinam in natura sitam esse
censet, quae causas gignendi augendi minuendi habeat
sed careat omni et sensu et figura. Zeno autem, ut iam
ad vestros Balbe veniam, naturalem legem divinam
esse censet, eamque vim obtinere recta imperantem
prohibentemque contraria. quam legem quo modo efficiat animantem intellegere non possumus; deum autem animantem certe volumus esse. atque hic idem
alio loco aethera deum dicit: si intellegi potest nihil
sentiens deus, qui numquam nobis occurrit neque in
precibus neque in optatis neque in votis. aliis autem
libris rationem quandam per omnium naturam rerum
pertinentem vi divina esse adfectam putat. idem astris
hoc idem tribuit, tum annis mensibus annorumque mutationibus. cum vero Hesiodi Theogoniam id est originem deorum interpretatur, tollit omnino usitatas per-
ceptasque cognitiones deorum; neque enim Iovem neque Iunonem neque Vestam neque quemquam qui ita
appelletur in deorum habet numero, sed rebus inanimis
atque mutis per quandam significationem haec docet
tributa nomina. Cuius discipuli Aristonis non minus
magno in errore sententiast, qui neque formam dei in-

---

ACPNB]    1—3 *cf. Min. Fel. 19,9 s.*    2 mundum ⟨deum⟩
*Wa.*    7 divinae *dett. Wa. (Min.)*    9—12 *cf. Min. Fel. 19, 8*
*Lact. ira 10, 1. 34*    12 et prius *om.* ACPN    12—30 *cf. Min.
Fel. 19, 10*    12. 13 *cf. Lact. inst. 1, 5, 20*    21 *cf. Lact. inst. 4,
9, 2. Cf. p. 77, 18* omnem *dett. Ven.*    22 ui N(?) *dett.* ut AB
23 temporumque *Reitz.*    31 st] est A², s A¹B  *cf. Min. Fel. 19, 13*

tellegi posse censeat neque in dis sensum esse dicat
dubitetque omnino deus animans necne sit. Cleanthes
autem, qui Zenonem audivit una cum eo quem proxime
nominavi, tum ipsum mundum deum dicit esse, tum totius naturae menti atque animo tribuit hoc nomen, tum 5
ultimum et altissimum atque undique circumfusum et
extremum omnia cingentem atque conplexum ardorem,
qui aether nominetur, certissimum deum iudicat; idemque quasi delirans in his libris quos scripsit contra voluptatem tum fingit formam quandam et speciem deo- 10
rum, tum divinitatem omnem tribuit astris, tum nihil
ratione censet esse divinius. ita fit ut deus ille, quem
mente noscimus atque in animi notione tamquam in
vestigio volumus reponere, nusquam prorsus appareat.

15
38 At Persaeus eiusdem Zenonis auditor eos esse habitos 15
deos a quibus aliqua magna utilitas ad vitae cultum
esset inventa, ipsasque res utiles et salutares deorum
esse vocabulis nuncupatas, ut ne hoc quidem diceret,
illa inventa esse deorum, sed ipsa divina; quo quid
absurdius quam aut res sordidas atque deformis deo- 20
rum honore adficere aut homines iam morte deletos
reponere in deos, quorum omnis cultus esset futurus in
39 luctu. Iam vero Chrysippus, qui Stoicorum somniorum
vaferrumus habetur interpres, magnam turbam con-
gregat ignotorum deorum, atque ita ignotorum ut eos 25
ne coniectura quidem informare possimus, cum mens
nostra quidvis videatur cogitatione posse depingere.
ait enim vim divinam in ratione esse positam et in universae naturae animo atque mente, ipsumque mundum
deum dicit esse et eius animi fusionem universam, tum 30
eius ipsius principatum qui in mente et ratione verse-

---

ACPNB]    2—12 *cf. Min. Fel. 19, 10*    **4** mundum deum
*dett. Rom.* deum mundum AB    **8** nominatur *cum 'vetere codice' Lb.*    **9** uoluptatem A², uolunt- A¹B    **15** ⟨dicit⟩ esse N
   **16** aliqua *om.* ACPN    **26** ne DGPN nec AB    **30** *cf. Lact.
Inst. 4, 9, 2*

tur, communemque rerum naturam universam atque omnia continentem, tum fatalem †umbram et necessitatem rerum futurarum, ignem praeterea et eum quem ante dixi aethera, tum ea quae natura fluerent atque
5 manarent, ut et aquam et terram et aera, solem lunam sidera universitatemque rerum qua omnia continerentur, atque etiam homines eos qui inmortalitatem essent consecuti. idemque disputat aethera esse eum quem 40 homines Iovem appellarent, quique aer per maria ma-
10 naret eum esse Neptunum, terramque eam esse quae Ceres diceretur, similique ratione persequitur vocabula reliquorum deorum. idemque etiam legis perpetuae et aeternae vim, quae quasi dux vitae et magistra officiorum sit, Iovem dicit esse, eandemque fatalem necessi-
15 tatem appellat sempiternam rerum futurarum veritatem; quorum nihil tale est ut in eo vis divina inesse videatur. et haec quidem in primo libro de natura deo- 41 rum; in secundo autem volt Orphei Musaei Hesiodi Homerique fabellas accommodare ad ea quae ipse
20 primo libro de deis inmortalibus dixerit, ut etiam veterrimi poetae, qui haec ne suspicati quidem sint, Stoici fuisse videantur. Quem Diogenes Babylonius consequens in eo libro qui inscribitur de Minerva partum Iovis ortumque virginis ad physiologiam traducens
25 deiungit a fabula.

Exposui fere non philosophorum iudicia sed deliran- 16
tium somnia. Nec enim multo absurdiora sunt ea quae 42
poetarum vocibus fusa ipsa suavitate nocuerunt, qui et ira inflammatos et libidine furentis induxerunt deos
30 feceruntque ut eorum bella proelia pugnas vulnera videremus, odia praeterea discidia discordias, ortus

---

ACPNB] 1 universum atque *Or.* universitatemque *Hei.;* un. a. o. cont. *del. Sauppe ind. schol. Gotting. 1864, 12* 2 *cf. Lact. inst. 4,9,2* umbram] vim *cum Eliensi Dav.* veritatem *Creu. 'philos. vet. loci de provid. div.' (1806) 25* 4 *cf. p. 16, 8* 5 ut ⟨aethera⟩ *Pl.* solem et lunam *B* 12 leges $A^1B^1$ 15 appellat ⟨et⟩ *Bou.* 20 dixerat *dett. Hei.* 25 disiungit *Ven.* dii- *Ern.*

interitus, querellas lamentationes, effusas in omni intemperantia libidines, adulteria vincula, cum humano genere concubitus mortalisque ex inmortali procreatos.

43 Cum poetarum autem errore coniungere licet portenta magorum Aegyptiorumque in eodem genere dementiam, tum etiam vulgi opiniones, quae in maxima inconstantia veritatis ignoratione versantur.

Ea qui consideret quam inconsulte ac temere dicantur, venerari Epicurum et in eorum ipsorum numero de quibus haec quaestio est habere debeat. Solus enim vidit primum esse deos, quod in omnium animis eorum notionem inpressisset ipsa natura. quae est enim gens aut quod genus hominum quod non habeat sine doctrina anticipationem quandam deorum, quam appellat πρόληµψιν Epicurus id est anteceptam animo rei quandam informationem, sine qua nec intellegi quicquam nec quaeri nec disputari potest. quoius rationis vim atque utilitatem ex illo caelesti Epicuri de regula 17 et iudicio volumine accepimus. quod igitur fundamentum 44 huius quaestionis est, id praeclare iactum videtis. cum enim non instituto aliquo aut more aut lege sit opinio constituta maneatque ad unum omnium firma consensio, intellegi necesse est esse deos, quoniam insitas eorum vel potius innatas cognitiones habemus; de quo autem omnium natura consentit, id verum esse necesse est; esse igitur deos confitendum est. Quod quoniam fere constat inter omnis non philosophos solum sed etiam indoctos, fatemur constare illud etiam, hanc nos habere sive anticipationem, ut ante dixi, sive praenotionem deorum (sunt enim rebus novis nova ponenda nomina, ut Epicurus ipse πρόληψιν appel-
45 lavit, quam antea nemo eo verbo nominarat) — hanc igitur habemus, ut deos beatos et inmortales putemus.

---

ACPNB] 3 inmortalibus *dett. Dav.* 15 prolempsin B -msin AN 28 fateamur B² 31 prolepsin DH² -blebsin AH¹B -plebsin B² probplesin *B*¹

quae enim nobis natura informationem ipsorum deo- (45)
rum dedit, eadem insculpsit in mentibus ut eos aeternos et beatos haberemus. Quod si ita est, vere exposita
illa sententia est ab Epicuro, quod beatum aeternum-
que sit id nec habere ipsum negotii quicquam nec
exhibere alteri, itaque neque ira neque gratia teneri,
quod quae talia essent inbecilla essent omnia.

Si nihil aliud quaereremus nisi ut deos pie coleremus
et ut superstitione liberaremur, satis erat dictum; nam
et praestans deorum natura hominum pietate colere-
tur, cum et aeterna esset et beatissima (habet enim
venerationem iustam quicquid excellit), et metus omnis a vi atque ira deorum pulsus esset; intellegitur
enim a beata inmortalique natura et iram et gratiam
segregari; quibus remotis nullos a superis inpendere
metus. sed ad hanc confirmandam opinionem anqui-
rit animus et formam et vitam et actionem mentis atque agitationem in deo.

Ac de forma quidem partim natura nos admonet 18
partim ratio docet. Nam a natura habemus omnes om- 46
nium gentium speciem nullam aliam nisi humanam
deorum; quae enim forma alia occurrit umquam aut
vigilanti cuiquam aut dormienti? Sed ne omnia revo-
centur ad primas notiones, ratio hoc idem ipsa declarat. nam cum praestantissumam naturam, vel quia 47
beata est vel quia sempiterna, convenire videatur eandem esse pulcherrimam, quae conpositio membrorum,
quae conformatio liniamentorum, quae figura, quae species humana potest esse pulchrior? Vos quidem Lucili soletis (nam Cotta meus modo hoc modo illud),
cum artificium effingitis fabricamque divinam, quam

---

ACPNB] 4 *Epic. sent. sel. 1* 8 quaererimus B¹ qu(a)eri-
mus ACP 15 inpedere A¹B¹ -dire A² 17 mentis atque]
a. m. *IGSchneider apud Hei.* mentisque Elvenich 'adumbratio
legum artis crit. verbalis' (1821) 116; et f. et vitae act. mentisque ag. *Beier ad off. I,17* 19. 20 partem *utrobique* A¹PB³
20ss. cf. p.29,20ss. 25ss. cf. p.29,22ss. 29ss. cf. p.104,6ss.

sint omnia in hominis figura non modo ad usum verum
48 etiam ad venustatem apta describere; quod si omnium
animantium formam vincit hominis figura, deus autem
animans est, ea figura profecto est quae pulcherrimast
omnium. quoniamque deos beatissimos esse constat,
beatus autem esse sine virtute nemo potest nec virtus
sine ratione constare nec ratio usquam inesse nisi in
hominis figura, hominis esse specie deos confitendum
49 est. Nec tamen ea species corpus est sed quasi corpus,
19 nec habet sanguinem sed quasi sanguinem. Haec quamquam et inventa sunt acutius et dicta subtilius ab Epicuro quam ut quivis ea possit agnoscere, tamen fretus
intellegentia vestra dissero brevius quam causa desiderat. Epicurus autem, qui res occultas et penitus abditas non modo videat animo sed etiam sic tractet ut
manu, docet eam esse vim et naturam deorum, ut primum non sensu sed mente cernatur, nec soliditate quadam nec ad numerum, ut ea quae ille propter firmitatem στερέμνια appellat, sed imaginibus similitudine
et transitione perceptis, cum infinita simillumarum
imaginum species ex innumerabilibus individuis existat
et ad deos adfluat, cum maximis voluptatibus in eas
imagines mentem intentam infixamque nostram intellegentiam capere quae sit et beata natura et aeterna.
50 Summa vero vis infinitatis et magna ac diligenti contemplatione dignissima est. in qua intellegi necesse est
eam esse naturam ut omnia omnibus paribus paria re-
spondeant; hanc ἰσονομίαν appellat Epicurus id est ae-
quabilem tributionem. ex hac igitur illud efficitur, si

---

ACPNB] 2 discribere B 4 st] est B¹ sit ACPNB² 7 *cf.
p. 29, 25 s. 38, 31* in *om.* ACPN 9 ss. *cf. p. 27, 28 ss.* 10—24 *v.
app.* 13 intelligentiaeuestrae A 15 uideat B -erat AGPN
-erit DH 16 docet *dett. Man.* doceat AB 16—24 *cf. p. 41,
17 ss. Aug. epist. 118, 27* 17 sensus B¹ cernantur B¹ 21 series
Brieger *Beitr. z. Krit. ein. philos. Schr. des Cic. (1873) 13* 22 ad-
eos B¹ a deo *Man.* a deis *Dav.* ad nos *Lb.* a diis ad nos *Hei.*
tum CB¹ tum cum *Pl.* 23 defixamque *AWZumpt de M. T. Cic.
ad Brut.... epist. (1845) 31 n.* 25 ac] et B¹ 28 isonomiam AB

mortalium tanta multitudo sit, esse inmortalium non
minorem, et si quae interimant innumerabilia sint,
etiam ea quae conservent infinita esse debere.

Et quaerere a nobis Balbe soletis quae vita deorum
sit quaeque ab is degatur aetas. ea videlicet qua nihil
beatius nihil omnibus bonis affluentius cogitari potest. nihil enim agit, nullis occupationibus est inplicatus, nulla opera molitur, sua sapientia et virtute gau-
det, habet exploratum fore se semper cum in maximis
tum in aeternis voluptatibus. Hunc deum rite beatum
dixerimus, vestrum vero laboriosissimum. sive enim
ipse mundus deus est, quid potest esse minus quietum
quam nullo puncto temporis intermisso versari circum
axem caeli admirabili celeritate: nisi quietum autem
nihil beatum est; sive in ipso mundo deus inest aliquis, qui regat qui gubernet qui cursus astrorum mutationes temporum rerum vicissitudines ordinesque
conservet, terras et maria contemplans hominum commoda vitasque tueatur, ne ille est inplicatus molestis
negotiis et operosis. nos autem beatam vitam in animi
securitate et in omnium vacatione munerum ponimus.
docuit enim nos idem qui cetera, natura effectum esse
mundum, nihil opus fuisse fabrica, tamque eam rem
esse facilem, quam vos effici negetis sine divina posse
sollertia, ut innumerabiles natura mundos effectura sit
efficiat effecerit. quod quia quem ad modum natura
efficere sine aliqua mente possit non videtis, ut tragici poetae cum explicare argumenti exitum non potestis confugitis ad deum. cuius operam profecto non
desideraretis, si inmensam et interminatam in omnis
partis magnitudinem regionum videretis, in quam se
iniciens animus et intendens ita late longeque peregrinatur, ut nullam tamen oram ultimi videat in qua pos-

---

ACPNB]  2 sunt D(?)HB¹  3 etiam A³CN ettam *A*¹PB¹
tum B²  6 afluentibus B¹ afluentius *an* affl- (*sic* ACPN) B²
15 ss. *cf. p. 39, 23 ss.*  15 ipso *del. Sch.*  24 negatis *dett. Ven.*

sit insistere. in hac igitur inmensitate latitudinum longitudinum altitudinum infinita vis innumerabilium volitat atomorum, quae interiecto inani cohaerescunt tamen inter se et aliae alias adprehendentes continuantur; ex quo efficiuntur eae rerum formae et figurae, quas vos effici posse sine follibus et incudibus non putatis. itaque inposuistis in cervicibus nostris sempiternum dominum, quem dies et noctes timeremus. quis enim non timeat omnia providentem et cogitantem et animadvertentem et omnia ad se pertinere putantem curiosum et plenum negotii deum? Hinc vobis extitit primum illa fatalis necessitas, quam εἱμαρμένην dicitis, ut quicquid accidat id ex aeterna veritate causarumque continuatione fluxisse dicatis. quanti autem haec philosophia aestimandast, cui tamquam aniculis, et his quidem indoctis, fato fieri videantur omnia. sequitur μαντική vestra, quae Latine divinatio dicitur, qua tanta inbueremur superstitione si vos audire vellemus, ut haruspices augures harioli vates coniectores nobis essent colendi. His terroribus ab Epicuro soluti et in libertatem vindicati nec metuimus eos quos intellegimus nec sibi fingere ullam molestiam nec alteri quaerere, et pie sancteque colimus naturam excellentem atque praestantem.

Sed elatus studio vereor ne longior fuerim. erat autem difficile rem tantam tamque praeclaram inchoatam relinquere; quamquam non tam dicendi ratio mihi habenda fuit quam audiendi.'

Tum Cotta comiter ut solebat 'Atqui' inquit 'Vellei nisi tu aliquid dixisses, nihil sane ex me quidem audire potuisses. mihi enim non tam facile in mentem venire solet quare verum sit aliquid quam quare fal-

---

ACPNB] 8 et] ac B 12 himarmaenem M² -manem A marmanem B 15 st] est B sit ACPN 21 metuemus AB¹ 29 atqui B² atque CPNB¹ atque (ft. ex ∼ qui) rad. corr. ∼ qui A 31 cf. p. 23, 27. 49, 17

sum; idque cum saepe tum cum te audirem paulo ante contigit. roges me qualem naturam deorum esse dicam: nihil fortasse respondeam; quaeras putemne talem esse qualis modo a te sit exposita: nihil dicam
5 mihi videri minus.

Sed ante quam adgrediar ad ea quae a te disputata sunt de te ipso dicam quid sentiam. Saepe enim de 58 L. Crasso illo familiari tuo videor audisse, cum te togatis omnibus sine dubio anteferret, paucos tecum Epi-
10 cureos e Graecia compararet, sed, quod ab eo te mirifice diligi intellegebam, arbitrabar illum propter benivolentiam uberius id dicere. ego autem, etsi vereor laudare praesentem, iudico tamen de re obscura atque difficili a te dictum esse dilucide, neque sententiis so-
15 lum copiose sed verbis etiam ornatius quam solent vestri. Zenonem, quem Philo noster coryphaeum appel- 59 lare Epicureorum solebat, cum Athenis essem audiebam frequenter, et quidem ipso auctore Philone, credo ut facilius iudicarem quam illa bene refellerentur, cum
20 a principe Epicureorum accepissem quem ad modum dicerentur. non igitur ille ut plerique, sed isto modo ut tu, distincte graviter ornate. Sed quod in illo mihi usu saepe venit, idem modo cum te audirem accidebat, ut moleste ferrem tantum ingenium (bona venia me
25 audies) in tam leves ne dicam in tam ineptas sententias incidisse. Nec ego nunc ipse aliquid adferam me- 60 lius. ut enim modo dixi, omnibus fere in rebus sed maxime in physicis quid non sit citius quam quid sit dixerim. roges me quid aut quale sit deus: auctore 22
30 utar Simonide, de quo cum quaesivisset hoc idem tyrannus Hiero, deliberandi sibi unum diem postulavit;

---

ACPNB] 2 dicam D$^1$OB$^1$ ducam A$^2$D$^2$HPNB$^2$[A$^1$]
8 L. Crasso *om.* ACPN familiare illo *sic* ACPN 9 ⟨et⟩ paucos N 14 difficili C -lia A$^1$B$^1$ delucide PB$^1$ delulicide A 16 filio A$^1$B$^1$ 23 acciderat ACPN 27 *cf. p. 22,31*
28. 29 quid non ... dixerim *cf. Lact. inst. 1, 17, 4* 30—p. 24, 9 *cf. Min. Fel. 13, 4*

cum idem ex eo postridie quaereret, biduum petivit;
cum saepius duplicaret numerum dierum admiransque
Hiero requireret cur ita faceret, 'quia quanto diutius
considero' inquit 'tanto mihi spes videtur obscurior'.
Sed Simoniden arbitror (non enim poeta solum suavis
verum etiam ceteroqui doctus sapiensque traditur),
quia multa venirent in mentem acuta atque subtilia,
dubitantem quid eorum esset verissimum desperasse
omnem veritatem. Epicurus vero tuus (nam cum illo
malo disserere quam tecum) quid dicit quod non modo
philosophia dignum esset sed mediocri prudentia?

Quaeritur primum in ea quaestione quae est de natura deorum, sintne dei necne sint. 'Difficile est negare.' Credo si in contione quaeratur, sed in huius modi sermone et in consessu ⟨familiari⟩ facillimum. itaque ego ipse pontifex, qui caerimonias religionesque publicas sanctissime tuendas arbitror, is hoc quod primum est, esse deos, persuaderi mihi non opinione solum sed etiam ad veritatem plane velim. multa enim occurrunt quae conturbent, ut interdum nulli esse videantur. Sed vide quam tecum agam liberaliter: quae communia sunt vobis cum ceteris philosophis non attingam, ut hoc ipsum; placet enim omnibus fere mihique ipsi in primis deos esse. itaque non pugno; rationem tamen eam quae a te adfertur non satis firmam puto. Quod enim omnium gentium generumque hominibus ita videretur, id satis magnum argumentum esse dixisti cur esse deos confiteremur. quod cum leve per se tum etiam falsum est. Primum enim unde tibi notae sunt opiniones nationum? equidem arbitror multas esse gentes sic inmanitate efferatas, ut apud eas nulla suspicio deorum sit. Quid Diagoras, Atheos

---

ACPNB] 4 res N species *Reitz.* 6 ceteroqui *dett. Vict.*
-que AB 8 uerissimus A¹B¹ 10. 11 *aut* dixit *aut* sit *(sic cod. Urs.) Lb.* 15 in om. *dett. Ald.* consessu *Rom.* consensu AB add. *Pl.* 28 cf. p. 18, 11. 121, 30 32—p. 25, 7 cf. *Min. Fel.* 8, 2 s. *Lact. ira* 9, 1 s. 7

qui dictus est, posteaque Theodorus nonne aperte deorum naturam sustulerunt? nam Abderites quidem Protagoras, cuius a te modo mentio facta est, sophistes temporibus illis vel maximus, cum in principio libri sic
5 posuisset 'de divis neque ut sint neque ut non sint habeo dicere', Atheniensium iussu urbe atque agro est exterminatus librique eius in contione combusti; ex quo equidem existimo tardioris ad hanc sententiam profitendam multos esse factos, quippe cum poenam
10 ne dubitatio quidem effugere potuisset. Quid de sacrilegis, quid de impiis periurisque dicemus?
'Tubulus si Lucius umquam,
si Lupus aut Carbo aut Neptuni filius',
ut ait Lucilius, putasset esse deos, tam periurus aut
15 tam inpurus fuisset? Non est igitur tam explorata ista 64 ratio ad id quod vultis confirmandum quam videtur. sed quia commune hoc est argumentum aliorum etiam philosophorum, omittam hoc tempore; ad vestra propria venire malo.
20 Concedo esse deos; doce me igitur unde sint ubi sint 65 quales sint corpore animo vita; haec enim scire desidero. Abuteris ad omnia atomorum regno et licentia; hinc quodcumque in solum venit, ut dicitur, effingis atque efficis. Quae primum nullae sunt. nihil est enim
25 \*\*quod vacet corpore, corporibus autem omnis obsidetur locus; ita nullum inane, nihil esse individuum potest. Haec ego nunc physicorum oracla fundo, vera an falsa nescio, sed veri [simile] tamen similiora quam vestra. ista enim flagitia Democriti sive etiam ante Leucippi,
30 esse corpuscula quaedam levia alia aspera, rutunda

---

A C P N B] 1 nonne a parte A C nonea parte B[1]    3 cf. p. 13, 2   7 contentione P B[1]   12. 13 Lucil. 1312 s. Marx   13 aut posterius del. Ios. Scaliger apud Dousam ad Lucil.   20 aoce P doces A B   25 defectum indicavit Lb.; ⟨in rerum natura minimum quod dividi nequeat; deinde ut sint, moveri per inane non possunt, si quidem id dicis inane⟩ Sch. 286. cf. Aug. epist. 118, 31
28 simile A[1] B[1] -li B[2], del. A[c]   30 quaedam, ⟨alia⟩ Reid apud M[y]. q., ⟨et alia' quidem⟩ Pl.   rut- A H P N rot- B; -dia A H[1] N B[1]

alia, partim autem angulata et hamata, curvata quaedam et quasi adunca, ex iis effectum esse caelum atque terram nulla cogente natura sed concursu quodam
fortuito — hanc tu opinionem C. Vellei usque ad hanc
aetatem perduxisti, priusque te quis de omni vitae
statu quam de ista auctoritate deiecerit; ante enim iudi-
casti Epicureum te esse oportere quam ista cognovisti:
ita necesse fuit aut haec flagitia concipere animo aut
susceptae philosophiae nomen amittere. quid enim
mereas, ut Epicureus esse desinas? 'Nihil equidem'
inquis 'ut rationem vitae beatae veritatemque deseram'.
Ista igitur est veritas? nam de vita beata nihil repugno,
quam tu ne in deo quidem esse censes nisi plane otio
langueat. sed ubi est veritas? in mundis credo innumerabilibus omnibus minimis temporum punctis aliis nascentibus aliis cadentibus; an in individuis corpusculis tam praeclara opera nulla moderante natura
nulla ratione fingentibus? Sed oblitus liberalitatis meae,
qua tecum paulo ante uti coeperam, plura complector.
Concedam igitur ex individuis constare omnia; quid ad
rem? deorum enim natura quaeritur. sint sane ex atomis; non igitur aeterni. †quia enim ex atomis, id natum aliquandost; si natum, nulli dei ante quam nati; et
si ortus est deorum, interitus sit necesse est, ut tu
paulo ante de Platonis mundo disputabas. ubi igitur
illud vestrum beatum et aeternum, quibus duobus verbis significatis deum? Quod cum efficere vultis, in du-
meta conrepitis. ita enim dicebas, non corpus esse
in deo sed quasi corpus, nec sanguinem sed tamquam
sanguinem.

---

ACPNB] 1 et hamata *Pl.* (ham. *Ma.* vel ham. *Vors. 54 A 11*) firamata A G¹ P¹ foram- D G° H firm- P° lpiram- N plram- O, *om.* B
curvata *om.* ACNP   5 perduxti B¹   6 deicerit A¹ B¹   13 otio A² H
optio PNB [A¹]   16 in *om.* HB   19 *cf. p. 24, 21*   22 quod
*dett. Rom. Ven.* quicquid *Mue.* si quid *Kalbfl.*   atomis id A² C P¹
-misit A¹ B¹ -mis si id N -mis sit O B²; -mis renatum P°   23 st]
est B¹ *Lb.* sit ACPNB²   natum] nati N   25 *cf. p. 9, 8*
26 *cf. p. 19, 4*   28 *cf. p. 20, 9*

Hoc persaepe facitis, ut, cum aliquid non veri simile
dicatis et effugere reprehensionem velitis, adferatis
aliquid quod omnino ne fieri quidem possit, ut satius
fuerit illud ipsum de quo ambigebatur concedere quam
tam inpudenter resistere. Velut Epicurus cum videret,
si atomi ferrentur in locum inferiorem suopte pondere,
nihil fore in nostra potestate, quod esset earum motus
certus et necessarius, invenit quo modo necessitatem
effugeret, quod videlicet Democritum fugerat: ait atomum, cum pondere et gravitate directo deorsus feratur, declinare paululum. hoc dicere turpius est quam
illud quod vult non posse defendere. Idem facit contra
dialecticos; a quibus cum traditum sit in omnibus diiunctionibus, in quibus 'aut etiam aut non' poneretur,
alterum utrum esse verum, pertimuit ne, si concessum
esset huius modi aliquid 'aut vivet cras aut non vivet
Epicurus', alterutrum fieret necessarium: totum hoc
'aut etiam aut non' negavit esse necessarium; quo quid
dici potuit obtusius? Urguebat Arcesilas Zenonem,
cum ipse falsa omnia diceret quae sensibus viderentur,
Zenon autem non nulla visa esse falsa non omnia; timuit Epicurus ne, si unum visum esset falsum, nullum
esset verum: omnes sensus veri nuntios dixit esse.
Nihil horum nisi †valde; graviorem enim plagam accipiebat ut leviorem repelleret.

Idem facit in natura deorum: dum individuorum corporum concretionem fugit ne interitus et dissipatio
consequatur, negat esse corpus deorum sed tamquam
corpus, nec sanguinem sed tamquam sanguinem. Mirabile videtur quod non rideat haruspex cum haruspicem
viderit; hoc mirabilius quam vos inter vos risum

---

A C P N B]    6 ferentur $H^1 B^1$    10 derecto *Mue.*    11 diceretur plus $A B^1$    est, ⟨quicquam fieri sine causa,⟩ *Pl.*    12 uul $A^1$
uut $B^1$    13. 14 di- *Bul.* dis- $M^x$ de- A B,· -iun- $A D P^1 N B^2$ -uin-
$H P^2 O B^1$    15 esse *dett. Ven.* esset A B    17 fieret *Ald.* fieri
A B    24 nisi callide C nimis callide *Al.* nisi valde ⟨inconsiderate⟩ *Pl.*    31 quam] quod $F^2$ quam ⟨ut⟩ *Pl., sed v. app.*

tenere possitis? 'non est corpus sed quasi corpus':
hoc intellegerem quale esset, si in cereis fingeretur aut
fictilibus figuris; in deo quid sit quasi corpus aut quid
sit quasi sanguis intellegere non possum. ne tu quidem Vellei, sed non vis fateri.

72 Ista enim a vobis quasi dictata redduntur, quae Epicurus oscitans halucinatus est, cum quidem gloriare-
tur, ut videmus in scriptis, se magistrum habuisse nullum. quod et non praedicanti tamen facile equidem
crederem, sicut mali aedificii domino glorianti se architectum non habuisse; nihil enim olet ex Academia, nihil
[ne] ex Lycio, nihil ne e puerilibus quidem disciplinis.
Xenocraten audire potuit (quem virum, dii inmortales), et sunt qui putent audisse; ipse non vult: credo,
plus nemini. Pamphilum quendam Platonis auditorem
ait a se Sami auditum (ibi enim adulescens habitabat
cum patre et fratribus, quod in eam pater eius Neocles
agripeta venerat, sed cum agellus eum non satis aleret
73 ut opinor, ludi magister fuit); sed hunc Platonicum mirifice contemnit Epicurus: ita metuit ne quid umquam
didicisse videatur. In Nausiphane Democriteo tenetur;
quem cum a se non neget auditum vexat tamen omnibus contumeliis. atqui si haec Democritea non audisset,
quid audierat, quid est in physicis Epicuri non a Democrito? nam etsi quaedam commutavit, ut quod paulo
ante de inclinatione atomorum dixi, tamen pleraque
dicit eadem, atomos inane, imagines infinitatem locorum innumerabilitatemque mundorum, eorum ortus
interitus, omnia fere quibus naturae ratio continetur.

Nunc istuc quasi corpus et quasi sanguinem quid
74 intellegis? ego enim te scire ista melius quam me non

ACPNB] 2 cereis *dett. Ald.* ceris AB diceretur *Mц.*
3. 4 quasi c. a. q. sit *om.* ACPN 9 et *om.* N et *RKl.* equidem
*dett. Lb.* quidem AB 10 credem A¹B¹ -dam PN 11 olet B
floret ACPN 12 *om. dett. Ven.* Lycio *dett. Rom.* leuclo *vel*
leutio A²CPNB² lecio B¹ (ex L. nihil ne *om.* A¹) 17 eam
⟨insulam⟩ *Pl. cl. p. 34, 26; aliter KStegm. 2, 637* 27 inane *Ald.*
-nes AB

fateor solum sed etiam facile patior; cum quidem semel dicta sunt, quid est quod Velleius intellegere possit Cotta non possit? itaque corpus quid sit sanguis quid sit intellego, quasi corpus et quasi sanguis quid sit nullo prorsus modo intellego. neque tu me celas ut Pythagoras solebat alienos, nec consulto dicis occulte tamquam Heraclitus, sed, quod inter nos liceat, ne tu quidem intellegis. Illud video pugnare te, species ut quaedam sit deorum, quae nihil concreti habeat nihil solidi nihil expressi nihil eminentis, sitque pura levis perlucida. dicemus igitur idem quod in Venere Coa: corpus illud non est sed simile corporis, nec ille fusus et candore mixtus rubor sanguis est sed quaedam sanguinis similitudo; sic in Epicureo deo non rem sed similitudines esse rerum.

Fac id quod ne intellegi quidem potest mihi esse persuasum; cedo mihi istorum adumbratorum deorum liniamenta atque formas. Non deest hoc loco copia rationum, quibus docere velitis humanas esse formas deorum; primum quod ita sit informatum anticipatum-⟨que⟩ mentibus nostris, ut homini, cum de deo cogitet, forma occurrat humana; deinde cum, quoniam rebus omnibus excellat natura divina, forma quoque esse pulcherrima debeat, nec esse humana ullam pulchriorem; tertiam rationem adfertis, quod nulla in alia figura domicilium mentis esse possit. primum igitur quidque considera quale sit; arripere enim mihi videmini quasi vestro iure rem nullo modo probabilem.

⟨Primum⟩ omnium quis tam caecus in contemplandis rebus umquam fuit, ut non videret species istas ho-

---

ACPNB; 8 *def.* P] 2 uelletius A *B*¹ 6 consulto *dett. Rom.* -ta AB 7 liceat *Vict.* liqueat AB 10 eminens *Hel.*, sed -tis ob concinnitatem *Sjö. 147* 12 corpori Bᶜ -re Bᵖ 14 res *Ven.* 16—p. 40, 28 *cf. p. 66, 12* 20—26 *cf. p. 19, 20 ss. 25 ss. 20, 5 ss.* 21 *add. dett. Rom.* 22 cum *Pl.* ut AB quod *dett. Wa.* 25 adf. possit quod ACN*B*² in *om.* ACN 26 possit *om.* ACN 27 quidquid AC consideras ACN 29 *add. Pl.* omnino *Bai.*

minum conlatas in deos aut consilio quodam sapientium, quo facilius animos imperitorum ad deorum cultum a vitae pravitate converterent, aut superstitione, ut essent simulacra quae venerantes deos ipsos se adire crederent. auxerunt autem haec eadem poetae pictores opifices; erat enim non facile agentis aliquid et molientes deos in aliarum formarum imitatione servare.

Accessit etiam ista opinio fortasse, quod homini homine pulchrius nihil videatur. Sed tu hoc physice non vides, quam blanda conciliatrix et quasi sui sit lena natura? an putas ullam esse terra marique beluam quae non sui generis belua maxime delectetur? quod ni ita esset, cur non gestiret taurus equae contrectatione, equus vaccae? an tu aquilam aut leonem aut delphinum ullam anteferre censes figuram suae? quid igitur mirum si hoc eodem modo homini natura praescripsit, ut nihil pulchrius quam hominem putaret? \*\* eam esse causam cur deos hominum similis putaremus: quid censes, si ratio esset in beluis, non suo quasque generi plurimum tributuras fuisse? At mehercule ego (dicam enim ut sentio) quamvis amem ipse me tamen non audeo dicere pulchriorem esse me quam ille fuerit taurus qui vexit Europam; non enim hoc loco de ingeniis aut de orationibus nostris sed de specie figuraque quaeritur. quod si fingere nobis et iungere formas velimus, qualis ille maritimus Triton pingitur, natantibus invehens beluis adiunctis humano corpori, nolis esse. Difficili in loco versor; est enim vis tanta naturae, ut homo nemo velit nisi hominis similis esse — et quidem formica formicae. Sed tamen cuius hominis? quotus enim quisque formonsus est: Athenis cum es-

---

ACNB] 8 *cf. p. 29, 24*  9 videtur *vel* videbatur *Sch. 309 ft. recte*
10 quasi *dett. Ald.* quam AB   17 *defectum subindicavit My.*
(eam ... putaremus *del. Mdv.*) ⟨neque quicquam valet illud quod addidisti, quod ratio nulla in alia nisi hominis figura habitaret,⟩ *Pl., cf. p. 29, 25*   23 uexit $A^2 A^3$C uex id $A^1$ uexet $B^2$ uexerit $B^1$   27 corpori N -re $ACB^2$ -res $B^1$   29 homini ACN

sem, e gregibus epheborum vix singuli reperiebantur
— video quid adriseris, sed ita tamen se res habet.
Deinde nobis, qui concedentibus philosophis antiquis
adulescentulis delectamur, etiam vitia saepe iucunda
5 sunt. naevos in articulo pueri delectat Alcaeum; at est
corporis macula naevos; illi tamen hoc lumen videbatur. Q. Catulus, huius collegae et familiaris nostri pater,
dilexit municipem tuum Roscium, in quem etiam illud
est eius:
10 'constiteram exorientem Auroram forte salutans,
cum subito a laeva Roscius exoritur.
pace mihi liceat caelestes dicere vestra:
mortalis visus pulchrior esse deo.'
huic deo pulchrior; at erat, sicuti hodie est, perversissi-
15 mis oculis: quid refert, si hoc ipsum salsum illi et venustum videbatur? Redeo ad deos. ecquos si non tam
strabones at paetulos esse arbitramur, ecquos naevum
habere, ecquos silos flaccos frontones capitones, quae
sunt in nobis, an omnia emendata in illis? Detur id
20 vobis; num etiam una est omnium facies? nam si plures, aliam esse alia pulchriorem necesse est, igitur aliquis non pulcherrimus deus; si una omnium facies
est, florere in caelo Academiam necesse est: si enim
nihil inter deum et deum differt, nulla est apud deos
25 cognitio, nulla perceptio.

Quid si etiam Vellei falsum illud omnino est, nullam 81
aliam nobis de deo cogitantibus speciem nisi hominis
occurrere: tamenne ista tam absurda defendes? Nobis
fortasse sic occurrit ut dicis; a parvis enim Iovem

---

ACNB]  7 Quintus CNB² que intus A¹ quaentus *vel* quae-intus A²[B¹]  10—13 *Lutat epigr. FPL p.43*  13 visus ⟨est⟩ *cod. Urs. Ven.*  14 at erat DH aderat AB  peruersis B¹  16 et- quos AB¹  17 ecquos A B² et- CNB¹  18 habere nec quos *an* -rem et quos B¹ habere etquos ACN  20 nam et si B  26 quid *dett. Ald.* quod ACN quo B  illud *p. 29, 21*  28 defendes *dett. Asc.²* -dens AB  29 a parvis enim *RKl. Neue Jahrb. 71 (1855) 202* apparuisse AB

Iunonem Minervam Neptunum Vulcanum Apollinem reliquos deos ea facie novimus qua pictores fictoresque voluerunt, neque solum facie sed etiam ornatu aetate vestitu. at non Aegyptii nec Syri nec fere cuncta barbaria; firmiores enim videas apud eos opiniones esse de bestiis quibusdam quam apud nos de sanctissimis templis et simulacris deorum. etenim fana multa spoliata et simulacra deorum de locis sanctissimis ablata videmus a nostris, at vero ne fando quidem auditumst crocodilum aut ibin aut faelem violatum ab Aegyptio. quid igitur censes Apim illum sanctum Aegyptiorum bovem nonne deum videri Aegyptiis? tam hercle quam tibi illam vestram Sospitam. Quam tu numquam ne in somnis quidem vides nisi cum pelle caprina cum hasta cum scutulo cum calceolis repandis. at non est talis Argia nec Romana Iuno. ergo alia species Iunonis Argivis alia Lanuinis. .et quidem alia nobis Capitolini alia Afris Hammonis Iovis. Non pudet igitur physicum id est speculatorem venatoremque naturae ab animis consuetudine inbutis petere testimonium veritatis? isto enim modo dicere licebit Iovem semper barbatum, Apollinem semper inberbem, caesios oculos Minervae, caeruleos esse Neptuni. et quidem laudamus esse Athenis Volcanum eum quem fecit Alcamenes, in quo stante atque vestito leviter apparet claudicatio non deformis: claudum igitur habebimus deum, quoniam de Volcano sic accepimus. Age et his vocabulis esse deos facimus quibus a nobis nominantur? at primum quot hominum linguae tot nomina deorum; non enim ut tu Velleius quocumque veneris sic idem in Italia Volcanus idem in Africa idem in Hispania. deinde nominum non magnus numerus ne in pontificiis quidem nostris, deorum au-

---

ACNB] 1 reliquosque A²B² 9 auditumst] -tum est HN -tu est ADB² -tus est B¹ 10 ibim CNB Aegyptio H² *(sed i del.)* -to AB 13 illa vestra Sospita *Dav.* 17 alia L. ⟨alia nobis⟩ *cod. Urs.* ⟨alia Romanis⟩ alia L. *Lbm.* 18 sammonis B¹ amm- B² 19 veneratoremque B 23 esse *om. dett. Ald.*

tem innumerabilis. an sine nominibus sunt? istud quidem ita vobis dicere necesse est; quid enim attinet, cum una facies sit, plura esse nomina? Quam bellum erat Vellei confiteri potius nescire quod nescires quam
5 ista effutientem nauseare atque ipsum sibi displicere. An tu mei similem putas esse aut tui deum? profecto non putas.

'Quid ergo, solem dicam aut lunam aut caelum deum? ergo etiam beatum: quibus fruentem volup-
10 tatibus? et sapientem: qui potest esse in eius modi trunco sapientia?' haec vestra sunt. Si igitur nec humano *, quod docui, nec tali aliquo, quod tibi ita persuasum est, quid dubitas negare deos esse? non audes. sapienter id quidem, etsi hoc loco non populum metuis
15 sed ipsos deos. novi ego Epicureos omnia sigilla venerantes. Quamquam video non nullis vidéri Epicurum, ne in offensionem Atheniensium caderet, verbis reliquisse deos re sustulisse. itaque in illis selectis eius brevibusque sententiis, quas appellatis κυρίας δόξας,
20 haec ut opinor prima sententia est: 'quod beatum et inmortale est id nec habet nec exhibet cuiquam negotium'; in hac ita exposita sententia sunt qui existiment, quod ille inscitia plane loquendi fecerit, fecisse consulto: de homine minime vafro male existimant. du-
25 bium est enim utrum dicat aliquid esse beatum et inmortale an si quod sit id esse tale. non animadvertunt hic eum ambigue locutum esse, sed multis aliis locis et illum et Metrodorum tam aperte quam paulo ante te. Ille vero deos esse putat, nec quemquam vidi qui ma-

---

A C N B] 4 nescires C nesciris A¹ nescis A²B²[*B¹*] 5 ista A²DH -am A°GNB, om. Aᵖ 8—11 cf. p. 21, 11 ss. 12 ⟨usu⟩ dett. Ven. ⟨visu⟩ Ald. ⟨corpore⟩ RKl. adn. 1, 7 ⟨corpore sunt di⟩ Forchh. 15 venerantes Man. numerantes A B 16 uidereri A¹ uiderit B¹ cf. p. 48, 16 17 offensionem N -ne A B 20 cf. p. 19, 4 23 fecerat A¹ cf. p. 138, 7 25 esse dett. Wa. iste A B 26 quid Mue. My. tale Hei. mortale A H B² (an si ... mortale om. B¹) imm- N; id esse mortale del Or Sch. 318

gis ea quae timenda esse negaret timeret, mortem dico
et deos: quibus mediocres homines non ita valde moventur, his ille clamat omnium mortalium mentes esse
perterritas; tot milia latrocinantur morte proposita,
alii omnia quae possunt fana conpilant: credo aut illos
mortis timor terret aut hos religionis.

Sed quoniam non audes (iam enim cum ipso Epicuro
loquar) negare esse deos, quid est quod te inpediat aut
solem aut mundum aut mentem aliquam sempiternam
in deorum numero ponere? 'Numquam vidi' inquit
'animam rationis consiliique participem in ulla alia nisi
humana figura'. Quid solis numquidnam aut lunae aut
quinque errantium siderum simile vidisti? sol duabus
unius orbis ultimis partibus definiens motum cursus
annuos conficit; huius hanc lustrationem eiusdem in-
censa radiis menstruo spatio luna complet; quinque
autem stellae eundem orbem tenentes, aliae propius
a terris aliae remotius, ab isdem principiis disparibus
temporibus eadem spatia conficiunt. num quid tale
Epicure vidisti? ne sit igitur sol ne luna ne stellae,
quoniam nihil esse potest nisi quod attigimus aut vidimus. Quid deum ipsum numne vidisti? cur igitur credis
esse? Omnia tollamus ergo quae aut historia nobis
aut ratio nova adfert. ita fit ut mediterranei mare esse
non credant. quae sunt tantae animi angustiae ut, si
Seriphi natus esses nec umquam egressus ex insula,
in qua lepusculos vulpeculasque saepe vidisses, non
crederes leones et pantheras esse, cum tibi quales
essent dicerentur, si vero de elephanto quis diceret,
etiam rideri te putares.

Et tu quidem Vellei non vestro more sed dialecti-
corum, quae funditus gens vestra non novit, ⟨an-

---

ACNB] 6 religiones ACNB¹ 9 solem ⟨aut lunam⟩ *Ald.*
10 numero *Wa.* natura AB *cf. p. 20, 7* 15 lustrationem *dett.
Ma.* inl - B ill- CN inlustratationem A 18 *an* terra *(cf. My.) sed
cf. p. 35, 27* 19 nunc CNB¹ 24 flet *dett. Rom.* mediterranei CO -nli A³ -ni A¹B 29 dicerentur] diceretur *dett. Ven.*

gustia⟩ argumenti sententiam conclusisti. Beatos esse deos sumpsisti: concedimus. beatum autem esse sine virtute neminem posse: id quoque damus, et libenter quidem. virtutem autem sine ratione con-
5 stare non posse: conveniat id quoque necesse est. Adiungis nec rationem esse nisi in hominis figura. quem tibi hoc daturum putas? si enim ita esset, quid opus erat te gradatim istuc pervenire? sumpsisses tuo iure. quod autem est istuc gradatim? nam a beatis ad
10 virtutem, a virtute ad rationem video te venisse gradibus; a ratione ad humanam figuram quo modo accedis? praecipitare istuc quidem est, non descendere.

Nec vero intellego cur maluerit Epicurus deos hominum similes dicere quam homines deorum. quaeres
15 quid intersit; si enim hoc illi simile sit, esse illud huic. video, sed hoc dico, non ab hominibus formae figuram venisse ad deos; di enim semper fuerunt, nati numquam sunt, si quidem aeterni sunt futuri; at homines nati; ante igitur humana forma quam homines, eaque
20 erant forma dii inmortales: non ergo illorum humana forma sed nostra divina dicenda est.

Verum hoc quidem ut voletis; illud quaero, quae fuerit tanta fortuna (nihil enim ratione in rerum natura factum esse vultis) — sed tamen quis iste tantus casus,
25 unde tam felix concursus atomorum, ut repente homines deorum forma nascerentur? Seminane deorum decidisse de caelo putamus in terras et sic homines patrum similes extitisse? vellem diceretis; deorum cognationem agnoscerem non invitus. nihil tale dici-
30 tis, sed casu esse factum ut essemus similes deorum. Et nunc argumenta quaerenda sunt quibus hoc refella-

---

ACNB] 1 *add. Pl.;* argumento *dett. Lb. cf. p. 20, 5*   2 esse *om.* ACN (⟨esse⟩ posse D⁸N)   8 sumps. t. iure *post* gradatim *9* AB*; transposuit Facc. de inexplicabilibus 2 (1725) 28*
9 quid *dett. Rom.* qui *Sch. 305*   16 formam et fig. *Pl.*   19 eaque *dett. Ald.* ea qua AB   24 qui B¹   26 ne *om.* ACN   27 terram A¹

tur. utinam tam facile vera invenire possim quam falsa
convincere.

33 Etenim enumerasti memoriter et copiose, ut mihi quidem admirari luberet in homine esse Romano tantam
scientiam, usque a Thale Milesio de deorum natura phi- 5
92 losophorum sententias. omnesne tibi illi delirare visi
sunt qui sine manibus et pedibus constare deum posse
decreverint?

Ne hoc quidem vos movet considerantis, quae sit
utilitas quaeque oportunitas in homine membrorum, 10
ut iudicetis membris humanis deos non egere? quid
enim pedibus opus est sine ingressu, quid manibus
si nihil conprehendendum est, quid reliqua discrip-
tione omnium corporis partium, in qua nihil inane nihil sine causa nihil supervacuaneum est, itaque nulla 15
ars imitari sollertiam naturae potest. habebit igitur
linguam deus et non loquetur, dentes palatum fauces
nullum ad usum, quaeque procreationis causa natura
corpori adfinxit ea frustra habebit deus; nec externa
magis quam interiora, cor pulmones iecur cetera — 20
quae detracta utilitate quid habent venustatis (quando
quidem haec esse in deo propter pulchritudinem
voltis)?

93 Istisne fidentes somniis non modo Epicurus et
Metrodorus et Hermarchus contra Pythagoram Pla- 25
tonem Empedoclemque dixerunt, sed meretricula
etiam Leontium contra Theophrastum scribere ausast
— scito illa quidem sermone et Attico, sed tamen:
tantum Epicuri hortus habuit licentiae. Et soletis
queri; Zeno quidem etiam litigabat; quid dicam 30
Albucium; nam Phaedro nihil elegantius nihil hu-
manius, sed stomachabatur senex si quid asperius

ACNB] 1. 2 utinam ... convincere *Lact. inst. 2, 3, 24 ira
11, 10* 1 possem D *Lact. utrobique* 3 *cf. p. 11, 2* 4 *cf.
p. 23, 14* 6 delilare A¹B¹; *cf. p. 17, 26* 8 decreuerunt N 13 de-
scriptione DNM 22 in deo A² inde A¹B *cf. p. 19, 27* 24 fi-
dentis A¹B somnis A¹N 27 si] est B¹ sit ACNB¹

**§ 91—95**      DE NATURA DEORUM    COTTA   37

dixeram, cum Epicurus Aristotelem vexarit contumeliosissime, Phaedoni Socratico turpissime male dixerit, Metrodori sodalis sui fratrem Timocraten, quia nescio quid in philosophia dissentiret, totis voluminibus con-
5 ciderit, in Democritum ipsum quem secutus est fuerit ingratus, Nausiphanem magistrum suum, a quo ⟨non⟩ nihil didicerat, tam male acceperit. Zeno quidem non 34 eos solum qui tum erant, Apollodorum Sillim ceteros, figebat maledictis, sed Socraten ipsum parentem
10 philosophiae Latino verbo utens scurram Atticum fuisse dicebat, Chrysippum numquam nisi Chrysippam vocabat. tu ipse paulo ante cum tamquam senatum 94 philosophorum recitares, summos viros desipere delirare dementis esse dicebas. quorum si nemo verum
15 vidit de natura deorum, verendum est ne nulla sit omnino.

   Nam ista quae vos dicitis sunt tota commenticia, vix digna lucubratione anicularum. non enim sentitis quam multa vobis suscipienda sint si inpe-
20 traritis ut concedamus eandem hominum esse et deorum figuram. omnis cultus et curatio corporis erit eadem adhibenda deo quae adhibetur homini, ingressus cursus accubitio inclinatio sessio conprehensio, ad extremum etiam sermo et oratio. nam quod et maris 95
25 deos et feminas esse dicitis, quid sequatur videtis. equidem mirari satis non possum unde ad istas opiniones vester ille princeps venerit.

   Sed clamare non desinitis retinendum hoc esse, deus ut beatus inmortalisque sit. quid autem obstat quo mi-
30 nus sit beatus si non sit bipes, aut ista sive beatitas sive beatitudo dicendast (utrumque omnino durum, sed usu

---

    A C N B]    4 conciderit *dett. Rom. Ven.* -ret A B     6 *add. dett. Pearce*    8 silllm A silum C sillum N sillli $B^1$ siue $B^2$ Ephillum *Giambelli*    10 *cf. Min. Fel. 38, 5 Lact. inst. 3, 20, 15* 11 f. d.] nominabat H    nisi chrysippum B    13 *cf. p. 16, 9. 17, 26* 19 inpetraretis O $B^1$    23 accubito $A^1$ acubitio $B^1$    28 *cf. p. 19, 26* 30—p. 38, 1 *cf. Quint. inst. 8, 3, 32. 1, 5, 72*    31 st] est B sunt A C N mollienda nobis verba sunt) — verum ea quaecumque est cur aut in solem illum aut in hunc mundum aut in aliquam mentem aeternam figura membrisque corporis vacuam cadere non potest? nihil aliud dicis nisi 'Numquam vidi solem aut mundum beatum'. Quid mundum praeter hunc umquamne vidisti? negabis. cur igitur non sescenta milia esse mundorum sed innumerabilia ausus es dicere? 'Ratio docuit.' Ergo hoc te ratio non docebit, cum praestantissima natura quaeratur eaque beata et aeterna, quae sola divina naturast, ut inmortalitate vincamur ab ea natura sic animi praestantia vinci, atque ut animi item corporis? cur igitur, cum ceteris rebus inferiores simus, forma pares sumus; ad similitudinem enim deorum propius accedebat humana virtus quam figura. An quicquam tam puerile dici potest (ut eundem locum diutius urgeam) quam si ea genera beluarum, quae in rubro mari Indiave gignantur, nulla esse dicamus? atqui ne curiosissimi quidem homines exquirendo audire tam multa possunt quam sunt multa quae terra mari paludibus fluminibus existunt; quae negemus esse, quia numquam vidimus?

Ipsa vero quam nihil ad rem pertinet, quae vos delectat maxime, similitudo. quid canis nonne similis lupo (atque, ut Ennius, 'simia quam similis turpissuma bestia nobis'); at mores in utroque dispares. elephanto beluarum nulla prudentior; ad figuram quae vastior? de bestiis loquor; quid inter ipsos homines nonne et simillimis formis dispares mores et moribus ⟨paribus⟩ figura dissimilis?

Etenim si semel Vellei suscipimus genus hoc argumenti, attende quo serpat. tu enim sumebas nisi

---

ACNB] 4 cf. p. 21, 11   6 umquamne Rom. num- AB
7 cf. p. 21, 25   10 st] est B sunt ACN   14 deorum Mue. coniect. Tull. (1860) 17 del Lb. deo AB   17 gignuntur Sch.
23 similis lupo ACNB² similitudo lupi B¹   24 Enn. sat. 69 V.
26 at B; at figura NF²   28 add. RKl. adn. 1, 9, ⟨simillimis⟩ dett. Dav.   31 cf. p. 20, 7

in hominis figura rationem inesse non posse; sumet
alius nisi in terrestri, nisi in eo qui natus sit, nisi in eo
qui adoleverit, nisi in eo qui didicerit, nisi in eo qui ex
animo constet et corpore caduco et infirmo, postremo nisi in homine atque mortali. quod si in omnibus his rebus obsistis, quid est quod te forma una
conturbet? his enim omnibus quae proposui adiunctis in homine rationem esse et mentem videbas; quibus
detractis deum tamen nosse te dicis, modo liniamenta
maneant. hoc est non considerare sed quasi sortiri
quid loquare.

Nisi forte ne hoc quidem adtendis, non modo
in homine sed etiam in arbore quicquid supervacuaneum sit aut usum non habeat obstare. quam molestum est uno digito plus habere; quid ita? quia nec
speciem nec usum alium quinque desiderant. tuus
autem deus non digito uno redundat sed capite collo
cervicibus lateribus alvo tergo poplitibus manibus pedibus feminibus cruribus. si ut inmortalis sit, quid haec
ad vitam membra pertinent, quid ipsa facies? magis
illa, cerebrum cor pulmones iecur: haec enim sunt domicilia vitae; oris quidem habitus ad vitae firmitatem
nihil pertinet. Et eos vituperabas, qui ex operibus
magnificis atque praeclaris, cum ipsum mundum, cum
eius membra caelum terras maria, cumque horum in-
signia solem lunam stellasque vidissent, cumque temporum maturitates mutationes vicissitudinesque cognovissent, suspicati essent aliquam excellentem esse
praestantemque naturam, quae haec effecisset moveret
regeret gubernaret. qui etiam si aberrant a coniectura,
video tamen quid sequantur: tu quod opus tandem
magnum et egregium habes quod effectum divina
mente videatur, ex quo esse deos suspicere? 'Habebam'

---

ACNB] 3 quiddicerit A¹ quiddidicerit B¹   8 hominem
AB¹   15 cf. Plaut. Epid. 58 Hofm. 725   23 cf. p. 21, 15
30 aberant GB¹ a del. Wa.   33 cf. p. 18, 24

inquis 'in animo insitam informationem quandam dei'.
Et barbati quidem Iovis, galeatae Minervae: num igitur
esse talis putas? Quanto melius haec vulgus imperitorum, qui non membra solum hominis deo tribuant
sed usum etiam membrorum; dant enim arcum sagittas hastam clipeum fuscinam fulmen, et si actiones
quae sint deorum non vident, nihil agentem tamen deum
non queunt cogitare. ipsi qui inridentur Aegyptii nullam beluam nisi ob aliquam utilitatem quam ex ea ca-
perent consecraverunt; velut ibes maximam vim ser-
pentium conficiunt, cum sint aves excelsae cruribus ri-
gidis corneo proceroque rostro; avertunt pestem ab
Aegypto, cum volucris anguis ex vastitate Libyae vento
Africo invectas interficiunt atque consumunt, ex quo
fit ut illae nec morsu vivae noceant nec odore mortuae.
possum de ichneumonum utilitate de crocodilorum de
faelium dicere, sed nolo esse longus. ita concludam, tamen beluas a barbaris propter beneficium consecratas,
vestrorum deorum non modo beneficium nullum extare, sed ne factum quidem omnino. 'Nihil habet' inquit 'negotii'. Profecto Epicurus quasi pueri delicati nihil cessatione melius existimat. at ipsi tamen pueri
etiam cum cessant exercitatione aliqua ludicra delectan-
tur: deum sic feriatum volumus cessatione torpere, ut,
si se commoverit, vereamur ne beatus esse non possit?
haec oratio non modo deos spoliat motu et actione divina, sed etiam homines inertis efficit, si quidem agens
aliquid ne deus quidem esse beatus potest.

Verum sit sane, ut vultis, deus effigies hominis et
imago: quod eius est domicilium quae sedes qui locus,
quae deinde actio vitae, quibus rebus, id quod vultis,
beatus est? utatur enim suis bonis oportet ⟨et⟩ fruatur

---

ACNB] 3 quanato $A^1B^1$ quamto $A^2$ 7 uidet $AB^1$
8—15 ipsi ... mortuae *schol. Iuv. 15, 3* (10 ibis *et* serpentum,
13 Lib. vast., 14 Africano *et* e) 18 beneficia *Pl.* 20 *cf.
p. 19, 5* 29 *cf. p. 29, 19. 35, 13* 32 *add. dett. Ald.*

qui beatus futurus est. nam locus quidem his etiam naturis, quae sine animis sunt, suus est cuique proprius, ut terra infimum teneat, hanc inundet aqua, superior ⟨aeri⟩, aetheriis ignibus altissima ora reddatur; bestiarum autem terrenae sunt aliae, partim aquatiles, aliae quasi ancipites in utraque sede viventes, sunt quaedam etiam quae igne nasci putentur appareantque in ardentibus fornacibus saepe volitantes. Quaero igitur vester 104 deus primum ubi habitet, deinde quae causa eum loco moveat, si modo movetur aliquando, post, cum hoc proprium sit animantium ut aliquid adpetant quod sit naturae accommodatum, deus quid appetat, ad quam denique rem motu mentis ac rationis utatur, postremo quo modo beatus sit quo modo aeternus. quicquid enim horum attigeris ulcus est: ita male instituta ratio exitum reperire non potest.

Sic enim dicebas, speciem dei percipi cogitatione non 105 sensu, nec esse in ea ullam soliditatem, neque eandem ad numerum permanere, eamque esse eius visionem ut similitudine et transitione cernatur neque deficiat umquam ex infinitis corporibus similium accessio, ex eoque fieri ut in haec intenta mens nostra beatam illam naturam et sempiternam putet. hoc, per ipsos deos de 38 quibus loquimur, quale tandem est? nam si tantum modo ad cogitationem valent nec habent ullam soliditatem nec eminentiam, quid interest utrum de hippocentauro an de deo cogitemus; omnem enim talem conformationem animi ceteri philosophi motum inanem vocant, vos autem adventum in animos et introitum imaginum dicitis. ut igitur, Ti. Gracchum cum videor 106

---

A C N B]    3 inundet C -dat A B    superior M² superi A B
4 *add. Mue.*    aetheriis *Mue.* (a)etheris H M² -ri B -r A D G N
5 sunt H sint A B    10 post *Nobbe* postremo A B porro *Hei.*
13 ratione *dett. Dav.*    14 *cf. p. 45, 5*    15 attigeris *dett. Man.* -rit A B
17 *cf. p. 20, 16*    20 similitudine C N simultitudine A B² -nem B¹
21 simillum ⟨imaginum⟩ *Goe.*    27 conformationem C confirm- A B
29. 30 *cf. Aug. epist. 118, 27. 29*    30 igitur *del. Mdv. gravius distinguens ante* hoc *p. 42, 5* Ti. *Ven.* titum A B

contionantem in Capitolio videre de M. Octavio deferentem sitellam, tum eum motum animi dico esse inanem, tu autem et Gracchi et Octavi imagines remanere, quae in Capitolium cum pervenerint tum ad animum meum referantur — hoc idem fieri in deo, cuius crebra facie pellantur animi, ex quo esse beati atque aeterni intellegantur. Fac imagines esse quibus pulsentur animi: species dumtaxat obicitur quaedam; num etiam cur ea beata sit cur aeterna?

Quae autem istae imagines vestrae aut unde? a Democrito omnino haec licentia; sed et ille reprehensus a multis est, nec vos exitum reperitis, totaque res vacillat et claudicat. nam quid est quod minus probari possit, omnium in me incidere imagines, Homeri Archilochi Romuli Numae Pythagorae Platonis — nec ea forma qua illi fuerunt: quo modo illi ergo? et quorum imagines: Orpheum poetam docet Aristoteles numquam fuisse, et hoc Orphicum carmen Pythagorei ferunt cuiusdam fuisse Cerconis; at Orpheus, id est imago eius ut vos vultis, in animum meum saepe incurrit. Quid quod eiusdem hominis in meum aliae aliae in tuum; quid quod earum rerum quae numquam omnino fuerunt neque esse potuerunt, ut Scyllae ut Chimaerae; quid quod hominum locorum urbium earum quas numquam vidimus; quid quod simul ac mihi collibitum est praesto est imago; quid quod etiam ad dormientem veniunt invocatae. tota res Vellei nugatoria est. Vos autem non modo oculis imagines sed etiam animis inculcatis: tanta est inpunitas garriendi. At quam licenter. 'Fluentium frequenter transitio fit visionum, ut e multis una

---

ACNB] 3 tu *Rom. Ven.* tum AB 4 pervenerim *dett. Ern.* 5 deferantur *Ern.* 8 num *Ma.* nunc AB 14 possit ⟨quam⟩ N 15 ea *Ald.* ex AB 17 *Aristot. de philos. fr. 7 R.* 19 cerconis AD°GH⁸N cereonis Dᵖ cratonis H¹ cerdonis B Cercopis *Vict.* 22 fuerunt N -rant AB 23 potuerunt A²N -rant A¹B 29 — p. 43, 18 *cf. Aug. epist. 118, 30 s.* 29 — p. 43, 1 *cf. p. 20, 19*

videatur.' Puderet me dicere non intellegere, si vos ipsi
intellegeretis qui ista defenditis. quo modo enim probas continenter imagines ferri, aut si continenter, quo
modo aeterne? 'Innumerabilitas' inquit 'suppeditat
atomorum'. Num eadem ergo ista faciet ut sint omnia
sempiterna? Confugis ad aequilibritatem (sic enim
ἰσονομίαν si placet appellemus) et ais, quoniam sit
natura mortalis, inmortalem etiam esse oportere. isto
modo, quoniam homines mortales sunt, sint aliqui inmortales, et quoniam nascuntur in terra, nascantur in
aqua. 'Et quia sunt quae interimant, sint quae conservent.' Sint sane, sed ea conservent quae sunt; deos
istos esse non sentio. Omnis tamen ista rerum effigies
ex individuis quo modo corporibus oritur? quae etiam
si essent, quae nulla sunt, pellere sepse et agitari inter
se concursu fortasse possent, formare figurare colorare
animare non possent. Nullo igitur modo inmortalem
deum efficitis.

Videamus nunc de beato. Sine virtute certe nullo
modo; virtus autem actuosa; et deus vester nihil agens;
expers virtutis igitur; ita ne beatus quidem. Quae ergo
vita? 'Suppeditatio' inquis 'bonorum nullo malorum
interventu'. Quorum tandem bonorum? voluptatum
credo, nempe ad corpus pertinentium; nullam enim no-
vistis nisi profectam a corpore et redeuntem ad corpus
animi voluptatem. non arbitror te velle similem esse
Epicureorum reliquorum, quos pudeat quarundam Epicuri vocum, quibus ille testatur se ⟨ne⟩ intellegere qui-

---

ACNB) 4 aeternae CB⁰ cf. p. 20, 20 inquis dett. Rom.
5 faciet dett. Wa. -ent ACN -unt B 6 cf. p. 20, 28 aequilibritatem PCrinitus de honesta disciplina (1504) 4,9 -libertatem AB
10 nascantur] nascuntur D¹GB¹ 11 cf. p. 21,2 12 sunt] sint B¹
14 individuis Ma. diuinis AB 15 quae n. sunt om. ACN sepse
Pl. se ipse AB -a N agitare D¹(Aug.) 17 possint A possunt B¹
22 cf. p. 21, 5 26 uellei N 27 quos ⟨non⟩ Crat. quarundam Lachmann in Lucr. 4, 116 eadem ADG earundem HN earum B epicuri CN -rei AB 28 add. A³CN

dem ullum bonum quod sit seiunctum a delicatis et
obscenis voluptatibus; quas quidem non erubescens
112 persequitur omnis nominatim. quem cibum igitur aut
quas potiones aut quas vocum aut florum varietates
aut quos tactus quos odores adhibebis ad deos, ut eos
perfundas voluptatibus? ac poetae quidem nectar am-
brosiam epulas conparant et aut Iuventatem aut Gany-
medem pocula ministrantem, tu autem Epicure quid
facies? neque enim unde habeat ista deus tuus video
nec quo modo utatur. locupletior igitur hominum natura ad beate vivendum est quam deorum, quod pluri-
113 bus generibus fruitur voluptatum. At has levioris ducis voluptates, quibus quasi titillatio (Epicuri enim hoc
verbum est) adhibetur sensibus. quo usque ludis? nam
etiam Philo noster ferre non poterat aspernari Epicureos mollis et delicatas voluptates. summa enim memoria pronuntiabat plurimas Epicuri sententias is ipsis
verbis quibus erant scriptae. Metrodori vero, qui est
Epicuri collega sapientiae, multa inpudentiora recita-
bat; accusat enim Timocratem fratrem suum Metrodorus, quod dubitet omnia quae ad beatam vitam per-
tineant ventre metiri, neque id semel dicit sed saepius.
adnuere te video, nota enim tibi sunt; proferrem libros
si negares. Neque nunc reprehendo quod ad voluptatem omnia referantur (alia est ea quaestio), sed doceo
deos vestros esse voluptatis expertes, ita vestro iudicio
41
114 ne beatos quidem. 'At dolore vacant.' Satin est id ad
illam abundantem bonis vitam beatissimam? 'Cogitat'
inquiunt 'adsidue beatum esse se; habet enim nihil
aliud quod agitet in mente'. Conprehende igitur animo
et propone ante oculos deum nihil aliud in omni aeternitate nisi 'mihi pulchre est' et 'ego beatus sum' cogi-

---

ACNB]  6 ac *Ern.* ut AB et *Wa.*  ambrosiam⟨que⟩ *Vict.*
7 ⟨ad⟩ epulas *Pl.*   15 etiam *dett. Asc.³* enim AB   19 multo
*Pl.*   27 ad dolores A¹ adolore NB²[B¹]   28 *cf. p. 21,8*
29 habebet A habebit B²   32 pulc(h)re H³M² -ro AB

tantem. Nec tamen video quo modo non vereatur iste
deus beatus ne intereat, cum sine ulla intermissione
pulsetur agiteturque atomorum incursione sempiterna,
cumque ex ipso imagines semper afluant. Ita nec
5 beatus est vester deus nec aeternus.
  'At etiam de sanctitate de pietate adversus deos li- 115
bros scripsit Epicurus.' At quo modo in his loquitur:
ut ⟨Ti.⟩ Coruncanium aut P. Scaevolam pontifices maximos te audire dicas, non eum qui sustulerit omnem
10 funditus religionem nec manibus ut Xerses sed rationibus deorum inmortalium templa et aras everterit. quid
est enim cur deos ab hominibus colendos dicas, cum
dei non modo homines non colant sed omnino nihil
curent nihil agant? 'At est eorum eximia quaedam prae- 116
15 stansque natura, ut ea debeat ipsa per se ad se colen-
dam elicere sapientem.' An quicquam eximium potest
esse in ea natura, quae sua voluptate laetans nihil nec
actura sit umquam neque agat neque egerit? Quae
porro pietas ei debetur a quo nihil acceperis, aut quid
20 omnino cuius nullum meritum sit ei deberi potest?
est enim pietas iustitia adversum deos; cum quibus
quid potest nobis esse iuris, cum homini nulla cum deo
sit communitas? Sanctitas autem est scientia colen-
dorum deorum; qui quam ob rem colendi sint non in- 42
25 tellego nullo nec accepto ab his nec sperato bono. Quid 117
est autem quod deos veneremur propter admirationem
eius naturae in qua egregium nihil videmus?
  Nam superstitione, quod gloriari soletis, facile est
liberare, cum sustuleris omnem vim deorum. Nisi forte

---

  A H N B]    1—5 quo modo ... sempiterna *et* cum ex ipso
... adfluant *Aug. epist. 118, 30*    1 iste *om.* B¹    2 beatus
*om.* B¹ *Aug.*    ne intereat *om.* A H N    4 affluant A H N B²
adf- *Aug.*    8 *add. Hei.*    P. *om.* O B    sceuolam H -lanum
A N B² -lan B¹    10 ut xerses N ut ex- H ut exerxes A¹
ulcxersxes *B*¹ ut xerxes Bᶜ    16 allicere *dett. Rom.*    17 uo-
luptate N uolunt- A B    21 est N et A B    27 videamus *Al.*
29 liberari B²  *cf. p. 19, 9*    nisi *ex* ni A    *cf. p. 24, 32*

Diagoram aut Theodorum, qui omnino deos esse negabant, censes superstitiosos esse potuisse; ego ne Protagoram quidem, cui neutrum licuerit, nec esse deos nec non esse. horum enim sententiae omnium non modo superstitionem tollunt, in qua inest timor inanis deorum, sed etiam religionem, quae deorum cultu pio continetur. Quid i qui dixerunt totam de dis inmortalibus opinionem fictam esse ab hominibus sapientibus rei publicae causa, ut quos ratio non posset eos ad officium religio duceret, nonne omnem religionem funditus sustulerunt? Quid Prodicus Cius, qui ea quae prodessent hominum vitae deorum in numero habita esse dixit, quam tandem religionem reliquit? Quid qui aut fortis aut claros aut potentis viros tradunt post mortem ad deos pervenisse, eosque esse ipsos quos nos colere precari venerarique soleamus, nonne expertes sunt religionum omnium? quae ratio maxime tractata ab Euhemero est, quem noster et interpretatus est et secutus praeter ceteros Ennius; ab Euhemero autem et mortes et sepulturae demonstrantur deorum; utrum igitur hic confirmasse videtur religionem an penitus totam sustulisse? Omitto Eleusinem sanctam illam et augustam, 'ubi initiantur gentes orarum ultimae', praetereo Samothraciam eaque quae Lemni 'nocturno aditu occulta coluntur silvestribus saepibus densa'; quibus explicatis ad rationemque revocatis rerum magis natura cognoscitur quam deorum.

Mihi quidem etiam Democritus vir magnus in primis, cuius fontibus Epicurus hortulos suos inrigavit,

---

AHNB] 3 cf. p. 13, 3   11 Prodicus Rom. Ven.   igus AB Cius Ma. chiuis AB   12 habitam A¹B¹   18 heumero A¹ heu hemero NB¹ heu homero B²   18. 19 cf. Lact. inst. 1, 11, 34 ira 11, 7 Aug. cons. euang. 1, 23, 32 (civ. 7, 27) epist. 17, 3   est et s. Pl. est s. A¹ et s. est A²HNB² est et s. est B¹   cf. Enn. var. 60 ss. V. Leo Gesch. d. röm. Lit. 1, 203 n. 1   19 heuhemero A¹B²
22 eleusinam B -na Gr.   23 trag. inc. 43   24. 25 trag. inc. 71 s.

nutare videtur in natura deorum. tum enim censet imagines divinitate praeditas inesse in universitate rerum, tum principia mentis quae sunt in eodem universo deos esse dicit, tum animantes imagines quae vel prodesse nobis solent vel nocere, tum ingentes quasdam imagines tantasque ut universum mundum conplectantur extrinsecus. quae quidem omnia sunt patria Democriti quam Democrito digniora; quis enim istas imagines conprehendere animo potest, quis admirari, quis aut cultu aut religione dignas iudicare?

Epicurus vero ex animis hominum extraxit radicitus religionem, cum dis inmortalibus et opem et gratiam sustulit. cum enim optimam et praestantissumam naturam dei dicat esse, negat idem esse in deo gratiam: tollit id quod maxime proprium est optimae praestantissimaeque naturae. quid enim melius aut quid praestantius bonitate et beneficentia; qua cum carere deum vultis, neminem deo nec deum nec hominem carum, neminem ab eo amari neminem diligi vultis: ita fit ut non modo homines a deis sed ipsi dei inter se ab aliis alii neglegantur. Quanto Stoici melius, qui a vobis reprehenduntur: censent autem sapientes sapientibus etiam ignotis esse amicos; nihil est enim virtute amabilius, quam qui adeptus erit ubicumque erit gentium a nobis diligetur. Vos autem quid mali datis, cum ⟨in⟩ inbecillitate gratificationem et benivolentiam ponitis. ut enim omittam vim et naturam deorum, ne homines quidem censetis, nisi inbecilli essent, futuros beneficos et benignos fuisse? nulla est caritas naturalis inter bonos? carum ipsum verbum est amoris, ex quo amicitiae nomen est ductum; quam si ad fructum nostrum refe-

---

AHNB] 1 nutare *cf. Aug. epist. 118, 27* 2—9 *cf. Aug. epist. 118, 28 s.* 3 mentis B²(*Aug.*) -tes AᶜB¹ (*om.* Aᵖ) sint *Hei.* 5 soleant *dett. (Aug.) Bai.* 12 ⟨in⟩ dis *Ha.* ⟨de⟩ dis *Jentzen censura insignium locorum, qui in libro I de nat. deor. leguntur (1825) 66 sed cf. Hofm. p. 416 a* 25 *add. Lb.* 26 inbecillitate *Lb.* -tem AB 31 referemus A¹HNB² referrimus B¹ -rremus A²

remus, non ad illius commoda quem diligemus, non
erit ista amicitia sed mercatura quaedam utilitatum
suarum. prata et arva et pecudum greges diliguntur
isto modo, quod fructus ex is capiuntur, hominum caritas et amicitia gratuita est; quanto igitur magis deo- 5
rum, qui nulla re egentes et inter se diligunt et hominibus consulunt. Quod ni ita sit, quid veneramur quid
precamur deos, cur sacris pontifices cur auspiciis augures praesunt, quid optamus a deis inmortalibus quid
vovemus? 'At etiam liber est Epicuri de sanctitate.' 10
123 Ludimur ab homine non tam faceto quam ad scribendi
licentiam libero. quae enim potest esse sanctitas si dii
humana non curant, quae autem animans natura nihil
curans? Verius est igitur nimirum illud quod familiaris omnium nostrum Posidonius disseruit in libro 15
quinto de natura deorum, nullos esse deos Epicuro videri, quaeque is de deis inmortalibus dixerit invidiae
detestandae gratia dixisse; neque enim tam desipiens
fuisset ut homunculi similem deum fingeret, liniamen-
tis dumtaxat extremis non habitu solido, membris ho- 20
minis praeditum omnibus usu membrorum ne minimo
quidem, exilem quendam atque perlucidum, nihil cuiquam tribuentem nihil gratificantem, omnino nihil cu-
rantem nihil agentem. quae natura primum nulla esse
potest, idque videns Epicurus re tollit oratione relin- 25
124 quit deos; deinde si maxime talis est deus ut nulla gratia nulla hominum caritate teneatur, valeat — quid enim
dicam 'propitius sit'; esse enim propitius potest nemini,
quoniam ut dicitis omnis in inbecillitate est et gratia
et caritas.'
30

---

AHNB] 1 quem HNF² quam AB diligimus HM¹ 6 in-
ulla A innula B¹ 7 ne AB¹ sit AHNB²[B¹] est *My.* 10 uo-
uemus A³HN mou- *A¹B¹* monemus G mouemur B² *cf. p. 45, 6*
14 familiares A¹B¹ 14—18 *cf. Lact. ira 4,7* 19 homunculi *dett. Rom.* -lis AB 25 *cf. p.33,17 Lact. ira 4,7* 26—28 deus
si talis est ut ... nemini *Lact. ira 8,3* 27 ualeat A³HN *Lact.*
ueleat B²[*A¹B¹*]

## LIBER SECUNDUS

Quae cum Cotta dixisset, tum Velleius 'Ne ego' inquit 'incautus, qui cum Academico et eodem rhetore congredi conatus sim. nam neque indisertum Academicum pertimuissem nec sine ista philosophia rheto-
5 rem quamvis eloquentem; neque enim flumine conturbor inanium verborum nec subtilitate sententiarum si orationis est siccitas. tu autem Cotta utraque re valuisti; corona tibi et iudices defuerunt. Sed ad ista alias, nunc Lucilium, si ipsi commodum est, audiamus.'
10 Tum Balbus: 'Eundem equidem mallem audire Cottam, dum qua eloquentia falsos deos sustulit eadem veros inducat. est enim et philosophi et pontificis et Cottae de dis inmortalibus habere non errantem et vagam ut Academici sed ut nostri stabilem certamque senten-
15 tiam. nam contra Epicurum satis superque dictum est; sed aveo audire tu ipse Cotta quid sentias.'

'An' inquit 'oblitus es quid initio dixerim, facilius me, talibus praesertim de rebus, quid non sentirem quam quid sentirem posse dicere? quod si haberem ali-
20 quid quod liqueret, tamen te vicissim audire vellem, cum ipse tam multa dixissem.'

Tum Balbus: 'Geram tibi morem et agam quam brevissume potero; etenim convictis Epicuri erroribus longa de mea disputatione detracta oratio est. Omnino
25 dividunt nostri totam istam de dis inmortalibus quaestionem in partis quattuor. primum docent esse deos, deinde quales sint, tum mundum ab his administrari, postremo consulere eos rebus humanis. nos autem hoc sermone quae priora duo sunt sumamus; tertium et

---

AHNB] *de libro II cf. Cic. div. 1,9. 117 Lact. inst. 1,2,3 Aug. civ. 5,9* 3 indesertum A¹B¹ -diss- B² 10 malem A¹ mallm *Hei.* 16 aueo H² abeo AB¹ habeo B² 17 *cf. p. 23, 28* 26 *cf. p. 120, 6*

quartum, quia maiora sunt, puto esse in aliud tempus differenda.'

'Minime vero' inquit Cotta; 'nam et otiosi sumus et his de rebus agimus, quae sunt etiam negotiis anteponenda.'

Tum Lucilius 'Ne egere quidem videtur' inquit 'oratione prima pars. Quid enim potest esse tam apertum tamque perspicuum, cum caelum suspeximus caelestiaque contemplati sumus, quam esse aliquod numen praestantissimae mentis quo haec regantur? quod ni ita esset, qui potuisset adsensu omnium dicere Ennius 'aspice hoc sublime candens, quem invocant omnes Iovem' — illum vero et Iovem et dominatorem rerum et omnia motu regentem et, ut idem Ennius, 'patrem divumque hominumque' et praesentem ac praepotentem deum? quod qui dubitet, haud sane intellego cur non idem sol sit an nullus sit dubitare possit; qui enim est hoc illo evidentius? Quod nisi cognitum conprehensumque animis haberemus, non tam stabilis opinio permaneret nec confirmaretur diuturnitate temporis nec una cum saeclis aetatibusque hominum inveterare potuisset. etenim videmus ceteras opiniones fictas atque vanas diuturnitate extabuisse. quis enim hippocentaurum fuisse aut Chimaeram putat, quaeve anus tam excors inveniri potest quae illa quae quondam credebantur apud inferos portenta extimescat? opinionis enim commenta delet dies, naturae iudicia confirmat.

Itaque et in nostro populo et in ceteris deorum cultus religionumque sanctitates existunt in dies maiores atque meliores; idque evenit non temere nec casu, sed

---

AHNB] 4 anteponend(a)e B  8—10 cf. p. 121, 23 Min. Fel. 17, 4  Lact. inst. 1, 2, 4  9 nomen B¹  10 ⟨a⟩ quo Mue. 12 Enn. scen. 345 V., cf. p. 74, 18. 121, 25. 133, 8  sublimen Ritschl Rhein. Mus. 7 (1850) 556 (opusc. 2, 463)  14 nutu dett. Ven. cf. S. Rosc. 131  Enn. unn. 581 V., cf. p. 74, 13  17 qui Lbm. quid AB  21 inveterari dett. Hei.  22 opiniones G -ne AB¹ -num B²

§ 3—7       DE NATURA DEORUM      HALBUS 51

quod et praesentes saepe di vim suam declarant, ut
et apud Regillum bello Latinorum, cum A. Postumius
dictator cum Octavio Mamillio Tusculano proelio di-
micaret, in nostra acie Castor et Pollux ex equis pug-
5 nare visi sunt, et recentiore memoria idem Tyndaridae Persem victum nuntiaverunt. P. enim Vatinius
avus huius adulescentis, cum e praefectura Reatina Romam venienti noctu duo iuvenes cum equis albis dixis-
sent regem Persem illo die captum, ⟨cum⟩ senatui nun-
10 tiavisset, primo quasi temere de re publica locutus in
carcerem coniectus est, post a Paulo litteris allatis cum
idem dies constitisset, et agro a senatu et vacatione do-
natus est. atque etiam cum ad fluvium Sagram Crotoniatas Locri maximo proelio devicissent, eo ipso die
15 auditam esse eam pugnam ludis Olympiae memoriae
proditum est. saepe Faunorum voces exauditae, saepe
visae formae deorum quemvis aut non hebetem aut
impium deos praesentes esse confiteri coegerunt.

Praedictiones vero et praesensiones rerum futurarum  3
20 quid aliud declarant nisi hominibus ea quae sint ostendi  7
monstrari portendi praedici, ex quo illa ostenta monstra portenta prodigia dicuntur. Quod si ea ficta cre-
dimus licentia fabularum, Mopsum Tiresiam Amphia-
raum Calchantem Helenum (quos tamen augures ne
25 ipsae quidem fabulae adscivissent, si res omnino re-
pudiarent), ne domesticis quidem exemplis docti numen
deorum conprobabimus? Nihil nos P. Clodi bello Pu-

---

AHNB] 1 praesentiam HNB²[B¹]   dii uim A³ diui HNB
[A¹]   1—13 cf. p. 122, 3 ss. Val. Max. 1, 8, 1 Lact. inst. 2, 7, 9 s.
2 cum a HNB¹ cuna A cum B²   3 mamilio N (Val.)   6 publius
HN publillus AB² pupl- B¹   Vatinius dett. Hei. (Val.) uatienus AB²
uac- B¹ (Lact. Nepotian.) 9 persem G -se AB -sen HN  add. Va.
nunclault. et N   13 cf. p. 122, 5   16 cf. p. 123, 27   17 non aut Dav.
beb- A¹ hab- B¹   19 cf. p. 123, 1   20 ⟨a dis⟩ ea Pl.   21 ostenda A¹B¹
22 ea] ae A¹ illa Schue. Graeca Pl.   23. 24 Mopsum ... quos
post paruissent p. 52, 13 B¹   23 amfiaraum H anphi- N amfiraum
AB² amphilaraum B¹   25 repudiaret Mu.   27 conprobauimus
ANB²   27 — p. 52, 9 cf. Paris 1, 4, 3 s.   27 claudi B¹ -dii B²

nico primo temeritas movebit, qui etiam per iocum
deos inridens, cum cavea liberati pulli non pascerentur,
mergi eos in aquam iussit, ut biberent, quoniam esse
nollent? qui risus classe devicta multas ipsi lacrimas,
magnam populo Romano cladem attulit. quid collega
eius ⟨L.⟩ Iunius eodem bello nonne tempestate classem
amisit, cum auspiciis non paruisset? itaque Clodius
a populo condemnatus est, Iunius necem sibi ipse con-
scivit. C. Flaminium Coelius religione neglecta cecidisse
apud Transumenum scribit cum magno rei publicae
vulnere. quorum exitio intellegi potest eorum imperiis
rem publicam amplificatam qui religionibus paruissent. et si conferre volumus nostra cum externis, ceteris rebus aut pares aut etiam inferiores reperiemur,
religione id est cultu deorum multo superiores. An
Atti Navi lituus ille, quo ad investigandum suem regiones vineae terminavit, contemnendus est? crederem, nisi eius augurio rex Hostilius maxima bella ges-
sisset. Sed neglegentia nobilitatis augurii disciplina
omissa veritas auspiciorum spreta est, species tantum
retenta; itaque maximae rei publicae partes, in is bella
quibus rei publicae salus continetur, nullis auspiciis
administrantur, nulla peremnia servantur, nulla ex acuminibus, nulli viri vocantur ex quo in procinctu testamenta perierunt; tum enim bella gerere nostri duces
incipiunt, cum auspicia posuerunt. at vero apud maiores tanta religionis vis fuit, ut quidam imperatores
etiam se ipsos dis inmortalibus capite velato verbis
certis pro re publica devoverent. Multa ex Sibyllinis
vaticinationibus, multa ex haruspicum responsis com-

---

AHNB] 6 *add. Pl.* 7 claudius B 8 conciuit A [*B*¹]
9 religiones B¹; regionemeglecta A¹ Transumenum *Pl.* -men
AB Trasimenum *dett. Ven.* 12 *cf. ad p. 51, 23. 24* 16 naui
*B*¹F¹ -ii AB². *cf. p. 123, 13* qui *A*¹ investigandam *dett. Mu.*
regiones *dett. Rom.* religiones A²B reliones A¹ 22 ausciplis A
auspicius B¹ -ciiis B² 23 peremnia *dett. Ma.* perennia AB
24 nulla cum viri *Sch. 278* 27 *cf. p. 123, 19*

memorare possum quibus ea confirmentur quae dubia
nemini debent esse. Atqui et nostrorum augurum et 4
Etruscorum haruspicum disciplinam P. Scipione C. Fi-
gulo consulibus res ipsa probavit. quos cum Ti. Grac-
5 chus consul iterum crearet, primus rogator, ut eos rettulit, ibidem est repente mortuus. Gracchus cum comitia
nihilo minus peregisset remque illam in religionem populo venisse sentiret, ad senatum rettulit. senatus quos
ad soleret referendum censuit. haruspices introducti
10 responderunt non fuisse iustum comitiorum rogatorem.
tum Gracchus, ut e patre audiebam, incensus ira: 'itane 11
vero, ego non iustus, qui et consul rogavi et augur et
auspicato? an vos Tusci ac barbari auspiciorum populi
Romani ius tenetis et interpretes esse comitiorum po-
15 testis?' itaque tum illos exire iussit. post autem e pro-
vincia litteras ad collegium misit, se cum legeret libros
recordatum esse vitio sibi tabernaculum captum fuisse
hortos Scipionis, quod, cum pomerium postea intrasset
habendi senatus causa, in redeundo cum idem pome-
20 rium transiret auspicari esset oblitus; itaque vitio
creatos consules esse. augures rem ad senatum; senatus ut abdicarent consules; abdicaverunt. quae quaeri-
mus exempla maiora: vir sapientissimus atque haud
sciam an omnium praestantissimus peccatum suum,
25 quod celari posset, confiteri maluit quam haerere in re
publica religionem, consules summum imperium statim
deponere quam id tenere punctum temporis contra religionem. magna augurum auctoritas; quid haruspicum 12
ars nonne divina? Haec ⟨et⟩ innumerabilia ex eodem
30 genere qui videat nonne cogatur confiteri deos esse?
quorum enim interpretes sunt, eos ipsos esse certe necesse est; deorum autem interpretes sunt; deos igitur
esse fateamur. At fortasse non omnia eveniunt quae

---

AHNB]    2—22 *cf. Cic. div. 1, 33  Val. Max. 1, 1, 3*    5 re-
crearet AHNB²    25 possem *A¹* posse B    29 *add. dett.*
Het.

praedicta sunt. ne aegri quidem quia non omnes convalescunt idcirco ars nulla medicina est. signa ostenduntur a dis rerum futurarum; in his si qui erraverunt, non deorum natura sed hominum coniectura peccavit.

Itaque inter omnis omnium gentium summa constat; omnibus enim innatum est et in animo quasi insculptum esse deos. quales sint varium est, esse nemo negat. Cleanthes quidem noster quattuor de causis dixit in animis hominum informatas deorum esse notiones. primam posuit eam de qua modo dixi, quae orta esset ex praesensione rerum futurarum; alteram quam ceperimus ex magnitudine commodorum, quae percipiuntur caeli temperatione fecunditate terrarum aliarumque commoditatum complurium copia; tertiam quae terreret animos fulminibus tempestatibus nimbis nivibus grandinibus vastitate pestilentia terrae motibus et saepe fremitibus lapideisque imbribus et guttis imbrium quasi cruentis, tum labibus aut repentinis terrarum hiatibus tum praeter naturam hominum pecudumque portentis, tum facibus visis caelestibus tum stellis is quas Graeci κομήτας nostri cincinnatas vocant, quae nuper bello Octaviano magnarum fuerunt calamitatum praenuntiae, tum sole geminato, quod ut e patre audivi Tuditano et Aquilio consulibus evenerat, quo quidem anno P. Africanus sol alter extinctus est, quibus exterriti homines vim quandam esse caelestem et divinam suspicati sunt; quartam causam esse eamque vel maximam aequabilitatem motus ⟨constantissimamque⟩ conversionem caeli, solis lunae siderumque omnium distinctionem utilitatem pulchritudinem ordinem, quarum rerum aspectus ipse satis indicaret non esse ea fortuita: ut, si quis in domum aliquam aut in gymna-

---

AHNB] 2—4 signa ... peccavit *Amm. 21,1,14* 3 erraverit *Amm.* 6 inscuptum A¹ incultum B¹ 8 cf. p. 124, 5 14 terret HB 18 labibus *Gul.* lapidibus AB 23. 24 audivi ... cōs. *in ras.* B²[B¹] 24 aquillino B²[B¹] 28 *add. Pl.* 30 utilitatem] varietatem *dett. Man.*

sium aut in forum venerit, cum videat omnium rerum
rationem modum disciplinam, non possit ea sine causa
fieri iudicare, sed esse aliquem intellegat qui praesit et
cui pareatur, multo magis in tantis motionibus tantis-
5 que vicissitudinibus, tam multarum rerum atque tantarum ordinibus, in quibus nihil umquam inmensa et
infinita vetustas mentita sit, statuat necesse est ab aliqua mente tantos naturae motus gubernari. Chrysippus $\frac{6}{16}$
quidem, quamquam est acerrimo ingenio, tamen ea
10 dicit ut ab ipsa natura didicisse, non ut ipse repperisse videatur. 'Si enim' inquit 'est aliquid in rerum natura quod hominis mens quod ratio quod vis quod po-
testas humana efficere non possit, est certe id quod illud
efficit homine melius; atqui res caelestes omnesque eae
15 quarum est ordo sempiternus ab homine confici non
possunt; est igitur id quo illa conficiuntur homine melius. id autem quid potius dixeris quam deum? Etenim
si di non sunt, quid esse potest in rerum natura homine
melius; in eo enim solo est ratio, qua nihil potest esse
20 praestantius; esse autem hominem qui nihil in omni
mundo melius esse quam se putet desipientis adrogantiae est; ergo est aliquid melius. est igitur profecto
deus. An vero, si domum magnam pulchramque vi- 17
deris, non possis adduci ut, etiam si dominum non vi-
25 deas, muribus illam et mustelis aedificatam putes—:
tantum ergo ornatum mundi, tantam varietatem pulchritudinemque rerum caelestium, tantam vim et magnitudinem maris atque terrarum si tuum ac non deorum inmortalium domicilium putes, nonne plane de-
30 sipere videare? An ne hoc quidem intellegimus, omnia
supera esse meliora, terram autem esse infimam, quam
crassissimus circumfundat aer: ut ob eam ipsam cau-

---

AHNB; 17 *acc.* PV]    2 *cf. p. 126, 20*    5. 6 tam ... ordinibus A² [A¹ *aliquanto minus habuit*]    5—8 tam ... gubernari
*bis* B, *cf. praefatio*    6 ordinationibus *priore loco* B¹    8 *cf.
p. 124, 22. 127, 19*    13 illum A¹B¹    16 ⟨a⟩ quo *dett.* Lb.    18 *cf.
p. 127, 30*    22 melius est est AV¹    26 ergo] uero P

sam, quod etiam quibusdam regionibus atque urbibus
contingere videmus, hebetiora ut sint hominum ingenia
propter caeli pleniorem naturam, hoc idem generi humano evenerit, quod in terra hoc est in crassissima re-
18 gione mundi conlocati sint. Et tamen ex ipsa hominum
sollertia esse aliquam mentem et eam quidem acrio-
rem et divinam existimare debemus. unde enim hanc
homo 'arripuit', ut ait apud Xenophontem Socrates.
quin et umorem et calorem, qui est fusus in corpore,
et terrenam ipsam viscerum soliditatem, animum denique illum spirabilem si quis quaerat unde habeamus,
apparet; quorum aliud a terra sumpsimus aliud ab
umore aliud ab igni aliud ab aere eo quem spiritum
7 dicimus. illud autem quod vincit haec omnia, rationem
dico et, si placet pluribus verbis, mentem consilium
cogitationem prudentiam, ubi invenimus unde sustuli-
mus? An cetera mundus habebit omnia, hoc unum
quod plurimi est non habebit? atqui certe nihil omnium
rerum melius est mundo nihil praestabilius nihil pulchrius, nec solum nihil est sed ne cogitari quidem quicquam melius potest. et si ratione et sapientia nihil est
melius, necesse est haec inesse in eo quod optimum
19 esse concedimus. Quid vero tanta rerum consentiens
conspirans, continuata cognatio quem non coget ea quae
dicuntur a me conprobare? possetne uno tempore florere, dein vicissim horrere terra, aut tot rebus ipsis se
inmutantibus solis accessus discessusque solstitiis bru-
misque cognosci, aut aestus maritimi fretorumque angustiae ortu aut obitu lunae commoveri, aut una totius

---

A H P V B]   3 pleniorem ⟨umore⟩ *Us.*   5 sunt A$^p$B$^1$
6 ⟨mundi⟩ mentem *My.*   8 *Xen. memor. 1.4, 8 cf. p. 128, 13*   11 spiri-
talem B$^1$.   spiritabile (-tale *C*) *ex his libris citat Serv. Aen. 3, 600,
cf. p. 85, 29*   habeamus *dett. Dav.* habemus A V B   12 appareat
A V$^1$ B$^p$   quorum *Pl.* quod A V B   12. 13 a terra ... ab igni aliud
*om.* B$^1$   13 spiritu ducimus *dett. Ald.*   18 plurimi *dett. Rom.*
-mum A V B   20 negotiari A$^1$ [ V$^1$ ] necotari B$^1$   23 ss. *cf.
p. 128, 21 ss.*   24 cogat A$^2$ B$^1$ [ A$^1$ ]   25 uno] suo *Reitz.*

caeli conversione cursus astrorum dispares conservari?
haec ita fieri omnibus inter se concinentibus mundi
partibus profecto non possent, nisi ea uno divino et
continuato spiritu continerentur.

5 Atque haec cum uberius disputantur et fusius, ut 20
mihi est in animo facere, facilius effugiunt Academicorum calumniam; cum autem, ut Zeno solebat, brevius
angustiusque concluduntur, tum apertiora sunt ad reprendendum. nam ut profluens amnis aut vix aut nullo
10 modo, conclusa autem aqua facile conrumpitur, sic orationis flumine reprensoris convicia diluuntur, angustia
autem conclusae rationis non facile se ipsa tutatur.
Haec enim quae dilatantur a nobis Zeno sic premebat:
'Quod ratione utitur id melius est quam id quod ra- 8
15 tione non utitur; nihil autem mundo melius; ratione 21
igitur mundus utitur'. similiter effici potest sapientem
esse mundum, similiter beatum, similiter aeternum;
omnia enim haec meliora sunt quam ea quae sunt his
carentia, nec mundo quicquam melius. ex quo efficie-
20 tur esse mundum deum. Idemque hoc modo: 'Nullius 22
sensu carentis pars aliqua potest esse sentiens; mundi
autem partes sentientes sunt; non igitur caret sensu
mundus'. Pergit idem et urguet angustius: 'Nihil' inquit 'quod animi quodque rationis est expers, id ge-
25 nerare ex se potest animantem compotemque rationis;
mundus autem generat animantis compotesque rationis; animans est igitur mundus composque rationis'. Idemque similitudine, ut saepe solet, rationem
conclusit hoc modo: 'Si ex oliva modulate canentes
30 tibiae nascerentur, num dubitares quin inesset in oliva
tibicini quaedam scientia? quid si platani fidiculas fer-
rent numerose sonantes: idem scilicet censeres in pla-

---

**AHPVB]** 11 convicia *Dav.* uicia B¹ uitia AVB² 12 rationis *Pl.* orat- AVB 13 ss. *cf. Sext. math. 9, 104 p. 126, 9 ss.*
19 efficitur H 23 ss. *cf. Sext. math. 9, 101* 29 concludit *dett.
Hei.* moddulate A¹ medullate *B*¹ 31. 32 si . . . sonantes *Prisc.
GL. II 105, 22* (fidicula *diminutivum*) 32 numerosa (nemor-) *Prisc.*

tanis inesse musicam. cur igitur mundus non animans
sapiensque iudicetur, cum ex se procreet animantis
atque sapientis?'

Sed quoniam coepi secus agere atque initio dixeram
(negaram enim hanc primam partem egere oratione,
quod esset omnibus perspicuum deos esse), tamen id
ipsum rationibus physicis id est naturalibus confirmari
volo. Sic enim res se habet, ut omnia quae alantur et
quae crescant contineant in se vim caloris, sine qua neque ali possent nec crescere. nam omne quod est calidum et igneum cietur et agitur motu suo; quod autem alitur et crescit motu quodam utitur certo et aequabili; qui quam diu remanet in nobis tam diu sensus
et vita remanet, refrigerato autem et extincto calore
occidimus ipsi et extinguimur. Quod quidem Cleanthes his etiam argumentis docet, quanta vis insit caloris in omni corpore: negat enim esse ullum cibum
tam gravem quin is nocte et die concoquatur; cuius
etiam in reliquiis inest calor iis quas natura respuerit.
iam vero venae et arteriae micare non desinunt quasi
quodam igneo motu, animadversumque saepe est cum
cor animantis alicuius evolsum ita mobiliter palpitaret
ut imitaretur igneam celeritatem. Omne igitur quod
vivit, sive animal sive terra editum, id vivit propter
inclusum in eo calorem. ex quo intellegi debet eam caloris naturam vim habere in se vitalem per omnem
mundum pertinentem.

Atque id facilius cernemus toto genere hoc igneo
quod tranat omnia subtilius explicato. Omnes igitur
partes mundi (tangam autem maximas) calore fultae
sustinentur. Quod primum in terrena natura perspici
potest. nam et lapidum conflictu atque tritu elici
ignem videmus et recenti fossione terram fumare ca-

---

AHPVB]   5 *cf. p. 50, 6*   7 id est naturalibus *del. Ald.*
8 ss. *cf. p. 131, 5 ss.*   19 iis AHPV²B²[V¹B¹]   33—p. 59, 2 et
... trahit *(sic) Non. p. 410* (trahere levare)   33 calentem *dett.
Non.* recal- AVB

lentem, atque etiam ex puteis iugibus aquam calidam trahi, et id maxime fieri temporibus hibernis, quod magna vis terrae cavernis contineatur caloris eaque hieme sit densior ob eamque causam calorem insitum in terris contineat artius. longa est oratio multaeque rationes, quibus doceri possit omnia quae terra concipiat semina quaeque ipsa ex se generata stirpibus infixa contineat ea temperatione caloris et oriri et augescere. Atque aquae etiam admixtum esse calorem primum ipse liquor aquae declarat et fusio, quae neque conglaciaret frigoribus neque nive pruinaque concresceret, nisi eadem se admixto calore liquefacta et dilapsa diffunderet; itaque et aquilonibus reliquisque frigoribus adiectis durescit umor, et idem vicissim mollitur tepefactus et tabescit calore. atque etiam maria agitata ventis ita tepescunt ut intellegi facile possit in tantis illis umoribus esse inclusum calorem; nec enim ille externus et adventicius habendus est tepor, sed ex intumis maris partibus agitatione excitatus, quod nostris quoque corporibus contingit cum motu atque exercitatione recalescunt. Ipse vero aer, qui natura est maxime frigidus, minime est expers caloris; ille vero et multo quidem calore admixtus est: ipse enim oritur ex respiratione aquarum; earum enim quasi vapor quidam aer habendus est, is autem existit motu eius caloris qui aquis continetur, quam similitudinem cernere possumus in his aquis quae effervescunt subiectis ignibus. Iam vero reliqua quarta pars mundi: ea et ipsa tota natura fervida est et ceteris naturis omnibus salutarem inpertit et vitalem calorem. Ex quo concluditur, cum omnes mundi partes sustineantur calore, mundum etiam ipsum simili parique natura in tanta diuturnitate servari, eoque magis quod intellegi debet

---

AHPVB]  10 ⟨tum⟩ aquae V² et fusio quae *Gro.* effusio quae A²H¹PV² effusio aquae A¹V¹ effusaeque B¹ -quae B² quae H² 27 eis fervescunt AV¹ subiectis *dett.* subitis AV¹B subditis V² 31 calorem A¹V¹B

calidum illud atque igneum ita in omni fusum esse natura, ut in eo insit procreandi vis et causa gignendi, a quo et animantia omnia et ea quorum stirpes terra continentur et nasci sit necesse et augescere.

Natura est igitur quae contineat mundum omnem eumque tueatur, et ea quidem non sine sensu atque ratione. Omnem enim naturam necesse est, quae non solitaria sit neque simplex sed cum alio iuncta atque conexa, habere aliquem in se principatum, ut in homine mentem, in belua quiddam simile mentis unde oriantur rerum adpetitus; in arborum autem et earum rerum quae gignuntur e terra radicibus inesse principatus putatur. principatum autem id dico quod Graeci ἡγεμονικὸν vocant, quo nihil in quoque genere nec potest nec debet esse praestantius. ita necesse est illud etiam in quo sit totius naturae principatus esse omnium optumum omniumque rerum potestate dominatuque dignissimum. videmus autem in partibus mundi (nihil est enim in omni mundo quod non pars universi sit) inesse sensum atque rationem. in ea parte igitur, in qua mundi inest principatus, haec inesse necessest, et acriora quidem atque maiora. quocirca sapientem esse mundum necesse est, naturamque eam quae res omnes conplexa teneat perfectione rationis excellere, eoque deum esse mundum omnemque vim mundi natura divina contineri.

Atque etiam mundi ille fervor purior perlucidior mobiliorque multo ob easque causas aptior ad sensus commovendos quam hic noster calor, quo haec quae nota nobis sunt retinentur et vigent. absurdum igitur est dicere, cum homines bestiaeque hoc calore teneantur et propterea moveantur ac sentiant, mundum esse sine sensu, qui integro et libero et puro eodemque acer-

---

AHPVB] 21 necessesi; neces sit A¹ necesse est A²VB
28 mobilior quem B -que ⟨est⟩ Lb.   31 cum A³VB¹ qum P¹
quin HP², om. B¹[A¹]

rimo et mobilissimo ardore teneatur, praesertim cum
is ardor qui est mundi non agitatus ab alio neque
externo pulsu sed per se ipse ac sua sponte moveatur;
nam quid potest esse mundo valentius, quod pellat
5 atque moveat calorem eum quo ille teneatur. Audia- 12
mus enim Platonem quasi quendam deum philoso- 32
phorum; cui duo placet esse motus, unum suum alterum externum, esse autem divinius quod ipsum ex se
sua sponte moveatur quam quod pulsu agitetur alieno.
10 hunc autem motum in solis animis esse ponit, ab isque principium motus esse ductum putat. quapropter
quoniam ex mundi ardore motus omnis oritur, is autem
ardor non alieno inpulsu sed sua sponte movetur,
animus sit necesse est; ex quo efficitur animantem esse
15 mundum.

Atque ex hoc quoque intellegi poterit in eo inesse
intellegentiam, quod certe est mundus melior quam
ulla natura. ut enim nulla pars est corporis nostri
quae non minoris sit quam nosmet ipsi sumus, sic
20 mundum universum pluris esse necesse est quam partem aliquam universi. quod si ita est, sapiens sit mundus necesse est. nam ni ita esset, hominem qui esset
mundi pars, quoniam rationis esset particeps, pluris
esse quam mundum omnem oporteret.

25 Atque etiam si a primis incohatisque naturis ad 33
ultimas perfectasque volumus procedere, ad deorum
naturam perveniamus necesse est. Prima enim ani-
madvertimus a natura sustineri ea quae gignantur e
terra, quibus natura nihil tribuit amplius quam ut ea
30 alendo atque augendo tueretur. bestiis autem sensum 34
et motum dedit et cum quodam adpetitu accessum ad
res salutares a pestiferis recessum. hoc homini am-

---

A H P V B]      6 *Plat. Phaedr.* 245 C leg. X *894 B*    deum
philosophorum *Lact. epit. 33, 1* paene philosophorum deum *Aug.
c. Iul. 4, 15, 76*     7 esse ⟨genera⟩ *Pl.*      19 minoris *cod. Urs.*
minor A V B     22 qui est V²     23 esset H P B¹ esse A¹ V¹
est A²V²B²     27 primo H¹P V³ primum *Rom.*

plius, quod addidit rationem, qua regerentur animi
adpetitus, qui tum remitterentur tum continerentur.
13 quartus autem est gradus et altissimus eorum qui natura boni sapientesque gignuntur, quibus a principio
innascitur ratio recta constansque, quae supra ho- 5
minem putanda est deoque tribuenda id est mundo,
in quo necesse est perfectam illam atque absolutam in-
35 esse rationem. Neque enim dici potest in ulla rerum
institutione non esse aliquid extremum atque perfectum. ut enim in vite ut in pecude, nisi quae vis obstitit, 10
videmus naturam suo quodam itinere ad ultimum pervenire, atque ut pictura et fabrica ceteraeque artes habent quendam absoluti operis effectum, sic in omni
natura ac multo etiam magis necesse est absolvi aliquid ac perfici. etenim ceteris naturis multa externa 15
quo minus perficiantur possunt obsistere, universam
autem naturam nulla res potest impedire propterea
quod omnis naturas ipsa cohibet et continet. Quocirca necesse est esse quartum illum et altissimum gra-
36 dum quo nulla vis possit accedere. is autem est gradus 20
in quo rerum omnium natura ponitur; quae quoniam
talis est ut et praesit omnibus et eam nulla res possit
inpedire, necesse est intellegentem esse mundum et
quidem etiam sapientem.

Quid autem est inscitius quam eam naturam quae 25
omnis res sit conplexa non optumam dici, aut, cum sit
optuma, non primum animantem esse, deinde rationis
et consilii compotem, postremo sapientem. qui enim
potest aliter esse optima? neque enim si stirpium similis sit aut etiam bestiarum, optuma putanda sit potius 30
quam deterruma. Nec vero, si rationis particeps sit nec
sit tamen a principio sapiens, non sit deterior mundi
potius quam humana condicio. homo enim sapiens fieri

---

AHPVB] 3 et] [$B^1$] erorum $V^1$ err- $B^1$ 4 sapientis-
qu(a)e H$B^1$ 8 in nulla A$V^1$B 17 autem $A^c$V$B^x$ atem $A^1$
hanc $B^1$ 25 quam ⟨aut⟩ *Man.*

§ 34—39        DE NATURA DEORUM        BALBUS  63

potest, mundus autem, si in aeterno praeteriti temporis
spatio fuit insipiens, numquam profecto sapientiam
consequetur; ita erit homine deterior. quod quoniam
absurdum est, et sapiens a principio mundus et deus
5 habendus est.
   Neque enim est quicquam aliud praeter mundum 37
quoi nihil absit quodque undique aptum atque perfectum expletumque sit omnibus suis numeris et partibus.
Scite enim Chrysippus, ut clipei causa involucrum va- 14
10 ginam autem gladii, sic praeter mundum cetera omnia
aliorum causa esse generata, ut eas fruges atque fructus quos terra gignit animantium causa, animantes
autem hominum, ut ecum vehendi causa arandi bovem
venandi et custodiendi canem; ipse autem homo ortus
15 est ad mundum contemplandum et imitandum — nullo
modo perfectus sed est quaedam particula perfecti. sed 38
mundus quoniam omnia conplexus est neque est quicquam quod non insit in eo, perfectus undique est; qui
igitur potest ei desse id quod est optimum? nihil autem
20 est mente et ratione melius; ergo haec mundo deesse
non possunt. Bene igitur idem Chrysippus, qui similitudines adiungens omnia in perfectis et maturis docet esse meliora, ut in equo quam in eculeo in cane
quam in catulo in viro quam in puero; item quod in
25 omni mundo optimum sit id in perfecto aliquo atque
absoluto esse debere; est autem nihil mundo perfectius 39
nihil virtute melius; igitur mundi est propria virtus.
Nec vero hominis natura perfecta est, et efficitur tamen
in homine virtus; quanto igitur in mundo facilius; est
30 ergo in eo virtus. sapiens est igitur et propterea deus.
   Atque hac mundi divinitate perspecta tribuenda est 15
sideribus eadem divinitas; quae ex mobilissima purissi-

---

AHPVB]    7 quoi] cui B², quo AV cum B¹    9 clipe
A¹V¹B¹    16 est *om. dett. Rom.*    18 qui *dett. Hei.* quid
AVB    19 iidesse B¹ ei deesse AVB², id *om.* H²V²B¹
31 ss. *cf. p. 126, 31 ss.*

maque aetheris parte gignuntur neque ulla praeterea
sunt admixta natura totaque sunt calida atque perlucida, ut ea quoque rectissime et animantia esse et
sentire atque intellegere dicantur. Atque ea quidem
tota esse ignea duorum sensuum testimonio confirmari
Cleanthes putat, tactus et oculorum. nam solis calor et
candor inlustrior est quam ullius ignis, quippe qui inmenso mundo tam longe lateque conluceat, et is eius
tactus est, non ut tepefaciat solum sed etiam saepe
comburat, quorum neutrum faceret nisi esset igneus.
'ergo' inquit 'cum sol igneus sit Oceanique alatur umoribus' (quia nullus ignis sine pastu aliquo possit permanere) 'necesse est aut ei similis sit igni quem ad-
hibemus ad usum atque victum, aut ei qui corporibus
animantium continetur. atqui hic noster ignis, quem
usus vitae requirit, confector est et consumptor omnium idemque quocumque invasit cuncta disturbat ac
dissipat; contra ille corporeus vitalis et salutaris omnia
conservat alit auget sustinet sensuque adficit.' negat
ergo esse dubium horum ignium sol utri similis sit, cum
is quoque efficiat ut omnia floreant et in suo quaeque
genere pubescant. quare cum solis ignis similis eorum
ignium sit qui sunt in corporibus animantium, solem
quoque animantem esse oportet, et quidem reliqua
astra quae oriantur in ardore caelesti qui aether vel
caelum nominatur.

Cum igitur aliorum animantium ortus in terra sit
aliorum in aqua in aere aliorum, absurdum esse Aristoteli videtur in ea parte quae sit ad gignenda animantia aptissima animal gigni nullum putare. sidera
autem aetherium locum optinent; qui quoniam tenu-
issimus est et semper agitatur et viget, necesse est

---

AHPVB]    6 calor et *om. dett. Rom. Ven.* calor *del. Rkl.*
7 qui ⟨in⟩ *Dav.*    9 non ut A V B¹ ut non B²    12 posset
*Mue. (sine parenthesi)*    15 contineatur B¹    atqui *dett. Dav.*
atque A V B    20 utrius *Bai.*    25 *cf. p. 16, 7 s.*    28 *Aristot. fr.*
*23 R.*    31 aethereum V²B -rea H

quod animal in eo gignatur id et sensu acerrumo et
mobilitate celerrima esse. quare cum in aethere astra
gignantur, consentaneum est in his sensum inesse et
intellegentiam, ex quo efficitur in deorum numero astra
esse ducenda. Etenim licet videre acutiora ingenia et 16
ad intellegendum aptiora eorum qui terras incolant eas
in quibus aer sit purus ac tenuis quam illorum qui
utantur crasso caelo atque concreto. quin etiam cibo 43
quo utare interesse aliquid ad mentis aciem putant.
probabile est igitur praestantem intellegentiam in sideribus esse, quae et aetheriam partem mundi incolant
et marinis terrenisque umoribus longo intervallo ex-
tenuatis alantur. Sensum autem astrorum atque intellegentiam maxume declarat ordo eorum atque constantia (nihil est enim quod ratione et numero moveri
possit sine consilio), in quo nihil est temerarium nihil
varium nihil fortuitum. ordo autem siderum et in omni
aeternitate constantia neque naturam significat (est
enim plena rationis) neque fortunam, quae amica varie-
tati constantiam respuit. sequitur ergo ut ipsa sua
sponte suo sensu ac divinitate moveantur. Nec vero 44
Aristoteles non laudandus in eo quod omnia quae moventur aut natura moveri censuit aut vi aut voluntate; moveri autem solem et lunam et sidera omnia;
quae autem natura moverentur, haec aut pondere deorsum aut levitate in sublime ferri, quorum neutrum
astris contingeret propterea quod eorum motus in orbem circumque ferretur; nec vero dici potest vi quadam maiore fieri ut contra naturam astra moveantur
(quae enim potest maior esse?); restat igitur ut motus
astrorum sit voluntarius.

AHPVB] 6—8 altiora *(sic)* ... concreto *Non. p. 263* (caelum aer)  6 incolunt *Non.*  15. 16 nihil ... temerarium *Non. p. 352* (numero ordine)  15 quod ratione] ut orationem *Non.*  et om. *Non.* praeter $E^1$  22 Aristot. *fr. 24 R.*  26 in om. $M^1$, del. *Kind.*  30—p. 66, 2 restat, inquit, ut ... esse neget *Lact. inst. 2, 5, 9*

Quae qui videat non indocte solum verum etiam impie faciat si deos esse neget. nec sane multum interest utrum id neget an eos omni procuratione atque actione privet; mihi enim qui nihil agit esse omnino non videtur. esse igitur deos ita perspicuum est, ut id qui neget vix eum sanae mentis existimem.

**17**
**45** Restat ut qualis eorum natura sit consideremus; in quo nihil est difficilius quam a consuetudine oculorum aciem mentis abducere ea difficultas induxit et vulgo imperitos et similes philosophos imperitorum, ut nisi figuris hominum constitutis nihil possent de dis inmortalibus cogitare; cuius opinionis levitas confutata a Cotta non desiderat orationem meam. Sed cum talem esse deum certa notione animi praesentiamus, primum ut sit animans, deinde ut in omni natura nihil eo sit praestantius, ad hanc praesensionem notionemque nostram nihil video quod potius accommodem quam ut primum hunc ipsum mundum, quo nihil excellentius fieri potest, animantem esse et deum iudicem.

**46** Hic quam volet Epicurus iocetur, homo non aptissimus ad iocandum minimeque resipiens patriam, et dicat se non posse intellegere qualis sit volubilis et rutundus deus, tamen ex hoc, quod etiam ipse probat, numquam me movebit. Placet enim illi esse deos, quia necesse sit praestantem esse aliquam naturam qua nihil sit melius. mundo autem certe nihil est melius; nec dubium quin quod animans sit habeatque sensum et rationem et mentem id sit melius quam id quod is
**47** careat. ita efficitur animantem, sensus mentis rationis mundum esse compotem; qua ratione deum esse mundum concluditur. Sed haec paulo post facilius cog-
**18** noscentur ex is rebus ipsis quas mundus efficit. in-

---

AHPVB] 7 restat] sane restat V 8 ss. cf. p. 125, 16 ss.
12 cf. p. 29, 10—40, 28 21 resipiens cod. Urs. Dav. respiciens
AVB 22 cf. p. 8, 23

terea Vellei noli quaeso prae te ferre vos plane expertes esse doctrinae. conum tibi ais et cylindrum et pyramidem pulchriorem quam sphaeram videri. novum etiam oculorum iudicium habetis. sed sint ista pulchri-
5 ora dumtaxat aspectu — quod mihi tamen ipsum non videtur; quid enim pulchrius ea figura quae sola omnis alias figuras complexa continet, quaeque nihil asperitatis habere nihil offensionis potest, nihil incisum angulis nihil anfractibus, nihil eminens nihil lacunosum;
10 cumque duae formae praestantissimae sint, ex solidis globus (sic enim σφαῖραν interpretari placet), ex planis autem circulus aut orbis, qui κύκλος Graece dicitur, his duabus formis contingit solis ut omnes earum partes sint inter se simillumae a medioque tantum absit
15 extremum, quo nihil fieri potest aptius — sed si haec 48 non videtis, quia numquam eruditum illum pulverem attigistis, ne hoc quidem physici intellegere potuistis, hanc aequabilitatem motus constantiamque ordinum in alia figura non potuisse servari? Itaque nihil potest
20 indoctius quam quod a vobis adfirmari solet. nec enim hunc ipsum mundum pro certo rutundum esse dicitis, nam posse fieri ut sit alia figura, innumerabilesque mundos alios aliarum esse formarum. quae si bis bina 49 quot essent didicisset Epicurus certe non diceret; sed
25 dum palato quid sit optimum iudicat, 'caeli palatum', ut ait Ennius, non suspexit.

Nam cum duo sint genera siderum, quorum alterum 19

---

A H P V B] 2 *cf. p. 10, 19*  7—9 nihil asperitatis ... lacunosum *cf. Cic. Tim. 17*  10—12 cumque ... orbis *Non. p. 432* (inter circum [circulum *pars codd.*] et globum hoc interest) 10 praestantissimae *Non.* -tis A¹V¹ -ti B¹ -tes A²V²B²  12 circus *Non. praeter LE*¹  13 omnis A¹VB  *cf. p. 97, 3*  14 tandum B¹ tantundem *Mdv. Philol. 2 (1847) 140 (opusc.³ 714)*  15 extremum ⟨quantum idem a summo⟩ V²  18 aequabilitatem *dett. Dav.* aequalitatem AVB  19 potest ⟨esse⟩ V²B¹[B¹] *sed posse absolute usurpatur Sjö. 165*  23 alios ali⟨is esse figuris, nec vero infinitam multitudinem vari⟩arum esse formarum *Pl.*  26 *Enn. inc. 16 V.*

spatiis inmutabilibûs ab ortu ad occasum commeans
nullum umquam cursus sui vestigium inflectat, alterum
autem continuas conversiones duas isdem spatiis cur-
sibusque conficiat, ex utraque re et mundi volubilitas,
quae nisi in globosa forma esse non posset, et stella- 5
rum rutundi ambitus cognoscuntur.

Primusque sol, qui astrorum tenet principatum, ita
movetur ut, cum terras larga luce compleverit, easdem modo his modo illis ex partibus opacet; ipsa enim
umbra terrae soli officiens noctem efficit. nocturnorum 10
autem spatiorum eadem est aequabilitas quae diur-
norum. eiusdemque solis tum accessus modici tum recessus et frigoris et caloris modum temperant. circumitus enim solis orbium quinque et sexaginta et tre-
centorum quarta fere diei parte addita conversionem 15
conficiunt annuam; inflectens autem sol cursum tum
ad septem triones tum ad meridiem aestates et hiemes
efficit et ea duo tempora quorum alterum hiemi senes-
centi adiunctum est alterum aestati: ita ex quattuor
temporum mutationibus omnium quae terra marique 20
50 gignuntur initia causaeque ducuntur. Iam solis annuos
cursus spatiis menstruis luna consequitur, cuius te-
nuissimum lumen facit proximus accessus ad solem,
digressus autem longissimus quisque plenissimum. neque solum eius species ac forma mutatur tum cres- 25
cendo tum defectibus in initia recurrendo, sed etiam
regio; quae cum est aquilonia aut australis, in lunae
quoque cursu est et brumae quaedam et solstitii similitudo, multaque ab ea manant et fluunt quibus et animantes alantur augescantque et pubescant maturita- 30
temque adsequantur quae oriuntur e terra.

---

AHPVB] 2 currus AV¹ 4 conficiat A² confectat *A*¹HP
-ta **V** conficilat *B*¹ 14 quinque ⟨defectiest⟩ A¹ q. ⟨defecti-
bus⟩ H q. ⟨def. est⟩ P, *cf. v. 26* 25 ad A¹B¹ 26 tum ... recurrendo *post* cursu *v. 28* B¹ 27 cum *Pl.* tum AVB aquilonia *dett. Rom.* -lenta AVB aut] tum V²[*V*¹] 28 est *om.* B¹,
*cf. v. 26* 31 et AB¹

Maxume vero sunt admirabiles motus earum quinque stellarum quae falso vocantur errantes; nihil enim errat quod in omni aeternitate conservat progressus et regressus reliquosque motus constantis et ratos. quod eo est admirabilius in is stellis quas dicimus, quia tum occultantur tum rursus aperiuntur, tum adeunt tum recedunt, tum antecedunt tum autem subsecuntur, tum celerius moventur tum tardius, tum omnino ne moventur quidem sed ad quoddam tempus insistunt. quarum ex disparibus motionibus magnum annum mathematici nominaverunt, qui tum efficitur cum solis et lunae et quinque errantium ad eandem inter se comparationem confectis omnium spatiis est facta conversio; quae quam longa sit magna quaestio est, esse vero certam et definitam necesse est. Nam ea quae Saturni stella dicitur *Φαίνων*que a Graecis nominatur, quae a terra abest plurimum, xxx fere annis cursum suum conficit, in quo cursu multa mirabiliter efficiens tum antecedendo tum retardando, tum vespertinis temporibus delitiscendo tum matutinis rursum se aperiendo nihil inmutat sempiternis saeclorum aetatibus quin eadem isdem temporibus efficiat. Infra autem hanc propius a terra Iovis stella fertur, quae *Φαέθων* dicitur, eaque eundem duodecim signorum orbem annis duodecim conficit easdemque quas Saturni stella efficit in cursu varietates. Huic autem proximum inferiorem orbem tenet *Πυρόεις*, quae stella Martis appellatur, eaque quattuor et viginti mensibus sex ut opinor diebus minus eundem lustrat orbem quem duae superiores. Infra hanc autem stella Mercuri est (ea *Στίλβων* appellatur a Graecis), quae anno fere vertenti signiferum lustrat orbem neque a sole longius umquam unius sig-

---

AHPVB]    6 adeunt *cod. Urs.* abeunt A¹VB² ha- A²B¹
9 *ss. huc spectare videtur Serv in Aen.* 3, 284 *quamquam annorum numero (III) confuse addito*    15 saturnis A B¹ -nia H -nisa V¹
28 oppinor A opinior H¹ opinnor P opinio B¹    31 uertenti A¹ -te A²VB

ni intervallo discedit tum antevertens tum subsequens.
Infima est quinque errantium terraeque proxuma stella
Veneris, quae *Φωσφόρος* Graece Lucifer Latine dicitur
cum antegreditur solem, cum subsequitur autem *"Εσπε-
ρος*; ea cursum anno conficit et latitudinem lustrans sig- 5
niferi orbis et longitudinem, quod idem faciunt stellae
superiores, neque umquam ab sole duorum signorum
intervallo longius discedit tum antecedens tum subsequens. Hanc igitur in stellis constantiam, hanc tantam tam variis cursibus in omni aeternitate convenien- 10
tiam temporum non possum intellegere sine mente ratione consilio. quae cum in sideribus inesse videamus,
non possumus ea ipsa non in deorum numero reponere.

Nec vero eae stellae quae inerrantes vocantur non
significant eandem mentem atque prudentiam. quarum 15
est cotidiana conveniens constansque conversio, nec
habent aetherios cursus neque caelo inhaerentes, ut
plerique dicunt physicae rationis ignari; non est enim
aetheris ea natura ut vi sua stellas conplexa contor-
queat, nam tenuis ac perlucens et aequabili calore suf- 20
fusus aether non satis aptus ad stellas continendas videtur; habent igitur suam sphaeram stellae inerrantes
ab aetheria coniunctione secretam et liberam. earum
autem perennes cursus atque perpetui cum admirabili
incredibilique constantia declarant in his vim et mentem 25
esse divinam, ut haec ipsa qui non sentiat deorum vim
habere is nihil omnino sensurus esse videatur.

Nulla igitur in caelo nec fortuna nec temeritas nec
erratio nec vanitas inest contraque omnis ordo veritas
ratio constantia, quaeque his vacant ementita et falsa 30
plenaque erroris, ea circum terras infra lunam, quae
omnium ultima est, in terrisque versantur. caelestem

---

AHPVB] 9--13 hanc ... reponere *Lact. inst. 2, 5, 8*
10 tantam in tam *Lact.* 12 esse *Lact.* 19 ut] aut A³ ui-
sua A²VB² uisu A¹B¹ uis ut A³ 32 uersantur H -atur
AVB caelestium *dett. Dav.*

ergo admirabilem ordinem incredibilemque constantiam, ex qua conservatio et salus omnium omnis oritur, qui vacare mente putat is ipse mentis expers habendus est.

Haut ergo ut opinor erravero, si a principe investigandae veritatis huius disputationis principium duxero. Zeno igitur naturam ita definit ut eam dicat ignem esse artificiosum ad gignendum progredientem via. censet enim artis maxume proprium esse creare et gignere, quodque in operibus nostrarum artium manus efficiat id multo artificiosius naturam efficere, id est ut dixi ignem artificiosum magistrum artium reliquarum. Atque hac quidem ratione omnis natura artificiosa est, quod habet quasi viam quandam et sectam quam sequatur. ipsius vero mundi, qui omnia conplexu suo coercet et continet, natura non artificiosa solum sed plane artifex ab eodem Zenone dicitur, consultrix et provida utilitatum oportunitatumque omnium. atque ut ceterae naturae suis seminibus quaeque gignuntur augescunt continentur, sic natura mundi omnis motus habet voluntarios, conatusque et adpetitiones, quas ὁρμὰς Graeci vocant, et is consentaneas actiones sic adhibet ut nosmet ipsi qui animis movemur et sensibus. Talis igitur mens mundi cum sit ob eamque causam vel prudentia vel providentia appellari recte possit (Graece enim πρόνοια dicitur), haec potissimum providet et in is maxime est occupata, primum ut mundus quam aptissimus sit ad permanendum, deinde ut nulla re egeat, maxume autem ut in eo eximia pulchritudo sit atque omnis ornatus

Dictum est de universo mundo, dictum etiam est de sideribus, ut iam prope modum appareat multitudo nec cessantium deorum nec ea quae agant molientium cum

---

A H P V B; 31 *def.* P]    7 s. *cf. Diog. L. 7, 156*    *Cf. p. 128, 18*
10. 11 efficiat et id *A*¹ efficia ad B¹    20 continent B²    31 dictum est de] [B¹]    31 est *post* etiam *om.* H    32 nec HV ne A non B    33 mollentiam A -tium V¹ molenciam B¹

labore operoso ac molesto. non enim venis et nervis
et ŏssibus continentur nec his escis aut potionibus vescuntur, ut aut nimis acres aut nimis concretos umores
colligant, nec is corporibus sunt ut casus aut ictus ex-
timescant aut morbos metuant ex defetigatione mem- 5
brorum, quae verens Epicurus monogrammos deos et
nihil agentes commentus est. illi autem pulcherruma
forma praediti purissimaque in regione caeli collocati
ita feruntur moderanturque cursus, ut ad omnia con-
servanda et tuenda consensisse videantur. 10

Multae autem aliae naturae deorum ex magnis beneficiis eorum non sine causa et a Graeciae sapientissi-
mis et a maioribus nostris constitutae nominataeque
sunt. quicquid enim magnam utilitatem generi adferret
humano, id non sine divina bonitate erga homines fieri 15
arbitrabantur. itaque tum illud quod erat a deo natum
nomine ipsius dei nuncupabant, ut cum fruges Cererem
appellamus vinum autem Liberum, ex quo illud Terenti 'sine Cerere et Libero friget Venus', tum autem
res ipsa, in qua vis inest maior aliqua, sic appellatur ut 20
ea ipsa vis nominetur deus, ut Fides ut Mens, quas in
Capitolio dedicatas videmus proxume a M. Aemilio
Scauro, ante autem ab ⟨A.⟩ Atilio Calatino erat Fides
consecrata. vides Virtutis templum vides Honoris a
M. Marcello renovatum, quod multis ante annis erat 25
bello Ligustico a Q. Maxumo dedicatum. quid Opis
quid Salutis quid Concordiae Libertatis Victoriae; quarum omnium rerum quia vis erat tanta ut sine deo regi
non posset, ipsa res deorum nomen optinuit. quo ex
genere Cupidinis et Voluptatis et Lubentinae Veneris 30
vocabula consecrata sunt, vitiosarum rerum neque na-
turalium — quamquam Velleius aliter existimat, sed

---

AHVB] 16 *cf. p. 143, 16 ss.* 17 noncupabant A numc- B
19 *Ter. Eun. 732* 20. 21 inest... vis *om.* B¹ 20 aliquae A¹V¹ (*om.* B¹)
21 vis *om.* B², *cf. ad v. 20. 21;* res *dett. ed. Bonon. 1494* 23 *add.
Fleckeisen miscell. crit. (1864) 56* 24 ulde honoris AV¹B
26 legustico AV¹B¹ Q.] quae A V¹ B¹ 32 *cf. Cic. fin. 1, 45*

tamen ea ipsa vitia naturam vehementius saepe pulsant. Utilitatum igitur magnitudine constituti sunt ei 62
di qui utilitates quasque gignebant, atque is quidem
nominibus quae paulo ante dicta sunt quae vis sit in
quoque declaratur deo.

Suscepit autem vita hominum consuetudoque com- 24
munis ut beneficiis excellentis viros in caelum fama ac
voluntate tollerent. hinc Hercules hinc Castor et Pollux
hinc Aesculapius hinc Liber etiam (hunc dico Liberum
Semela natum, non eum quem nostri maiores auguste
sancteque Liberum cum Cerere et Libera consecraverunt, quod quale sit ex mysteriis intellegi potest; sed
quod ex nobis natos liberos appellamus, idcirco Cerere
nati nominati sunt Liber et Libera, quod in Libera servant, in Libero non item) — hinc etiam Romulum, quem
quidam eundem esse Quirinum putant. quorum cum
remanerent animi atque aeternitate fruerentur, rite di
sunt habiti, cum et optimi essent et aeterni.

Alia quoque ex ratione et quidem physica magna 63
fluxit multitudo deorum, qui induti specie humana fabulas poetis suppeditaverunt, hominum autem vitam
superstitione omni referserunt. atque hic locus a Zenone tractatus post a Cleanthe et Chrysippo pluribus
verbis explicatus est. Nam vetus haec opinio Graeciam
opplevit, esse exsectum Caelum a filio Saturno, vinctum
autem Saturnum ipsum a filio Iove: physica ratio non 64
inelegans inclusa est in impias fabulas. caelestem enim
altissimam aetheriamque naturam id est igneam, quae
per sese omnia gigneret, vacare voluerunt ea parte cor-

---

AHVB; 23 *acc.* P]    1 natura AB¹    6—9 suscepit ...
Liber *Lact. inst. 1, 15, 5*    8 et] hinc *Lact.*    10 semel A -le
A³B²    11 Liberum *del. dett. Wa.*    15 Romulus *Ma.*
16 quidem *dett. Man.*    17 fruerunt A¹V¹B¹    20 induti *dett.
Rom.* inducti AVB    22 *cf. p. 143, 11*    24 *ss. cf. p. 142, 25 ss.*
24 nan ⟨cum⟩ (*sic*) A²    25 opplevit esse *Hei.* oppleuisset AV¹B
-uit P -uit sed V²    27 incussa B    est *om.* B¹    27—p. 74, 2 caelestem ... procreandum *Lact. inst. 1, 12, 4*    27 caelestem V²Bᶜ
*Lact.* -tum AV¹Bᵖ

poris quae coniunctione alterius egeret ad procreandum. Saturnum autem eum esse voluerunt qui cursum
et conversionem spatiorum ac temporum contineret.
qui deus Graece id ipsum nomen habet: Κρόνος enim
dicitur, qui est idem χρόνος id est spatium temporis.
Saturnus autem est appellatus quod saturaretur annis;
ex se enim natos comesse fingitur solitus, quia consu-
mit aetas temporum spatia annisque praeteritis insatu-
rabiliter expletur. vinctus autem a Iove, ne inmodera-
tos cursus haberet, atque ut eum siderum vinclis alli-
garet. sed ipse Iuppiter, id est iuvans pater, quem con-
versis casibus appellamus a iuvando Iovem, a poetis
'pater divomque hominumque' dicitur, a maioribus autem nostris optumus maxumus, et quidem ante optimus
id est beneficentissimus quam maximus, quia maius
est certeque gratius prodesse omnibus quam opes magnas habere — hunc igitur Ennius, ut supra dixi, nun-
cupat ita dicens 'aspice hoc sublime candens, quem invocant omnes Iovem' planius quam alio loco idem 'cui
quod in me est exsecrabor hoc quod lucet quicquid est';
hunc etiam augures nostri cum dicunt 'Iove fulgente
tonante': dicunt enim 'caelo fulgente et tonante'. Euri-
pides autem ut multa praeclare sic hoc breviter:
'vides sublime fusum immoderatum aethera,
qui terram tenero circumiectu amplectitur:
hunc summum habeto divum, hunc perhibeto Iovem'.
Aer autem, ut Stoici disputant, interiectus inter mare

---

AHPVB] 2—6 qui cursum ... continet *(sic,* qui ... habet
*circumscripta),* Κρόνος ... annis *Lact. inst. 1, 12, 9: cf. Aug. cons.
euang. 1, 23, 34* 6 saturetur *Lact.* cf. *p. 143, 2* 8 (a)etates A²B²
[B¹] 11. 12 cf. *Lact. inst. 1, 11, 40* 11 p. quem ⟨eundem⟩ *vel*
p. itemque *Pl.* 13 cf. *p. 50, 14 Min. Fel. 19, 1* 13 diuumque
AV²[V¹] 18 *Enn. scen. 345 V.,* cf. *p. 50, 12* suplimim B¹
19 quam PB quem AHV¹ que GV² *Enn. scen. 401 V.* 21 cf.
*Cic. div. 2, 42* fulgente ⟨et⟩ B 22 et *om. dett. Asc.*²
24—26 *tr. fr. N.*³ *Eurip. 941* 27—p. 75, 5 aer ut ... nominatam *Prob. Verg. ecl. 6, 31 p. 334, 12 H.* 27—p. 75, 4 cf. *Firm.
err. 4, 1* 27 autem *om.* B¹ *Prob.*

§ 64—67   DE NATURA DEORUM   BALBVS 75

et caelum Iunonis nomine consecratur, quae est soror
et coniux Iovis, quod ⟨ei⟩ et similitudo est aetheris et
cum eo summa coniunctio. effeminarunt autem eum
Iunonique tribuerunt, quod nihil est eo mollius. sed
5 Iunonem a iuvando credo nominatam. Aqua restabat
et terra, ut essent ex fabulis tria regna divisa. datum
est igitur Neptuno alterum, Iovis ut volumus fratri, maritimum omne regnum, nomenque productum ut Portunus a porta sic Neptunus a nando, paulum primis litte-
10 ris immutatis. Terrena autem vis omnis atque natura
Diti patri dedicata est, qui dives ut apud Graecos Πλούτων, quia et recidunt omnia in terras et oriuntur e
terris. †Cui Proserpinam (quod Graecorum nomen est,
ea enim est quae Περσεφόνη Graece nominatur) — quam
15 frugum semen esse volunt absconditamque quaeri a
matre fingunt. Mater autem est a gerendis frugibus 67
Ceres tamquam geres, casuque prima littera itidem im-
mutata ut a Graecis; nam ab illis quoque Δημήτηρ
quasi γῆ μήτηρ nominata est. Iam qui magna verteret
20 Mavors, Minerva autem quae vel minueret vel mina-
retur. Cumque in omnibus rebus vim haberent maxu- 27
mam prima et extrema, principem in sacrificando
Ianum esse voluerunt, quod ab eundo nomen est ductum, ex quo transitiones perviae iani foresque in li-
25 minibus profanarum aedium ianuae nominantur. Nam
Vestae nomen a Graecis (ea est enim quae ab illis
Ἑστία dicitur); vis autem eius ad aras et focos pertinet, itaque in ea dea, quod est rerum custos intuma-

---

AHPVB]   2 coniunx HPVB² *Prob.*   ei et *Hei.* ei *Prob.*
et AVB   aeris *Prob.*   3 effeminauerunt B   4 eo] illo *Prob.*
(om. V)   5 ⟨item⟩ a *Al.*   cf. Lact. inst. 1, 11, 40   6—21 cf.
*Firm. err.* 17, 2   7 alteri A³ -ro PV²   uolum A¹ uolunt A²V³B²
maritimum (rit *in ras.*) A³ [A¹] maritimum marium B¹   9 portu
H²B¹ cf. p. 143, 7   10—13 terrena... terris *Prob. Verg. ecl.* 6, 31 p. 334,
18 H.   12 recidunt *dett. Prob.* -dant AVB² reaudant B¹   terra
sed A¹V¹B¹   13 cui ⟨nuptam dicunt⟩ *dett. Bai.* cui ⟨addunt⟩
*Reitz.* cuius *Pl.*   16. 17 cf. p. 138, 16. 143, 4   19 cf. p. 143, 2   23 cf.
*Cornificius Longus (fr. 2 Funai.) apud Macr. sat.* 1, 9, 11

68 rum, omnis et precatio et sacrificatio extrema est. Nec
longe absunt ab hac vi di Penates, sive a penu ducto
nomine (est enim omne quo vescuntur homines penus)
sive ab eo quod penitus insident; ex quo etiam penetrales a poetis vocantur. Iam Apollinis nomen est
Graecum, quem solem esse volunt, Dianam autem et
lunam eandem esse putant, cum sol dictus sit vel quia
solus ex omnibus sideribus est tantus vel quia cum est
exortus obscuratis omnibus solus apparet, luna a lu-
cendo nominata sit; eadem est enim Lucina, itaque
ut apud Graecos Dianam eamque Luciferam sic apud
nostros Iunonem Lucinam in pariendo invocant. quae
eadem Diana Omnivaga dicitur non a venando sed
69 quod in septem numeratur tamquam vagantibus; Diana
dicta quia noctu quasi diem efficeret. adhibetur autem
ad partus, quod i maturescunt aut septem non numquam aut ut plerumque novem lunae cursibus, qui
quia mensa spatia conficiunt menses nominantur; con-
cinneque ut multa Timaeus, qui cum in historia dixisset qua nocte natus Alexander esset eadem Dianae
Ephesiae templum deflagravisse, adiunxit minime id
esse mirandum, quod Diana quom in partu Olympia-
dis adesse voluisset afuisset domo. Quae autem dea
ad res omnes veniret Venerem nostri nominaverunt,

---

AHPVB; 6 (def. P)]    2 ductu A¹V¹B¹    3 nomen est
est B¹    cf. Firm. err. 14, 2    uescunt AV    4 cf. Non. p. 51
6—10 cf. Firm. err. 17, 1 s.    7—10 cf. p. 139, 19 Lact. inst. 2, 9, 12
Isid. orig. 3, 71, 1 nat. 24, 1    9—18 luna ... nominati Prob.
Verg. ecl. 6, 31 p. 342, 23 H.    10 ⟨luna⟩ sit B¹    sit et est enim
om. Prob.    cf. Isid. orig. 3, 71, 2    12 nos Prob.    14 quod
semper vagatur t. venantibus Prob.    14. 15 cf. Firm. err. 17, 2
    14 ⟨sed⟩ Diana My.    15 effecerit Prob.    16 quod i mat.
om. codd. Probi, i om. eius ed. pr.    17 ut om. Prob.    18 nominati Prob.    20. 21 dian(a)e effesiae VB¹ -siam A¹ -sianae A²
dianam effeslam B²    21 templa V³ -lo B²    deflagrauisse HV³
defalacrauisse an -fil- B¹ deagrauiss(a)e AV¹ demigrauisse B²
22 quom] quod B¹ cum AVB²    rartu A¹V¹B¹    23 afuisset A²
abf- A⁵V³ aff- V² afuisse A¹V¹B    qua B¹    24 cf. p. 143, 4

atque ex ea potius venustas quam Venus ex venustate.
Videtisne igitur ut a physicis rebus bene atque utiliter inventis tracta ratio sit ad commenticios et fictos
5 deos. Quae res genuit falsas opiniones erroresque turbulentos et superstitiones paene aniles. et formae enim nobis deorum et aetates et vestitus ornatusque noti sunt, genera praeterea coniugia cognationes, omniaque traducta ad similitudinem inbecillitatis humanae. nam
10 et perturbatis animis inducuntur: accepimus enim deorum cupiditates aegritudines iracundias; nec vero, ut fabulae ferunt, bellis proeliisque caruerunt, nec solum ut apud Homerum cum duo exercitus contrarios alii dei ex alia parte defenderent, sed etiam ut cum
15 Titanis ut cum Gigantibus sua propria bella gesserunt. haec et dicuntur et creduntur stultissime et plena sunt futtilitatis summaeque levitatis. Sed tamen is fabulis 71 spretis ac repudiatis deus pertinens per naturam cuiusque rei, per terras Ceres per maria Neptunus alii per
20 alia, poterunt intellegi qui qualesque sint quoque eos nomine consuetudo nuncupaverit. Quos deos et venerari et colere debemus. cultus autem deorum est optumus idemque castissimus atque sanctissimus plenissimusque pietatis, ut eos semper pura integra incorrupta
25 et mente et voce veneremur. non enim philosophi so-

28
70

---

AHVB] 1—6 *cf. Firm. err.* 17, 3 1 eo A¹ 3—9 videtisne ... humanae *Lact. inst.* 1, 17, 2 3—17 videtisne ... levitatis *Aug. civ.* 4, 30 4 t. r. sit] t. r. est *Lact.* r. sit t. *Aug.* et] ac *Lact.* 5 errorisqu(a)e A¹VB¹ 10 accepimus *dett. Ma., Aug.* -cip- AVB 12 ⟨di⟩bellis *Aug. Ven.* 13 *Hom. N vel T*
15 titimannis *A¹V¹* -anis A² tianis B¹ ut] aut *Áug.* 17 futtilitatis] vanitatis *cod. Urs. Aug.* 18. 19 *cf. p.* 143, 25 20 sint *dett. Ma.* sunt AVB 21 hos deos V² hoc eos *OThKeil quaest. Tull. spec.* (1839) XXII superioribus adiungens 25—p. 78, 12 non ... laudis *Lact. inst.* 4, 28, 4 s., inde Isid. 10, 244. 234, hinc TG. v. religiosus *et* superstitiosus 25—p. 78, 8 non ... eligendo *Non. p.* 431 (superstitionis et religionis distantia) 25—p. 78, 4 non ... appellati *Aug. civ.* 4, 30

lum verum etiam maiores nostri superstitionem a religione separaverunt. nam qui totos dies precabantur et immolabant, ut sibi sui liberi superstites essent, superstitiosi sunt appellati, quod nomen patuit postea latius; qui autem omnia quae ad cultum deorum pertinerent diligenter retractarent et tamquam relegerent, ⟨i⟩ sunt dicti religiosi ex relegendo, ⟨tamquam⟩ elegantes ex eligendo, [tamquam] ⟨ex⟩ diligendo diligentes, ex intellegendo intellegentes; his enim in verbis omnibus inest vis legendi eadem quae in religioso. ita factum est in superstitioso et religioso alterum vitii nomen alterum laudis. Ac mihi videor satis et esse deos et quales essent ostendisse.

Proximum est ut doceam deorum providentia mundum administrari. magnus sane locus est et a vestris Cotta vexatus, ac nimirum vobiscum omne certamen est. Nam vobis Vellei minus notum est quem ad modum quidque dicatur; vestra enim solum legitis vestra amatis, ceteros causa incognita condemnatis. velut a te ipso hesterno die dictumst anum fatidicam Pronoean a Stoicis induci id est Providentiam. quod eo errore dixisti, quia existumas ab is providentiam fingi quasi quandam deam singularem, quae mundum omnem gubernet et regat. sed id praecise dicitur: ut, si

---

AHVB] 1 a *om. Non.* 2. 3 tota die precatus et inmolabat *Non.* 3 sui sibi *dett.* Ern., Lactantii HV 4 quod ... latius *om. Lact.* 6 diligenter *om. Lact. Isid.* dilig. retr. *om.* A¹ et aliquam rem eligerent *Non.* 11 (hi, hii) *Non. Lact.* 7 dicti *om. Non.* 7. 8 relegendo t. elegantes ex *om. Non.* 7 legendo∗ A -do *Lactantii B* tamquam *Lact.* hoc loco (ut V²), *v. 8* AHV¹B eligantes V¹ eligentes V² 8 ex eligendo (eleg- HV religando R) elegantes *Lact.* elegendo GB leg- H 8. 9 tamquam *cf. ad v. 7;* tamquam ... intellegendo *om.* V¹ 8 ex (et ex S et V) *Lact.* a V² diligendo (del-, el-) *Lact.* delig- V² leg- AHB diligentes *Lact.* del- V² delegendis AHB 9 in *om. Lact.* 11 ultu A B¹ 15 est *om. dett. Man.* 19 incognito A¹V¹B¹ 20 dictumst] -tum est A²HVB² -tu est A¹ -tus est B¹ 21 i. e. prov. *om. cod. Urs.* 22 existimes B¹

quis dicat Atheniensium rem publicam consilio regi,
desit illud 'Arii pagi', sic, cum dicimus providentia
mundum administrari, deesse arbitrato 'deorum', plene
autem et perfecte sic dici existumato, providentia
deorum mundum administrari. Ita salem istum, quo
caret vestra natio, in inridendis nobis nolitote con-
sumere, et mercule si me audiatis ne experiamini quidem; non decet non datum est non potestis. nec vero
hoc in te unum convenit moribus domesticis ac nostrorum hominum urbanitate limatum, sed cum in reliquos vestros tum in eum maxime qui ista peperit, hominem sine arte sine litteris, insultantem in omnes,
sine acumine ullo sine auctoritate sine lepore.

Dico igitur providentia deorum mundum et omnes
mundi partes et initio constitutas esse et omni tempore
administrari. Eamque disputationem tris in partes
nostri fere dividunt. quarum prima pars est quae ducitur ab ea ratione quae docet esse deos; quo concesso
confitendum est eorum consilio mundum administrari.
secunda est autem quae docet omnes res subiectas esse
naturae sentienti ab eaque omnia pulcherrume geri;
quo constituto sequitur ab animantibus principiis eam
esse generatam. tertius est locus qui ducitur ex admiratione rerum caelestium atque terrestrium.

Primum igitur aut negandum est esse deos, quod
et Democritus simulacra et Epicurus imagines indu-
cens quodam pacto negat, aut qui deos esse concedant
is fatendum est eos aliquid agere idque praeclarum;
nihil est autem praeclarius mundi administratione;

---

A H V B]    2 Arli pagi *Pl.* arpagi A¹VB² arlop- A³ (Ar. s.
c. dic. om. B¹)    *cf. Nipperdey ad Tac. ann. 2, 55*    3 arbitrator
*Rom.*    7 merculae B¹ meercule A H me he- V B²    9. 10 unum
*et* limatum *Man.* uno *et* limato AVB; convenit, unum *Kind.*
11 aperit B¹    13 acuminenullo A¹ -neo ullo V¹[B¹]    actori-
tate AV actiuo B¹    16 partes *v. 25 ss. p. 81, 16 ss. 85, 26 ss. 87, 6 ss.
(112, 24 ss.)*    22 quod, A¹V¹B¹    22. 23 ea *et* generata *dett.
Rom.* eum *et* -tum *Wa.*    23 dicitur AV

deorum igitur consilio administratur. Quod si aliter
est, aliquid profecto sit necesse est melius et maiore
vi praeditum quam deus, quale id cumque est, sive
inanima natura sive necessitas vi magna incitata haec
pulcherrima opera efficiens quae videmus; non est igitur natura deorum praepotens neque excellens, si quidem ea subiecta est ei vel necessitati vel naturae, qua
caelum maria terrae regantur. nihil est autem praestantius deo; ab eo igitur mundum necesse est regi;
nulli igitur est naturae oboediens aut subiectus deus;
omnem ergo regit ipse naturam. Etenim si concedimus intellegentes esse deos, concedimus etiam providentes et rerum quidem maxumarum. ergo utrum
ignorant quae res maxumae sint quoque eae modo
tractandae et tuendae, an vim non habent qua tantas
res sustineant et gerant? at et ignoratio rerum aliena
naturae deorum est, et sustinendi muneris propter inbecillitatem difficultas minime cadit in maiestatem
deorum. ex quo efficitur id quod volumus, deorum
providentia mundum administrari. Atqui necesse est
cum sint di (si modo sunt, ut profecto sunt) animantis
esse, nec solum animantes sed etiam rationis compotes inter seque quasi civili conciliatione et societate
coniunctos, unum mundum ut communem rem publicam atque urbem aliquam regentis. sequitur ut eadem
sit in is quae humano in genere ratio, eadem veritas
utrobique sit eademque lex, quae est recti praeceptio
pravique depulsio. ex quo intellegitur prudentiam quoque et mentem a deis ad homines pervenisse (ob eamque causam maiorum institutis Mens Fides Virtus Concordia consecratae et publice dedicatae sunt; quae qui
convenit penes deos esse negare, cum eorum augusta

---

AHVB] 3 deus *Lb*. deos AVB   8—11 nihil est praestantius ... naturam *Lact. inst. 1, 5, 24 (cf. epit. 4, 3), inde Salv. gub. 1, 1, 4*   9 regi necesse est *Lact. Isid.*   15 qui A   21 modo sunt *dett. Wa.* modo sint AVB   22 competes $A^1V^1B^1$   24 rem $B^2$ r. $V^2$ per $A^1V^1B^1$

et sancta simulacra veneremur: quod si ınest in hominum genere mens fides virtus concordia, unde haec in terram nisi ab superis defluere potuerunt?), cumque sint in nobis consilium ratio prudentia, necesse est
deos haec ipsa habere maiora, nec habere solum sed etiam his uti in maxumis et optumis rebus. nihil autem 80 nec maius nec melius mundo; necesse est ergo eum deorum consilio et providentia administrari. Postremo cum satis docuerimus hos esse deos, quorum insignem vim et inlustrem faciem videremus, solem dico et lunam et vagas stellas et inerrantes et caelum et mundum ipsum et earum rerum vim quae inessent in omni mundo cum magno usu et commoditate generis humani, efficitur omnia regi divina mente atque prudentia. Ac de prima quidem parte satis dictum est.

Sequitur ut doceam omnia subiecta esse naturae, 32
eaque ab ea pulcherrime geri. Sed quid sit ipsa natura explicandum est ante breviter, quo facilius id quod docere volumus intellegi possit. namque alii naturam esse censent vim quandam sine ratione cientem motus in corporibus necessarios, alii autem vim participem rationis atque ordinis tamquam via progredientem declarantemque quid cuiusque rei causa efficiat quid sequatur, cuius sollertiam nulla ars nulla manus nemo opifex consequi possit imitando; seminis enim vim esse tantam, ut id, quamquam sit perexiguum, tamen, si inciderit in concipientem conprendentemque naturam nanctumque sit materiam qua ali augerique possit, ita fingat et efficiat in suo quidque genere, partim ut tantum modo per stirpes alantur suas, partim ut moveri etiam et sentire et appetere possint et ex sese similia sui gignere. Sunt autem qui 82

---

AHVB]   3 superis] s *posterior cum* de| *in ras.* V° his superius B¹ -ris B²   6 ut A¹V¹B¹   16 *cf. p. 79, 20*   18. 19 quo ... possit *Prisc. GL. II 456, 14* (volim pro velim)   19 volimus '*libri veteres*' *Lambini, Prisc. vel- Lb.*   20 *cf. p. 128, 20*   29 quidque HV²B² quic- V¹ quin- B¹[A¹]   32 possent A¹V¹B

omnia naturae nomine appellent, ut Epicurus qui ita
dividit, omnium quae sint naturam esse corpora et
inane quaeque is-accidant. Sed nos cum dicimus natura constare administrarique mundum, non ita dicimus ut glaebam aut fragmentum lapidis aut aliquid
eius modi nulla cohaerendi natura, sed ut arborem
ut animal, in quibus nulla temeritas sed ordo apparet
et artis quaedam similitudo.

Quod si ea quae a terra stirpibus continentur arte
naturae vivunt et vigent, profecto ipsa terra eadem
vi continetur arte naturae, quippe quae gravidata
seminibus omnia pariat et fundat ex sese, stirpes am-
plexa alat et augeat ipsaque alatur vicissim a superis
externisque naturis; eiusdemque exspirationibus et aer
alitur et aether et omnia supera. Ita si terra natura
tenetur et viget, eadem ratio in reliquo mundo est;
stirpes enim terrae inhaerent, animantes autem adspi-
ratione aeris sustinentur; ipseque aer nobiscum videt
nobiscum audit nobiscum sonat, nihil enim eorum sine
eo fieri potest; quin etiam movetur nobiscum, quacumque enim imus qua movemur videtur quasi locum
dare et cedere. quaeque in medium locum mundi, qui
est infimus, et quae a medio in superum quaeque conversione rutunda circum medium feruntur, ea continentem mundi efficiunt unamque naturam. Et cum quattuor genera sint corporum, vicissitudine eorum mundi
continuata natura est. nam ex terra aqua ex aqua oritur
aer ex aere aether, deinde retrorsum vicissim ex aethere
aer inde aqua ex aqua terra infima. sic naturis is ex
quibus omnia constant sursus deorsus ultro citro com-
meantibus mundi partium coniunctio continetur. Quae
aut sempiterna sit necessest hoc eodem ornatu quem
videmus, aut certe perdiuturna, permanens ad longin-

---

AHVB] 1 *Epic. epist. 1,39 s.* 2. 3 *cf. Aug. epist. 118,31*
5 aut *prius*] ac B¹ 6 coercendi B¹ 9 a *om.* H 11 *del.*
*Dav.* 20 mouebitur B¹ qua⟨cumque⟩ V²B² 23 est ⟨in
rutundo⟩ *Pl.* 30 citro⟨que⟩ *dett. Ven.* 33 diuturna A B²

quum et inmensum paene tempus. quorum utrumvis ut sit, sequitur natura mundum administrari. Quae enim classium navigatio aut quae instructio exercitus aut, rursus ut ea quae natura efficit conferamus, quae
5 procreatio vitis aut arboris, quae porro animantis figura conformatioque membrorum tantam naturae sollertiam significat quantam ipse mundus? aut igitur nihil est quod sentiente natura regatur, aut mundum regi confitendum est. Etenim qui reliquas naturas omnes 86
10 earumque semina contineat, qui potest ipse non natura administrari; ut, si qui dentes et pubertatem natura dicat existere, ipsum autem hominem cui ea existant non constare natura, non intellegat ea quae ecferant aliquid ex sese perfectiores habere naturas quam ea
15 quae ex his efferantur. omnium autem rerum quae 34 natura administrantur seminator et sator et parens ut ita dicam atque educator et altor est mundus omniaque sicut membra et partes suas nutricatur et continet. quod si mundi partes natura administrantur, necesse
20 est mundum ipsum natura administrari. Cuius quidem administratio nihil habet in se quod reprehendi possit; ex his enim naturis quae erant quod effici optimum potuit effectum est. doceat ergo aliquis potuisse melius; sed nemo umquam docebit, et si quis corrigere
25 aliquid volet aut deterius faciet aut id quod fieri ⟨non⟩ potuerit desiderabit. 87

Quod si omnes mundi partes ita constitutae sunt ut neque ad usum meliores potuerint esse neque ad speciem pulchriores, videamus utrum ea fortuitane sint
30 an eo statu quo cohaerere nullo modo potuerint nisi sensu moderante divinaque providentia. Si igitur meliora sunt ea quae natura quam illa quae arte per-

---

AHVB; 14 *def.* V]    13 ecferant V¹ etf- AH haecf- B¹ eo ferant V² haecferat B²    15—18 omnium ... continet *Non. p. 478* (nutricatur pro nutricat)    17. 18 omnia quae ... continet *Prisc. GL. II 432, 4* (nutrico et nutricor)    23 aliquid A¹    25 facit AB¹    *add.* NB²

fecta sunt nec ars efficit quicquam sine ratione, ne
natura quidem rationis expers est habenda. Qui igitur
convenit, signum aut tabulam pictam cum aspexeris,
scire adhibitam esse artem, cumque procul cursum na-
vigii videris, non dubitare quin id ratione atque arte
moveatur, aut cum solarium vel descriptum vel ex
aqua contemplere, intellegere declarari horas arte non
casu, mundum autem, qui et has ipsas artes et earum
artifices et cuncta conplectatur, consilii et rationis esse
expertem putare. quod si in Scythiam aut in Brittan-
niam sphaeram aliquis tulerit hanc quam nuper familiaris noster effecit Posidonius, cuius singulae conversiones idem efficiunt in sole et in luna et in quinque
stellis errantibus quod efficitur in caelo singulis diebus
et noctibus, quis in illa barbaria dubitet quin ea
sphaera sit perfecta ratione; hi autem dubitant de
mundo, ex quo et oriuntur et fiunt omnia, casune ipse
sit effectus aut necessitate aliqua an ratione ac mente
divina, et Archimedem arbitrantur plus valuisse in imi-
tandis sphaerae conversionibus quam naturam in effi-
ciendis; praesertim cum multis partibus sint illa perfecta quam haec simulata sollertius. utque ille apud
Accium pastor, qui navem numquam ante vidisset, ut
procul divinum et novum vehiculum Argonautarum e
monte conspexit, primo admirans et perterritus hoc
modo loquitur:

    'tanta moles labitur
  fremibunda ex alto ingenti sonitu et spiritu:
  prae se undas volvit, vertices vi suscitat,
  ruit prolapsa, pelagus respergit reflat;

---

A H N B] 4 sursum $A^1 N B^1$ 6 discriptum *Bai.* vel *Scheller
obseruatt. in priscos scriptt. (1785) 210* aut A B   10 putare H N
-rem A B   13 in *medium om.* $B^1$   22 utque *Pl. cf. p. 85, 16*
atque A B atqui *dett. Gr.*   23 Accium *Ma.* actium A B
27—p. 85, 8 *Acc. trag. 391 ss.*   28—30 *Prisc. GL. III 424, 13 ss.
(de trimetris tragicis) Jeep Philol. 68, 1909, 16 adn. 27*   28 spiritu
*Prisc.* strepitu A B   29 euoluit A H N   30 reflat *Prisc.* profluit A B

ita dum interruptum credas nimbum volvier,
dum quod sublime ventis expulsum rapi
saxum aut procellis, vel globosos turbines
existere ictos undis concursantibus —
5 nisi quas terrestres pontus strages conciet
aut forte Triton fuscina evertens specus
subter radices penitus undanti in freto
molem ex profundo saxeam ad caelum eruit':
dubitat primo quae sit ea natura quam cernit ignotam;
10 idemque iuvenibus visis auditoque nautico cantu:
'sicut †inciti atque alacres rostris perfremunt delphini'
— item alia multa —
'Silvani melo
consimilem ad aures cantum et auditum refert'
15 — ergo ut hic primo aspectu inanimum quiddam sensuque vacuum se putat cernere, post autem signis cer-
tioribus quale sit id de quo dubitaverat incipit suspicari, sic philosophi debuerunt, si forte eos primus
aspectus mundi conturbaverat, postea cum vidissent
20 motus eius finitos et aequabiles omniaque ratis ordinibus moderata inmutabilique constantia, intellegere inesse aliquem non solum habitatorem in hac caelesti ac
divina domo sed etiam rectorem et moderatorem et
tamquam architectum tanti operis tantique muneris.
25 Nunc autem mihi videntur ne suspicari quidem quanta sit admirabilitas caelestium rerum atque terrestrium.
Principio enim terra sita in media parte mundi cir-
cumfusa undique est hac animali spirabilique natura

---

A H N B]    5 *ex Accio Non. p. 90* (conciere cum perturbatione
commovere. Acclus Medea)    6—8 *Prisc. GL. III 424, 10 ss. (cf.
p. 84, 28 ss.)*    7 undanti in fracto *Prisc.* undantes ueniant freto
A B    11—14 *Acc. trag. 403—406*    11 *unusne hic versus sit
non plenus an particulae versuum dubitat Pl., cf. app.*    12 ab
*Accii verbis seiunxit Ald.*    14 consimilem *dett. Ven.* -le A B
25 ss. *cf. p. 79, 23*    27—p. 86, 1 principio ... aer *Prob. Verg.
ecl. 6, 31 p. 341, 4 H.*    28 animali O -abili A B *Prob.* spir. *cf.
ad p. 56, 11*

cui nomen est aer — Graecum illud quidem sed perceptum iam tamen usu a nostris; tritum est enim pro Latino. hunc rursus amplectitur inmensus aether, qui constat ex altissimis ignibus (mutuemur hoc quoque verbum, dicaturque tam aether Latine quam dicitur aer, etsi interpretatur Pacuvius: 'hoc, quod memoro, nostri caelum Grai perhibent aethera' — quasi vero non Graius hoc dicat. 'at Latine loquitur.' si quidem nos non quasi Graece loquentem audiamus; docet idem alio loco: 'Graiugena: de isto aperit ipsa oratio')— / sed ad maiora redeamus. ex aethere igitur innumerabiles flammae siderum existunt, quorum est princeps sol omnia clarissima luce conlustrans, multis partibus maior atque amplior quam terra universa, deinde reliqua sidera magnitudinibus inmensis. atque hi tanti ignes tamque multi non modo nihil nocent terris rebusque terrestribus, sed ita prosunt ut si mota loco sint conflagrare terras necesse sit a tantis ardoribus moderatione et temperatione sublata.

Hic ego non mirer esse quemquam qui sibi persuadeat corpora quaedam solida atque individua vi et gravitate ferri mundumque effici ornatissimum et pulcherrimum ex eorum corporum concursione fortuita? hoc qui existimat fieri potuisse, non intellego cur non idem putet, si innumerabiles unius et viginti formae litterarum vel aureae vel qualeslibet aliquo coiciantur, posse ex is in terram excussis annales Enni ut deinceps legi possint effici; quod nescio an ne in uno quidem versu possit tantum valere fortuna. isti autem quem ad modum adseverant ex corpusculis non colore non qualitate aliqua (quam ποιότητα Graeci vocant) non sensu praeditis sed concurrentibus temere atque casu mundum esse perfectum, vel innumerabiles potius in omni

---

AHNB; 16 acc. V]   6. 7 *Pacuv. trag. 89*   10 *Pacuv. trag. 364*   graulgena H¹B¹   istoc *Bothe ad Pacuv.*   17 moti *(quod dett. Wa. scribunt) efficeret clausulam*   21 ⟨sua⟩ vi *Lb.*   24 existimet *dett. Hei.*   25 inenumerabiles AVB¹   30 s. *cf. p. 26, 14 ss.*

puncto temporis alios nasci alios interire: quod si mundum efficere potest concursus atomorum, cur porticum cur templum cur domum cur urbem non potest, quae sunt minus operosa; et multa quidem faciliora. certe ita temere de mundo effuttiunt, ut mihi quidem numquam hunc admirabilem caeli ornatum (qui locus est proximus) suspexisse videantur. Praeclare ergo Aristoteles 'Si essent' inquit 'qui sub terra semper habitavissent bonis et inlustribus domiciliis, quae essent ornata signis atque picturis instructaque rebus his omnibus quibus abundant i qui beati putantur, nec tamen exissent umquam supra terram, accepissent autem fama et auditione esse quoddam numen et vim deorum, deinde aliquo tempore patefactis terrae faucibus ex illis abditis sedibus evadere in haec loca quae nos incolimus atque exire potuissent: cum repente terram et maria caelumque vidissent, nubium magnitudinem ventorumque vim cognovissent aspexissentque solem eiusque cum magnitudinem pulchritudinemque tum etiam efficientiam cognovissent, quod is diem efficeret toto caelo luce diffusa, cum autem terras nox opacasset tum caelum totum cernerent astris distinctum et ornatum lunaeque luminum varietatem tum crescentis tum senescentis, eorumque omnium ortus et occasus atque in omni aeternitate ratos inmutabilesque cursus — quae cum viderent, profecto et esse deos et haec tanta opera deorum esse arbitrarentur'. atque haec quidem ille; nos autem tenebras cogitemus tantas quantae quondam eruptione Aetnaeorum ignium finitimas regiones obscuravisse dicuntur, ut per biduum nemo hominem homo agnosceret, cum autem tertio die sol inluxisset tum ut revixisse sibi viderentur: quod si hoc idem ex aeternis tenebris contingeret ut subito lucem aspicere-

---

AHVB]   4 multa B -to AV   5 effitiunt B¹   6 cf. p. 79, 23   7 Aristot. fr. 12 R.   13 nomen B¹   21 tum HV² cum AV¹B

mus, quaenam species caeli videretur? sed adsiduitate
cotidiana et consuetudine oculorum adsuescunt animi,
neque admirantur neque requirunt rationes earum rerum quas semper vident, proinde quasi novitas nos
magis quam magnitudo rerum debeat ad exquirendas 5
97 causas excitare. Quis enim hunc hominem dixerit, qui,
cum tam certos caeli motus tam ratos astrorum ordines
tamque inter se omnia conexa et apta viderit, neget in
his ullam inesse rationem eaque casu fieri dicat, quae
quanto consilio gerantur nullo consilio adsequi possu- 10
mus. an, cum machinatione quadam moveri aliquid videmus, ut sphaeram ut horas ut alia permulta, non dubitamus quin illa opera sint rationis, cum autem im-
petum caeli cum admirabili celeritate moveri vertique
videamus constantissime conficientem vicissitudines 15
anniversarias cum summa salute et conservatione rerum omnium, dubitamus quin ea non solum ratione
fiant sed etiam excellenti divinaque ratione?
98 Licet enim iam remota subtilitate disputandi oculis quodam modo contemplari pulchritudinem rerum 20
earum quas divina providentia dicimus constitutas.
39 Ac principio terra universa cernatur, locata in media sede mundi, solida et globosa et undique ipsa in
sese nutibus suis conglobata, vestita floribus herbis
arboribus frugibus, quorum omnium incredibilis mul- 25
titudo insatiabili varietate distinguitur. adde huc fon-
tum gelidas perennitates, liquores perlucidos amnium,
riparum vestitus viridissimos, speluncarum concavas
altitudines, saxorum asperitates, inpendentium montium altitudines inmensitatesque camporum; adde 30
etiam reconditas auri argentique venas infinitamque
99 vim marmoris. quae vero et quam varia genera bes-

---

AHVB] 6—9 quis ... rationem *Non. p. 235* (aptum co-
nexum et conligatum) 7 cum *om. Non.* ratos] status *Non.*
ordine *Non.* 8 in *om. Non.* praeter $D^A$ 15 videmus *dett.
Mdv.* 21 prudentia B 23 solida] *cf. Schol. Lucan. ed. Web.
9, 102* 26 fontium $HV^3$

tiarum vel cicurum vel ferarum, qui volucrium lapsus
atque cantus, qui pecudum pastus, quae vita silvestrium. quid iam de hominum genere dicam, qui quasi
cultores terrae constituti non patiuntur eam nec inmanitate beluarum efferari nec stirpium asperitate vas-
tari, quorumque operibus agri insulae litoraque collu-
cent distincta tectis et urbibus. quae si ut animis sic
oculis videre possemus, nemo cunctam intuens terram
de divina ratione dubitaret.

At vero quanta maris est pulchritudo, quae species
universi, quae multitudo et varietas insularum, quae
amoenitates orarum ac litorum, quot genera quamque
disparia partim submersarum partim fluitantium et in-
nantium beluarum partim ad saxa nativis testis in-
haerentium. ipsum autem mare sic terram appetens li-
toribus eludit, ut una ex duabus naturis conflata videatur.

Exin mari finitumus aer die et nocte distinguitur, isque tum fusus et extenuatus sublime fertur, tum autem
concretus in nubes cogitur umoremque colligens terram
auget imbribus, tum effluens huc et illuc ventos efficit.
idem annuas frigorum et calorum facit varietates,
idemque et volatus alitum sustinet et spiritu ductus
alit et sustentat animantes.

Restat ultimus et a domiciliis nostris altissimus omnia cingens et coercens caeli complexus, qui idem
aether vocatur, extrema ora et determinatio mundi, in
quo cum admirabilitate maxima igneae formae cursus
ordinatos definiunt. E quibus sol, cuius magnitudine

---

AHVB]   3—6 quid iam ... vastare *Non. p. 185* (vastescant inhorrescant vel deserantur)   quid *(sic)* quasi ... vastari *Non. p. 417* (vastitas desertio)   5 ecferari *vel* etf- *Non. p. 185* vastare *Non. p. 185* saltari *Non. p. 417*   8 possemus V² -simus AV¹Bᵉ -sumus Bᵖ   14 saxasa AV¹Bᵖ (*fuerit* saxsa) saxosa B²   18 exin AHV² exim B ex V¹   21 effluens AB¹   23 spiritu V³ -tus AV¹B; -tus ductu V⁴   26 qui idem| quidem A¹B¹   27 et aether B¹

multis partibus terra superatur, circum eam ipsam volvitur, isque oriens et occidens diem noctemque conficit et modo accedens tum autem recedens binas in singulis annis reversiones ab extremo contrarias facit, quarum in intervallo tum quasi tristitia quadam contrahit terram tum vicissim laetificat ut cum caelo hilarata videatur. Luna autem, quae est, ut ostendunt mathematici, maior quam dimidia pars terrae, isdem spatiis vagatur quibus sol, sed tum congrediens cum sole tum degrediens et eam lucem quam a sole accepit mittit in terras et varias ipsa lucis mutationes habet, atque etiam tum subiecta atque opposita soli radios eius et lumen obscurat, tum ipsa incidens in umbram terrae, cum est e regione solis, interpositu interiectuque terrae repente deficit. Isdemque spatiis eae stellae quas vagas dicimus circum terram feruntur eodemque modo oriuntur et occidunt, quarum motus tum incitantur tum retardantur, saepe etiam insistunt, quo spectaculo nihil potest admirabilius esse nihil pulchrius. Sequitur stellarum inerrantium maxima multitudo, quarum ita descripta distinctio est, ut ex notarum figurarum similitudine nomina invenerint.'

41 Atque hoc loco me intuens 'Utar' inquit 'carminibus Arateis, quae a te admodum adulescentulo conversa ita me delectant quia Latina sunt, ut multa ex is memoria teneam. Ergo, ut oculis adsidue videmus, sine ulla mutatione aut varietate

'cetera labuntur celeri caelestia motu
cum caeloque simul noctesque diesque feruntur',

quorum contemplatione nullius expleri potest animus naturae constantiam videre cupientis.

'extremusque adeo duplici de cardine vertex
dicitur esse polus.'

---

A H V B]    10 digrediens V²B²    20 discripta *Mue.*    24 Arateis *dett. Wa.* -tiis *Mue.* arates B¹ arti eis A¹ arati eis A²HVB²
28.29 *Ar. 19 s.*    29 noctesque diesque *cf. fin. 1,51*    32.33 *Ar. 24*

Hunc circum Arctoe duae feruntur numquam occidentes.
'ex is altera apud Graios Cynosura vocatur,
altera dicitur esse Helice',
cuius quidem clarissimas stellas totis noctibus cerni-
5 mus, quas
   'nostri Septem soliti vocitare Triones';
paribusque stellis similiter distinctis eundem caeli ver- 106
ticem lustrat parva Cynosura.
'hac fidunt duce nocturna Phoenices in alto.
10 sed prior illa magis stellis distincta refulget
et late prima confestim a nocte videtur.
haec vero parva est, sed nautis usus in hac est;
nam cursu interiore brevi convertitur orbe.'
Et quo sit earum stellarum admirabilior aspectus, 42
15 'has inter veluti rapido cum gurgite flumen
torvus Draco serpit supter supraque revolvens
sese conficiensque sinus e corpore flexos'.
eius cum totius est praeclara species ⟨tum⟩ in primis 107
aspicienda est figura capitis atque ardor oculorum:
20 'huic non una modo caput ornans stella relucet,
verum tempora sunt duplici fulgore notata
e trucibusque oculis duo fervida lumina flagrant
atque uno mentum radianti sidere lucet;
opstipum caput, a⟨t⟩ tereti cervice reflexum
25 optutum in cauda maioris figere dicas'.
et relicum quidem corpus Draconis totis noctibus cernimus, 108
'hoc caput hic paulum sese subitoque recondit,
ortus ubi atque obitus parti admiscetur in una'.

---

AHVB]   1 cf. Ar. 26 s.   2. 3 Ar. 36 s.   7 propiusque
Pl.   9—13 Ar. 39—43   10 refulgit $A^1$   15—17 Ar. 45—47
16 ex Arat. Prisc. GL. III 30, 3. 55, 25 (supera)   superaque O
Prisc.   retorquens Prisc.; rev. sese conficiensque om. $A^1$
18. 19 cf. Ar. 49—54   18 add. Man.; sit potius pro est Bou.
20—25 Ar. 54—59   24 caput, at Helm cl. Ar. 58; caput ac RKl.
c. at Mdv.   26 cf. Ar. 60   27. 28 Ar. 61 s.; ex Arat. Hyg. astr. 4, 3
(quod caput)   27 subito aequore condit Grotius   28 parti
Cochanovius in Arat. (Cracov. 1612) -te M Hyg. -tim AVB   tem
Rom.   admiscentur dett. Hyg.   unam HStephanus in Arat.

Id autem caput attingens
    'defessa velut maerentis imago
vertitur',
quam quidem Graeci
  'Engonasin vocitant, genibus quia nixa feratur'.    5
 'hic illa eximio posita est fulgore Corona.'
Atque haec quidem a tergo, propter caput autem Anguitenens,
109  'quem claro perhibent Ophiuchum nomine Graii'.
 'hic pressu duplici palmarum continet Anguem,    10
atque eius ipse manet religatus corpore torto;
namque virum medium Serpens sub pectora cingit.
ille tamen nitens graviter vestigia ponit
atque oculos urget pedibus pectusque Nepai.'
Septentriones autem sequitur    15
 'Arctophylax, vulgo qui dicitur esse Bootes,
quod quasi temone adiunctam prae se quatit Arctum'.
110 Dein quae sequuntur: 'huic' enim Booti
    'subter praecordia fixa videtur
stella micans radiis, Arcturus nomine claro';    20
cuius ⟨pedibus⟩ subiecta fertur
 'Spicum inlustre tenens splendenti corpore Virgo'.
43 Atque ita demetata signa sunt, ut in tantis descriptionibus divina sollertia appareat:
 'et Natos Geminos invisses sub caput Arcti;    25
subiectus mediaest Cancer, pedibusque tenetur
magnus Leo tremulam quatiens e corpore flammam'.

---

AHVB]   1—3 *Ar. 63 s.*   1 attingens *alii Arateis dant*
5 *Ar. 66*   Engonasin *Rom.* engonasiam AV engnosiam B   6 *Ar. 71*   7—9 *Ar. 74—76*   10—14 *Ar. 82—86*   12 sterpens B¹[*V*¹]
14 *ex Arat. Prisc. GL. II 285, 3* (divisio in genetivo poetica)   uirguet B¹ urguet B²   nepai A³V²B²*Prisc.* nepar B¹ nepe A¹V¹
15—17 *Ar. 91—93*   17 temoni H²   18—20 *Ar. 94 s.*
21. 22 *Ar. 96 s.*   21 cuius *i. e. Bootis;* cui B², *ex Arat. Prisc. GL. II 247, 17* (Booti *pro* Bootis) *add. Dav., cf. Prisc.*   22 *ex Arat. Serv. in georg. 1, 111* (hoc spicum) ferens *Serv.*   23 dimetata *Gron. ad Liv. 8, 38, 7*   discriptionibus AV¹   25—27 *Ar. 147 s.*

## § 108—111 DE NATURA DEORUM BALBUS 93

Auriga
'sub laeva Geminorum obductus parte feretur.
adversum caput huic Helicae truculenta tuetur.
at Capra laeum umerum clara obtinet.'
5 Tum quae secuntur:
'verum haec est magno atque inlustri praedita signo,
contra Haedi exiguum iaciunt mortalibus ignem'.
Cuius sub pedibus
'corniger est valido conixus corpore Taurus'.
10 eius caput stellis conspersum est frequentibus; 111
'has Graeci stellas Hyadas vocitare suerunt'
a pluendo (ὕειν enim est pluere), nostri imperite Suculas, quasi a subus essent non ab imbribus nominatae.
Minorem autem Septentrionem Cepheus passis palmis
15 ⟨post⟩ terga subsequitur;
'namque ipsum ad tergum Cynosurae vertitur Arcti'.
Hunc antecedit
'obscura specie stellarum Cassiepia.'
'Hanc autem inlustri versatur corpore propter
20 Andromeda aufugiens aspectu maesta parentis.'
'Huic Equos ille iubam quatiens fulgore micanti
summum contingit caput alvo, stellaque iungens
una tenet duplices communi lumine formas
aeternum ex astris cupiens conectere nodum.'
25 'exin contortis Aries cum cornibus haeret.'
*Arat.* quem propter
12 'Pisces, quorum alter paulum praelabitur ante
et magis horriferis aquilonis tangitur auris'.

---

AHVB; 17 acc. P] 2—4 Ar. 160—163 3 Helicae Grotius -ce
A²V elice A¹B 4 clara an -rae A -ro HV 6.7 Ar. 165 s. 8.9 Ar.
167 s. (cuius i. e. Aurigae) 9 connixus dett. Lb. conexus AVB
10 cf. Ar. 168—171 11 cf. Ar. 173 12. 13 cf. Tiro (fr. 13 Funai.) apud
Gell. 13,9,4 Prob. Verg. georg. 1,138 Plin. nat. 18,247 13 sucibus H
14—16 Ar. 182 s. 15 add. Pl.; ⟨a⟩ tergo dett. Man. 16 ipse Dav.
cynosyre B¹Bˢ -ra Bᶻ -sura AV 17. 18 Ar. 188 s. 19. 20 Ar. 197 s.
20 hau fugiens A¹ haud- HP aut- B¹ aspectu Pl. -tum AVB
21—23 Ar. 205—207 24 apud Ar. nihil his respondet 25 Ar. 225
26—28 Ar. 239—241 27 paulo Arat. 28 horri+sonis et ulis H Arat.

## DE NATURA DEORUM

**44**
**112** Ad pedes Andromedae Perseus describitur,  *Arat.*
'quem summa ⟨a⟩ regione aquilonis flamina pulsant'. *22*
cuius  *3*
    'propter laeum genum'  *27*
    'Vergilias tenui cum luce videbis'.  *28*
'inde Fides leviter posita et convexa videtur.'  *42*
inde  *7*
    'est ales Avis lato sub tegmine caeli'.  *47*
Capiti autem Equi proxima est Aquari dextra totusque
deinceps Aquarius. Tum  *10*
    'gelidum valido de pectore frigus anhelans  *58*
    corpore semifero magno Capricornus in orbe;
    quem cum perpetuo vestivit lumine Titan,
    brumali flectens contorquet tempore currum'.
**113** Hic autem aspicitur  *15*
    'sese ostendens emergit Scorpios alte  *77*
    posteriore trahens flexum vi corporis Arcum'.
quem  *18*
    'propter nitens pinnis convolvitur Ales'.  *85*
    'at propter se Aquila ardenti cum corpore portat.' *87*
Deinde Delphinus.  *21*
    'exinde Orion obliquo corpore nitens'.  *102*

---

AHPVB] 1. 2 *Ar. 248—250* 1 androm A¹ andromedaes B    2 quem *sitne ex Arat. incertum (ibi* cum *H* quam *D ed. pr.)* add. *Bai.,* ab B² *cum Arat.*    4. 5 *Ar. 254 s., ex Arat. Prisc. GL. II 210, 21* (genus pro genu) *ult. syll. GL. IV 223, 30* (genu correptum) at pr. l. g. omni ex parte locatas paruas uergillas B² *cum Arat.*    4 genum AH¹PV¹[B¹] -u H²V² *ult. syll.* -us B² *cum Arat. Prisc.*    6 *Ar. 268* leuiter posita et B² *cum Arat.* p. l. et A¹VB¹ p. l. *(del.* et) A² *et primo* B² posita est — leviter convexa videtur *Lommatzsch Th. l. L. 4, 871, 10*    8 *Ar. 275* 9. 10 *cf. Ar. 283 Arat. 56*    9 proxima est *RKl.* -mat AVB 11—14 *Ar. 284—286*    11 corpore *Arat.* (*H deest*)    12 *ex Arat. Prisc. GL. II 211, 11* (capricornus secundae)    15 hinc *dett. Ald.* autem aspicitur *del.* A²B²    16 *Ar. 304* ⟨ut⟩ sese *ex Arat. Ald.* emergit] ostendat *Arat.* alto *Grotius*    17 plexum A¹B¹HPV flexum A²B² *cum Arat.*    19 *Ar. 312* quam (*l. e. Sagittam*) propter *Arat.*    20 *Ar. 313. 315*    21 *cf. Ar. 316 Arat. 92*    22 *Ar. 322*

§ 112—115　　　DE NATURA DEORUM　　BALBUS　95

*Arat.* quem subsequens　　　　　　　　　　　　　　　　114
*108*　'fervidus ille Canis stellarum luce'
　　refulget. post Lepus subsequitur
*125*　'curriculum numquam defesso corpore sedans
　5　at Canis ad caudam serpens prolabitur Argo'.
*143*　'hanc Aries tegit et squamoso corpore Pisces
　　Fluminis inlustri tangentem corpore ripas.'
　　quem longe 'serpentem' et manantem aspicies
*150*　　　　　　　　　　'proceraque Vincla videbis,
　10　quae retinent Pisces caudarum a parte locata'
*183*　'inde Nepae cernes propter fulgentis acumen
　　Aram, quam flatu permulcet spiritus austri.'
　　Propter quae Centaurus
*210*　'cedit Equi partis properans subiungere Chelis.
　15　hic dextram porgens, quadrupes qua vasta tenetur',
*213*　'tendit et inlustrem truculentus cedit ad Aram.
　　Hic sese infernis e partibus erigit Hydra',
　18　cuius longe corpus est fusum,
*219*　'in medioque sinu fulgens Cretera relucet.
　20　extremam nitens plumato corpore Corvus
　　rostro tundit, et hic Geminis est ille sub ipsis
　　Ante Canem, Procyon Graio qui nomine fertur'.
　Haec omnis descriptio siderum atque hic tantus caeli 115

---

　　AHPVB]　　1—3 *Ar. 326 s.*　　3 refulgens *Arat.*　　4. 5 *Ar.*
*339 ss.*　　4 *ad Canem refertur in Arat.*　　5 *ex Arat. Hyg.*
*fab. 14 p. 49*　praelabitur *Hyg.*, ed. pr. *Arat.*　　6. 7 *Ar. 357 s.*
　　6 hanc *ad Pistricem refertur in Arat.* pectore *dett.*　　7 il-
lustris *Ven.*　　pectore *Patricius*　　8—10 *Ar. 361 ss.*　　8 quem
*i. e.* Eridanum (fluminis *v.* 7); quam B　　serpentem *ex Arat. 150;*
serp. et man. *del.* B²　　10 a *om.* B¹, *DH Arat.*　　11. 12 *Ar.*
*402 s.*　　13—17 *Ar. 438 ss.*　　13 que AV; haec subter *Arat. 209*
　　14 properat coniungere *Arat.*　chellis B² *cum Arat.* cetis A¹V
-ti Aᶜ, *om.* B¹　　15 uasta A²B² *cum Arat.* usta A¹*H*P uista V¹*B*¹
iusta V²*B*¹　　16 cedit AV¹*Arat.* caedit HPV²B　　18—22 *Ar.*
*448 ss.*　　19 *Non. p. 548* (creterra situla)　cr(a)etera *A*¹V²B¹,
H*Arat., idem vel* creterra *Non.* cratera A³B¹, D ed. pr. *Arat.*
20 corpr(a)e A¹V¹B¹　　21 tundit B², *DArat.* tendit AVB¹ ton-
dit H ed. pr. *Arat.*　　22 antecanis B²　Gr. Pr. *Arat.*　　23 descriptio HPV²B² -to B¹ discriptio AV¹

ornatus ex corporibus huc et illuc casu et temere cursantibus potuisse effici cuiquam sano videri potest, aut vero alia quae natura mentis et rationis expers haec efficere potuit quae non modo ut fierent ratione eguerunt sed intellegi qualia sint sine summa ratione non possunt?

45   Nec vero haec solum admirabilia, sed nihil maius quam quod ita stabilis est mundus atque ita cohaeret, ad permanendum ut nihil ne excogitari quidem possit aptius. omnes enim partes eius undique medium locum capessentes nituntur aequaliter. maxime autem corpora inter se iuncta permanent cum quasi quodam vinculo circumdato colligantur; quod facit ea natura quae per omnem mundum omnia mente et ratione conficiens funditur et ad medium rapit et convertit extrema. Quocirca si mundus globosus est ob eamque causam omnes eius partes undique aequabiles ipsae per se atque inter se continentur, contingere idem terrae necesse est, ut omnibus eius partibus in medium vergentibus (id autem medium infimum in sphaera est) nihil interrumpat quo labefactari possit tanta contentio gravitatis et ponderum. Eademque ratione mare, cum supra terram sit, medium tamen terrae locum expetens conglobatur undique aequabiliter, neque redundat umquam neque effunditur. Huic autem continens aer fertur ille quidem levitate sublimi, sed tamen in omnes partes se ipse fundit; itaque et mari continuatus et iunctus est et natura fertur ad caelum, cuius tenuitate et calore temperatus vitalem et salutarem spiritum praebet animantibus. Quem complexa summa pars caeli, quae aetheria dicitur, et suum retinet ardorem tenuem et nulla admixtione concretum et cum aeris extremitate coniungitur. In aethere autem astra

---

AHPVB]   3 alia quae] aliqua A²B²   4—6 cf. Min. Fel. 17, 6   21 quod HB¹   continentia B¹   26 sublimis dett. Lb. -me Kind.   30—p. 97, 17 quem ... oriretur Prob. Verg. ecl. 6, 31 p. 339, 17 H.   31 suum] summum Prob.

§ 115—119  DE NATURA DEORUM  BALBUS  97

volvuntur, quae se et nisu suo conglobata continent
et forma ipsa figuraque sua momenta sustentant; sunt
enim rutunda, quibus formis, ut ante dixisse videor,
minime noceri potest. Sunt autem stellae natura flam- 118
meae; quocirca terrae maris aquarum⟨que reliqua-
rum⟩ vaporibus aluntur is qui a sole ex agris tepefactis
et ex aquis excitantur; quibus altae renovataeque
stellae atque omnis aether effundunt eadem et rursum
trahunt indidem, nihil ut fere intereat aut admodum
paululum, quod astrorum ignis et aetheris flamma con-
sumat. ex quó eventurum nostri putant id de quo
Panaetium addubitare dicebant, ut ad extremum omnis
mundus ignesceret, cum umore consumpto neque terra
ali posset nec remearet aer, cuius ortus aqua omni ex-
hausta esse non posset: ita relinqui nihil praeter ignem,
a quo rursum animante ac deo renovatio mundi fieret
atque idem ornatus oreretur. Nolo in stellarum ratione 119
multus vobis videri, maximeque earum quae errare
dicuntur; quarum tantus est concentus ex dissimillimis motibus, ut, cum summa Saturni refrigeret, media
Martis incendat, is interiecta Iovis inlustret et temperet,
infraque Martem duae soli oboediant, ipse sol mundum
omnem sua luce compleat, ab eoque luna inluminata
graviditates et partus adferat maturitatesque gignendi.
Quae copulatio rerum et quasi consentiens ad mundi

---

AHPVB]  1 conglobata *dett.* Prob. globata AVB$^c$ -to B$^1$
3 *cf.* p. 67, 13   4 naturae H (*om.* fl. q. t.) *Hadoardus, sed item
abl.* p. 59, 21 natura ... frigidus   5 *add.* ex Probo (reliquarum-
que aquarum P)   7 peraltae *Prob.*   8 effundant *Hadr. Iunius
animadv. (1559)* 4, 20 refundunt *Ma.* efundat B$^1$ ref- AVB$^2$;
aethere sunt: Fiunt *Probi* V aethere fiunt *PM (an hic - fuit)* aether
effundat *ed. pr.*; ⟨in terram⟩ effundunt *Pl.* rursus B$^1$   9 itidem
A$^3$*Prob.* aut A$^3$B$^1$*Probi PM* ut A$^1$VB$^2$*Probi V ed. pr.*   10 paulum *dett. Prob.*   consumant *dett., Probi ed. pr.* -mit *dett. Lb.*
11—14 *cf. Min. Fel.* 34, 2   11 venturum p. n. id *Prob.*
12 postremum *Prob.*   14 remaneret *codd. Probi*   15 itaque
*dett. Prob.*   16 a *om. Prob.* deo] de eo *Prob.*   17 atque
idem] idemque *Prob.* oriretur PV$^2$B$^2$ *Prob.*   19 dis simis A$^1$
dissimilibus *vel* -limus B$^1$   21 interiecta A$^1$V$^1$B$^1$

incolumitatem coagmentatio naturae quem non movet,
hunc horum nihil umquam reputavisse certo scio.

47
120   Age ut a caelestibus rebus ad terrestres veniamus,
quid est in his in quo non naturae ratio intellegentis appareat. Principio eorum quae gignuntur e terra
stirpes et stabilitatem dant is quae sustinentur, et e
terra sucum trahunt quo alantur ea quae radicibus
continentur; obducunturque libro aut cortice trunci,
quo sint a frigoribus et caloribus tutiores. iam vero
vites sic claviculis adminicula tamquam manibus adprehendunt atque ita se erigunt ut animantes; quin
etiam a caulibus brassicae, si propter sati sint, ut a
pestiferis et nocentibus refugere dicuntur nec eos ulla
ex parte contingere.

121   Animantium vero quanta varietas est, quanta ad eam
rem vis ut in suo quaeque genere permaneat. Quarum
aliae coriis tectae sunt aliae villis vestitae aliae spinis
hirsutae; pluma alias alias squama videmus obductas, alias esse cornibus armatas, alias habere effugia
pinnarum. Pastum autem animantibus large et copiose
natura eum qui cuique aptus erat comparavit. Enumerare possum ad eum pastum capessendum conficiendumque quae sit in figuris animantium et quam sollers
subtilisque descriptio partium quamque admirabilis
fabrica membrorum. omnia enim, quae quidem intus
inclusa sunt, ita nata atque ita locata sunt, ut nihil
eorum supervacuaneum sit, nihil ad vitam retinendam
122 non necessarium. Dedit autem eadem natura beluis
et sensum et appetitum, ut altero conatum haberent
ad naturales pastus capessendos, altero secernerent
pestifera a salutaribus. Iam vero alia animalia gradiendo alia serpendo ad pastum accedunt, alia volando
alia nando, cibumque partim oris hiatu et dentibus

---

AHPVB]   6 sustinent *Rom. Ven.*   12 brassicae *Pl.* -cis
AVB -cisque *dett. Rom. Ven.*, om. O   sioporter A¹V¹ si proter B¹   20 pastus AB²   24 disscriptio B   27 retinendam
*dett. Ma.* det- AVB   20—p. 99, 3 cf. *Plin. nat. 10, 196*

ipsis capessunt, partim unguium tenacitate arripiunt
partim aduncitate rostrorum, alia sugunt alia carpunt
alia vorant alia mandunt. atque etiam aliorum east
humilitas ut cibum terrestrem rostris facile contingant,
quae autem altiora sunt, ut anseres ut cygni ut grues
ut camelli, adiuvantur proceritate collorum; manus
etiam data elephantost, quia propter magnitudinem
corporis difficiles aditus habebat ad pastum. at quibus
bestiis erat is cibus ut †aliis generis escis vescerentur,
aut vires natura dedit aut celeritatem. data est quibusdam etiam machinatio quaedam atque sollertia, ut in
araneolis aliae quasi rete texunt, ut si quid inhaeserit
conficiant, aliae autem ut ✱✱ ex inopinato observant
et si quid incidit arripiunt idque consumunt. pina vero
(sic enim Graece dicitur) duabus grandibus patula conchis cum parva squilla quasi societatem coit compa-
randi cibi; itaque cum pisciculi parvi in concham
hiantem innataverunt, tum admonita ⟨a⟩ squilla pina
morsu comprimit conchas: sic dissimillimis bestiolis
communiter cibus quaeritur; in quo admirandum est,
congressune aliquo inter se an iam inde ab ortu natura
ipsa congregatae sint. Est etiam admiratio non nulla
in bestiis aquatilibus is quae gignuntur in terra; veluti
crocodili fluviatilesque testudines quaedamque serpentes ortae extra aquam simul ac primum niti possunt
aquam persequuntur. quin etiam anitum ova gallinis
saepe supponimus; e quibus pulli orti primo aluntur
ab his ut a matribus, a quibus exclusi fotique sunt,
deinde eas relinquunt et effugiunt sequentes, cum pri-

---

AHPVB]   3 east] ea est B  ea set AV   7 st] est H;
-tos AV¹B¹ -to B² -tis PV²   9 alii H²PN alius V² animalis
Pl.   estis A¹V¹ bestiis PN   12 texunt ⟨et in medio consi-
dunt⟩ Pl.   13 ut om. V  defectum indicauit My.; ⟨ex insidiis
latrones sic e foveis suis⟩ Pl.  exopinato (om. in) B   18 add.
M²; squillae Rom.   19 morsus AV¹B¹   dissimillibus B¹   21 natura ipsa Wa. -r(a)e ips(a)e AVB   24 fluulales qu(a)e B
26 anetum H¹PV²B² -nat- H²   28 a posterius] e B¹ ex-
cusi Bai.

mum aquam quasi naturalem domum videre potuerunt:
tantam ingenuit animantibus conservandi sui natura
49 custodiam. Legi etiam scriptum, esse avem quandam
quae platalea nominaretur; eam sibi cibum quaerere
advolantem ad eas avis quae se in mari mergerent, 5
quae cum emersissent piscemque cepissent usque eo
premere earum capita mordicus, dum illae captum
amitterent, in quod ipsa invaderet. eademque haec avis
scribitur conchis se solere complere, eas cum stomachi
calore concoxerit evomere, atque ita eligere ex his quae 10
125 sunt esculenta. Ranae autem marinae dicuntur obruere
sese harena solere et moveri prope aquam, ad quas
quasi ad escam pisces cum accesserint confici a ranis
atque consumi. Miluo est quoddam bellum quasi na-
turale cum corvo; ergo alter alterius ubicumque nanc- 15
tus est ova frangit. Illud vero (ab Aristotele animad-
versum, a quo pleraque) quis potest non mirari: grues
cum loca calidiora petentes maria transmittant trianguli efficere formam; eius autem summo angulo aer ab
is adversus pellitur, deinde sensim ab utroque latere 20
tamquam remis ita pinnis cursus avium levatur; basis
autem trianguli, quam efficiunt grues, ea tamquam a
puppi ventis adiuvatur; eaeque in tergo praevolantium
colla et capita reponunt; quod quia ipse dux facere
non potest, quia non habet ubi nitatur, revolat ut ipse 25
quoque quiescat, in eius locum succedit ex his quae
adquierunt, eaque vicissitudo in omni cursu conser-
126 vatur Multa eius modi proferre possum, sed genus
ipsum videtis. Iam vero illa etiam notiora, quanto se
opere custodiant bestiae, ut in pastu circumspectent, 30
50 ut in cubilibus delitiscant. Atque illa mirabilia, quod
— ea quae nuper id est paucis ante saeclis medicorum

---

AHPVB] 3—11 cf. Plin. nat. 10, 115  8 in Wa. id AVB
9 eas cum cum B easque cum O  10 colligere B¹ (eligit Plin.)
11 sint Ern.  16 Aristot. fr. 342 R.  17 quis A² uis A¹VB
20 sensim ⟨dilatante se cuneo⟩ My. ex Plin. nat. 10, 63  22 quem
dett. Hei.  27 adquierunt V⁵ adquirunt AV¹B

ingeniis reperta sunt — vomitione canes, purgando autem
alvo se ibes Aegyptiae curant. auditum est pantheras,
quae in barbaria venenata carne caperentur, remedium
quoddam habere, quo cum essent usae non morerentur,
5 capras autem in Creta feras, cum essent confixae vene-
natis sagittis, herbam quaerere quae dictamnus voca-
retur, quam cum gustavissent sagittas excidere dicunt
e corpore; cervaeque paulo ante partum perpurgant 127
se quadam herbula quae seselis dicitur. Iam illa cer-
10 nimus, ut contra vim et metum suis se armis quaeque
defendat: cornibus tauri, apri dentibus, cursu leones,
aliae fuga se aliae occultatione tutantur, atramenti
effusione saepiae torpore torpedines, multae etiam in-
sectantes odoris intolerabili foeditate depellunt.
15 Ut vero perpetuus mundi esset ornatus, magna ad- 51
hibita cura est a providentia deorum, ut semper essent
et bestiarum genera et arborum omniumque rerum
quae a terra stirpibus continerentur; quae quidem
omnia eam vim seminis habent in se ut ex uno plura
20 generentur. Idque semen inclusum est in intuma parte
earum bacarum quae ex quaque stirpe funduntur, isdemque seminibus et homines adfatim vescuntur et
terrae eiusdem generis stirpium renovatione conplen-
tur. Quid loquar quanta ratio in bestiis ad perpetuam 128
25 conservationem earum generis appareat? nam primum
aliae mares aliae feminae sunt, quod perpetuitatis
causa machinata natura est, deinde partes corporis et
ad procreandum et ad concipiendum aptissimae, et in
mari et in femina commiscendorum corporum mirae li-
30 bidines, cum autem in locis semen insedit rapit omnem fere cibum ad sese eoque saeptum fingit animal;

---

AHPVB]     1 purgando *Pl.* -ante AV¹B -are V²     2 se
ibes *Dav.* sibis AV¹ sibi B; aluos ibes PV³     5—8 *cf. Val.
Max. 1, 8 ext. 18*     6 diptamnus V dictam nos B [.1¹, *certae* dictam n]     8. 9 *cf. Plin. nat. 8, 112*     9 sells B¹     11 defen-
dant P^p V² diffendat B¹     morsu V²; cursu ⟨canes, morsu⟩ *Pl.*
25 ss. *cf. Aug. c. Iul. 4, 12, 58 (ex Iul.)*     29 mare B²

quod cum ex utero elapsum excidit, in is animantibus
quae lacte aluntur omnis fere cibus matrum lactescere
incipit, eaque quae paulo ante nata sunt sine magistro
duce natura mammas adpetunt earumque ubertate sa-
turantur. atque ut intellegamus nihil horum esse for- 5
tuitum et haec omnia esse opera providae sollertisque
naturae, quae multiplices fetus procreant, ut sues ut
canes, is mammarum data est multitudo, quas easdem
paucas habent eae bestiae quae pauca gignunt. Quid
dicam quantus amor bestiarum sit in educandis custo- 10
diendisque is quae procreaverunt, usque ad eum finem
dum possint se ipsa defendere. etsi pisces, ut aiunt,
ova cum genuerunt relinquunt, facile enim illa aqua et
sustinentur et fetum fundunt; testudines autem et crocodilos dicunt, cum in terra partum ediderint, obruere 15
ova, deinde discedere: ita et nascuntur et educantur
ipsa per sese. iam gallinae avesque reliquae et quietum
requirunt ad pariendum locum et cubilia sibi nidosque
construunt eosque quam possunt mollissume substernunt, ut quam facillume ova serventur; e quibus pullos 20
cum excuderunt ita tuentur ut et pinnis foveant ne
frigore laedantur et si est calor a sole se opponant;
cum autem pulli pinnulis uti possunt, tum volatus
eorum matres prosequuntur, reliqua cura liberantur.
Accedit etiam ad non nullorum animantium et earum 25
rerum quas terra gignit conservationem et salutem hominum etiam sollertia et diligentia. nam multae et
pecudes et stirpes sunt quae sine procuratione hominum salvae esse non possunt.

Magnae etiam oportunitates ad cultum hominum at- 30
que abundantiam aliae aliis in locis reperiuntur.
Aegyptum Nilus inrigat, et cum tota aestate obrutam
oppletamque tenuit tum recedit mollitosque et obli-

---

AHPVB] 5 fortuitu B    9 gignuntur AHV¹B¹ *Pl.*    12 alunt
AV¹B    15 ediderunt B¹    21 pennis PB    25 nonnullarum
*Sch. 339*    30 magnas AV¹B¹    32 — p. 103, 5 *cf. Min.
Fel. 18, 3*

matos agros ad serendum relinquit. Mesopotamiam fertilem efficit Euphrates, in quam quotannis quasi novos agros invehit. Indus vero, qui est omnium fluminum maximus, non aqua solum agros laetificat et mitigat, sed eos etiam conserit; magnum enim vim seminum secum frumenti similium dicitur deportare multaque alia in aliis locis commemorabilia proferre possum, multos fertiles agros alios aliorum fructuum. Sed illa quanta benignitas naturae, quod tam multa ad vescendum tam varie tam iucunda gignit, neque ea uno tempore anni, ut semper et novitate delectemur et copia. Quam tempestivos autem dedit quam salutares non modo hominum sed etiam pecudum generi, is denique omnibus quae oriuntur e terra, ventos etesias; quorum flatu nimii temperantur calores, ab isdem etiam maritimi cursus celeres et certi diriguntur. Multa praetereunda sunt et tamen multa dicuntur. enumerari enim non possunt fluminum oportunitates, aestus maritimi †multum accedentes et recedentes, montes vestiti atque silvestres, salinae ab ora maritima remotissimae, medicamentorum salutarium plenissumae terrae, artes denique innumerabiles ad victum et ad vitam necessariae. Iam diei noctisque vicissitudo conservat animantes tribuens aliud agendi tempus aliud quiescendi.

Sic undique omni ratione concluditur mente consilioque divino omnia in hoc mundo ad salutem omnium conservationemque admirabiliter administrari.

Sin quaeret quispiam cuiusnam causa tantarum rerum molitio facta sit — arborumne et herbarum, quae quamquam sine sensu sunt tamen a natura sustinentur: at id quidem absurdum est; an bestiarum: nihilo probabilius deos mutarum et nihil intellegentium causa tantum laborasse. quorum igitur causa quis dixerit

---

AHPVB] 2 quotannis *Rom.* quod annos $A^1V^1B^1$ quot - $A^2$ $V^2B^2$   3 indos $AV^1B^1$   10 uariae $AV^1$ uaria et $V^2$ uaria H 11 copia $A^1V^1B^1$   16 deriguntur *Mue.*   19 ⟨si⟩ mul cum ⟨luna⟩ *Pl.* 28 si *Pl.*   quaeret] [$B^1$; certae qua]   tantarum] *an* tanta cf. p.10,5

effectum esse mundum? eorum scilicet animantium
quae ratione utuntur; hi sunt di et homines; quibus
profecto nihil est melius, ratio est enim quae praestet
omnibus ita fit credibile deorum et hominum causa
factum esse mundum quaeque in eo mundo sint omnia.

54   Faciliusque intellegetur a dis inmortalibus hominibus esse provisum, si erit tota hominis fabricatio perspecta omnisque humanae naturae figura atque per-
fectio. Nam cum tribus rebus animantium vita teneatur, cibo potione spiritu, ad haec omnia percipienda os
est aptissimum quod adiunctis naribus spiritu augetur,
dentibus autem in ore constructis mandatur atque ab is
extenuatur et mollitur cibus. eorum adversi acuti morsu
dividunt escas, intimi autem conficiunt qui genuini vocantur; quae confectio etiam a lingua adiuvari videtur.
linguam autem ad radices eius haerens excipit stomachus, quo primum inlabuntur ea quae accepta sunt ore.
is utraque ex parte tosillas attingens palato extremo
atque intimo terminatur atque is agitatione et motibus
linguae cum depulsum et quasi detrusum cibum accepit
depellit. ipsius autem partes eae quae sunt infra quam
id quod devoratur dilatantur, quae autem supra con-
trahuntur. Sed cum aspera arteria (sic enim a medicis
appellatur) ostium habeat adiunctum linguae radicibus
paulo supra quam ad linguam stomachus adnectitur,
eaque ad pulmones usque pertineat excipiatque animam
eam quae ductast spiritu eandemque a pulmonibus re-
spiret et reddat, tegitur quodam quasi operculo, quod
ob eam causam datum est, ne si quid in eam cibi forte

---

AHPVB]   5 mundo *om. dett. Ma.*   6 intellegetur *dett. Rom.*
-gitur AVB   7 fuerit *Hadoardus, prob. Mollw. 35, 1913, 317*
7— p. 112, 23 *cf. Lact. opif. 1, 11*   12 mandatur *Al.* manditur
AVB   ab his B, *del. Bai.*   13 molitur *dett. Ma.*   17. 18 ore
is *Ald.* oris AVB   21 demittit *Pl.*   27 st] est *RKl.* sit AV¹B;
ea qua eductus it spiritus eademque V²   27 a] ad AB¹   29 ne
si] nisi A¹VB¹   quid *dett. Rom.* quod AVB

incidisset spiritus impediretur. Sed cum alvi natura
subiecta stomacho cibi et potionis sit receptaculum,
pulmones autem et cor extrinsecus spiritum ducant, in
alvo multa sunt mirabiliter effecta, quae constant fere
5 e nervis; est autem multiplex et tortuosa arcetque et
continet sive illud aridum est sive umidum quod re-
cepit, ut id mutari et concoqui possit, eaque tum ad-
stringitur tum relaxatur, atque omne quod accepit co-
git et confundit, ut facile et calore, quem multum habet,
10 et terendo cibo et praeterea spiritu omnia cocta atque
confecta in reliquum corpus dividantur. in pulmonibus 55
autem inest raritas quaedam et adsimilis spongiis mol-
litudo ad hauriendum spiritum aptissima, qui tum se
contrahunt adspirantes tum †inre spiritu dilatantur, ut
15 frequenter ducatur cibus animalis, quo maxime aluntur animantes. Ex intestinis autem †alvo secretus a 137
reliquo cibo sucus is quo alimur permanat ad iecur per
quasdam a medio intestino usque ad portas iecoris (sic
enim appellantur) ductas et directas vias, quae per-
20 tinent ad iecur eique adhaerent; atque inde aliae **
pertinentes sunt, per quas cadit cibus a iecore dilapsus.
ab eo cibo cum est secreta bilis eique umores qui e
renibus profunduntur, reliqua se in sanguinem vertunt
ad easdemque portas iecoris confluunt ad quas omnes
25 eius viae pertinent; per quas lapsus cibus in hoc ipso
loco in eam venam quae cava appellatur confunditur
perque eam ad cor confectus iam coctusque perlabitur;
a corde autem in totum corpus distribuitur per venas

---

AHPVB]  1—7 cf. Aug. c. Iul. 4, 12, 58 (ex Iul.)  3 ad-
ducantur P V[1] -cant V[2] (Aug.)  4 constant AVB (Aug.) -stat H
9 calorem A[c] V[1] B[1] -rum A[1]  14 inre spiritu AV[1]B se sp-
V[2] in respiratu 'vetus codex' Lambini -rando Pl. in respiritu tutatur Skutsch Glotta 3, 384  dilatant AVB[1]  16 alvo om. dett.
Dav.  19 derectas P[c] uir- P[p]  20 iecorique AP -re quae V[1]
-rae que B[1]  ⟨ad renes⟩ Asc.[2] ⟨alio⟩ Hei. ⟨per totum iecur⟩
Pl.  21 ⟨discernendus⟩ dilapsus Pl.  27 coctusque Asc.[3]
coactus- AVB concoctus- Mdv.

admodum multas in omnes partes corporis pertinentes.
Quem ad modum autem reliquiae cibi depellantur tum astringentibus se intestinis tum relaxantibus, haud sane difficile dictu est, sed tamen praetereundum est, ne quid habeat iniucunditatis oratio. Illa potius explicetur incredibilis fabrica naturae: nam quae spiritu in pulmones anima ducitur, ea calescit primum ipso ab spiritu, deinde contagione pulmonum, ex eaque pars redditur respirando, pars concipitur cordis parte quadam quam ventriculum cordis appellant, cui similis alter adiunctus est, in quem sanguis a iecore per venam illam cavam influit. eoque modo ex is partibus et sanguis per venas in omne corpus diffunditur et spiritus per arterias; utraeque autem crebrae multaeque toto corpore intextae vim quandam incredibilem artificiosi operis divinique testantur. Quid dicam de ossibus; quae subiecta corpori mirabiles commissuras habent et ad stabilitatem aptas et ad artus finiendos adcommodatas et ad motum et ad omnem corporis actionem. Huc adde nervos, a quibus artus continentur, eorumque inplicationem corpore toto pertinentem, qui sicut venae et arteriae a corde tractae et profectae in corpus omne ducuntur.

Ad hanc providentiam naturae tam diligentem tamque sollertem adiungi multa possunt, e quibus intellegatur quantae res hominibus a dis quamque eximiae tributae sint. Qui primum eos humo excitatos celsos et erectos constituit, ut deorum cognitionem caelum intuentes capere possent. sunt enim ex terra homines non ut incolae atque habitatores sed quasi spectatores superarum rerum atque caelestium, quarum spectaculum ad nullum aliud genus animantium pertinet. Sen-

---

AHPVB] 2—5 quem ad m. reliquiae ... oratio *Aug. c. Iul. 4, 12, 58 (ex Iul.)* 4 est *posterius om. Aug.* 10 quam AVB[c] quem B[p] *dett. Ven.* uenterculum AV 18 fingendos *Hei.* 22 tracti et profecti *Asc.*[2] 26 a dis *del. Sch. 376* 27 quae *Asc.*[2] 28 constituerunt H[2]M[2]

sus autem interpretes ac nuntii rerum in capite tamquam in arce mirifice ad usus necessarios et facti et conlocati sunt. nam oculi tamquam speculatores altissimum locum optinent, ex quo plurima conspicientes fungantur suo munere; et aures, cum sonum percipere debeant qui natura in sublime fertur, recte in altis corporum partibus collocatae sunt; itemque nares et, quod omnis odor ad supera fertur, recte sursum sunt et, quod cibi et potionis iudicium magnum earum est, non sine causa vicinitatem oris secutae sunt. iam gustatus, qui sentire eorum quibus vescimur genera deberet, habitat in ea parte oris qua esculentis et posculentis iter natura patefecit. tactus autem toto corpore aequabiliter fusus est, ut omnes ictus omnesque nimios et frigoris et caloris adpulsus sentire possimus. atque ut in aedificiis architecti avertunt ab oculis naribusque dominorum ea quae profluentia necessario taetri essent aliquid habitura, sic natura res similis procul amandavit a sensibus.

Quis vero opifex praeter naturam, qua nihil potest esse callidius, tantam sollertiam persequi potuisset in sensibus? Quae primum oculos membranis tenuissimis vestivit et saepsit; quas primum perlucidas fecit ut per eas cerni posset, firmas autem ut continerentur. sed lubricos oculos fecit et mobiles, ut et declinarent si quid noceret et aspectum quo vellent facile converterent; aciesque ipsa qua cernimus, quae pupula vocatur, ita parva est ut ea quae nocere possint facile vitet; palpebraeque, quae sunt tegmenta oculorum, mollissimae tactu ne laederent aciem, aptissime factae et ad claudendas pupulas ne quid incideret et ad aperiendas, idque providit ut identidem fieri posset cum maxima

---

AHPVB]   6 in *prius om. dett. Dav.*   11 debet *dett. Ma.*   12 posculentis *Pl.* postul- B¹ potul- AVB²   13 naruta AV¹[B¹]   14 minimos *dett. Ven.*   17—19 *cf. Aug. c. Iul. 5, 8, 33*
24 possit B   continerent *Lb.*   27 popula H¹B pupilla V¹
30 aptissimae AV¹   31 populares H¹ -las G pupillas V¹

143 celeritate. munitaeque sunt palpebrae tamquam vallo
pilorum, quibus et apertis oculis si quid incideret re-
pelleretur et somno coniventibus, cum oculis ad cer-
nendum non egeremus, ut qui tamquam involuti quies-
cerent. latent praeterea utiliter et excelsis undique 5
partibus saepiuntur. primum enim superiora super-
ciliis obducta sudorem a capite et fronte defluentem
repellunt; genae deinde ab inferiore parte tutantur sub-
iectae leviterque eminentes; nasusque ita locatus est
144 ut quasi murus oculis interiectus esse videatur. Audi- 10
tus autem semper patet, eius enim sensu etiam dor-
mientes egemus, a quo cum sonus est acceptus etiam e
somno excitamur. flexuosum iter habet, ne quid intrare
possit si simplex et directum pateret; provisum etiam
ut si qua minima bestiola conaretur inrumpere in sor- 15
dibus aurium tamquam in visco inhaeresceret. extra
autem eminent quae appellantur aures, et tegendi causa
factae tutandique sensus, et ne adiectae voces laberen-
tur atque errarent prius quam sensus ab his pulsus
esset. sed duros et quasi corneolos habent introitus 20
multisque cum flexibus, quod his naturis relatus am-
plificatur sonus; quocirca et in fidibus testudine reso-
natur aut cornu, et ex tortuosis locis et inclusis referun-
145 tur ampliores. Similiter nares, quae semper propter
necessarias utilitates patent, contractiores habent in- 25
troitus, ne quid in eas quod noceat possit pervadere;
umoremque semper habent ad pulverem multaque alia

---

AHPVB] 1. 2 munitaeque ... pilorum *Non. p. 218* (palpebrae) 1—5 *cf. Isid. orig. 11, 1, 39* 3 coniuentibus V$^c$ *(Isid.)*
conluentibus AHPB [$V^1$] 3. 4 (cum ... ut qui *om. Isid.*)
4 utque H$^c$ ut quibus *vel* utrimque *Reitz.* utque i *Pl.* 'cumque i'
5 et *om.* H 9 leniterque *Wa.* 9. 10 nasus ... videatur *Prob.
nom. GL. IV 212, 12* (nasus masculino genere) 9 nasusque ita H
nasus itaque AV$^1$B$^2$ n. itaque qui *Prob.* nasusque (*om.* ita locatus)
B$^1$ nasus ita V$^2$ diductus *Prob.* 10 ut *om. Prob.* uidetur *Probi
cod.*$^1$ 12 a *om.* B$^1$ 14 derectum *Mue.* 15 irrepere *quidam apud
Lb.* 20 corneolos *cf. Serv. in Aen. 6, 893 s.* 23. 24 ⟨soni⟩
ante (*Lb.*) *vel post* ref. dett., post ampl. *Hei.* 26 euadere HB$^1$

depellenda non inutilem. Gustatus praeclare saeptus
est; ore enim continetur et ad usum apte et ad incolumitatis custodiam.

Omnesque sensus hominum multo antecellunt sensibus bestiarum. Primum enim oculi in his artibus, quarum iudicium est oculorum, in pictis fictis caelatisque formis, in corporum etiam motione atque gestu multa cernunt subtilius, colorum etiam et figurarum †tum venustatem atque ordinem et ut ita dicam decentiam oculi iudicant, atque etiam alia maiora: nam et virtutes et vitia cognoscunt, iratum propitium, laetantem dolentem, fortem ignavum, audacem timidumque cognoscunt. Auriumque item est admirabile quoddam artificiosumque iudicium, quo iudicatur et in vocis et in tibiarum nervorumque cantibus varietas sonorum intervalla distinctio, et vocis genera permulta, canorum fuscum, leve asperum, grave acutum, flexibile durum, quae hominum solum auribus iudicantur. Nariumque item et gustandi et †parte tangendi magna iudicia sunt. ad quos sensus capiendos et perfruendos plures etiam quam vellem artes repertae sunt; perspicuum est enim quo conpositiones unguentorum, quo ciborum conditiones, quo corporum lenocinia processerint.

Iam vero animum ipsum mentemque hominis rationem consilium prudentiam qui non divina cura perfecta esse perspicit, is his ipsis rebus mihi videtur carere. De quo dum disputarem tuam mihi dari vellem Cotta eloquentiam. quo enim tu illa modo diceres, quanta primum intellegentia deinde consequentium rerum cum primis coniunctio et conprehensio esset in nobis; ex quo videlicet iudicamus quid ex quibusque

---

A H P V B]   4 omnisque $A^3 V^2$   antecellunt $B^2$ -cellit AV cellum (om. ante) $B^1$   8—10 colorum ... iudicant *Non. p. 203* (decentiam)   9 tum AVB *Non.* * tum *Mue.* ⟨habi⟩tum *vel* ⟨orna⟩tum *(cf. off. 1, 126) Pl.*, del. *Man.*   19 arte $V^2$ ⟨quadam ex⟩ parte *Pl.*   24 *cf. p. 147, 20*   26 is *om.* $A^2$HB   27 vellem *Lbm.* uelim AVB   31 vid. iud. *Pl.* ⟨iud.⟩ vid. *Va.* uidelicet AV uidemus B

rebus efficiatur, idque ratione concludimus, singulas-
que res definimus circumscripteque conplectimur; ex
quo scientia intellegitur quam vim habeat qualis⟨que⟩
sit, qua ne in deo quidem est res ulla praestantior.
quanta vero illa sunt, quae vos Academici infirmatis 5
et tollitis, quod et sensibus et animo ea quae extra sunt
148 percipimus atque conprendimus; ex quibus conlatis inter se et conparatis artes quoque efficimus partim ad
usum vitae partim ad oblectationem necessarias. Iam
vero domina rerum, ut vos soletis dicere, eloquendi vis 10
quam est praeclara quamque divina. quae primum efficit ut et ea quae ignoramus discere et ea quae scimus
alios docere possimus; deinde hac cohortamur hac per-
suademus, hac consolamur afflictos hac deducimus
perterritos a timore, hac gestientes conprimimus hac 15
cupiditates iracundiasque restinguimus, haec nos iuris
legum urbium societate devinxit, haec a vita inmani et
149 fera segregavit. Ad usum autem orationis incredibile
est, nisi diligenter attenderis, quanta opera machinata
natura sit. primum enim a pulmonibus arteria usque 20
ad os intimum pertinet, per quam vox principium a
mente ducens percipitur et funditur. deinde in ore sita
lingua est finita dentibus; ea vocem inmoderate pro-
fusam fingit et terminat atque sonos vocis distinctos
et pressos efficit, cum et dentes et alias partes pellit 25
oris; itaque plectri similem linguam nostri solent dicere, chordarum dentes, nares cornibus is quae ad nervos resonant in cantibus.

60
150  Quam vero aptas quamque multarum artium ministras manus natura homini dedit. Digitorum enim con- 30
tractio facilis facilisque porrectio propter molles com-

---

AHPVB] 3 *add. Mos.* 17 legium V¹ legim B¹ 22 pro-
funditur *B*¹ 22—24 deinde ... terminat *Non. p. 309* (fingere
effigiare vel formare et facere) 22 sit aliena lingua *Non.*
23 munita Buenemann *ad Lact. opif. 10, 17* 24 atque *Dav.*
quae AVB 25 et ⟨ad⟩ A²V² ad HP et ad alias AV
27 quae *dett. Asc.*² qui AVB

missuras et artus nullo in motu laborat. itaque ad pingendum fingendum, ad scalpendum, ad nervorum eliciendos sonos ad tibiarum apta manus est admotione digitorum. Atque haec oblectationis, illa necessitatis, cultus dico agrorum extructionesque tectorum, tegumenta corporum vel texta vel suta omnemque fabricam aeris et ferri; ex quo intellegitur ad inventa animo percepta sensibus adhibitis opificum manibus omnia nos consecutos, ut tecti ut vestiti ut salvi esse possemus, urbes muros domicilia delubra haberemus. Iam vero operibus hominum id est manibus cibi etiam varietas invenitur et copia. nam et agri multa efferunt manu quaesita, quae vel statim consumantur vel mandentur condita vetustati, et praeterea vescimur bestiis et terrenis et aquatilibus et volantibus partim capiendo partim alendo. Efficimus etiam domitu nostro quadrupedum vectiones, quorum celeritas atque vis nobis ipsis adfert vim et celeritatem. nos onera quibusdam bestiis nos iuga inponimus; nos elephantorum acutissumis sensibus nos sagacitate canum ad utilitatem nostram abutimur; nos e terrae cavernis ferrum elicimus rem ad colendos agros necessariam, nos aeris argenti auri venas penitus abditas invenimus et ad usum aptas et ad ornatum decoras. Arborum autem confectione omnique materia et culta et silvestri partim ad calficiendum corpus igni adhibito et ad mitigandum cibum utimur, partim ad aedificandum, ut tectis saepti frigora caloresque pellamus; magnos vero usus adfert ad navigia facienda, quorum cursibus suppeditantur omnes undique ad vitam copiae; quasque res violentissimas natura genuit earum moderationem nos soli habemus, maris atque ventorum, propter nauticarum rerum scien-

---

AHPVB]  2 ⟨ad⟩ fing. *Ald.*, ad *ante* scalp. *om. dett.*
*Rom.* scalp. ⟨incidendum⟩ *Pl.*  3 ac V²  admotionem AV¹ admonit- B¹  8 ⟨ad⟩ opific⟨i⟩um *Reitz.*  9 possemus H -imus AᶜVB -umus Aᴾ  11 opibus B¹  22. 23 *cf. Ribb. trag. ex inc. inc. fab. LXXXV*  24 confectionem AV¹ consectione V²

tiam, plurimisque maritimis rebus fruimur atque utimur. Terrenorum item commodorum omnis est in homine dominatus: nos campis nos montibus fruimur, nostri sunt amnes nostri lacus, nos fruges serimus nos arbores; nos aquarum inductionibus terris fecunditatem damus, nos flumina arcemus derigimus avertimus; nostris denique manibus in rerum natura quasi alteram naturam efficere conamur.

**61**
**153** Quid vero hominum ratio non in caelum usque penetravit? soli enim ex animantibus nos astrorum ortus obitus cursusque cognovimus, ab hominum genere finitus est dies mensis annus, defectiones solis et lunae cognitae praedictaeque in omne posterum tempus, quae quantae quando futurae sint. Quae contuens animus accedit ad cognitionem deorum, e qua oritur pietas, cui coniuncta iustitia est reliquaeque virtutes, e quibus vita beata existit par et similis deorum, nulla alia re nisi immortalitate, quae nihil ad bene vivendum pertinet, cedens caelestibus.

Quibus rebus expositis satis docuisse videor hominis natura quanto omnis anteiret animantes. ex quo debet intellegi nec figuram situmque membrorum nec ingenii mentisque vim talem effici potuisse fortuna.

**154** Restat ut doceam atque aliquando perorem, omnia quae sint in hoc mundo, quibus utantur homines, hominum causa facta esse et parata.

**62** Principio ipse mundus deorum hominumque causa factus est, quaeque in eo sunt ea parata ad fructum hominum et inventa sunt. Est enim mundus quasi communis deorum atque hominum domus aut urbs utrorumque; soli enim ratione utentes iure ac lege

---

AHPVB] 6 dirigimus AVB¹ 9 cf. p. 147, 20 13 praedictaeque dett. Ven. -dicataeque AVB² -dicaque B¹ 15 accedit Dav. accipit AVB ad] ab iis V², del. A² 16 est om. B¹ 17 pa | fere similis B¹ 24 cf. p. 3, 10—12 27—29 principio ... sunt videntur ab ipso Cicerone debuisse deleri 28 ea] omnia P

vivunt. ut igitur Athenas et Lacedaemonem Atheniensium Lacedaemoniorumque causa putandum est conditas esse, omniaque quae sint in his urbibus eorum populorum recte esse dicuntur, sic quaecumque sunt in omni mundo deorum atque hominum putanda sunt. Iam vero circumitus solis et lunae reliquorumque siderum, quamquam etiam ad mundi cohaerentiam pertinent, tamen et spectaculum hominibus praebent; nulla est enim insatiabilior species, nulla pulchrior et ad rationem sollertiamque praestantior; eorum enim cursus dimetati maturitates temporum et varietates mutationesque cognovimus. quae si hominibus solis nota sunt, hominum facta esse causa iudicandum est. Terra vero feta frugibus et vario leguminum genere, quae cum maxuma largitate fundit, ea ferarumne an hominum causa gignere videtur? quid de vitibus olivetisque dicam, quarum uberrumi laetissumique fructus nihil omnino ad bestias pertinent; neque enim serendi neque colendi nec tempestive demetendi percipiendique fructus neque condendi ac reponendi ulla pecudum scientia est, earumque omnium rerum hominum est et usus et cura. ut fides igitur et tibias eorum causa factas dicendum est qui illis uti possent, sic ea quae dixi is solis confitendum est esse parata qui utuntur, nec, si quae bestiae furantur aliquid ex is aut rapiunt, illarum quoque causa ea nata esse dicemus. neque enim homines murum aut formicarum causa frumentum condunt sed coniugum et liberorum et familiarum suarum; itaque bestiae furtim ut dixi fruuntur, domini palam et libere; hominum igitur causa eas rerum copias comparatas fatendum est. nisi forte tanta ubertas varietas⟨que⟩ pomorum eorumque iucundus non gustatus solum sed

---

AHPVB; 15 *def.* P]    12 uarietatis AV¹B¹    13 nata B¹
27. 28 nec enim ... condunt *Char. GL. I 137,4* (murum)    27 ne B¹ nec *Char.* murum *dett. Char. citato Plin. dub. serm.* murium AVB    32 ni AVB¹   *add.* O ⟨et⟩ uar. H

odoratus etiam et aspectus dubitationem adfert quin
hominibus solis ea natura donaverit. Tantumque abest ut haec bestiarum etiam causa parata sint, ut
ipsas bestias hominum gratia generatas esse videamus. quid enim oves aliud adferunt nisi ut earum
villis confectis atque contextis homines vestiantur;
quae quidem neque ali neque sustentari neque ullum
fructum edere ex se sine cultu hominum et curatione
potuissent. canum vero tam fida custodia tamque
amans dominorum adulatio tantumque odium in ex-
ternos et tam incredibilis ad investigandum sagacitas
narium tanta alacritas in venando quid significat aliud
9 nisi se ad hominum commoditates esse generatos. quid
de bubus loquar; quorum ipsa terga declarant non
esse se ad onus accipiendum figurata, cervices autem
natae ad iugum, tum vires umerorum et latitudines ad
aratra †extrahenda. quibus cum terrae subigerentur fis-
sione glebarum ab illo aureo genere, ut poetae lo-
quuntur, vis nulla umquam adferebatur:

'ferrea tum vero proles exorta repentest
ausaque funestum primast fabricarier ensem

et gustare manu iunctum domitumque iuvencum':
tanta putabatur utilitas percipi e bubus, ut eorum vis-
ceribus vesci scelus haberetur. longum est mulorum
persequi utilitates et asinorum, quae certe ad hominum
usum paratae sunt. sus vero quid habet praeter escam;
cui quidem ne putesceret animam ipsam pro sale datam dicit esse Chrysippus; qua pecude, quod erat ad
vescendum hominibus apta, nihil genuit natura fecun-
dius. quid multitudinem suavitatemque piscium dicam,

quid avium; ex quibus tanta percipitur voluptas, ut
interdum Pronoea nostra Epicurea fuisse videatur,
atque eae ne caperentur quidem nisi hominum ratione
atque sollertia; quamquam avis quasdam, et alites et
5 oscines, ut nostri augures appellant, rerum auguran-
darum causa esse natas putamus. iam vero immanes 161
et feras beluas nanciscimur venando, ut et vescamur
is et exerceamur in venando ad similitudinem bellicae
disciplinae et utamur domitis et condocefactis, ut ele-
10 phantis, multaque ex earum corporibus remedia morbis
et vulneribus eligamus, sicut ex quibusdam stirpibus
et herbis, quarum utilitates longinqui temporis usu et
periclitatione percepimus. Totam licet animis tamquam oculis lustrare terram mariaque omnia: cernes
15 iam spatia frugifera atque inmensa camporum vestitus-
que densissimos montium, pecudum pastus, tum incredibili cursus maritimos celeritate. Nec vero supra 162
terram sed etiam in intumis eius tenebris plurimarum
rerum latet utilitas, quae ad usum hominum orta ab
20 hominibus solis invenitur.

Illud vero, quod uterque vestrum arripiet fortasse 65
ad reprendendum, Cotta quia Carneades lubenter in
Stoicos invehebatur, Velleius quia nihil tam inridet
Epicurus quam praedictionem rerum futurarum, mihi
25 videtur vel maxume confirmare deorum prudentia consuli rebus humanis. est enim profecto divinatio, quae
multis locis rebus temporibus apparet cum in privatis
tum maxume publicis: multa cernunt haruspices multa 163
augures provident, multa oraclis declarantur multa va-

---

AHVB; 25 acc. P]   3 *aut* capiuntur *aut* sine *Hei.*
7 nascissimur A$^p$ nanc- B$^1$   8 et *om.* V$^1$B$^1$   11 eliciamus
*dett. Hei.*   11—13 sicut ... percepimus *Non. p. 219* (periclita-
tio) *et 364* (periculum experimentum)   11 sicut lex *Nonii* A$^4$
*p. 364, ubi* sicuti *ex Luc. Mueller*   13 percepimus H percipimus
AVB, *Nonii* L$^1$A$^4$ *p. 364*   16 ⟨beluarum latibula silvestrium,⟩
pecudum *Pl.*   23 inridit AB$^1$ irr- V$^1$   24 praedictionem H$^2$
-dicat- AVB   25 prouidentia V$^2$   27 in *del. Mue.*   privatis
⟨rebus⟩ *Pl.*   29 oraculis *ob clausulam malim* Ax

ticinationibus multa somniis multa portentis; quibus
cognitis multae saepe res ⟨ex⟩ hominum sententia
atque utilitate partae, multa etiam pericula depulsa
sunt. haec igitur sive vis sive ars sive natura ad scientiam rerum futurarum homini profecto est nec ali cuiquam a dis inmortalibus data.

Quae si singula vos forte non movent, universa certe
tamen inter se conexa atque coniuncta movere debebant.

Nec vero universo generi hominum solum sed etiam
singulis a dis inmortalibus consuli et provideri solet.
Licet enim contrahere universitatem generis humani
eamque gradatim ad pauciores postremo deducere ad
singulos. nam si omnibus hominibus, qui ubique sunt
quacumque in ora ac parte terrarum ab huiusce terrae
quam nos incolimus continuatione distantium, deos
consulere censemus ob has causas quas ante diximus,
his quoque hominibus consulunt qui has nobiscum
terras ab oriente ad occidentem colunt. sin autem consulunt qui quasi magnam quandam insulam incolunt
quam nos orbem terrae vocamus, etiam illis consulunt
qui partes eius insulae tenent, Europam Asiam Afri-
cam. ergo et earum partes diligunt, ut Romam Athenas
Spartam Rhodum, et earum urbium separatim ab uni-
versis singulos diligunt, ut Pyrrhi bello Curium Fabri-
cium Coruncanium, primo Punico Calatinum Duellium
Metellum Lutatium, secundo Maxumum Marcellum
Africanum, post hos Paulum Gracchum Catonem, pa-
trumve memoria Scipionem Laelium; multosque praeterea et nostra civitas et Graecia tulit singulares viros,
quorum neminem nisi iuvante deo talem fuisse creden-
dum est. quae ratio poetas maxumeque Homerum in-
pulit ut principibus heroum Ulixi Diomedi Agamem-

---

AHPVB] 2 *add. dett. Rom.* 3 '*legas* pericla' 8 tam
B¹ debebunt V²B² 16 destantium (-cium) AV¹B¹ 20 consulunt ⟨iis⟩ *dett. Asc.* ⟨his⟩ *c. Ald.*

noni Achilli certos deos discriminum et periculorum comites adiungeret. praeterea ipsorum deorum saepe praesentiae, quales supra commemoravi, declarant ab is et [in] civitatibus et singulis hominibus consuli quod
5 quidem intellegitur etiam significationibus rerum futurarum, quae tum dormientibus tum vigilantibus portenduntur; multa praeterea ostentis, multa in.extis admonemur multisque rebus aliis, quas diuturnus usus ita notavit ut artem divinationis efficeret. nemo igitur
10 vir magnus sine aliquo adflatu divino umquam fuit. Nec vero ita refellendum est ut, si segetibus aut vinetis cuiuspiam tempestas nocuerit, aut si quid e vitae commodis casus abstulerit, eum cui quid horum acciderit aut invisum deo aut neglectum a deo iudicemus.
15 magna di curant, parva neglegunt. magnis autem viris prosperae semper omnes res, si quidem satis a nostris et a principe philosophiae Socrate dictum est de ubertatibus virtutis et copiis.

Haec mihi fere in mentem veniebant quae dicenda
20 putarem de natura deorum. tu autem Cotta si me audias eandem causam agas teque et principem civem et pontificem esse cogites et, quoniam in utramque partem vobis licet disputare, hanc potius sumas eamque facultatem disserendi, quam tibi a rhetoricis exer-
25 citationibus acceptam amplificavit Academia, potius huc conferas. mala enim et impia consuetudo est contra deos disputandi, sive ex animo id fit sive simulate.'

---

AHPVB; 27 *def.* P]   3 *cf. p. 51, 1*   4 *del.* V$^2$B$^2$   7 in *om. dett. Rom.*   11 ⟨id⟩ ita *Hei.*   12 aeutae A$^1$ aeuitae V$^1$[B$^1$]
15 *cf. p. 156, 24. 158, 13*   16 prospere VB   17 *cf. anon. de polit. scient. 5, 15 (Maii script. vet. nov. coll. 2, 608)*   *cf. Plat. apol. 41 D*   23 uouis A$^1$V$^1$B$^1$ quouis V$^2$   disputare HP desputar(a)e AV$^1$B -ri V$^2$   26 etiampia AV$^1$B   27 eos B$^1$

## LIBER TERTIUS

1 Quae cum Balbus dixisset, tum adridens Cotta
'Sero' inquit 'mihi Balbe praecipis quid defendam. ego
enim te disputante quid contra dicerem mecum ipse
meditabar, neque tam refellendi tui causa quam ea
quae minus intellegebam requirendi. cum autem suo
cuique iudicio sit utendum, difficile factu est me id
sentire quod tu velis.'

2 Hic Velleius 'Nescis' inquit 'quanta cum expecta-
tione Cotta sim te auditurus. iucundus enim Balbo
nostro sermo tuus contra Epicurum fuit; praebebo
igitur ego me tibi vicissim attentum contra Stoicos
auditorem. spero enim te ut soles bene paratum venire.'

3 Tum Cotta 'Sic mehercule' inquit 'Vellei; neque enim
mihi par ratio cum Lucilio est ac tecum fuit.'

'Qui tandem' inquit ille.

'Quia mihi videtur Epicurus vester de dis immortalibus non magnopere pugnare: tantum modo negare
deos esse non audet, ne quid invidiae subeat aut cri-
minis; cum vero deos nihil agere nihil curare confirmat
membrisque humanis esse praeditos sed eorum membrorum usum nullum habere, ludere videtur satisque
putare si dixerit esse quandam beatam naturam et

4 aeternam. A Balbo autem animadvertisti credo quam
multa dicta sint quamque etiam si minus vera tamen
apta inter se et cohaerentia. itaque cogito ut dixi non
tam refellere eius orationem quam ea quae minus intellexi requirere. quare Balbe tibi permitto, respon-
derene mihi malis de singulis rebus quaerent. ex te
ea quae parum accepi an universam audire orationem
meam.'

---

AHVB] *de libro III cf. Cic. div. 1,8 Lact. inst. 1,17,4 ira 11,9
Aug. civ. 5,9 Macr. sat. 1,1,4* 13 sic *Hand ad Wopkensii lect.
Tull. (1829) 171* sic est *Lb.* sit $A^1$ si $A^2$VB enim ⟨pro⟩ $B^1$
14 par ratio $A^cVB^c$ paratio $A^1B^1$

§ 1—6             DE NATURA DEORUM   EXORDIUM   119

Tum Balbus: 'Ego vero, si quid explanari tibi voles, respondere malo, sin me interrogare non tam intellegendi causa quam refellendi, utrum voles faciam, vel ad singula quae requires statim respondebo vel
5 cum peroraris ad omnia.'
Tum Cotta 'Optime' inquit; 'quam ob rem sic agamus 5 ut nos ipsa ducit oratio. Sed ante quam de re, pauca 2 de me. non enim mediocriter moveor auctoritate tua Balbe orationeque ea quae me in perorando cohor-
10 tabatur ut meminissem me et Cottam esse et pontificem; quod eo credo valebat, ut opiniones, quas a maioribus accepimus de dis immortalibus, sacra caerimonias religionesque defenderem. ego vero eas defendam semper semperque defendi, nec me ex ea
15 opinione, quam a maioribus accepi de cultu deorum inmortalium, ullius umquam oratio aut docti aut indocti movebit. sed cum de religione agitur, Ti. Coruncanium P. Scipionem P. Scaevolam pontifices maximos, non Zenonem aut Cleanthen aut Chrysippum se-
20 quor, habeoque C. Laelium augurem eundemque sapientem quem potius audiam dicentem de religione in illa oratione nobili quam quemquam principem Stoicorum. cumque omnis populi Romani religio in sacra et in auspicia divisa sit, tertium adiunctum sit si quid
25 praedictionis causa ex portentis et monstris Sibyllae interpretes haruspicesve monuerunt, harum ego religionum nullam umquam contemnendam putavi mihique ita persuasi, Romulum auspiciis Numam sacris constitutis fundamenta iecisse nostrae civitatis, quae
30 numquam profecto sine summa placatione deorum inmortalium tanta esse potuisset. Habes Balbe quid 6 Cotta quid pontifex sentiat; fac nunc ego intellegam

---

A H V B]    2 sin A si V B    7 ducet *Hei.*    9 *cf. p. 117, 21*
13 religionisque A V¹ B¹    17 Ti. *Man.* T. A²B² t *B*¹, *om.* A¹H V
26 ergo H B    31 potuisset *dett.Ven.* -sent A V B    31—p. 120, 3 habes ... credere *Lact. inst. 2, 6, 8*    32 ego *dett. Rom., Lact.* ergo A V B

tu quid sentias; a te enim philosopho rationem accipere debeo religionis, maioribus autem nostris etiam nulla ratione reddita credere.'

3 Tum Balbus 'Quam igitur a me rationem' inquit 'Cotta desideras?'

Et ille 'Quadripertita' inquit 'fuit divisio tua, primum ut velles docere deos esse, deinde quales essent, tum ab is mundum regi, postremo consulere eos rebus humanis. haec, si recte memini, partitio fuit.'

'Rectissume' inquit Balbus; 'sed expecto quid requiras.'

7 Tum Cotta 'Primum quidque videamus' inquit 'et si id est primum, quod inter omnis nisi admodum impios convenit, mihi quidem ex animo exuri non potest, esse deos, id tamen ipsum, quod mihi persuasum est auctoritate maiorum, cur ita sit nihil tu me doces.'

'Quid est' inquit Balbus, 'si tibi persuasum est, cur a me velis discere?'

Tum Cotta 'Quia sic adgredior' inquit 'ad hanc disputationem, quasi nihil umquam audierim de dis immortalibus nihil cogitaverim; rudem me et integrum discipulum accipe et ea quae requiro doce.'

8 'Dic igitur' inquit 'quid requiras'.

'Egone, primum illud, cur, quom [perspicuum in] istam partem ne egere quidem oratione dixisses, quod esset perspicuum et inter omnis constaret ⟨deos esse⟩, de eo ipso tam multa dixeris.'

'Quia te quoque' inquit 'animadverti Cotta saepe cum in foro diceres quam plurimis posses argumentis onerare iudicem, si modo eam facultatem tibi daret causa. atque hoc idem et philosophi faciunt et ego ut

---

AHVB; 10 *acc.* P]   1 quid tu *Lact.*   1. 2 rel. acc. deb. *Lact.*   6 *cf. p. 49, 26*   19 ad *om.* B   24 quom *Forchh.* quod AVB   persp. *del. Lb.*, persp. in i. p. *del. Dav.*   26 esset V²B² est AV¹B¹ *add. Pl.*   29 possis AV¹B

potui feci. tu autem quod quaeris similiter facis ac
si me roges cur te duobus contuear oculis et non altero
coniveam, cum idem uno adsequi possim.'

Tum Cotta 'Quam simile istud sit' inquit 'tu videris.
nam ego neque in causis, si quid est evidens de quo
inter omnis conveniat, argumentari soleo (perspicuitas
enim argumentatione elevatur) nec si id facerem in
causis forensibus idem facerem in hac suptilitate sermonis. cur coniveres autem altero oculo causa non
esset, cum idem obtutus esset amborum et cum rerum
natura, quam tu sapientem esse vis, duo lumina ab
animo ad oculos perforata nos habere voluisset. sed
quia non confidebas tam esse id perspicuum quam tu
velis, propterea multis argumentis deos esse docere
voluisti. mihi enim unum sat erat, ita nobis maioris
nostros tradidisse. sed tu auctoritates contemnis, ratione pugnas; patere igitur rationem meam cum tua
ratione contendere.

Adfers haec omnia argumenta cur dii sint, remque
mea sententia minime dubiam argumentando dubiam
facis; mandavi enim memoriae non numerum solum
sed etiam ordinem argumentorum tuorum. Primum
fuit, cum caelum suspexissemus statim nos intellegere
esse aliquod numen quo haec regantur. ex hoc illud
etiam 'aspice hoc sublime candens, quem invocant
omnes Iovem': quasi vero quisquam nostrum istum potius quam Capitolinum Iovem appellet, aut hoc perspicuum sit constetque inter omnes, eos esse deos quos
tibi Velleius multique praeterea ne animantis quidem
esse concedant. Grave etiam argumentum tibi videbatur, quod opinio de dis inmortalibus et omnium esset

---

AHPVB] 1 quid F¹ qui id *dett. Rom.* 3 coniveam *Mdv.*
contuear AVB 7 leuatur V¹B 9 coniveres *Mdv.* contu-
eres AV¹B¹ -reris V² -rer B³ 11 sapientiam B¹ *cf. p. 62, 28*
14 uellis B¹ velles *Ern.* 22 *cf. p. 50, 8* 24 regerentur
*dett. Hei.* 25 Enn. scen. 345 V., *cf. p. 50, 12* 30 grauem
A¹V¹B¹ *cf. p. 50, 19*

et cottidie cresceret: placet igitur tantas res opinione stultorum iudicari, vobis praesertim qui illos insanos esse dicatis? 'At enim praesentis videmus deos, ut apud Regillum Postumius, in Salaria Vatinius' — nescio quid etiam de Locrorum apud Sagram proelio. quos igitur tu Tyndaridas appellabas id est homines homine natos, et quos Homerus, qui recens ab illorum aetate fuit, sepultos esse dicit Lacedaemone, eos tu cum cantheriis albis nullis calonibus obviam Vatinio venisse existimas et victoriam populi Romani Vatinio potius homini rustico quam M. Catoni qui tum erat princeps nuntiavisse? ergo et illud in silice quod hodie apparet apud Regillum tamquam vestigium ungulae Castoris equi credis esse? nonne mavis illud credere, quod probari potest, animos praeclarorum hominum, quales isti Tyndaridae fuerunt, divinos esse et aeternos, quam eos qui semel cremati essent equitare et in acie pugnare potuisse; aut si hoc fieri potuisse dicis, doceas oportet quo modo, nec fabellas aniles proferas.'

Tum Lucilius 'An tibi' inquit 'fabellae videntur? nonne ⟨ab⟩ A. Postumio aedem Castori et Polluci in foro dedicatam, nonne senatus consultum de Vatinio vides? nam de Sagra Graecorum etiam est volgare proverbium, qui quae adfirmant certiora esse dicunt quam illa quae apud Sagram. his igitur auctoribus nonne debes moveri?'

Tum Cotta 'Rumoribus' inquit 'mecum pugnas Balbe, ego autem a te rationes requiro *

*

---

AHPVB] 3 at enim] [B¹] *cf. p. 51, 1 ss.* 4 Vatinius *Hei.* uatienus AVB 5 *cf. p. 51, 13* sacram A¹V¹B 6 *cf. p. 51, 5* 7 *Hom.* Γ 243 9 cum *Pl.* qu(a)e AHPV² q V¹ quam B¹, *del.* B² aluis AV¹ abhis B 9 *et* 10 Vatinio *Hei.* uatieno AVB 14 credis esse V³ credidi sese A credi sese V¹ credisses se B¹ credidisses B² mauis AV²B maius V¹B 21 *add. dett. Ven.* 23 sacra AB¹ -am V¹ -is B² *cf. paroemiographi, Photius lex. p. 73, 25 Reitz.* 25 sacram AᵖHPBᵉ ra- Bᵖ 28 requiro PV²B, *om.* A (*cum spatio vacuo IV litterarum*) HV¹; *cf. Lact. inst.*

§ 11—15        DE NATURA DEORUM       COTTA  123

*de praedictionibus praesensionibusque rerum futu-*
                    *          *rarum*

♦ secuntur quae futura sunt; effugere enim nemo id  6
potest quod futurum est. saepe autem ne utile qui-  14
dem est scire quid futurum sit; miserum est enim
5 nihil proficientem angi nec habere ne spei quidem extremum et tamen commune solacium; praesertim cum
vos idem fato fieri dicatis omnia, quod autem semper
ex omni aeternitate verum fuerit id esse fatum: quid
igitur iuvat aut quid adfert ad cavendum scire aliquid
10 futurum, cum id certe futurum sit? Unde porro ista
divinatio, quis invenit fissum iecoris, quis cornicis cantum notavit quis sortis? quibus ego credo, nec possum Atti Navi quem commemorabas lituum contem-
nere, sed qui ista intellecta sint a philosophis de-
15 beo discere, praesertim cum plurimis de rebus divini
isti mentiantur. 'At medici quoque' (ita enim dicebas) 15
'saepe falluntur'. Quid simile medicina, cuius ego rationem video, et divinatio, quae unde oriatur non intellego? Tu autem etiam Deciorum devotionibus pla-
20 catos deos esse censes. quae fuit eorum tanta iniqui-
tas, ut placari populo Romano non possent nisi viri
tales occidissent? consilium illud imperatorium fuit,
quod Graeci στρατήγημα appellant, sed eorum imperatorum qui patriae consulerent vitae non parcerent; re-
25 bantur enim fore ut exercitus imperatorem equo inci-
tato se in hostem inmittentem persequeretur, id quod
evenit. Nam Fauni vocem equidem numquam audivi;

---

2,6,9  hic dimissum est *notis Tironianis in mg.* A¹B¹ *loco
lacunae non signato, quod fecit Vict.*
    AHPVB]    1 *cf. p.51,*19. 124,8    2 ⟨quid ergo adiuvat divi-
natio, si fati necessitate ex praeteritis⟩ secuntur *Pl.; cf. Cic. div.
2, 20 ss.* recuntur A¹ reg- A²    6 tam B²    communem A¹V¹B¹
    8 omnia AV¹B¹    13 *cf. p. 52, 16*    14 sint *dett. Lb.* sunt
AVB    15 diuini F² -nis AVB    16 mentiantur *dett. Ma.*
-untur AVB    *cf p.54, 1*    19 *cf. p. 52, 27*    21 placeri AV¹
-re H -rie *B*¹    p. R.] RP B¹    27 *cf. p, 51, 16*    audiuitubis si A¹
audiuit bisi V¹B¹ -uit tu si P -uit quam si B²

tibi, si audivisse te dicis, credam, etsi Faunus omnino
quid sit nescio. Non igitur adhuc, quantum quidem in
te est Balbe, intellego deos esse; quos equidem credo
esse, sed nil docent Stoici.
   Nam Cleanthes ut dicebas quattuor modis informatas in animis hominum putat deorum esse notiones.
unus is modus est de quo satis dixi, qui est susceptus
ex praesensione rerum futurarum; alter ex perturbationibus tempestatum et reliquis motibus; tertius ex
commoditate rerum quas percipimus et copia; quartus
ex astrorum ordine caelique constantia. De praesensione diximus. De perturbationibus caelestibus et maritimis et terrenis non possumus dicere cum ea fiant
non esse multos qui illa metuant et a dis inmortalibus
fieri existument; sed non id quaeritur, sintne aliqui
qui deos esse putent: di utrum sint necne sint quaeritur. Nam reliquae causae quas Cleanthes adfert,
quarum una est de commodorum quae capimus copia,
altera de temporum ordine caelique constantia, tum
tractabuntur a nobis, cum disputabimus de providentia
deorum, de qua plurima a te Balbe dicta sunt; eodemque illa etiam differemus, quod Chrysippum dicere
aiebas, quoniam esset aliquid in rerum natura quod
ab homine effici non posset, esse aliquid homine melius, quaeque in domo pulchra cum pulchritudine mundi comparabas, et cum totius mundi convenientiam
consensumque adferebas; Zenonisque brevis et acutu-
las conclusiones in eam partem sermonis quam modo
dixi differemus; eodemque tempore illa omnia quae
a te physice dicta sunt de vi ignea deque eo calore
ex quo omnia generari dicebas loco suo quaerentur;
omniaque quae a te nudius tertius dicta sunt, cum

---

AHPVB] 1 audiuisse te A$^c$VB$^2$ -uit sete A$^1$ -uis set B$^1$
5 cf. p. 54, 8 informatas mg. Lb. formatas AVB   20 cf. p. 145, 1 ss.
disputabimus A$^c$VB$^2$ -uimus A$^1$B$^1$   22 cf. p. 55, 8   26. 27 cf.
p. 55, 23. 56, 23. 57, 7   30 -physice adverbium   cf. p. 58, 7
32 cf. p. 60, 5—66, 6

docere velles deos esse, quare et mundus universus et sol et luna et stellae sensum ac mentem haberent, in idem tempus reservabo. A te autem idem illud etiam 19 atque etiam quaeram, quibus rationibus tibi persuadeas deos esse.'

Tum Balbus: 'Equidem attulisse rationes mihi videor, sed eas tu ita refellis, ut, cum me interrogaturus esse videare et ego me ad respondendum compararim, repente avertas orationem nec des respondendi locum. itaque maximae res tacitae praeterierunt, de divinatione de fato, quibus de quaestionibus tu quidem strictim nostri autem multa solent dicere, sed ab hac ea quaestione quae nunc in manibus est separantur; quare si videtur noli agere confuse, ut hoc explicemus, hac disputatione quod quaeritur.'

'Optime' inquit Cotta. 'Itaque quoniam quattuor in 20 partes totam quaestionem divisisti de primaque diximus, consideremus secundam; quae mihi talis videtur fuisse, ut, cum ostendere velles quales di essent, ostenderes nullos esse. A consuetudine oculorum animum abducere difficillimum dicebas, sed, cum deo nihil praestantius esset, non dubitabas quin mundus esset deus, quo nihil in rerum natura melius esset: modo possemus eum animantem cogitare vel potius ut cetera oculis sic animo hoc cernere. Sed cum mundo 21 negas quicquam esse melius, quid dicis melius? si pulchrius, adsentior; si aptius ad utilitates nostras, id quoque adsentior; sin autem id dicis, nihil esse mundo sapientius, nullo modo prorsus adsentior, non quod difficile sit mentem ab oculis sevocare, sed quo magis sevoco eo minus id quod tu vis possum mente com-

---

AHPVB] 10 tacite AHPB 10. 11 *cf. p. 51, 19. 115, 21* 12 ea *om.* HB¹ 18 *cf. p. 66, 7* 19 uells AHV¹B¹ 20 cons. ⟨enim⟩ V² 20—23 *cf. p. 66, 8 ss.* 22 quiin A¹B 24 possimus B¹ 26 quid d. melius *om.* V¹ (*add.* V²) dices PV³ (*corr.* dicis) B¹ diceis A¹ 27 id] ut PV¹[A¹] (id quoque *in ras.* A²) 29 quo B¹

9 prendere. 'Nihil est mundo melius in rerum natura.'
Ne in terris quidem urbe nostra; num igitur idcirco in
urbe esse rationem cogitationem mentem putas, aut,
quoniam non sit, num idcirco existimas formicam ante-
ponendam esse huic pulcherrumae urbi, quod in urbe
sensus sit nullus, in formica non modo sensus sed
etiam mens ratio memoria? videre oportet Balbe quid
22 tibi concedatur, non te ipsum quod velis sumere. Istum
enim locum totum illa vetus Zenonis brevis et ut tibi
videbatur acuta conclusio dilatavit *. Zeno enim ita
concludit: 'Quod ratione utitur id melius est quam id
quod ratione non utitur; nihil autem mundo melius;
23 ratione igitur mundus utitur'. Hoc si placet, iam effi-
cies ut mundus optime librum legere videatur; Zenonis enim vestigiis hoc modo rationem poteris concludere: 'quod litteratum est id est melius quam quod non
est litteratum; nihil autem mundo melius; litteratus
igitur est mundus' — isto modo etiam disertus et quidem mathematicus musicus, omni denique doctrina
eruditus, postremo philosophus. Saepe dixisti nihil fieri
sine deo, nec ullam vim esse naturae ut sui dissimilia
possct effingere: concedam non modo animantem et
sapientem esse mundum sed fidicinem etiam et tubi-
cinem, quoniam earum quoque artium homines ex eo
procreantur? Nihil igitur adfert pater iste Stoicorum
quare mundum ratione uti putemus, ne cur animantem
quidem esse. non est igitur mundus deus; et tamen
nihil est eo melius: nihil est enim eo pulchrius nihil
salutarius nobis, nihil ornatius aspectu motuque constantius.

Quod si mundus universus non est deus, ne stellae
quidem, quas tu innumerabilis in deorum numero re-

---

AHPVB] 9 *cf. p. 57, 13 ss. 124, 27*   10 dilatalault $A^2V^1B^1$
⟨non pressit⟩ *Pl.*   16—20 *cf. Alexinus apud Sext. math. 9, 108*
20 filoso $A^1$ ph- $V^1$ phylosopho $B^1$ ph. ⟨erit mundus⟩ $V^1$
dixisti *dett. Ma.* dixi AVB dixti *cod. Urs.*   *cf. p. 55, 2. 57, 23. 127, 11*
22 possit B   26 ne *dett. Lb.* nec AVB   31 *cf. p. 63, 31 ss.*

ponebas. quarum te cursus aequabiles aeternique delectabant, nec mehercule iniuria, sunt enim admirabili incredibilique constantia. sed non omnia Balbe quae cursus certos et constantis habent ea deo potius tribuenda sunt quam naturae. quid Chalcidico Euripo in motu identidem reciprocando putas fieri posse constantius, quid freto Siciliensi, quid Oceani fervore illis in locis, 'Europam Libyamque rapax ubi dividit unda'? quid aestus maritimi vel Hispanienses vel Brittannici eorumque certis temporibus vel accessus vel recessus sine deo fieri nonne possunt? vide quaeso, si omnis motus omniaque quae certis temporibus ordinem suum conservant divina dicimus, ne tertianas quoque febres et quartanas divinas esse dicendum sit, quarum reversione et motu quid potest esse constantius. sed omnium talium rerum ratio reddenda est; quod vos cum facere non potestis, tamquam in aram confugitis ad deum.

Et Chrysippus tibi acute dicere videbatur, homo sine dubio versutus et callidus (versutos eos appello quorum celeriter mens versatur, callidos autem quorum tamquam manus opere sic animus usu concalluit); is igitur 'Si aliquid est' inquit 'quod homo efficere non possit, qui id efficit melior est homine; homo autem haec quae in mundo sunt efficere non potest; qui potuit igitur is praestat homini; homini autem praestare quis possit nisi deus; est igitur deus'. Haec omnia in eodem quo illa Zenonis errore versantur. quid enim sit melius quid praestabilius, quid inter naturam et rationem intersit, non distinguitur. Idemque, si dei non

---

AHPVB] 1 *cf. p. 63, 31 ss.* 2 *cf. p. 65, 13 ss.* 8 *Enn. ann. 302 V.* 11 non B¹ 13 dicemus B³ quoque *Mur. apud Man.* quidem AHPVB 17 confugitis *Rom.* -gistis AVB
19 *cf. p. 55, 8* 21. 22 quorum ... concaluit *Non. p. 90* (concaluit), *cf. dub. nom. GL. V 575, 4* (callidus) 22 concaluit PB *Non.* 24 qui id] quid A¹GP quicquid V²[V¹] 26 homine autem A¹HV¹B 30 eidemque A¹V¹B *cf. p. 55, 18*

sint, negat esse in omni natura quicquam homine
melius; id autem putare quemquam hominem, nihil
homine esse melius, summae adrogantiae censet esse.
Sit sane adrogantis pluris se putare quam mundum; at
illud non modo non adrogantis sed potius prudentis, 5
intellegere se habere sensum et rationem, haec eadem
Orionem et Caniculam non habere. Et 'Si domus
pulchra sit, intellegamus eam dominis' inquit 'aedificatam esse non muribus; sic igitur mundum deorum
domum existimare debemus'. Ita prorsus existimarem, 10
si illum aedificatum, non quem ad modum docebo a
natura conformatum putarem. At enim quaerit apud
Xenophontem Socrates unde animum arripuerimus si
nullus fuerit in mundo. Et ego quaero unde orationem
unde numeros unde cantus; nisi vero loqui solem cum 15
luna putamus cum propius accesserit, aut ad harmo-
niam canere mundum ut Pythagoras existimat. Naturae ista sunt Balbe, naturae non artificiose ambu-
lantis ut ait Zeno, quod quidem quale sit iam videbi-
mus, sed omnia cientis et agitantis motibus et mutati- 20
onibus suis. Itaque illa mihi placebat oratio de convenientia consensuque naturae, quam quasi cognatione
continuatam conspirare dicebas, illud non probabam,
quod negabas id accidere potuisse nisi ea uno divino
spiritu contineretur. illa vero cohaeret et permanet 25
naturae viribus non deorum, estque in ea iste quasi
consensus, quam συνπάθειαν Graeci vocant; sed ea
quo sua sponte maior est eo minus divina ratione fieri
existimanda est.

Illa autem, quae Carneades adferebat, quem ad 30

---

AHPVB] 7 Orionem *dett. Lb.* orationem AVB  *cf. p.55,23*
11 *cf. p.145,12*  a *om.* HP  12 conformatum *Ma.* -firm- AVB
13 *cf. p.56,8*  animum *dett. Dav.* -mam AVB  18 istae B
ste A  19 *cf. p.71,7*  *cf. p.145,11*  20 cientis *dett. Ma.*
sc- AVB  21 *cf. p.56,23*  22 cognationem *Rom.*  23 continuata *dett. Dav.*  24 *cf. p.57,3*  30 illam A¹V ille B¹
quem A²B² quae A¹VB¹

modum dissolvitis: si nullum corpus inmortale sit, nullum esse corpus sempiternum: corpus autem inmortale nullum esse, ne individuum quidem nec quod dirimi distrahive non possit; cumque omne animal patibilem naturam habeat, nullum est eorum quod effugiat accipiendi aliquid extrinsecus id est quasi ferendi et patiendi necessitatem, et si omne animal tale est inmortale nullum est. Ergo itidem, si omne animal secari ac dividi potest, nullum est eorum individuum nullum aeternum; atqui omne animal ad accipiendam vim externam et ferundam paratum est; mortale igitur omne animal et dissolubile et dividuum sit necesse est. Ut enim, si omnis cera commutabilis esset, nihil esset cereum quod commutari non posset, item nihil argenteum nihil aeneum, si commutabilis esset natura argenti et aeris — similiter igitur, si omnia quae sunt ✱✱ e quibus cuncta constant mutabilia sunt, nullum corpus esse potest non mutabile; mutabilia autem sunt illa ex quibus omnia constant, ut vobis videtur; omne igitur corpus mutabile est. at si esset corpus aliquod immortale, non esset omne mutabile; ita efficitur ut omne corpus mortale sit. Etenim omne corpus aut aqua aut aer aut ignis aut terra est aut id quod est concretum ex is aut ex aliqua parte eorum. horum autem nihil est quin intereat; nam et terrenum omne dividitur, et umor ita mollis est ut facile premi conlidique possit; ignis vero et aer omni pulsu facillime pellitur naturaque cedens est maxime et dissupabilis. praetereaque omnia haec tum intereunt cum in naturam aliam convertuntur, quod fit cum terra in aquam se vertit et cum ex aqua oritur aer ex aere

---

AHPVB] 8 tale *Hei.* mortale AVB 10—12 nullum aeternum ... animal *in ras.* A²[*A*¹]; ad ... animal *om.* B¹ 13 necessetenim B¹ nec. est. etenim *Pl.* omnes A¹V¹B¹ 14 certum *A*¹PB¹[*V*¹] 17 ⟨e quibusdam rebus constant, et si ea⟩ *Pl.* 20 ac B¹ 26 mollis est HV³ mollest A¹ molest B¹ molem V¹ molle est A²PB²

aether, cumque eadem vicissim retro commeant. quod
si ⟨ita est, ut⟩ ea intereant e quibus constet omne
animal, nullum est animal sempiternum. Et ut haec
omittamus, tamen animal nullum inveniri potest quod
neque natum umquam sit et semper sit futurum. omne
enim animal sensus habet; sentit igitur et calida et
frigida et dulcia et amara nec potest ullo sensu iucunda accipere non accipere contraria; si igitur voluptatis sensum capit, doloris etiam capit; quod autem
dolorem accipit id accipiat etiam interitum necesse
est; omne igitur animal confitendum est esse mortale.
Praeterea, si quid est quod nec voluptatem sentiat nec
dolorem, id animal esse non potest; sin autem quod
animal est, id illa necesse est sentiat, et quod ea sentiat
non potest esse aeternum; et omne animal sentit; nullum igitur animal aeternum est. Praeterea nullum potest esse animal in quo non et adpetitio sit et declinatio
naturalis. adpetuntur autem quae secundum naturam
sunt, declinantur contraria; et omne animal adpetit
quaedam et fugit a quibusdam, quod autem refugit
id contra naturam est, et quod est contra naturam id
habet vim interemendi. omne ergo animal intereat
necesse est. Innumerabilia sunt ex quibus effici cogique possit nihil esse quod sensum habeat quin id
intereat; etenim ea ipsa quae sentiuntur, ut frigus ut
calor ⟨ut⟩ voluptas ut dolor ut cetera, cum amplificata
sunt interimunt; nec ullum animal est sine sensu;
nullum igitur animal aeternum est. Etenim aut simplex est natura animantis, ut vel terrena sit vel ignea
vel animalis vel umida, quod quale sit ne intellegi
quidem potest, aut concretum ex pluribus naturis, quarum suum quaeque locum habeat quo naturae vi
feratur, alia infimum alia summum alia medium.

---

AHPVB]    2 *add. Pl.;* intereunt *et* constat *dett. Ma.*
13 quid *Hei.*    14 ea sentit *Lb.*    26 *add.* A³B² (vol. ut dol.
*om.* B¹)    28 aut A³H ut A¹VB    31 concreta *dett. Rom.*
33 feratur *Lb.* efferatur AVB

haec ad quoddam tempus cohaerere possunt, semper autem nullo modo possunt; necesse est enim in suum quaeque locum natura rapiatur. nullum igitur animal est sempiternum.

Sed omnia vestri Balbe solent ad igneam vim referre Heraclitum ut opinor sequentes, quem ipsum non omnes interpretantur uno modo, †quoniam quid diceret quod intellegi noluit† omittamus; vos autem ita dicitis, omnem vim esse ignem, itaque et animantis cum calor defecerit tum interire, et in omni natura rerum id vivere id vigere quod caleat. Ego autem non intellego quo modo calore extincto corpora intereant, non intereant umore aut spiritu amisso, praesertim cum intereant etiam nimio calore. quam ob rem id quidem commune est de calido; verum tamen videamus exitum. ita voltis opinor, nihil esse animal extrinsecus in natura atque mundo praeter ignem: qui magis quam praeter animam, unde animantium quoque constet animus, ex quo animal dicitur? quo modo autem hoc quasi concedatur sumitis, nihil esse animum nisi ignem; probabilius enim videtur tale quiddam esse animum, ut sit ex igni atque anima temperatum. 'Quod si ignis ex sese ipse animal est nulla se alia admiscente natura, quoniam is, cum inest in corporibus nostris, efficit ut sentiamus, non potest ipse esse sine sensu.' Rursus eadem dici possunt: quidquid est enim quod sensum habeat, id necesse est sentiat et voluptatem et dolorem, ad quem autem dolor veniat ad eundem etiam interitum venire. ita fit ut ne ignem quidem effi-

---

AHPVB] 3. 4 animaleest B¹ animale *an* -lem A¹ 5 *cf. p. 58, 8 ss.* 7. 8 ⟨qui⟩ quoniam, *deinde del.* quod V²; *omisso* quod*:* ⟨quem⟩ quoniam *Iunt.*, non ⟨enim⟩ *Va.* quod int. nol. ⟨a volgo, occultius significavit,⟩ *Pl.* 8 omittam B¹ 9 ⟨vitalem⟩ vim *Pl.* Igneam *Bou.* 11 vigere AHPV°B¹ visere B¹[V¹] 16 intrinsecus *Lesc.* 19 animal *Lesc.* -ma AVB 21 inprobabilius B¹ 22 *cf. p. 60, 18 ss.* 23 anima B¹ 26 *cf. p. 130, 5 ss.*

37 cere possitis aeternum. Quid enim, non eisdem vobis
placet omnem ignem pastus indigere nec permanere
ullo modo posse nisi alatur, ali autem solem lunam reliqua astra aquis, alia dulcibus alia marinis; eamque
causam Cleanthes adfert cur se sol referat nec longius
progrediatur solstitiali orbi itemque brumali, ne longius
discedat a cibo. Hoc totum quale sit mox; nunc autem
concludatur illud: quod interire possit id aeternum
non esse natura; ignem autem interiturum esse nisi
alatur; non esse igitur natura ignem sempiternum.

15
38 Qualem autem deum intellegere nos possumus nulla
virtute praeditum? Quid enim, prudentiamne deo tri-
buemus, quae constat ex scientia rerum bonarum et
malarum et nec bonarum nec malarum? cui mali nihil
est nec esse potest, quid huic opus est dilectu bonorum et malorum, quid autem ratione quid intellegentia: quibus utimur ad eam rem ut apertis obscura ad-
sequamur; at opscurum deo nihil potest esse. Nam
iustitia, quae suum cuique distribuit, quid pertinet ad
deos; hominum enim societas et communitas, ut vos
dicitis, iustitiam procreavit. Temperantia autem constat ex praetermittendis voluptatibus corporis: cui si
locus in caelo est, est etiam voluptatibus. Nam fortis
deus intellegi qui potest, in dolore an in labore an in
39 periculo: quorum deum nihil attingit. Nec ratione igitur utentem nec virtute ulla praeditum deum intellegere
qui possumus?

Nec vero volgi atque imperitorum inscitiam despi-
cere possum, cum ea considero quae dicuntur a Stoicis.
sunt enim illa imperitorum: piscem Syri venerantur,
omne fere genus bestiarum Aegyptii consecraverunt;
iam vero in Graecia multos habent ex hominibus deos,

---

AHPVB] 1 cf. p. 64, 12. 97, 4    4 aquas A¹ atquis B¹
6 solstitiali V²B²H solist... AGPV¹B¹   orbe B² urbe B¹   7 cf.
p. 145, 10   11 non VB¹, in mg. A²   19 tribuit dett. Bai.²
25. 26 cf. p. 60, 24 s. 63, 30   28 inscitam A¹V¹B¹

Alabandum Alabandis, Tenedi Tenen, Leucotheam quae fuit Ino et eius Palaemonem filium cuncta Graecia — Herculem Aesculapium Tyndaridas Romulum nostrum aliosque compluris, quos quasi novos et adscripticios
5 cives in caelum receptos putant. Haec igitur indocti; quid vos philosophi, qui meliora? Omitto illa, sunt enim praeclara: sit sane deus ipse mundus. hoc credo illud esse 'sublime candens, quem invocant omnes Iovem'. Quare igitur pluris adiungimus deos? quanta
10 autem est eorum multitudo: mihi quidem sane multi videntur; singulas enim stellas numeras deos eosque aut beluarum nomine appellas, ut Capram ut Nepam ut Taurum ut Leonem, aut rerum inanimarum, ut Argo ut Aram ut Coronam. Sed ut haec concedantur, re-
15 liqua qui tandem non modo concedi sed omnino intellegi possunt? Cum fruges Cererem vinum Liberum dicimus, genere nos quidem sermonis utimur usitato, sed ecquem tam amentem esse putas qui illud quo vescatur deum credat esse? Nam quos ab hominibus
20 pervenisse dicis ad deos, tu reddes rationem quem ad modum id fieri potuerit aut cur fieri desierit, et ego discam libenter; quo modo nunc quidem est, non video quo pacto ille, cui 'in monte Oetaeo inlatae lampades' fuerint ut ait Accius, 'in domum aeternam patris' ex
25 illo ardore pervenerit; quem tamen Homerus apud inferos conveniri facit ab Ulixe sicut ceteros qui excesserant vita.

Quamquam quem potissimum Herculem colamus scire sane velim; pluris enim tradunt nobis i qui inte-

---

AHPVB] 1 Alabandis *sexto casu Dav.*, primo (i. e. Alabandenses) Bou. -dei Hei. -di AVB tenendi Aᶜ B¹ Tenedii Ma. tennen AVB¹ 2 Inoo B²[B¹] 3 nostri dett. Rom. Ven. 8 Enn. scen. 345 V., cf. p. 50,12 11 easque P 12 cf. p. 91,1 Nepam cod. Urs. lupam AVB 17 cf. p. 72,17 sermones A¹V¹B¹ -ne V² 18 ecquem Vict. haec quem AVB² hae quem B¹ 20 cf. p. 73,6 23 monte H -em AVB 24 Acc. trag. 670 s. 25 Hom. λ 601 27. 28 uix aquam quam .Iˡ P Vˡ Bˡ

riores scrutantur et reconditas litteras, antiquissimum
Iove natum — sed item Iove antiquissimo, nam Ioves
quoque pluris in priscis Graecorum litteris invenimus:
ex eo igitur et Lysithoe est is Hercules quem concerta-
visse cum Apolline de tripode accepimus. alter traditur Nilo natus Aegyptius, quem aiunt Phrygias litteras
conscripsisse. tertius est ex Idaeis Digitis, cui inferias
adferunt †cui. quartus Iovis est ⟨et⟩ Asteriae Latonae
sororis, qui Tyri maxime colitur, cuius Carthaginem
filiam ferunt, quintus in India qui Belus dicitur, sextus
hic ex Alcmena quem Iuppiter genuit, sed tertius Iuppiter, quoniam ut iam docebo pluris Ioves etiam accepimus.

Quando enim me in hunc locum deduxit oratio, docebo meliora me didicisse de colendis diis inmortalibus
iure pontificio et more maiorum capedunculis his, quas
Numa nobis reliquit, de quibus in illa aureola oratiun-
cula dicit Laelius, quam rationibus Stoicorum. Si
enim vos sequar, dic quid ei respondeam qui me sic
roget: 'Si di sunt **, suntne etiam Nymphae deae? si
Nymphae, Panisci etiam et Satyri; hi autem non sunt;
ne Nymphae [deae] quidem igitur. at earum templa
sunt publice vota et dedicata. ne ceteri quidem ergo
di, quorum templa sunt dedicata. Age porro: Iovem
et Neptunum deum numeras; ergo etiam Orcus frater
eorum deus, et illi qui fluere apud inferos dicuntur,
Acheron Cocytus Pyriphlegethon, tum Charon tum
Cerberus di putandi. at id quidem repudiandum; ne
Orcus quidem igitur; quid dicitis ergo de fratribus?'
Haec Carneades aiebat, non ut deos tolleret (quid enim

---

AHPVB]    2 iouis A¹VB    4 Lysithoe *Creu.* -to AVBᵖ
-tho Bᵉ    hercullis AV¹B¹    8 Coi *Gron.*, *om. dett. Rom. Ven.*
*add. Hei.;* I. et A. *Gr.*    9 carthagenem AB¹    10 bellus B¹
12 *cf. p. 138, 29* accipimus AV¹B    16 his *om.* AV    20 *de-*
*fectum indicavit My.;* ⟨hi quorum templa dedicata sunt⟩ *Pl.*
22 dea B¹, *del. dett. Al.*    25 deos *dett. Dav.*    30 age-
bat AVB¹

philosopho minus conveniens), sed ut Stoicos nihil de
dis explicare convinceret; itaque insequebatur: 'Quid
enim' aiebat, 'si hi fratres sunt in numero deorum, num
de patre eorum Saturno negari potest, quem volgo maxime colunt ad occidentem? qui si est deus, patrem
quoque eius Caelum esse deum confitendum est. quod
si ita est, Caeli quoque parentes dii habendi sunt Aether
et Dies eorumque fratres et sorores, qui a genealogis
antiquis sic nominantur, Amor Dolus †modus Labor
Invidentia Fatum Senectus Mors Tenebrae Miseria
Querella Gratia Fraus Pertinacia Parcae Hesperides
Somnia; quos omnis Erebo et Nocte natos ferunt. aut
igitur haec monstra probanda sunt aut prima illa tol-
lenda. Quid Apollinem Volcanum Mercurium ceteros
deos esse dices, de Hercule Aesculapio Libero Castore
Polluce dubitabis? at hi quidem coluntur aeque atque
illi, apud quosdam etiam multo magis. ergo hi dei sunt
habendi mortalibus nati matribus. Quid Aristaeus qui
olivae dicitur inventor Apollinis filius, Theseus qui
Neptuni, reliqui quorum patres di, non erunt in deorum
numero? quid quorum matres? opinor etiam magis;
ut enim [in] iure civili qui est matre libera liber est, item
iure naturae qui dea matre est deus sit necesse est. itaque Achillem Astypalenses insulani sanctissume colunt; qui si deus est, et Orpheus et Rhesus di sunt Musa
matre nati; nisi forte maritumae nuptiae terrenis ante-
ponuntur. si hi di non sunt, quia nusquam coluntur,
quo modo illi sunt? vide igitur ne virtutibus hominum
isti honores habeantur non immortalitatibus; quod tu
quoque Balbe visus es dicere. Quo modo autem potes,

---

A H P V B]   9 motus V² Morbus *dett. Bai.* Metus *dett. Rom.*
19 olivi *Oliv.*   qui A¹ H P V¹ B¹ que V² B¹ quid A² B², *del. dett.
Dav.*   22 *del. dett. Wa.*   23 deae A¹ V¹ B¹   24 Astypalenses *dett.* astipalinses B astypalisnse AP astypalis nonse H
astipallis nse V¹ astipalisse V² Astypalaeenses *Dav.*   sanctissi-
mum ecolunt AV   25 rhesus B² hesus A² H P V¹ hesis A¹[B¹]
theseus V²   29 honoris AV¹B   30 *cf. p. 73, 6*

si Latonam deam putas, Hecatam non putare, quae matre Asteria est sorore Latonae? an haec quoque dea est; vidimus enim eius aras delubraque in Graecia. sin haec dea est, cur non Eumenides? quae si deae sunt, quarum et Athenis fanumst et apud nos ut ego interpretor lucus Furinae, Furiae deae sunt, speculatrices credo et vindices facinorum et sceleris. Quod si tales dei sunt ut rebus humanis intersint, Natio quoque dea putanda est, cui cum fana circumimus in agro Ardeati rem divinam facere solemus; quae quia partus matronarum tueatur a nascentibus Natio nominata est. ea si dea est, di omnes illi qui commemorabantur a te, Honos Fides Mens Concordia, ergo etiam Spes Moneta omniaque quae cogitatione nobismet ipsis possumus fingere. quod si veri simile non est, ne illud quidem est haec unde fluxerunt. Quid autem dicis, si di sunt illi quos colimus et accepimus, cur non eodem in genere Serapim Isimque numeremus? quod si facimus, cur barbarorum deos repudiemus? boves igitur et equos, ibis accipitres, aspidas crocodilos pisces, canes lupos faelis, multas praeterea beluas in deorum numerum reponemus. quae si reiciamus, illa quoque unde haec nata sunt reiciemus. Quid deinde, Ino dea ducetur et Λευκοθέα a Graecis a nobis Matuta dicetur, cum sit Cadmi filia, Circe autem et Pasiphae et Aeeta e Perseide Oceani filia natae patre Sole in deorum numero non habebuntur? quamquam Circen quoque coloni nostri Cercienses religiose colunt. ergo hanc

---

AHPVB] 2 an] in V¹[B¹] 5 fanumst] -um est PVB² -us est A¹H -u est A²B¹ 6 lucusi V lucis B¹ 9 circuimus PB¹ 11 tuetur B¹ 12 memorabantur B¹ cf. p. 72, 21. 80, 30 13 honor B 14 ipsi Dav. 17 accepimus dett. Ven. -cip- AVB 20 ibes P accipitros AV¹B¹ 22 numero PO 25 sit admi A¹V¹ sicadmi B¹ 26 Aeeta e Bai. (-tes e Ern.) eae e AV eae B Perseide Ma. perside AVB¹ -dae B² filia dett. Rom. fillae AV¹ fill(a)e V³B nati Sch. 348 patres A¹ pratres V¹ purat re B¹ 27 numerum B¹ circem AV¹B 28 Circeienses Ma.

§ 46—51 DE NATURA DEORUM COTTA 137

deam ducis: quid Medeae respondebis, quae duobus
⟨dis⟩ avis Sole et Oceano Aeeta patre matre Idyia procreata est, quid huius Absyrtio fratri (qui est apud
Pacuvium Aegialeus, sed illud nomen veterum litte-
5 ris usitatius)? qui si di non sunt, vereor quid agat Ino;
haec enim omnia ex eodem fonte fluxerunt. An Am- 49
phiaraus erit deus et Trophonius? nostri quidem publicani, cum essent agri in Boeotia deorum inmortalium excepti lege censoria, negabant immortalis esse
10 ullos qui aliquando homines fuissent. sed si sunt i
di, est certe Erectheus, cuius Athenis et delubrum vidimus et sacerdotem. quem si deum facimus, quid aut
de Codro dubitare possumus aut de ceteris qui pug-
nantes pro patriae libertate ceciderunt? quod si pro-
15 babile non est, ne illa quidem superiora unde haec
manant probanda sunt. Atque in plerisque civitatibus 50
intellegi potest augendae virtutis gratia, quo libentius
rei publicae causa periculum adiret optimus quisque,
virorum fortium memoriam honore deorum immorta-
20 lium consecratam. ob eam enim ipsam causam Erectheus Athenis filiaeque eius in numero deorum sunt,
itemque Leonaticum est delubrum Athenis quod *Λεωκόριον* nominatur. Alabandenses quidem sanctius Alabandum colunt, a quo est urbs illa condita, quam
25 quemquam nobilium deorum; apud quos non inurbane
Stratonicus ut multa, cum quidam ei molestus Alabandum deum esse confirmaret Herculem negaret, 'ergo'
inquit 'mihi Alabandus tibi Hercules sit iratus'. Illa 20
autem Balbe, quae tu a caelo astrisque ducebas, quam 51

---

AHPVB] 1 dicis PV² dices A³B² duces *Bai.* 2 *add.
Al.* Aeeta *dett. Ald.* eta AVB matre *dett. Ald.* (matreque *Ma.*)
matr AVB Idyia *dett. Ma.* idyla AB idila V 3 absirtio PB²
ob- V¹ absircio B¹ Absyrto *dett. Rom.* 4 *Pacuv. Medi fr. XXIV*
egialelus *an* -euis B 8 Boeotia *dett. Asc.* boetia AVB
16—20 atque ... consecratam *Lact. Inst. 1, 15, 6* 16 atqui PB²
17 acuendae *Lact.* gratia aut quo *Lact.* 22 Leonaticum
*mirum* 23 alabandens is AP -dens his V¹ -densis B 26 mo-
lestius H 29 *cf. p. 67, 27. 76, 5 ss.*

longe serpant non vides: solem deum esse lunamque, quorum alterum Apollinem Graeci alteram Dianam putant. quod si luna dea est, ergo etiam Lucifer ceteraeque errantes numerum deorum optinebunt; igitur etiam inerrantes. cur autem arqui species non in deorum numero reponatur; est enim pulcher (et ob eam speciem, quia causam habeat admirabilem, Thaumante dicitur esse nata). cuius si divina natura est, quid facies nubibus; arcus enim ipse e nubibus efficitur quodam modo coloratis; quarum una etiam Centauros peperisse dicitur. quod si nubes rettuleris in deos, referendae certe erunt tempestates, quae populi Romani ritibus consecratae sunt. ergo imbres nimbi procellae turbines dei putandi; nostri quidem duces mare ingredientes inmolare hostiam fluctibus consuerunt. Iam si est Ceres a gerendo (ita enim dicebas), terra ipsa dea est (et ita habetur; quae est enim alia Tellus); sin terra, mare etiam, quem Neptunum esse dicebas; ergo et flumina et fontes. itaque et Fontis delubrum Masso ex Corsica dedicavit, et in augurum precatione Tiberinum Spinonem Anemonem Nodinum alia propinquorum fluminum nomina videmus. Ergo hoc aut in inmensum serpet, aut nihil horum recipiemus; nec illa infinita ratio superstitionis probabitur; nihil ergo horum probandum est.

Dicamus igitur Balbe oportet contra illos etiam, qui hos deos ex hominum genere in caelum translatos non re sed opinione esse dicunt, quos auguste omnes sancteque veneramur. Principio Ioves tres numerant

---

AHPVB] 2 putent A¹ 5. 6 cur ... ponatur *Char. GL. I 117, 16* (arcuis) *Prisc. GL. II 259, 3* (arci) 5 arci H *Prisc.* arcui V¹B² arcus A³V³ arcuis *Char.* 6 ponatur *Char.* ob eam causam quia speciem habeat *Ma.* 7 habet *dett. Ern.* dicitur ⟨Iris⟩ *Antonius Augustinus apud Urs.* ⟨dea⟩ *Reitz.* 10 coloratis *Dav.* -tus AVB 16 cf. p. 75, 17. 143, 4 19 Masso *Pl.* marso AVB Maso *Ma.* 21 anemomem H¹ anienem H² Anionem *Hei.* Almonem *Urs.* nonium B¹ 23 honorum AV¹B 29—p. 139, 7 cf. *Lact. inst. 1, 11, 48 ira 11, 8 s.*

i qui theologi nominantur, ex quibus primum et secundum natos in Arcadia, alterum patre Aethere, ex quo etiam Proserpinam natam ferunt et Liberum, alterum patre Caelo, qui genuisse Minervam dicitur, quam principem et inventricem belli ferunt, tertium Cretensem Saturni filium, cuius in illa insula sepulcrum ostenditur. Dioscoroe etiam apud Graios multis modis nominantur: primi tres, qui appellantur Anactes Athenis, ex rege Iove antiquissimo et Proserpina nati Tritopatreus Eubuleus Dionysus, secundi Iove tertio nati et Leda Castor et Pollux; tertii dicuntur a non nullis Alco et Melampus †euiolus, Atrei filii, qui Pelope natus fuit. Iam Musae primae quattuor 54 [natae] Iove altero †nata et Thelxinoe† Aoede Arche Melete, secundae Iove tertio et Mnemosyne procreatae novem, tertiae [Iove tertio] Piero natae et Antiopa, quas Pieridas et Pierias solent poetae appellare, isdem nominibus et eodem numero quo proxumae superiores. Cumque tu solem quia solus esset appellatum esse dicas, Soles ipsi quam multi a theologis proferuntur. unus eorum Iove natus nepos Aetheris, alter Hyperione, tertius Volcano Nili filio, cuius urbem Aegyptii volunt esse eam quae Heliopolis appellatur, quartus is quem heroicis temporibus Acantho Rhodi peperisse dicitur, ⟨pater⟩ Ialysi Camiri Lindi, unde Rhodii, quintus qui Colchis fertur Aeetam et Circam procreavisse.

---

AHPVB] 7 Dioscoroe *Pl.* -rce A¹V²B¹ -rte HV¹ Dioscuri *Ma.* 9 Anaces *Ma.* 10 Dionysus *Dav.* -sius AHPVB 12 melampus ouiolus AB² meuiolus B¹ M. et Tmolus *Dav.* M. et Eucolus *Pl.* fili AV¹B¹ 14 *del. Bai.* nata et PVB nata ae A nate et∗ H natae *Bai., del. dett. Ma.*, post natae et *nomen matris intercidisse significat RKI.* Thelxinoe *Gron.* theixinonc AVB Thelxinoe, Mneme *Pl.* Aoede *Dav.* oede AVB Arche] Mneme *Ma.* 16 *del. Gron.* 17 Pierias *dett. Rom. Ven.* plerias AVB 18 proxlmae *dett. Ma.* -ume AVB 19 a(p)pellatus A¹VB *cf. p. 76, 9* 24 rodie B¹ 25 *add. Dav. (cf. Arnob. nat. 4, 14)* Camiri *Ma.* cameri AVB Lindi unde *Creu.* (Lindi *Ma.*) tinde AV tynde B Rhodii *Creu.* -di AVB 26 Aeetam *Ma.* aetam A¹VB aeam A²

**22** Volcani item complures: primus Caelo natus, ex quo
**55** et Minerva Apollinem eum cuius in tutela Athenas antiqui historici esse voluerunt, secundus [in] Nilo natus
Opas ut Aegyptii appellant, quem custodem esse Aegypti volunt, tertius ex tertio Iove et Iunone, qui Lemni
fabricae traditur praefuisse, quartus Maemalio natus,
qui tenuit insulas propter Siciliam quae Volcaniae no-
**56** minabantur. Mercurius unus Caelo patre Die matre
natus, cuius obscenius excitata natura traditur quod
aspectu Proserpinae commotus sit, alter Valentis et
Phoronidis filius is qui sub terris habetur idem Trophonius, tertius Iove tertio natus et Maia, ex quo et
Penelopa Pana natum ferunt, quartus Nilo patre, quem
Aegyptii nefas habent nominare, quintus quem colunt
Pheneatae, qui Argum dicitur interemisse ob eamque
causam Aegyptum profugisse atque Aegyptiis leges
et litteras tradidisse: hunc Aegyptii Theyt appellant,
eodemque nomine anni primus mensis apud eos voca-
**57** tur. Aesculapiorum primus Apollinis, quem Arcades
colunt, qui specillum invenisse primusque volnus dicitur obligavisse, secundus secundi Mercuri frater: is
fulmine percussus dicitur humatus esse Cynosuris; tertius Arsippi et Arsinoae, qui primus purgationem alvi
dentisque evolsionem ut ferunt invenit, cuius in Arcadia non longe a Lusio flumine sepulcrum et lucus
**23** ostenditur. Apollinum antiquissimus is quem paulo
antea e Volcano natum esse dixi custodem Athenarum,

---

AHPVB] 1 ⟨et Die⟩ ex *Pl.* (*cf. Lydus de mens. 4, 86 [54]*)
3 *om. dett. Rom. Ven.* 4 Phthas *Gyraldus hist. deor. gentil.
(1548) cap. 13; Poim. p. 122* 5. 6 lemni* *fabricae B 6 Maemalio *Us.*
mem- AVB Cedalione *My. dubitans; Malten PW. 8, 343, 20* 7 nominantur *Lb.* 7—19 *cf. Serv. in Aen. 1, 297. 4, 577* 11 Coronidis *Dav.*
12 maia HN²M¹ mala AVB 14 nefans $A^1V^1B^1$ 13—19 *cf. Lact.
inst. 1, 6, 2 s. ira 11, 12* 16 aegypto $A^2PV^2B^2[A^1]$ in Aegyptum *Lact.* profugisse H profuisse $AV^1B^1$ pr(a)e- $V^3B^2$ aegyp-
tis $A^1V^1$ -tii $B^1$ 17 aegypti $A^1VB$ Theut *mg. Asc.²* theyn
$AB^2$ theln $PB^1$ theyr HV thoyth *Ma.* 21. 22 *cf. Lact. inst.
1, 10, 2 epit. 8, 2* 23. 24 aludentisque $A^1$ auld- $B^1$ 27 ante *Pl.*

alter Corybantis filius natus in Creta, cuius de illa
insula cum Iove ipso certamen fuisse traditur, tertius
Iove tertio natus et Latona, quem ex Hyperboreis Del-
phos ferunt advenisse, quartus in Arcadia, quem Arcades Nomionem appellant quod ab eo se leges ferunt
accepisse. Dianae item plures, prima Iovis et Proser- 58
pinae, quae pinnatum Cupidinem genuisse dicitur, secunda notior quam Iove tertio et Latona natam accepimus; tertiae pater Upis traditur Glauce mater: eam
saepe Graeci Upim paterno nomine appellant. Diony-
sos multos habemus, primum Iove et Proserpina natum, secundum Nilo, qui Nysam dicitur interemisse,
tertium Cabiro patre, eumque regem Asiae praefuisse
dicunt, cui Sabazia sunt instituta, quartum Iove et
Luna, cui sacra Orphica putantur confici, quintum
Nyso natum et Thyone, a quo trieterides constitutae
putantur. Venus prima Caelo et Die nata, cuius Eli 59
delubrum vidimus, altera spuma procreata, ex qua et
Mercurio Cupidinem secundum natum accepimus, tertia Iove nata et Diona, quae nupsit Volcano, sed ex ea
et Marte natus Anteros dicitur, quarta Syria Cyproque
concepta, quae Astarte vocatur, quam Adonidi nupsisse
proditum est. Minerva prima quam Apollinis matrem
supra diximus, secunda orta Nilo, quam Aegyptii Saietae colunt, tertia illa quam a Iove generatam supra diximus, quarta Iove nata et Coryphe Oceani filia, quam

---

AHPVB; 9—19 *om.* H|   4 quartus ⟨Sileni filius⟩ *My. (cf. Clemens Alex. protr. 2, 28, 3 Ampel. 9, 6)*   5 *Νόμιον* Huet demonstrat. euang.(1679) 4,8,3(ed. 1680 p. 155)   legis A¹V¹B¹   6 accipisse AB   7 pennatum B   12 nysan A¹ nisam VB¹   13 Cabiro *Betul. (cf. Lydus de mens. 4, 51 [38])* caprio AB capryo V¹ capyo V² eum quem *Pl.*   14 cui Sabazia *Lb.* -zea *cod. Sigonii Ma.* cuius abazea A -zaea PVB   16 nyso P niso AVB   17 heli B° elide M   18 uidemus V¹   21 Cyproque *anonymus a My. laudatus, Creu. (cf. Lydus de mens. 4, 64 [44] Ampel. 9, 9)* cyroque AVB² ciro quae B¹   24 *cf. p. 140, 1*   Saietae *Pl.* Saitae *Ma.* sal(a)etae AV°B [V'¹]   25 *cf. p. 139, 4*   26 Coriphe *Ven.* corufe AV¹B -se V²

Arcades Κορίαν nominant et quadrigarum inventricem ferunt, quinta Pallantis, quae patrem dicitur interemisse virginitatem suam violare conantem, cui pinna-
60 rum talaria adfigunt. Cupido primus Mercurio et Diana prima natus dicitur, secundus Mercurio et Venere se- 5 cunda, tertius qui idem est Anteros Marte et Venere tertia. Atque haec quidem ⟨et alia⟩ eius modi ex vetere Graeciae fama collecta sunt. quibus intellegis resistendum esse, ne perturbentur religiones; vestri autem non modo haec non refellunt verum etiam con- 10 firmant interpretando quorsum quidque pertineat.

Sed eo iam unde huc digressi sumus revertamur.
24
61 Num censes igitur subtiliore ratione opus esse ad haec refellenda? Nam mentem fidem spem virtutem honorem victoriam salutem concordiam ceteraque huius 15 modi rerum vim habere videmus non deorum. aut enim in nobismet insunt ipsis, ut mens ut spes ut fides ut virtus ut concordia, aut optandae nobis sunt, ut honos ut salus ut victoria; quarum rerum utilitatem video, video etiam consecrata simulacra; quare au- 20 tem in is vis deorum insit tum intellegam cum cognovero. quo in genere vel maxime est fortuna numeranda, quam nemo ab inconstantia et temeritate seiunget, quae digna certe non sunt deo.

62 Iam vero quid vos illa delectat explicatio fabularum 25 et enodatio nominum? exsectum a filio Caelum, vinctum itidem a filio Saturnum, haec et alia generis eiusdem ita defenditis, ut i qui ista finxerunt non modo non insani sed etiam fuisse sapientes videantur. in

---

AHPVB] 1 corian AVB² -ant B¹ Coryphasiam *Vict. var. lect.* (1582) 11,15 (cf. Arnob. nat. 4,14 Clemens Alex. protr. 2,28,2) 6 qui idem *dett. Dav.* quidem AVB 7 add. *Pl.* ⟨aliaque⟩ *Dav.* ⟨atque⟩ V² ⟨et⟩ B² 12 cf. p. 133, 28. 134, 14 14 cf. p. 72, 20
15 huius B^c ulus B^p eius AV 16 aut] autem A¹V¹B¹
17 ut spes *om. dett. Rom. Ven.*, post sunt *v.* 18 transposuit *Wa.*; cf. p. 142, 14. 157, 24 s. 20 video *posterius om.* V²B¹ 21 ⟨ex te⟩ cogn. *Bou.* ⟨esse⟩ *Pl.* 25 cf. p. 73, 24 28 qui] quiqui A¹V¹

enodandis autem nominibus quod miserandum sit laboratis: 'Saturnus quia se saturat annis, Mavors quia magna vertit, Minerva quia minuit aut quia minatur, Venus quia venit ad omnia, Ceres a gerendo'. quam
5 periculosa consuetudo. in multis enim nominibus haerebitis: quid Veiovi facies quid Volcano? quamquam, quoniam Neptunum a nando appellatum putas, nullum erit nomen quod non possis una littera explicare unde ductum sit; in quo quidem magis tu mihi natare visus
10 es quam ipse Neptunus. Magnam molestiam suscepit 63 et minime necessariam primus Zeno post Cleanthes deinde Chrysippus, commenticiarum fabularum reddere rationem, vocabulorum cur quidque ita appellatum sit causas explicare. quod cum facitis illud pro-
15 fecto confitemini, longe aliter se rem habere atque hominum opinio sit; eos enim qui di appellantur rerum naturas esse non figuras deorum. Qui tantus error fuit, 25 ut perniciosis etiam rebus non nomen deorum tribueretur sed etiam sacra constituerentur. Febris enim fa-
20 num in Palatio et ⟨Orbonae ad⟩ aedem Larum et aram Malae Fortunae Exquiliis consecratam videmus. Om- 64 nis igitur talis a philosophia pellatur error, ut, cum de dis inmortalibus disputemus, dicamus digna dis inmortalibus. de quibus habeo ipse quid sentiam, non
25 habeo autem quid tibi adsentiar. Neptunum esse dicis animum cum intellegentia per mare pertinentem, idem de Cerere; istam autem intellegentiam aut maris aut

---

AHPVB] 2—4 *cf. p. 74, 6. 75, 19. 76, 24. 75, 17* 7 *cf. p. 75, 9*
8 *cf. Aug. dialect. 6* 10. 11 *cf. Aug. dialect. 6* 11 *cf. p. 73, 22*
13 vocabulorumque *dett. Hei.* quique AVB[1] 16 ss. *cf. p. 72, 16 ss.* 16 appellentur *Ern.* 18 non ⟨modo⟩ *dett. Ma.*
20 add. *dett.? ed. Bonon. 1494, cf. Plin. nat. 2, 16* 21 exquilus A[2]V[2]B[1] exsquiliis P esq- F[2] 22 a philosophia (p)pellatur A[2]V[2] -phi appellatur A[1]V[1]B[1] (*an* -tus); a *deleto* -phya- appellatur (*an* -tus) B[2] 23. 24 disputemus ... inmortalibus *om.* V[1] 23 desputemus AB[1] (*om.* V[1]) ,dicamus digna diis B dicaiiusu ignais AHPV[2] (*om.* V[1]) 24 et 25 quod *Ern.* 25 *cf. p. 77, 19. 15, 21*

terrae non modo comprehendere animo sed ne suspicione quidem possum attingere. itaque aliunde mihi quaerendum est et ut esse deos et quales sint dii discere possim, qualis tu eos esse vis ✶✶.

65 ✶ videamus ea quae secuntur, primum deorum⟨ne⟩ prudentia mundus regatur, deinde consulantne di rebus humanis. haec enim mihi ex tua partitione restant duo; de quibus si vobis videtur accuratius disserendum puto.'

'Mihi vero' inquit Velleius 'valde videtur; nam et maiora exspecto et is quae dicta sunt vehementer adsentior.'

Tum Balbus 'Interpellare te' inquit 'Cotta nolo, sed sumemus tempus aliud; efficiam profecto ut fateare. sed ✶✶'
✶

⟨*Cotta:*⟩ *non esse illa vulgo disputanda, ne susceptas publice religiones disputatio talis exstinguat*

✶

*adduci hoc ut credamus non possumus, immortalem illam praestantissimamque naturam divisam esse per sexus*
✶

*deorumne prudentia mundus regatur*
✶

---

1—15 AHPVB] 3 ut et *dett. Rom. Ven.* 3. 4 dii d. possim *om.* B¹ 4 ⟨quam⟩ qualis V² esse *om.* B¹ *defectum notavit Hei. (paragraphus manu recentiore H);* ⟨vide ne esse non possint. (Nunc)⟩ *Pl.* 5 *add.* V² prudentiam B prouidentia V² 6 dii H de AV¹B, *del.* V² 7 *cf. p. 120, 8* 15 *defectum post v. 12 indicat* F, *ibidem fere in mg. notis Tironianis* A²B², *hoc loco Ma.; pergunt codd. p. 147, 8* 16. 17 *Lact. inst. 2, 3, 2* Cicero — cum multa dixisset quae ad eversionem religionum valerent, ait tamen non ... exstinguat 18---20 *Arnob. nat. 3, 6* adduci enim primum hoc ... per sexus. — ante omnes Tullius — nullam veritus impietatis invidiam quid super tali opinatione sentiret pietate cum maiore monstravit. *cf. ibid. 8—10 Kroll Rh. M. 72, 1917/18, 63 s.* 21 *v. 5*

*§ 64. 65*         DE NATURA DEORUM    COTTA  145

1 *de commodorum quae capimus copia*

\*

2 *de temporum ordine caelique constantia*

\*

3 *de Chrysippi argumentis, de domo pulchra cum pulchritudine mundi comparata, de totius mundi convenientia consensuque*

\*

6 *de Zenonis conclusionibus*

\*

7 *de vi ignea deque eo calore ex quo omnia generentur*

\*

8 *num mundus universus et sol et luna et stellae sensum ac mentem habeant*

\*

10 *de sideribus pastus indigentibus*

\*

11 *de natura artificiose ambulante*

\*

12 *mundum non aedificatum sed a natura conformatum*

Primum igitur non est probabile eam materiam rerum unde omnia orta sunt esse divina providentia
15 effectam, sed et habere et habuisse vim et naturam suam. ut igitur faber cum quid aedificaturus est non ipse facit materiam sed utitur ea quae sit parata, fictorque item cera, sic isti providentiae divinae mate-

---

1—9 *p. 124, 17 ss.*    2 *cf. p. 127, 2 Lact. inst. 2, 5, 10—14*
3—5 *cf. p. 127, 19 ss.*    6 *cf. p. 126, 9 ss.*    7 *huc spectet Serv. auct. in ecl. 6, 33* liquidi ignis: puri id est aetherei, quem Cicero ignitum liquorem dicit    10 *p. 132, 2*    11 *p. 128, 18*    12 *p. 128, 11*
13—p. 146, 4 *Lact. inst. 2, 8, 10* Cicero de natura deorum disputans ait sic: 'primum ... factus est'; *cf. Min. Fel. 5, 7—9*    13—15 *cf. Lact. ibid. 14*    13—16 *cf. ibid. 20*    16—p. 146, 2 ut faber ... paratam *ibid. 25*

riam praesto esse oportuit non quam ipse faceret sed
quam haberet paratam. quod si materia non est a deo
facta, ne terra quidem et aqua et aer et ignis a deo factus est.
*

*ex medullis corporum angues nasci; de Cleomene*
*Lacedaemonio (?)*
*

*consulantne di rebus humanis*
*

*cur, si omnia deus hominum causa fecerit, etiam multa*
*contraria et inimica ⟨et⟩ pestifera nobis reperiantur*
*tam in mari quam in terra.* ¹⁰*quod Stoici veritatem*
*non perspicientes ineptissime reppulerunt. aiunt enim*
*multa esse in gignentibus et in numero animalium*
*quorum adhuc lateat utilitas, sed eam processu tem-*
*porum inventuiri, sicut iam multa prioribus saeculis*
*incognita necessitas et usus invenerit.* ¹¹*quae tandem*
*utilitas potest in muribus in blattis in serpentibus re-*
*periri, quae homini molesta et perniciosa sunt? an*
*medicina in his aliqua latet? quae si est, inveniatur*
*aliquando, nempe adversus mala, cum id illi queran-*
*tur, esse omnino malum.* ¹²*viperam ferunt exustam*
*in cineremque dilapsam mederi eiusdem bestiae mor-*
*sui: quanto melius fuerat eam prorsus non esse quam*
*remedium contra se ab ea ipsa desiderari.*

*

*deus aut vult tollere mala et non potest, aut potest*
*et non vult, aut neque vult neque potest, aut et vult*

---

1 ipse *codd. 11 et 25 praeter B, in quo 11* ipsā *sed* ā *in
ras.,* 25 ipse *ex* ipsa *vel* -ā *effectum;* ipsa *utrobique edd.*
2—4 quod si ... factus *est Lact. ibid. 45, cf. 46* 5. 6 *Schol.
Verg. Veron. Aen. 5,95* Scaurus 'erudite, nam ait ex ... nasci
— — apud Ciceronem de natura deorum .lt. ubi de Cleomene
Lacedaemonio. *cf. Plut. Cleom. 39* 7 *p. 144,6* 8—23 *Lact.
ira 13, 9—12* Academici contra Stoicos disserentes solent quaerere cur *eqs.* 9 *add. B* 14 inventuiri *Brandt* -turi *codd.*
18 inveniatur *Heumann;* -itur *B,* -ietur *P* 24—p. 147,6 *Lact.
ira 13, 20. 21* argumentum Epicuri: 'deus' inquit 'aut — non

*et potest.* ³¹*si vult et non potest, inbecillus est, quod
in deum non cadit, si potest et non vult, invidus, quod
aeque alienum est a deo; si neque vult neque potest,
et invidus et inbecillus est ideoque nec deus; si et vult
et potest, quod solum deo convenit, unde ergo sunt
mala aut cur illa non tollit?*

\*

homines omnibus bestiis antecedunt

\*

'nequaquam istuc istac ibit; magna inest certatio.
nam ut ego illi supplicarem tanta blandiloquentia,
ni ob rem':
parumne ratiocinari videtur et sibi ipsa nefariam pes- 26
tem machinari? illud vero quam callida ratione: 66
'qui volt quod volt, ita dat se res ut operam dabit',
qui est versus omnium seminator malorum.
'ille traversa mente mihi hodie tradidit repagula,
quibus ego iram omnem recludam atque illi perniciem dabo,
mihi maerores illi luctum, exitium illi exilium mihi.'
hanc videlicet rationem, quam vos divino beneficio
homini solum tributam dicitis, bestiae non habent;
videsne igitur quanto munere deorum simus adfecti? 67
Atque eadem Medea patrem patriamque fugiens,
'postquam pater
adpropinquat iamque paene ut conprehendatur parat,

---

tollit?' *huc rettulit Schwenke Berl. philol. Wochenschr. 8 (1888)
1308 s., cf. Sext. hypot. 3, 10 s.*

8 ss. AHPVB] 7 *Diom. GL. I 313, 10* anteeo illi — — dativo
casu dicimus, ut Cicero — — item de deorum natura tertio 'h. o.
b. a.' antecedunt *scil. ratione* 8 *vide ad p. 144, 15
scen. 266 ss. V.* ista AV¹B¹ isthaec V²; is tacebit H is⸺ ⸺ᷱ
bit P 9 illi *Ribb.* illis AVB 10 ni ob rem *Va. op. ac. 1, 38*
niobem AV -be B 13 *Enn. scen. 269 V.* 15—18 *Enn. scen.
270 ss. V.* 16 perniciem V² -tiem A¹B² permitem A¹V¹B¹ (*an
-mitem*). *fuerit* permitiem, *cf. Va. ad Enn.* 18 exitium V²B²
-tum AV¹B¹ 20 *cf. p. 109, 24. 112, 9* 22 media A¹VB¹
23—p. 148, 7 *trag. inc. 165 ss.* 23 posquam A p̓quā P

puerum interea obtruncat membraque articulatim
  dividit
perque agros passim dispergit corpus: id ea gratia
ut, dum nati dissipatos artus captaret parens,
ipsa interea effugeret, illum ut maeror tardaret
  sequi,
sibi salutem ut familiari pareret parricidio'.

**68** huic ut scelus sic ne ratio quidem defuit. Quid ille
funestas epulas fratri conparans nonne versat huc et
illuc cogitatione rationem:
  'maior mihi moles, maius miscendumst malum,
  qui illius acerbum cor contundam et conprimam'.

**27** Nec tamen ille ipse est praetereundus,
  'qui non sat habuit coniugem inlexe in stuprum',
de quo recte et verissume loquitur Atreus:
  'quod re in summa summum esse arbitror
  periclum, matres coinquinari regias,
  contaminari stirpem, admisceri genus'.
at id ipsum quam callide, qui regnum adulterio quaereret:
  'addo' inquit huc, quod mihi portento caelestum
    pater
  prodigium misit, regni stabilimen mei,
  agnum inter pecudes aurea clarum coma
  quondam Thyestem clepere ausum esse e regia,
  [a] qua in re adiutricem coniugem cepit sibi'.

**69** videturne summa inprobitate usus non sine summa
esse ratione? Nec vero scaena solum referta est his
sceleribus sed multo vita communis paene maioribus.
sentit domus unius cuiusque sentit forum, sentit curia
campus socii provinciae, ut quem ad modum ratione

---

AHPVB] 11. 12 *Acc. trag. 200 s.*   14 *Acc. trag. 205*
qui *a. 1850 Cottae dabat Sch.*   16—18 *Acc. trag. 206 ss.*   17 re-
giam V²   18 ac misceri *Ribb.*   21—26 *Acc. trag. 209 ss.*
25 quondam *Ald.* quem dan Λ¹V quendam HB² quam dan B¹
quem clam A²   26 *del.* A²

recte fiat sic ratione peccetur, alterumque et a paucis et raro, alterum et semper et a plurimis, ut satius fuerit nullam omnino nobis a dis immortalibus datam esse rationem quam tanta cum pernicie datam. ut vinum aegrotis, quia prodest raro nocet saepissime, melius est non adhibere omnino quam spe dubiae salutis in apertam perniciem incurrere, sic haud scio an melius fuerit humano generi motum istum celerem cogitationis acumen sollertiam, quam rationem vocamus, quoniam pestifera sit multis admodum paucis salutaris, non dari omnino quam tam munifice et tam large dari. Quam ob rem si mens voluntasque divina idcirco consuluit hominibus quod is est largita rationem, is solis consuluit quos bona ratione donavit, quos videmus si modo ulli sint esse perpaucos. non placet autem paucis a diis immortalibus esse consultum; sequitur ergo ut nemini consultum sit.

Huic loco sic soletis occurrere: non idcirco non optume nobis a dis esse provisum, quod multi eorum beneficio perverse uterentur; etiam patrimoniis multos male uti, nec ob eam causam eos beneficium a patribus nullum habere. Quisquam istuc negat, aut quae est in collatione ista similitudo? nec enim Herculi nocere Deianira voluit cum ei tunicam sanguine Centauri tinctam dedit, nec prodesse Pheraeo Iasoni is qui gladio vomicam eius aperuit, quam sanare medici non potuerant. multi enim et cum obesse vellent profuerunt et cum prodesse offuerunt; ita non fit ex eo quod datur ut voluntas eius qui dederit appareat, nec si is qui accepit bene utitur idcirco is qui dedit amice dedit. Quae enim libido quae avaritia quod facinus aut suscipitur nisi consilio capto aut sine animi motu et cogitatione id est ratione perficitur; nam omnis opinio ratio

---

AHPVB] 2 saepe *Man.* 10 sint A¹V¹B est *Sch. 351* salutaria B² 15 sunt *dett. Rom. Ven.* 22 quis quas ·PB¹ quis quasi V¹ quisquamne V² istud B¹ iuste A³ [A¹]

est, et quidem bona ratio si vera, mala autem si falsa
est opinio. sed a deo tantum rationem habemus, si
modo habemus, bonam autem rationem aut non bonam
a nobis. Non enim ut patrimonium relinquitur sic ratio
est homini beneficio deorum data; quid enim potius
hominibus dii dedissent si is nocere voluissent, iniusti-
tiae autem intemperantiae timiditatis quae semina essent si is vitiis ratio non subesset?

29 Medea modo et Atreus commemorabatur a nobis,
heroicae personae inita subductaque ratione nefaria
72 scelera meditantes. quid levitates comicae parumne
semper in ratione versantur? parumne subtiliter disputat ille in Eunucho:

'quid igitur faciam?'

'exclusit, revocat; redeam? non si me obsecret'.
ille vero in Synephebis Academicorum more contra
communem opinionem non dubitat pugnare ratione,
qui 'in amore summo summaque inopia suave' esse
dicit

'parentem habere avarum inlepidum in liberos
difficilem, qui te nec amet nec studeat tui',

73 atque huic incredibili sententiae ratiunculas suggerit:

'aut tu illum fructu fallas aut per litteras
avertas aliquod nomen aut per servolum
percutias pavidum; postremo a parco patre
quod sumas, quanto dissipes libentius';

idemque facilem et liberalem patrem incommodum esse
amanti filio disputat:

'quem neque quo pacto fallam nec quid inde auferam

---

AHPV.B] 4 enim ut A²V²B ut enim H em cui P em ui
V¹[A¹] 6 dii om. AV 9 media A¹VB cf. p. 147,8. 148,13
commemorabantur A² 14. 15 Ter. Eun. 46. 49 18—21 Caecil. com. 199—201 21 nec amet] necariet A¹HV¹ nec met B¹
23—26 Caecil. com. 202ss. 23 furto Bue. apud Ribb. Sed
cf. Th. l. L. s. v. 1389,31 26 dissipes H -pis AV¹B -pas V²
29—p. 151, 3 Caecil. com. 206ss. 29 nec quid inde dett. Ven.
neque q. i. V² nequid inde B² neque tinde A¹V¹ neque unde
A²HP neque utinde (sic M) an neque ultinde B¹

§ 71—75   DE NATURA DEORUM   COTTA 151

nec quem dolum ad eum aut machinam commoliar
scio quicquam: ita omnes meos dolos fallacias
praestrigias praestrinxit commoditas patris'.
quid ergo isti doli, quid machinae, quid fallaciae
5 praestrigiaeque num sine ratione esse potuerunt? o
praeclarum munus deorum; ut Phormio possit dicere:
'cedo senem; iam instructa sunt mihi in corde consilia omnia'.
Sed exeamus e theatro, veniamus in forum. sessum 30/74
10 it praetor. quid ut iudicetur? qui tabularium incen-
derit. quod facinus occultius: at se Q. Sosius splen-
didus eques Romanus ex agro Piceno fecisse confes-
sus est. qui transscripserit tabulas publicas: id quoque L. Alenus fecit, cum chirographum sex primorum
15 imitatus est; quid hoc homine sollertius? cognosce
alias quaestiones, auri Tolossani coniurationis Iugur-
thinae; repete superiora: Tubuli de pecunia capta ob
rem iudicandam; posteriora: de incestu rogatione Peducaea; tum haec cotidiana: sicae venena peculatus,
20 testamentorum etiam lege nova quaestiones. inde illa
actio 'ope consilioque tuo furtum aio factum esse',
inde tot iudicia de fide mala, tutelae mandati pro socio
fiduciae, reliqua quae ex empto aut vendito aut conducto aut locato contra fidem fiunt, inde iudicium pu-
25 blicum rei privatae lege Laetoria, inde everriculum
malitiarum omnium iudicium de dolo malo, quod
C. Aquillius familiaris noster protulit, quem dolum
idem Aquillius tum teneri putat cum aliud sit simulatum aliud actum. Hanc igitur tantam a dis inmor- 75

---

A H P V B] 2 meus $A^1V^1B^1$ 3 praestrigias *Bue. Neue Jahrb.* 105 (1872) 109 praestigias $AVB^2$ praestringas $B^1$ 7. 8 *Ter. Phorm.* 321 10 it praetor *dett. Lb.* ite pr(a)ecor AVB 11 ad AV id *Dav.* at ⟨id⟩ *Schue.* 14 alenus V asenus $B^1$. nomen incertum 19 sica B veneni *dett. Dav.* 21 que *a formula abesse solet* 22 fide mala tutele H fidefidem alatat utile A fidem- (t *prima incerta*) $V^1$ fide mala at utile $PV^2$ fide allata tutele $B^1$ -lae $B^2$ 25 Plaetoria *Hei.*

talibus arbitramur malorum sementim esse factam?
si enim rationem hominibus di dederunt, malitiam dederunt; est enim malitia versuta et fallax ratio no-
cendi; idem etiam di fraudem dederunt facinus ceteraque quorum nihil nec suscipi sine ratione nec effici
potest. Utinam igitur, ut illa anus optat
'ne in nemore Pelio securibus
caesae accidissent abiegnae ad terram trabes'
sic istam calliditatem hominibus di ne dedissent, qua
perpauci bene utuntur, qui tamen ipsi saepe a male
utentibus opprimuntur, innumerabiles autem improbe
utuntur, ut donum hoc divinum rationis et consilii ad
fraudem hominibus non ad bonitatem impertitum esse
videatur.

Sed urgetis identidem hominum esse istam culpam
non deorum. Ut si medicus gravitatem morbi, guber-
nator vim tempestatis accuset; etsi hi quidem homunculi, sed tamen ridiculi: 'quis enim te adhibuisset' dixerit quispiam 'si ista non essent'. contra deum licet
disputare liberius: 'in hominum vitiis ais esse culpam:
eam dedisses hominibus rationem quae vitia culpam-
que excluderet'. Ubi igitur locus fuit errori deorum?
nam patrimonia spe bene tradendi relinquimus, qua
possumus falli; deus falli qui potuit? an ut Sol in cur-
rum quom Phaethontem filium sustulit, aut Neptunus
cum Theseus Hippolytum perdidit, cum ter optandi a
Neptuno patre habuisset potestatem: poetarum ista
sunt, nos autem philosophi esse volumus, rerum auctores non fabularum. atque hi tamen ipsi di poetici,
si scissent perniciosa fore illa filiis, peccasse in beneficio putarentur Et si verum est quod Aristo Chius
dicere solebat, nocere audientibus philosophos is qui

---

AHPVB] 7. 8 *Enn. scen. 246 s.* V. 8 cecidissent B²; ab-
igne AVB¹; caesa cecidisset abiegna *Asc.* - accidisset - *Hei. (ut
Varr. ling. 7,33)* 19 si] sed AV¹B 26 Theseum *(sic)* Hippolytum *Prisc. GL. II 299,16 (de accusativo nominum in* eus *desi-
nentium)* 31 ut *Dav.*

bene dicta male interpretarentur (posse enim asotos
ex Aristippi, acerbos e Zenonis schola exire) — prorsus, si qui audierunt vitiosi essent discessuri, quod perverse philosophorum disputationem interpretarentur,
tacere praestaret philosophis quam iis qui se audissent
nocere; sic, si homines rationem bono consilio a dis
immortalibus datam in fraudem malitiamque convertunt, non dari illam quam dari humano generi melius
fuit. Ut si medicus sciat eum aegrotum, qui iussus sit
vinum sumere, meracius sumpturum statimque periturum, magna sit in culpa, sic vestra ista Providentia
reprendenda, quae rationem dederit is quos scierit ea
perverse et inprobe ussuros. Nisi forte dicitis eam
nescisse. Utinam quidem; sed non audebitis, non enim
ignoro quanti eius nomen putetis.

Sed hic quidem locus concludi iam potest. nam si
stultitia consensu omnium philosophorum maius est
malum quam si omnia mala et fortunae et corporis ex
altera parte ponantur, sapientiam autem nemo adsequitur, in summis malis omnes sumus, quibus vos optume consultum a dis inmortalibus dicitis. nam ut nihil
interest utrum nemo valeat an nemo possit valere, sic
non intellego quid intersit utrum nemo sit sapiens an
nemo esse possit.

Ac nos quidem nimis multa de re apertissuma; Telamo autem uno versu totum locum conficit cur di
homines neglegant:

'nam si curent, bene bonis sit, male malis; quod
nunc abest'.

debebant illi quidem omnis bonos efficere, si quidem
hominum generi consulebant; sin id minus, bonis quidem certe consulere debebant. Cur igitur duo Scipiones
fortissimos et optimos viros in Hispania Poenus oppressit, cur Maximus extulit filium consularem, cur
Marcellum Annibal interemit, cur Paulum Cannae sus-

---

AHPVB]    2 propsus B¹ prossus AV¹    3 adirent *Ba.*
5 philosophos *dett. Lb.*    28. 29 *Enn. scen. 318 V.*

tulerunt, cur Poenorum crudelitati Reguli corpus est
praebitum, cur Africanum domestici parietes non texe-
runt? Sed haec vetera et alia permulta; propiora
videamus. cur avunculus meus vir innocentissumus
idemque doctissumus P. Rutilius in exilio est, cur
sodalis meus interfectus domi suae Drusus, cur
temperantiae prudentiaeque specimen ante simula-
crum Vestae pontifex maximus est Q. Scaevola trucidatus, cur ante etiam tot civitatis principes a Cinna
interempti, cur omnium perfidiosissimus C. Marius Q.
Catulum praestantissuma dignitate virum mori potuit
iubere? Dies deficiat si velim numerare quibus bonis
male evenerit, nec minus si commemorem quibus im-
probis optime. Cur enim Marius tam feliciter septimum consul domi suae senex est mortuus, cur omnium
crudelissimus tam diu Cinna regnavit? 'At dedit poenas.' Prohiberi melius fuit impedirique ne tot summos
viros interficeret quam ipsum aliquando poenas dare.
Summo cruciatu supplicioque Q. Varius homo impor-
tunissumus periit; si quia Drusum ferro Metellum ve-
neno sustulerat, illos conservari melius fuit quam poenas sceleris Varium pendere. Duodequadraginta Dionysius tyrannus annos fuit opulentissumae et beatissu-
mae civitatis; quam multos ante hunc in ipso Graeciae
flore Pisistratus. 'At Phalaris, at Apollodorus poenas
sustulit.' Multis quidem ante cruciatis et necatis. Et
praedones multi saepe poenas dant, nec tamen possumus dicere non pluris captivos acerbe quam praedones
necatos. Anaxarchum Democriteum a Cyprio tyranno
excarnificatum accepimus, Zenonem Eleatem in tor-
mentis necatum; quid dicam de Socrate, cuius morti
inlacrimare soleo Platonem legens? Videsne igitur

AHPVB] 3 propriora AV¹B 8 Q.] qu(a)e A¹HPV¹B¹
10 Q.] que A¹B¹[V¹] 11 praestantissumea A¹V¹B¹ 12 enumerare *Ern.* 22. 23 annos *post* duodeq. *transponendum indicare
videtur* V, *transponunt dett. Hei.* 28 acerue AV¹B¹ 30 Eleatem *Ma.* eleeae Aᵖ elete Aᶜ el(a)eae HPVB²[B¹; *certae* eae]
32 inlacrimare P -ri AVB

deorum iudicio, si vident res humanas, discrimen esse
sublatum? Diogenes quidem Cynicus dicere solebat
Harpalum, qui temporibus illis praedo felix habebatur,
contra deos testimonium dicere, quod in illa fortuna
5 tam diu viveret. Dionysius, de quo ante dixi, cum fanum Proserpinae Locris expilavisset, navigabat Syra-
cusas; isque cum secundissumo vento cursum teneret,
ridens 'videtisne' inquit 'amici quam bona a dis inmortalibus navigatio sacrilegis detur'. atque homo acutus
10 cum bene planeque percepisset, in eadem sententia
perseverabat. qui quom ad Peloponnesum classem ap-
pulisset et in fanum venisset Iovis Olympii, aureum ei
detraxit amiculum grandi pondere, quo Iovem ornarat
e manubiis Carthaginiensium tyrannus Gelo, atque in
15 eo etiam cavillatus est aestate grave esse aureum amiculum hieme frigidum, eique laneum pallium iniecit,
cum id esse ad omne anni tempus diceret. idemque
Aesculapi Epidauri barbam auream demi iussit; neque
enim convenire barbatum esse filium, cum in omnibus
20 fanis pater imberbis esset. iam mensas argenteas de
omnibus delubris iussit auferri, in quibus quod more
veteris Graeciae inscriptum esset 'bonorum deorum',
uti se eorum bonitate velle dicebat. idem Victoriolas
aureas et pateras coronasque, quae simulacrorum por-
25 rectis manibus sustinebantur, sine dubitatione tolle-

---

AHPVB]    5 — p. 156, 3 *cf. Val. Max. 1, 1 ext. 3 Lact. inst.*
*2, 4, 16 — 20. 25 s.*    6 seracusas AV¹B¹    9 atqui B² Idque *Lb.*
11 quom] cum V²B² quod AV¹B¹    Peloponnesum *dett. Ven.*
-ponensum AVB    13 Iouen AB¹    14 carthaginensium A
-niensum B    Hiero *dett. Ven. (dett. Val. Max. cum Paride)*
15 graue *Ald.* -em AVB *(codd. Val. Max.)*    16 eiqui A¹PV¹B¹
17 esse ⟨aptum⟩ V²; tempus ⟨aptum⟩ A³ *(ut Val. Max. et
Lact.)*    omni A¹H animi B¹    18 Epidaurii *Rom.; cf. Val. Max.*
20 Ianum A¹ fani B¹    etiam *Gul.* idem *(ut Val. Max.) dett.
Pighius ad Val. (1567)*    ⟨et aureas⟩ de cum *Val. Max. Thor-
meyer de Val. Max. et Cic. (diss. Gotting. 1902) 73*    21 quod
*(Val. Max.)*] cum *dett. Mdv. ad fin. 3, 65 ed. I*    22 esse AᵖV¹B¹
24 que qu(a)e V² que AV¹ quae B

bat eaque se accipere non auferre dicebat; esse enim
stultitiam a quibus bona precaremur ab is porrigenti-
bus et dantibus nolle sumere. eundemque ferunt haec
quae dixi sublata de fanis in forum protulisse et per
praeconem vendidisse exactaque pecunia edixisse ut
quod quisque a sacris haberet id ante diem certam in
suum quicque fanum referret: ita ad impietatem in
35 deos in homines adiunxit iniuriam. Hunc igitur nec
Olympius Iuppiter fulmine percussit nec Aesculapius
misero diuturnoque morbo tabescentem interemit, atque in suo lectulo mortuus in †tyrannidis rogum in-
latus est, eamque potestatem, quam ipse per scelus
erat nanctus, quasi iustam et legitimam hereditatis
95 loco filio tradidit. Invita in hoc loco versatur oratio,
videtur enim auctoritatem adferre peccandi; recte videretur, nisi et virtutis et vitiorum sine ulla divina ratione grave ipsius conscientiae pondus esset, qua sublata iacent omnia. ut enim nec domus nec res publica
ratione quadam et disciplina dissignata videatur, si
in ea nec recte factis praemia extent ulla nec supplicia
peccatis, sic mundi divina in homines moderatio profecto nulla est, si in ea discrimen nullum est bonorum
et malorum.

86 'At enim minora di neglegunt, neque agellos singulorum nec viticulas persequuntur, nec, si uredo aut
grando cuipiam nocuit, id Iovi animadvertendum fuit;
ne in regnis quidem reges omnia minima curant': sic
enim dicitis. Quasi ego paulo ante de fundo Formiano
36 P. Rutili sim questus non de amissa salute. Atque hoc
quidem omnes mortales sic habent, externas commo-

---

AHPVB]   5 pecuniae dixisse $V^1B^1$ -nia d- $AHPB^2$
6 a sacris] sacri B   7 impletatem $A^1V^1B^1$; adimpleta temeritate $B^2$   11 tyranni dis B typanidis APV timp- H tyranni dis
⟨non invitis⟩ Pl.   19 rationem $A^1V^1B^1$   designata HPV
21 in homines del. Bou.   24 cf. p. 117, 15   26 grando $V^2B^c$
gl- $AV^1B^p$   quipiam $A^1V^1B$ quippiam $A^3V^2$

ditates, vineta segetes oliveta, ubertatem frugum et
fructuum, omnem denique commoditatem prosperita-
temque vitae a dis se habere; virtutem autem nemo
umquam acceptam deo rettulit. nimirum recte; propter 87
virtutem enim iure laudamur et in virtute recte glo-
riamur; quod non contingeret, si id donum a deo non
a nobis haberemus. at vero aut honoribus aucti aut
re familiari, aut si aliud quippiam nacti sumus for-
tuiti boni aut depulimus mali, tum dis gratias agimus,
tum nihil nostrae laudi adsumptum arbitramur. num
quis quod bonus vir esset gratias dis egit umquam?
at quod dives quod honoratus quod incolumis, Iovem-
que optimum et maximum ob eas res appellant, non
quod nos iustos temperantes sapientes efficiat, sed
quod salvos incolumis opulentos copiosos; neque Her- 88
culi quisquam decumam vovit umquam, si sapiens
factus esset — quamquam Pythagoras, cum in geometria quiddam novi invenisset, Musis bovem immola-
visse dicitur; sed id quidem non credo, quoniam ille
ne Apollini quidem Deli hostiam immolare voluit, ne
aram sanguine aspergeret. ad rem autem ut redeam,
iudicium hoc omnium mortalium est, fortunam a deo
petendam, a se ipso sumendam esse sapientiam. quamvis licet Menti delubra et Virtuti et Fidei consecremus,
tamen haec in nobis ipsis sita videmus; spei salutis
opis victoriae facultas a dis expetenda est.

Inproborum igitur prosperitates secundaeque res re-
darguunt, ut Diogenes dicebat, vim omnem deorum
ac potestatem. 'At non numquam bonos exitus habent 37
boni.' Eos quidem arripimus adtribuimusque sine ulla 89
ratione dis inmortalibus. at Diagoras cum Samothra-
cam venisset Atheus ille qui dicitur, atque ei quidam

---

AHPVB| 2 fructum A¹V¹B¹ 5 in *om.* B¹ 7 autl A¹
autli B¹ uti A² 14 temperantes *Lb.* -ratos AVB 20 delio
AVB² 24 Fidei ⟨et Spei⟩ (*del. 25* spei) *Pearce; cf. p. 142, 17*
25 ipsisita A¹VB 28 *cf. p. 155, 2*

amicus 'tu, qui deos putas humana neglegere, nonne
animadvertis ex tot tabulis pictis, quam multi votis vim
tempestatis effugerint in portumque salvi pervenerint',
'ita fit' inquit, 'illi enim nusquam picti sunt qui nau-
fragia fecerunt in marique perierunt'. idemque, cum
ei naviganti vectores adversa tempestate timidi et per-
territi dicerent non iniuria sibi illud accidere qui illum
in eandem navem recepissent, ostendit eis in eodem
cursu multas alias laborantis quaesivitque num etiam
in is navibus Diagoram vehi crederent. Sic enim res se
habet, ut ad prosperam adversamve fortunam qualis
sis aut quem ad modum vixeris nihil intersit.

'Non animadvertunt' inquit 'omnia di, ne reges
quidem'. Quid est simile; reges enim si scientes prae-
termittunt, magna culpa est; at deo ne excusatio quidem est inscientiae. Quem vos praeclare defenditis,
cum dicitis eam vim deorum esse, ut etiam si quis
morte poenas sceleris effugerit expetantur eae poenae
a liberis a nepotibus a posteris. O miram aequitatem
deorum: ferretne civitas ulla latorem istius modi legis, ut condemnaretur filius aut nepos, si pater aut
avus deliquisset?

'quinam Tantalidarum internecioni modus
paretur, aut quaenam umquam ob mortem Myrtili
poenis luendis dabitur satias supplici?'

Utrum poetae Stoicos depravarint an Stoici poetis dederint auctoritatem non facile dixerim; portenta enim
ab utrisque et flagitia dicuntur. neque enim quem Hip-
ponactis iambus laeserat aut qui erat Archilochi versu
volneratus a deo immissum dolorem non conceptum
a se ipso continebat, nec cum Aegisthi libidinem aut
cum Paridis videmus a deo causam requirimus, cum

---

AHPVB]   5—10 cf. florileg. Schenkelii Wien. Stud. 11
(1889) 16 n. 38   19 a nep. P ac nep. AVB   ac p. V²B²
23—25 Acc. trag. 657ss.   23 internecioni PV²B -nic- AV¹
25 supplici P -ii AVB   29 iambis H[B¹]

culpae paene vocem audiamus, nec ego multorum
aegrorum salutem non ab Hippocrate potius quam ab
Aesculapio datam iudico, nec Lacedaemoniorum disciplinam dicam umquam ab Apolline potius Spartae
5 quam a Lycurgo datam. Critolaus inquam evertit Co-
rinthum, Carthaginem Asdrubal; hi duo illos oculos
orae maritumae effoderunt, non iratus aliqui, quem
omnino irasci posse negatis, deus. At subvenire certe
potuit et conservare urbis tantas atque talis; vos enim
10 ipsi dicere soletis nihil esse quod deus efficere non
possit, et quidem sine labore ullo; ut enim hominum
membra nulla contentione mente ipsa ac voluntate moveantur, sic numine deorum omnia fingi moveri muta-
rique posse. neque id dicitis superstitiose atque aniliter
15 sed physica constantique ratione; materiam enim rerum, ex qua et in qua omnia sint, totam esse flexibilem
et commutabilem, ut nihil sit quod non ex ea quamvis
subito fingi convertique possit, eius autem universae
fictricem et moderatricem divinam esse providentiam;
20 haec igitur quocumque se moveat, efficere posse quicquid velit. Itaque aut nescit quid possit, aut neglegit
res humanas, aut quid sit optimum non potest iudicare.
'Non curat singulos homines.' Non mirum: ne civitates 93
quidem; non eas: ne nationes quidem et gentis. quod
25 si has etiam contemnet, quid mirum est omne ab ea
genus humanum esse contemptum?

Sed quo modo idem dicitis non omnia deos persequi,
idem voltis a diis inmortalibus hominibus dispertiri ac
dividi somnia (idcirco haec tecum, quia vestra est de
30 somniorum veritate sententia), atque idem etiam vota
suscipi dicitis oportere? Nempe singuli vovent, audit
igitur mens divina etiam de singulis; videtis ergo non

---

AHPVB] 7 alicui PV² 8 deus *delt. Lb.* deum AVB
at] ab A¹B¹ 14 dicitis] additis B 15 sed] sedi A sed-
hic B¹ materiam P -ia AVB 20 hanc V² 23 *cf. p. 116, 11.*
*25. 117, 15*

esse eam tam occupatam quam putabatis. Fac esse
distentam, caelum versantem terram tuentem maria
moderantem: cur tam multos deos nihil agere et ces-
sare patitur, cur non rebus humanis aliquos otiosos
deos praeficit, qui a te Balbe innumerabiles explicati 5
sunt?

Haec fere dicere habui de natura deorum, non ut
eam tollerem sed ut intellegeretis quam esset obscura
et quam difficiles explicatus haberet.'

**40**
**94** Quae cum dixisset, Cotta finem. Lucilius autem 'Ve- 10
hementius' inquit 'Cotta tu quidem invectus es in eam
Stoicorum rationem quae de providentia deorum ab
illis sanctissume et prudentissume constituta est. sed
quoniam advesperascit, dabis nobis diem aliquem ut
contra ista dicamus. est enim mihi tecum pro aris et 15
focis certamen et pro deorum templis atque delubris
proque urbis muris, quos vos pontifices sanctos esse
dicitis diligentiusque urbem religione quam ipsis moe-
nibus cingitis; quae deseri a me, dum quidem spirare
potero, nefas iudico.'  20

95 Tum Cotta: 'Ego vero et opto redargui me Balbe,
et ea quae disputavi disserere malui quam iudicare, et
facile me a te vinci posse certo scio.'

'Quippe' inquit Velleius 'qui etiam somnia putet ad
nos mitti ab Iove, quae ipsa tamen tam levia non sunt 25
quam est Stoicorum de natura deorum oratio.'

Haec cum essent dicta, ita discessimus, ut Velleio
Cottae disputatio verior, mihi Balbi ad veritatis similitudinem videretur esse propensior.

---

AHPVB] 1 o(c)culpatam A¹V¹B¹ 5 *cf. p. 126, 32* 7 uti
V¹B 11 In (a)eam A²H² meam H¹ In(a)eram A¹V¹B in me-
ram V² 13 prouidentissume V 14 *cf. Lact. inst. 2,8,54*
dabis nobis cito dabis nobis B¹ 19 deseri a me dum] desi-
riameadum A¹ deseri am dum V¹ deseria medium B¹ 21 *cf.
div.1,8* 25 mlti V¹B mitli A¹ initii A² 29 *cf. div.1,9 Aug. civ. 5,9*

# APPENDIX

## SIGLA

Ea tantum, quae ad verbum excerpsi ex notis Plasbergi, his signis ... includuntur, ne, si quid ipse erravi, Plasbergio vitio detur.

**19, 5 (17, 45)** = huius editionis paginae undevicesimae linea quinta (cap. 17 § 45).

In margine adduntur numeri paginarum.

Ad titulum: de d. n. *defendit Birt Krit. u. Herm.* 154; *BphW* 38, 1918, 545 s., *Pl-o. assentitur Kroll Glotta* 11, 1921, 137.

## LIBER PRIMUS

1, 1 *(1, 1)* Hadoardus huic loco nulli emolumento: *Mollweide* 1 *W. St.* 34, 1912, 390 s.    4 cognitionem: *leg.* 2, 19, 48: ad cognitionem A *recte*, agnitionem B; *ib.* 1, 8, 25 recordetur agnoscat A *recte*, c$\overset{a}{\text{o}}$gnoscat B, r. cognoscat H    8 principium: *quo verbo deleto Mollweide legit causam W. St.* 36, 1914, 193; adhuc esse inscientiam prudenterque Academiam *Helm* ; causam et principium philosophiae esse inscientiam prudenterque Academicos... that lack of certainty (i. e. the acceptance of merely probably knowledge [cf. Cic. Acad. 1, 41]) must be the keystone of any system of philosophy *I. A. Kleist Class. Journ.* 8, 1912/13, 81 ss. Sed vereor, ne inserta syllaba in ante scientiam vel nominativo Academici *mutato vestigia veri temere deleantur.*    2, 1 *(1, 2)* sese: 2 *del. Clark* 357 *v. l. pro* esse ratus    5 enumerare: *saepius errat* B *in* e- *vel* -in *cf. Pl.* 1911 p. 304, 5; 318, 9; *leg.* 185, 8 Vahl. *(3, 10, 24)*    13 quae: *non delendum putat Birt, aliter interpungens BphW* 38, 1918, 548 s., *non recte; v. l. pro* -que *Clark* 357    27 *(2, 3)* fictae: *conferunt et Reitzenstein Tac. ann.* 6, 45 simulationum falsa *et Plasberg cod. Iust.* 5, 12, 30, 2 ficti divortii falsa simulatione *(dissimulatione CM) et Birt (BphW* 38, 1918, 549) *Hieron. epist.* 14 ficta simulatione, *Ter. Eun.* 200 neque me finxisse falsi quicquam *(Donat.* aut „dixisse" debuit dicere aut abundat „falsi").    3, 1 *(2, 4)* una excellentissuma virtus: *quae* 3 *appositio ante* iustitia *posita ad sententiam augendam Hofm.* 618. *An ob clausulam?*    20 *(3, 5)* benivolos ot iurgatores: *quacum sententia confert Guillemin (Pline et la vie littéraire de son temps Paris* 1929 p. 35) *Lael.* 24, 88 nam et monendi amici saepe sunt et obiurgandi, et haec accipienda amice, cum benivole fiunt *et off. 1, 17, 58* vita ... victusque communis, consilia, sermones, cohortationes, consolationes, interdum etiam obiurgationes in amicitiis vigent maxime   29 *(3, 6)* etiam: ˈdenique Hadoardus, „beachtenswert" Mollweide W. St. 35, 1913, 316ˈ.

4 **4, 6** *(3, 6)* et: ˈ& *in marg.* add. Aˈ   29 *(4, 8)* vinceremur: *ob clausulam?*, -amur *ci. Dav. Sed cf. Hofm. 703; KStegm. 2, 2, 175*   35 *(4, 9)* omnes: omnis AB¹HN, *servandum putat Birt BphW 38, 1918, 549. Cf. Leu. 275; Solmsen Idg.F. 4, 247. Sed ve-*
5 *reor, ne sit scriptoris error.*   **5, 7** *(5, 10)* auctoritatis: ˈ*Kunst diss. phil. Vindob. tom. 12 p. 205* addit exemplum ex Hieron. in Galat. prooem. (VII p. 367 s. Vall.) sumptum:* neque vero more Pythagorico quidquid responderam rectum putabat: nec sine ratione praeiudicata apud eam valebat auctoritas.ˈ — auctoritatis B *(falso Mayor qui -tes fuisse dicit). — Cf. div. 1, 30, 62; Heinze Hermes 60, 1925, 362*   9 volunt: *falso Neue-Wagner Formenlehre 3, 619 in A inesse dicunt* volint; *est* uoluN̂ *i. e.* uoluntˈ; *cf. Boas Glotta 16, 1928, 71*   30 *(5, 11)* maius: *errorem typograph. editionis 1911 p. 205, 12 (an ex* maiuí*?), Pl. ipse cor-*
6 *rexit in (an ex* mauiˈ*?).*   **6,** 2—4 *(5, 12)* philosophentur — omnino: *scil. unam lineolam codicis* B om. F *cf. Clark 8. Cf. p. 81, 32—82, 1 (2, 32, 81)*   10—12 quae ... his ... regeretur: *rep. 1, 4, 7 is enim fueram cui cum liceret ..., non dubitaverim*ˈ 24 ss. *(6, 13) ad versus Caecili cf. Ax de hiatu diss. Göttingen 1917 p. 38*   26 *(6, 14) in verbis* ut adsint cognoscant animadvertant *versuum aliquam partem latere putat Schlueter, De Caecilii Statii fragmentis (Prgr. Andernach 1884) p. 20, sed recte negat Zillinger, Cic. u. d. altröm. Dichter diss. Erlangen 1911,*
7 *p. 148, 3.*   **7,** 30 *(7, 16)* non verborum ...: ˈ*Aug. c. acad. 2, 10, 24* ˈnon est istaˈ inquit ˈmihi crede verborum, sed rerum ipsarum
8 magna controversiaˈ   **8,** 8 et 9 *(7, 17)* didicistis *ex* dedi- A; djdicerimus *ex* dedi- B *cf. Sommer 547 s.*   15 ss. *(8, 18) de rixis Epicureis cum Platone et Stoicis commissis Bailey 473 ss., Helm Lucian und Menipp. 149*   17 intermundiis: *Lucr. 3, 18—23; Hippol. philos. 22, 3 (Diels dox. p. 572, 7 ss.)* καθῆσθαι γὰρ τὸν θεὸν ἐν τοῖς μετακοσμίοις οὕτω καλουμένοις ὑπ' αὐτοῦ *(scil.* Ἐπικούρου)· ἔξω γάρ τι τοῦ κόσμου οἰκητήριον τοῦ θεοῦ ἔθετο εἶναι λεγόμενον τὰ μετακόσμια. *Cf. Bailey 362, 9; 467, 1. — De compositione vocum* μετακόσμιον *et* intermundium *Wackernagel Vorlesungen über Syntax 2, 241*   18 futtilis: futt- *vel* fūt- *Th. l. L. 6, 1, 1662, 44 ss.; Walde s. v.* exfuto   19 opificem aedificatoremque *Diels I p. 54*   20 anum fatidicam: *Wendland Philos Schrift Über die Vorsehung 1892 p. 16*   22 nec — neque vero: *posteriorem sententiam in maius extollens Tusc. 5, 33, 93* secundum autem genus cupiditatum nec ad potiendum difficile esse censet nec vero ad carendum *Hofm. 663*   23 rutundum ...

volubilem: *Philodemus de deis (col. 10, 7 ss. Diels III, 1 p. 30)* οὔτε γὰρ οἰητέον ἔργον μηδὲν ἕτερον ἔχειν αὐτοὺς ἢ διὰ τῆς ἀπειρίας τῶν ὁδῶ[ν περ]ιιό[ντας ἀεὶ δινεῖσθαι ἐγκυκλί]ως· οὐ [γὰρ] εὐτυχὴς ὁ [ῥυ]μβονώμενος ἅπαντα τὸν βίον. *Cf. p. 10, 18 ss.* *(1, 10, 24)* 25 somnlantium: *Philodemus pap. 1098, 100 (p. 118 G.); Philipps. 56, 1921, 381*: [τούτων] δ' ὡς ἠβα[σκόντων ἢ] ὀνειρωτ-[τόντων] καταφρονῶ[ν·] 25 *(8, 19)* oculis animi: οἱ τῆς διανοίας ὀφθαλμοί *Plat. conviv. 219 A; Norden Neue Jb. 1893 suppl. 19 p. 433; Kaibel epigr. 853, 2 ss.* σὲ ... τὸ περισσὸν ἐκ βίβλων ψυχῆς ὄμματι δρεψάμενον. *Epich. 9 (Vors. 1 p. 123, 2)* νοῦς ὁρῇ καὶ νοῦς ἀκούει· τἆλλα κωφὰ καὶ τυφλά. *Emped. 17, 21 (Vors. 1 p. 230, 14)* τὴν σὺ νόῳ δέρκευ, μηδ' ὄμμασιν ἧσο τεθηπώς *Cf. Democr. 175 (Vors. 2 p. 96, 10 s.)* (οἱ ἄνθρωποι τοῖς κακοῖς) ἐμπελάζουσι διὰ τοῦ τυφλότητα καὶ ἀγνωμοσύνην 30 aer — terra: *cf. Plat. Tim. 53 C; Epicurum (Hercul. voluminum collectio altera tom. VI, Neapel 1866 tab. 14 ss.) contra Platonem pugnavisse putat Gomperz ZföG 18, 1867, 211—213* 33 efficiendum: 'AB, *Philippson BphW 38, 1918, 412* dubitat an verum sit, argumentis non additis.' 9, 1 *(8, 19)* optata: *fat. 20, 46* optare hoc 9 quidem est, non disputare 2 *(8, 20)* palmaris: *scil.* sententia; *cf. fortasse epist. 8, 9, 2 (Caelius Ciceroni)* De provinciis quod tibi scripseram Idibus Sext. actum iri, interpellat iudicium Marcelli, consulis designati. In Kal. reiecta est (scil. actio); ne frequentiam quidem efficere potuerant'. *Nota breviloquentiam, etiam potuerant subiecto caret* 4 dixerit: 'cf. KStegm. 2, 2 p. 200' 9 Pronoea vero: *nominativus emphatice in initio sententiae positus cf. Mur. 12, 26* Praetor interea ne ... putaret ..., ei quoque carmen compositum est; *Tusc. 4, 36, 77* Ira vero quae quam diu perturbat animum, dubitationem insaniae non habet; *Att. 15, 3, 1* Nam illa quae recordaris ... acta ..., nec causa eadem est nec simile tempus; *Madvig 3, 3, 11* ceterae philosophorum disciplinae ..., eas adiuvare arbitror *(Hofm. per litteras); Hofm. Umgangssprache p. 103 s.; Havers Idg.F. 43, 1926, 230.* — Et de interiecto vocativo *Birt BphW 38, 1918, 551, qui affert Ter. Heaut. 295* si haec sunt Clinia vera 10 eadem: *scil.* 'ut sempiternum mundum fecerit' *Reitzenstein per litteras ad Pl. datas* 17 *(9, 21)* dierum noctiumque numero: *Epic. ep. prima (ad Herod.) 73* ταῖς ἡμέραις καὶ ταῖς νυξὶ συμπλέκομεν καὶ τοῖς τούτων μέρεσιν (scil. τὸ ἴδιον τοῦ χρόνου); *cf. Bignone, Epicuro p. 104, adn. 1; Bailey, Epicurus p. 241 ss.* 21 Birt post intellegi inserit non *BphW 38, 1918, 551*. Falso, nam sic verba Ciceronis interpretanda: Etsi aeternitatem nemo circumscriptione temporum metiebatur, tamen aeternitas tempore caruisse non potest. Qua de re spatium aeternitatis intellegi potest, nam mens humana aeternitatem, cui tempus non inhaereat (zeitlose Ewigkeit), intellegere non potest vel — ut dicit Cicero — quod ne

in cogitationem quidem cadit ut fuerit tempus aliquod *quo* nullum tempus esset *id est* quod ne in cogitationem quidem cadit *unquam fieri potuisse, ut nullum tempus esset, vel unquam nullum tempus fuisse* 29 *(9, 22)* deus: *ad exempla vocum repetitarum*, quae *Pl. 1911 affert, adde 2, 30, 75 (pars); 2, 53, 133*
10 *(mundus); Vahlen ad leg. 2, 24, 60* (lex). 10, 3 *(9, 23)* hominum causa: *cf. 2, 53, 133; 62, 154* 8 quod stulti sunt: *Plat. conv. 204 A αὐτὸ γὰρ τοῦτό ἐστι χαλεπὸν ἀμαθία, τὸ μὴ ὄντα καλὸν κἀγαθὸν μηδὲ φρόνιμον δοκεῖν αὑτῷ εἶναι ἱκανόν.* — *StVFr 3, 671 ss.* 10 ss. ut ... leniant ... possint *i. e.* ut, *etsi* ea sapientes c. c. leniant, stulti nec ... possint: *Cicero particulis coniunctionibusve omissis sententias, quamquam altera alteri subiungenda erat, coniunxit sicut p. 9, 8 (1, 8, 20)* quid est cuius principium aliquod sit nihil sit extremum? *Cf. Madvig Emendationes in Cic. Kopenhagen 1826 p. 49 s.; Idem p. 35 affert fin. 1, 5, 15.* — *Sjö. 125 s.* 14 *(10, 23)* natura: *nominativus ante pronomen relativ. positus, ut clarius illustretur Hofm. Umgangssprache p. 105* 16 *(10, 24)* hactenus: *idem quod* nihil nisi hoc, hoc tantum *Löfstedt Glotta 3, 1912, 177 . Errat Birt, qui* BphW *38, 1918, 552* hactenus *dittographiam verbi* autem *putat.* — *De ellipsi verbi Hofm. p. 626* admirabor: *tempus futurum in Ciceronis sermone nonnusquam etiam tum, cum praesens aptius videtur Sjö. p. 150 ss. cl. epist. 11, 7, 2* volam*; de orat. 3, 37, 148* censebo*; Att. 12, 32, 2 ct ad Q. fr. 3, 1, 3* (praestabo)
24 quodque: *'Aug. Matthiae (Vermischte Schr. Altenburg 1833 p. 54)* quodque *esse pro* porro quod *disputat. Cf. Madvig 3, 22, 73¹.* — que *in transitu ad novam rem partemque argumentationis positum Hofm. p. 656. Aliter Birt* BphW *38, 1918, 569 s.*
25 significetur: significat ἐπισημαίνει *de tempestatis mutationibus in calendariis Graecis et Romanis* EPfeiffer *Studien zum antiken Sternglauben (Στοιχεῖα 2) p. 84 ss.¹ ...* XII Kal. s. s. *(scil.* Februar.*)* aquarius incipit oriri; ventus Africus; tempestatem significat (aquarius) *Pfeiffer p. 92. Qua de causa Ciceronis verba sic interpretemur: 'Quaeque res in nostro corpore si — quamvis minima — appareat molesta sit, cur haec eadem res non habeatur molesta in deo?'* tamquamsi significetur medialiter usurpatum sit. *Quo de usu mediali cf.* KStegm. *2, 1 p. 106 ss.; nat. 2, 20, 51 stellae ...* occultantur ... aperiuntur ... moventur ... tardius, tum omnino ne moventur quidem*; Suet. Aug. 25, 4* nisi cum maior emolumenti spes quam damni metus ostenderetur. — *Walter W. St. 1930, 78* si minima ex parte sui vitietur 25 molestum: *Catull. 51, 13* otium Catulle tibi m. est; *Cic. Cael. 19, 44; epist. 7, 26, 1* quia dicat στραγγουρικὰ καὶ δυσεντερικὰ πάθη sibi m. esse. *Hor. ep. 1, 1, 108* pituita m. *Reitzenstein* 26 molestum cur indeo A: *ex iterato* cur linearum longi-
11 tudinem *enucleari posse putat Clark p. 344.* 11, 1 *(10, 25)* est:

cetera *Birt BphW 38, 1918, 570* **11, 1—17, 25** *(10, 25—15, 41)* iterum cum reliquiis libri primi, quem de pietate scripsit Philodemus, comparavit *Philipps. 55, 1920, 364 ss.* **5** *(10, 25)* sic AB: *Philipps. BphW 38, 1918, 412* dubitat, an verum sit,' sic ... sensu? *Birt ibidem 570 s.* **11** *(10, 26)* de Philodemo Anaximenis doctrinam impugnante frgm. Hercul. 1428 B 26 *(3 d p. 65 G.) Philipps. 55, 1920, 366* **18** *(11, 26)* dissignari: de mundo 6 *(p. 400 A 22 B)* μόνα τε τὰ οὐράνια διὰ τοῦτο ἀεὶ τὴν αὐτὴν σώζοντα τάξιν διακεκόσμηται **19 sensu**: *ablat. Hofm. p. 429 § 51 a* **19—21** interpretationi *Pl. 1911* obloquitur *E. Thomas Revue de critique de l'hist. et de litt. 45 tom. 72 p. 214, 1.* **12, 13** *(11, 28)* 12 de Philodemi reliquiis ad Xenophanem pertinentibus *Philipps. 55, 1920, 367* **18** conventiculum AB an verum sit dubitat *Philipps. BphW 38, 1918, 412* **27** *(12, 29)* Empedocles: *frgm. Hercul. 1428 B C 22 (5 b p. 68 G.)* Empedocli (vel Epicharmo?) adscribendum putat *Philipps. 55, 1920, 367* Καὶ τοὺ[ς ἐκεῖ] Με[γαρέ]ας διέπ[αιξεν] ἀεὶ σ⟨υ⟩νεχὲς ⟨σ⟩πένδον[τας] καὶ θύοντας καυχᾶ[σ]θαι [κήπατ]ῆσθαι· πολλὰ δ' ἔστιν ἐν τοῖς πε[ρὶ] θεῶν τούτοις π[ονηρά]. **13,** 2 Protagorae frgm. *Hercul. 1428 D a (5 c* 13 *p. 69 G.)* attribuit *Philipps. 55, 1920, 368* [κε]κλῆσθαι [δ' ἀί]δ[ια καὶ θεῖ]α ταῦτα πάντα ὑπ' ἀνθρώπ[ω]ν ἀσ[υ]νέτ[ων] τό τε γνῶναι καὶ τ[ὸ] συντελέσαι τὸ θέ[ο]ὐεν καὶ τὸ ἑρμηνεῦσαι τοῦτο· Διὸς δὲ **6** imagines eorumque: *Mussehl, de Lucretiani libri I condicione et retractione diss. Greifswald 1912, p. 152, adn. 2.* Ad exempla *Pl. 1911* adde *rep. 1, 34, 53; 35, 54* eam formam rei publicae *et deinde* e tribus istis, quod maxime probas? *CIL VIII 18 214* ob honorem flaminat(us) perpet(ui) quod in se absentem contuler(ant). *(„putes flamonium scribam cogitasse" Bickel Th.l.L. s. v. flaminatus p. 862, 1); Lucan. 2, 164 ss.* nec Graecia maerens Tam laceros artus Pisaea flevit in aula. Cum iam tabe fluunt confusaque *(scil. membra)* tempore multo Amisere notas *e. q. s.*' *Plat. pol. 2, 358 C* πρῶτον μὲν ἐρῶ δικαιοσύνην οἷον εἶναί φασιν ..., δεύτερον δὲ ὅτι πάντες αὐτὸ *(scil.* τὸ δίκαιον*)* ἐπιτηδεύοντες κτλ. **10** neget AB² *Hofm. 749 in f.* **26** *(12, 31)* Xenophon: *Philodemus frgm. Hercul. 1428 E (6 d p. 71 G.)* (ἐν τοῖς Ξ)ενοφῶ(ντος ἀπομνη)μον(εύμ)α[ι](σιν οὐχ) ὁρᾶσθ\αι) φη(σιν τοῦ) θεοῦ (τὴ)ν (μορφὴ)ν ἀλλὰ τἄργα ... ὅμως, in lacuna ὁρατὰ *Norden Agnostos theos p. 25 adn. inserī vult.* **14,** 8 *(13, 32)* et vim: mentem *Birt BphW 38, 1918,* 14 *574 cl. Aetio 1, 7, 20 (Diels dox. p. 303, 3 ss.)* Σπεύσιππος τὸν νοῦν οὔτε τῷ ἑνὶ οὔτε τῷ ἀγαθῷ τὸν αὐτόν, ἰδιοφυῆ δέ. Sed *Min. Fel. 19, 7 ...* notum est ... Speusippum vim animalem qua omnia regantur deum nosse.— *P. Lang de Speusippi Academici scriptis diss. Bonn 1911 p. 71* **10** *(13, 33)* Aristoteles: *'Arist. frgm. 49 R = Simplicius in Arist. II de caelo p. 218, 20 (Karsten):* ὅτι γὰρ ἐννοεῖ τι καὶ ὑπὲρ τὸν νοῦν καὶ τὴν οὐσίαν ὁ Ἀριστοτέλης, δηλός

ἔστι πρὸς τοῖς πέρασι τοῦ περὶ εὐχῆς βιβλίου σαφῶς εἰπὼν ὅτι ὁ θεὸς ἢ νοῦς ἐστὶν ἢ ἐπέκεινά τι τοῦ νοῦ. *Cf. Alb.Kail diss. phil. Vindob. XI 1913 p. 88¹; Jäger Aristot. p. 142, 2*   **22** privat: duplicat *Pl. 1917* ¹*cf. 1, 10, 24; 3, 2, 5; 24, 61; rep. 3, 25, 37; Tusc. 4, 23, 52 ; similia parad. 5, 1, 35 cum adn. Pl.; Löfstedt Zur Sprache Tertullians p. 75; Landgr. p. 196*   **23** Ante semper inseri vult Reitzenstein deus. Sane quidem subiectus mutatur, sed brevitas quaedam orationis Ciceroni placet etiam in sententia antecedenti, ut sic interpretemur: quo porro modo mundus *(mundus si deus est sine corpore)* moveri carens corpore aut quo modo *(deus si mundus est)* semper se movens esse quietus et beatus potest?   **25** *(13. 34)* est: delent *J.Wolff de clausulis Ciceronianis, Jahrb. f. cl. Phil. Suppl. 26, 1901, 677 et Birt ob clausulam BphW 38, 1918, 575, cf. Pl. 1911*   **28** *(13, 34)* in stellis: *Prop. 1, 18, 8* nunc in amore tuo cogor habere notam id est: in vi causali praeditum Rothstein ad vers.; idem ad *1, 3, 44; Hofm. 438*   **29** sint: ad coni. *cf. fin. 1, 7, 23* **ARNV** (invenit **B**E*Madvig*), *Brut. 7, 27* fuerit, nat. *1, 15, 41* dixerit, *2, 9, 23* alantur — crescant *(et adn. Pl-i.1911)*, parad. *3, 2, 26* peccetur.
**15** *Cf. Hofm. 708 s.; Sjö. 148.*   **15,** 1 De Philodemo Heraclidis sententiam referente Philipps. *55, 1920, 370;* O. Voß de Heraclidis Pontici vita. *diss. Rost. 1896 p. 6. 61*   2 De Ciceronis usu vocum tum-tum vel modo-tum Woelfflin *ALL 2, 1885, 240; nat. 1, 12, 31*   **13** *(14. 36)* legem: *cf. 2, 31, 79* lex quae est recti praeceptio pravique depulsio; *leg. 2, 4, 10*   **22** astris e. q. s.: quae verba doctrinam vere Epicuream profiteri monet Norden Geburt des Kindes p. 31   **24** id est originem deorum: delet v. Arnim *StVFr 1 p. 43, 20*. Sed ne quis offendat in iterato verbo deorum, conferendum *3, 25, 64* dis immortalibus.
**16** **16,** 2 *(14, 37)* Cleanthes: *frgm. Hercul. Philodemi περὶ εὐσεβείας Col. I N (8 p. 74 G.), Philipps.55, 1920, 371*   8 aether: *Cic. Luc. 41, 126* Zenoni et reliquis fere Stoicis aether videtur summus deus, mente praeditus qua omnia regantur *; nat. 2, 15, 41*   **13** mente noscimus: τῇ διανοίᾳ προλαμβάνομεν, animi notio πρόληψις Norden *Agn. th. 90 adn. 5 cl*. Ciceronis verbis *1, 16, 43*
**15** *(15, 38)* ⟨dicit⟩ esse N. Omittit Stangl *Rh.M. 70, 1915, 251 s. Cf. 1, 7, 17; 11, 28;* ad *Brut. 2, 5, 4* itaque ille dies silentio; *Att. 15, 3, 1.* Cf. ad *p. 33, 14 (1, 30, 85)*   **18** nuncupare: in his libris saepius quam usquam alibi a Cicerone usitatum *cf. Laurand 1, 95, cf. 2, 23, 60; 25, 65; 28, 71*   **30** *(15, 39)* animi: ¹Tertull. apol. *21, 10 (Rauschen)*: hunc *(scil.* λόγον*)* enim Zeno determinat factitatorem qui cuncta in dispositione formaverit; eundem et fatum vocari et deum et animum Iovis et necessitatem
**17** omnium rerum. — *Cf. Lact. inst. 4, 9¹*.   **17,** 12 *(15, 40)* legis: ¹Philodemi περὶ εὐσεβείας col. *IV N (11 p. 77 G.)* καὶ ε[ὐν]ο[μ]ίαν ὀνομ[άζεσ]θαι τὸν Δία *Philipps. 55, 1920, 372¹*. — *Theil. p. 49, 1*. —

*Aristocles ap. Eusebium Praep. evang. XV p. 816d,* ex Zenone
(StVFr 1, 27, 19 ss.) τὴν δὲ τούτων (scil. τῶν λόγων καὶ αἰτιῶν)
ἐπιπλοκὴν καὶ ἀκολουθίαν εἱμαρμένην καὶ ἐπιστήμην καὶ ἀλήθειαν καὶ νόμον εἶναι τῶν ὄντων ἀδιάδραστόν τινα καὶ ἄφυκτον
18 *(15, 41)* Orphei: *Capelle 560, 5 versuum Orphicorum Stoicos
non mentionem fecisse nisi fere Chrysippum (Diels dox. 547b
16ss.; StVFr 2 p. 255, 18. 30; 1 p. 123, 12; 2 p. 316, 17)* 22 Diogenes: |*div. 1, 3, 6* (Chrysippus) quem subsequens unum librum
Babylonius Diogenes edidit, eius auditor 30 *(16, 42)* bella
e. q. s.: *Lact. inst. 1, 19, 6* quodsi hoc constat inter ipsos ex
hominibus deos factos, cur ergo non credunt poetis, si quando
illorum fugas et vulnera et mortes et bella et adulteria describunt? quibus de rebus intellegi datur non potuisse ullo pacto
fieri deos, quia ne homines quidem probi fuerunt eaque in vita
sua gesserunt quae mortem pariunt sempiternam¹. 18, 2 adul- 18
teria: *deos adulterare non posse, sed velle negat Philodemus*
περὶ θεῶν III frgm. 78 *(Diels III 2 p. 84/85, qui confert Plin.
nat. 2, 17).* — Sallustius *ed. Nock § 3* ἀλλὰ διὰ τί μοιχείας
καὶ κλοπὰς καὶ πατέρων δεσμοὺς καὶ τὴν ἄλλην ἀτοπίαν ἐν
τοῖς μύθοις εἰρήκασιν; 3 inmortali: *singularem defendit
Seyffert ad Lael. 13, 48 p. 336 ed. II cl. 3, 5, 11* Tyndaridas...
homines homine natos¹ 5 *(16, 43)* Item Graecis adiungit Aegyptios Aristides *Apol. XII 1 cf. Geffcken Zwei griech.
Apologeten p. 73* 10ss. *De theologia Epicuri cf. Bailey
p. 438—481 et p. 588—594* 12ss. *Barbaros sequendum esse
etiam Philodemus videtur docuisse in pap. 1098, 113 (p. 130 G.)
Philipps. 56, 1921, 388; JMewaldt Die geistige Einheit Epikurs
p. 13 = Schriften d. Königsb. gel. Ges. 1927, Heft I; Capelle
p. 556, 3* consensum gentium doctrinam esse imprimis Stoicorum docet afferens *nat. 1, 23, 62; 2, 2, 4. 4, 12; Tusc. 1, 13, 30;
1, 15, 35s.; Dion Prus. 12, 27. 39; Sext. adv. math. 9, 51. 60s.;
Max. Tyr. diss. 17, 5 (11, 5 Hobein) nec non Arist. de caelo I 3.
270b 4ss.* 27 *(17, 44)* philosophos: doctos *Hadoardus, probat Mollweide W.St. 35, 1913, 317. cl. Ac. 1, 2, 4.* Sed Hadoardus
ad errorem perductus, quod sequitur: indoctos 30 rebus novis:
*ac. 1, 6, 24* id iam corpus et quasi qualitatem quandam nominabant — dabitis enim profecto, ut in rebus inusitatis, quod
Graeci ipsi faciunt a quibus haec iam diu tractantur, utamur
verbis interdum inauditis. *Similiter ac. 1, 7, 25. 28; Luc. 2, 6, 17;
Tim. 7, 23; fin. 3, 5, 17.* — Laurand 1, 80 31 *de* προλήψει quas
sententias viri docti vel hic vel ille rettulerunt, complectitur
*Bailey 557s., 591. Adde Diels I p.51s. Nuperrime EGrumach, Physis
u. Agathon i. d. alt. Stoa p. 72ss. (Problemata 6).* 19, 5 *(17, 45)* 19
(deum) nec habere ipsum negotii quicquam nec exhibere alteri:
Sallustius *ed. Nock § 9:* ὥστε καὶ αἱ τῶν Ἐπικουρείων λέλυνται
ζητήσεις· τὸ γὰρ θεῖόν φασι οὐδὲ αὐτὸ πράγματα ἔχειν οὐδὲ

ἄλλοις παρέχειν (Usener Epic. p. 71; p. 51 v. d. Mühll). Neque vero Sallustius Epicurum ipsum adhibuit cf. Nock p. LXX
17 actionem — agitationem: verba tradita tuebantur Vahlen et Kalbfleisch, hic sic interpretatus ἐνέργειάν τε καὶ κίνησιν τῆς διανοίας. Re vera verbo atque inter se coniunguntur actionem et agitationem cf. Th.l.L. s. v. atque II 1054ss. e. g. nat. 1, 1, 2 nam et de figuris deorum et de locis atque sedibus et de actione vitae multa dicuntur scil. tripertitio, nam in enumerando verba artius inter se cohaerentia voce atque copulantur ceteris membris enumerationis voce et vel -que connexis. Neque de actio mentis dubitandum cf. Sen. epist. 113, 25 actiones eius (scil. animi) animalia esse nego; Varro ling. 6, 42 actionum trium primus agitatus mentis, ... de his tribus minime putat volgus esse actionem cogitationem 19ss. (18, 40) De Philodemi fragmentis ad formam deorum spectantibus cf. Bailey 468ss. 19 natura: ut Epicurus in epist. tertia (Us. p. 59, 17) ὡς ἡ κοινὴ τοῦ θεοῦ νόησις ὑπεγράφη (Diels I p. 50, 4)
20 20 ratio: i. e. λόγος Philipps. 51, 1910, 574, 577, 598. 20, 4 (18. 48) pulcherrimast: 'clausulae mentionem desiderat Skutsch Glotta 3, 1912, 367 9 (18. 40) quasi corpus: frgm. 6 libri III περὶ θεῶν Philodemi infeliciter lacunosum huc videtur pertinuisse ⟨τ⟩οῦ δ' ἐν τῷ Περὶ [οσιό]τητος ἀποφαινομένου τὸ θεῖ[ο]ν μήτε [σάρκι]νον εἶνα[ι κα]τ' ἀναλογίαν [ἔχ]ον τι [σῶμ' ὅπερ] ἡγεῖται [ἀ]ναλογ[... (Diels III 1 p. 44s.; III 2 p. 60)
12 (19. 40) quivis: 'cf. Landgr. p. 243' 14 res occultas et penitus abditas: i. e. ἄδηλα Philipps. 51, 1916, 599 16ss. de hoc loco egerunt Uri Cic. u. d. epik. Philos. diss. München 1914 p. 86s.; Philipps. 51, 1916, 568ss.; 56, 1921, 390, 407; Diels III 2 p. 28 adn. 1; p. 29 adn. 3. Idem (I p. 51 adn. 7) affert haec a se suppleta ex Philodemi περὶ θεῶν pap. 152 col. 14, 34ss. (p. 176s. Scott) καθάπερ ὅταν ἀποδόντων ἡμῶν [τοῦτο] μόν[ον] τίνι τροφῇ χρῶν[ται (scil. di), προσερω]τῶ[σί τι]νες καὶ ποία τιν[ὶ τῶ]ν κατὰ μέρος καὶ πῶς σκευ[αζομέ]νη καὶ ἀναδιδομένη καὶ εἰς διαχωρήσεις ἐρχομένη· καὶ κοινῶς ἡμῶν ἐπιδειξάντων, ὅτι καὶ τὰς ἐκμεμορφωμένους διὰ τῶν αἰσθήσεων καθόλου τέρψεις ἀπολαμβάνουσιν, ἀπαιτῶσι καὶ τὰ ἐπὶ μέρους διό[άξ]αι τέρψεις· πάντ[α δ'] οὖν τἆλλα κοινῶς ὑπογραψάντων, ὡς ἡ φύσις, καθ' ἣν ὑπάρχουσίν τε καὶ διατετήρηνται καὶ διατηρηθήσονται τὸν ἅπαντα χρόνον, πάντως καὶ γεγέννηκεν αὐτοῖς τὰ πρόσφορα πάντα καὶ γεννήσει περιληπτὰ μὲν διανοίᾳ, τοῖς δ' αἰσθητηρίοις οὐχ ὑποπίπτοντα, ἅτινα ταῦτ' ἐστὶν ἐπὶ ζῴων (scil. ἀπαιτῶσιν). Cf. Diels III 1 p. 38s.; III 2 p. 53ss. **ibidem** In scholio Epicuri sent. sel.1, quod affert Pl. 1911 p. 226, excidit inter verba ἐκ τῆς et ἐπιρρύσεως verbum συνεχοῦς ita ut legatur ἐν ἄλλοις δέ φησι τοὺς θεοὺς λόγῳ θεωρητούς, οἷς μὲν κατ' ἀριθμὸν ὑφεστῶτας, οἷς δὲ κατὰ ὁμοείδειαν ἐκ τῆς συνεχοῦς ἐπιρρύσεως

τῶν ὁμοίων εἰδώλων ἐπὶ τὸ αὐτὸ ἀποτετελεσμένων (-ους Kühn), ἀνθρωποειδεῖς (Epic. ed. v. d. Muehll p. 51, 5 ss.). — Philipps. 51, 1916, 579 ss. οὕς μέν — οὕς δέ interpretatur „partim — partim" (cl. Plat. Phaedr. 255 C: πηγὴ ... ἡ μὲν εἰς αὐτὸν ἔδυ, ἡ δὲ ... ἔξω ἀπορρεῖ) vertens: E. nennt die Götter durch Vernunft erkennbar teils als κατ' ἀριθμὸν (Einzelwesen) existierend, teils gemäß der Gleichartigkeit aus dem steten Zufluß der ähnlichen Bilder, die in derselben Weise gestaltet sind (scil. ἀποτετελεσμένων quod Philippson servari vult) vel die zu demselben Ergebnis führen (-ους Kühn). Et de hac interpretatione egit Diels III 2 p. 29, 3. Sed postquam Bignone Epicuro 1920 p. 55 adn. 3, et Bailey Epicurus 1926 p. 348, hoc scholion corrigere frustra conati sunt, Bailey p.592 s.; 456,4; 458 iterum, etsi ipse contendit οὕς μέν — οὕς δέ non corrigenda esse, obloquitur Philippsono ratus in scholio duo genera deorum enumerari: „Epicurus says elsewhere that the gods are perceptible by thought, some of them existing in numerical identity, some in likeness of form owing to the constant streaming up of similar 'idols', which are perfected at the same spot" (l. l. 445 s.)    **16 s.** eam esse vim et naturam deorum, ut primum non sensu sed mente cernatur: mente idem quod τῇ διανοίᾳ Philipps. 51, 1916, 573 s; 578 s.; 599; Gnomon 6, 1930, 471 s. — Bailey p. 439, 3 comparat cum Act. 1, 7, 34 (Diels dox. p. 306; Us. p. 239, 11) Ἐπίκουρος ἀνθρωποειδεῖς μὲν τοὺς θεούς, λόγῳ δὲ πάντας θεωρητοὺς διὰ τὴν λεπτομέρειαν τῆς τῶν εἰδώλων φύσεως    **18** ad numerum: Bailey p. 148, 3 cum Democriti sententia οἱ δὲ Δημοκρίτου κόσμοι εἰς ἑτέρους κόσμους μεταβάλλοντες ἐκ τῶν αὐτῶν ἀτόμων ὄντας οἱ αὐτοὶ τῷ εἴδει γίνονται, εἰ καὶ μὴ τῷ ἀριθμῷ (Simpl. de caelo p. 310, 5; Vors. 2 p. 31, 31 s.) numerum Ciceronianum comparari posse vult vertens: but not in individuality; item l. l. p. 450 s. Sed recte Hirzelium (Untersuchungen zu Cic.s phil. Schriften 1 p. 54 s.) sequens Philipps. 51, 1916, 580 vertit „Einzelwesen"    **20** transitione: Bailey 448 s. mentionem facit loci Philodemei, quem Diels III 2 p. 27 s. commemorat καὶ κατὰ τὴν ὑπ[ερ]βα[σιν οὐ]δὲ τῇ μεταξὺ ⟨διασ⟩τάσει [προσ]αποδοτέον τὰς συμπλοκὰς und bei dem Überspringen (der göttlichen Bilder von den Intermundien zu uns) darf man nicht auch noch dem Zwischenraum die Verflechtung (der Bilder) zuschreiben. Sed vix talem transitionem coniungi posse cum similitudine Bailey putat. Attamen transitio Ciceronis sitne ὑπέρβασις vel potius μετάβασις, Diels l. l. p. 28, 1 valde dubitat. Philipps. 51, 1916, 602 putat similitudine et transitione idem esse atque μεταβάσει καθ' ὁμοιότητα. Erraverunt Masson (qui Class. Rev. 16, 1902, 278 adn. 4, cl. Lucr. 4, 87—89; 104—9; 256 ss. coniecit continuatione) et Ad.König (diss. Greifswald 1914, 25 ratus transitionem a Cicerone dici ἀνταναπλήρωσιν)    **20** perceptis: idem atque περιληπτόν cf. supra in verbis Philodemi, quae ad p. 20, 16ss. attuli. Adde Diels III 2 p. 25, 1 [τὴν τῶν θεῶν ἐπίνοια]ν δεῖν ἐπανάγει[ν ἐπὶ τὰ πε]ριληπτικῶς τῇ [διανοίᾳ γινό]μενα κατε-[ν]αρ[γ]ή[μαθ᾽ ἃ διασαφ]εῖ προφανῶς τὸ δ[αιμόνια καὶ] ἀίδια [ζῷα εἶναι]. Philipps. Rh.M. 64, 1909, 16; Hermes 51, 1916, 605 21 imaginum: rerum *dubitans* Philipps. 51, 1916, 604; similium rerum [imaginum] Diels III 2 p. 29, 3 et ei assentiens iterum Philipps. 53, 1918, 376. Obloquitur autem Bailey 457 adn. 1 ratus rerum alienum esse a tali sermone philosophico Ciceroniano, dicendum fuisse vel similium corporum vel similis materiae. Sed non solum superlativum simillumarum neque cum sermone Ciceroniano neque Epicureo congruere Diels III 2 p. 29, 3 ostendit, sed etiam in ultimis syllabis verbi simillumarum secundum rationem palaeographicam latere rerum verisimillimum mihi videtur    21 species: series *for species . . . is in any case to my mind almost necessary* Bailey 456 adn. 3 et similiter p. 457, Philippson autem (Hermes 51, 1916, 604) non opus esse mutatione contendit   22 ad deos: *defendunt* Philipps. 51, 1916, 604 et Bailey p. 457, 3 et 590   cum maximis voluptatibus Ambrosius epist. (classis I) LXIII 13 tom. II p. 1026ᵃ ed. Maur. (Migne 16 p. 1244) = Epic. frgm. 385ᵃ (Us. p. 356, 6s.) atque hic (Epicurus) quam alienus a vero sit, etiam hinc deprehenditur, quod voluptatem in homine deo auctore creatam asserit principaliter, sicut Philodemus [filominus vel filuminus mss] eius sectator in Epitomis suis disputat, et huius allegat Stoicos esse auctores sententiae. Addit Usener in adnotatione: *sententiam Epicuri apparet male excerptam esse nec tam de origine omnis voluptatis quam de illa voluptate dictam fuisse quam homo deorum simulacris perceptis sentiret*. Sed Diels (Ein epikur. Frgm. üb. Götterverehr. SBBerl 1916 p. 895) disputat non de simulacris deorum ab Ambrosio agi, sed Ambrosium potius comparandum esse cum fragmento Epicuri ipsius (Oxyrhynch. pap. II n. 215 = Diels l. l. p. 903 col. II 2ss.): cum frueris voluptatibus festorum dierum et secundum mores laetus deos veneraris colisque τιμῶν αὐτὴν τὴν θεωρίαν σεαυτοῦ ταῖς συγγενέσιν κατὰ σάρκα ἡδοναῖς. Sed cum loco Ciceroniano conferatur frgm. Epicureum Pap. Hercul. ined. 168 col. 1, quod editum a Bignone (Atti della R. Acc. di Torino 47, 1912, 670 ss.) denuo tractavit Philipps. 51, 1916, 606; 56, 1921, 360 s. εἰ δ᾽ ἐλάττω αὐτὰ τὰ κατὰ τὰ σώματα (scil. ἀγαθὰ) ἐκ τοῦ σώματος φερόμεν᾽, οὐκ ἀθρεὶς μεγίστη γινόμενα διὰ μορφῆς καὶ συμμετρίας ἡδονῇ; ἐκ τῆς τ᾽ ἀναλογίας ἀπολήψῃ τὴν ἐκ τῶν εἰδώλων ἡδονήν, ὡς προείρηκα 16—22 Secundum ea quae inde ab anno 1911 ex fragmentis Epicuri vel aliorum ullata sunt, versio quam in editione sua Plasberg 1911 composuit, sic fere commutanda: τὴν θείαν φύσιν πρῶτον μὲν οὐκ αἰσθήσει, ἀλλὰ διανοίᾳ θεωρεῖσθαι, οὐδὲ πυκνήν οὐδὲ κατ' ἀριθμὸν ὑφεστῶσαν *(scil. θεωρεῖσθαι)* ὥσπερ τὰ διὰ τὴν στερεότητα καλούμενα αὐτῷ στερέμνια, ἀλλ' εἴδωλα τῇ καθ' ὁμοιότητα μεταβάσει περιλαμβανεσθαι ἀπείρων τῶν ὁμοίων εἴδους ἐξ ἀπείρων ἀτόμων συνισταμένου καὶ ἐπὶ τοὺς θεοὺς ἐπιρρέοντος, μετὰ μεγίστων ἡδονῶν κτλ. — *Bailey p. 447, 2 mavult:* ἀλλὰ εἰδώλοις ὁμοιότητι καὶ μεταβάσει *(vel* ὑπερβάσει*)* κατειλημμένοις *et p. 449, 2* οὐ στερεότητά τινα ἔχουσαν οὐδὲ κατ' ἀριθμὸν ὑφεστῶσαν, καθάπερ ἐκεῖνα ἃ διὰ τὴν πυκνότητα στερέμνια ὀνομάζει  23 intellegentiam: νόησις *vel* ἐπίνοια *Diels III 2 p. 25, 4; Philipps. 51, 1916, 605*  24 beata ... aeterna: *Bailey p. 469 ss. affert Lucr. 5, 1175—1182; 2, 645 ss., quos versus Diels in editione sua inscribit* τὸ μακάριον καὶ ἄφθαρτον  25 *(10, 50)* vis infinitatis: *fin. 1, 6, 21* infinitio ipsa quam ἀπειρίαν vocant. *Bignone Epicuro p. 240, 1*  28 ἰσονομία: *Lucreti locos* ἰσονομίαν *perscribentes contulerunt Reisacker Quaest. Lucr. (diss. Bonn 1847) p. 33 s.; Giussani Lucretius I p. 246; Bailey p. 462, 4.* — *De isonomia fortasse egit Philodemus* περὶ θεῶν *III frgm. 24 a* ἐπὶ δὲ δὴ τὴν τῶν περιεχόντων [λυμαν]τηρίων ἀπειρίαν οὐδ' ὅλως μελλόντων χρ[όνωι] οὔτε διαμονὴν (ἔστι) ποιεῖν ἀπειροχρόνιον ὥς ... *"Der unendlichen Zahl der umgebenden Zerstörungskräfte gegenüber darf man überhaupt nicht eine unendlich lange Dauer künftiger Zeiten annehmen" Diels III 2 p. 63 s. Cf. Philipps. 51, 1916, 584 s. 596.*  21, 1 multitudo: *de* 21 *numero deorum fortasse etiam Philodemus pap. 437 frgm. VI Philipps. 56, 1921, 408*  3 verbis ea quae conservent non dei significantur, sed genitales auctificique motus *Lucr. 2, 571 Philipps. 51, 1916, 585. Cf. Bailey p. 404, 2*  9 s. *(10, 51)* maximis et aeternis: *de vita beata et deorum et sapientium cf. quae adnotantur ad 2, 61, 153*  11 *(20, 52)* dixerimus *cf. 1, 21, 60* dixerim  19 *(20, 52)* ne: (νή) *in initio sententiae ante pronomen positum Hofm. Umgangssprache p. 28 s.*  30—22, 1 *(20, 54)* si inmensam — possit insistere: *cf. Lucr. 2, 1044—47* Quaerit enim rationem animus, cum summa loci sit Infinita foris haec extra moenia mundi, Quid sit ibi porro, quo prospicere usque velit mens Atque animi iactus liber quo pervolet ipse *(*iactus *Gronovius;* inlectus *Marullus;* tactus *mss.). Ciceronis se* iniciens animus *et* intendens *et Lucreti animi* iactus *(cf. 2, 740* animi inlectus*) idem atque Epicuri* ἐπιβολὴν τῆς διανοίας *esse vult Bailey Epicurus p. 273 s.* — *Bailey p. 574 vertit:* The mind ... projecting and straining itself towards (or into) the infinity of space. *— Cf. Tohte Epikurs Kriterien der Wahrheit (Clausthal 1874 Prgr.) et Giussani Lucr. 1 p. 171 ss.*  32 peregrinatur: *¹Tusc. 5, 39, 114*.  22, 17 *(20, 55)* μαντική: *cf. quae Pease* 22 *attulit ad div. 1, 1, 1*  29 *(21, 57)* ¹De Cottae oratione vide *Arnob. nat. 3, 12 ss.; Pl. 1911 p. 380 adn.*  23, 2—4 roges: re- 23

spondeam; quaeras: dicam: *sententiae paratacticae pro sententia condicionali Hofm. 770* 21 *(21. 59)* isto modo ut tu: ut *pro relativo* quo *positum cf. Verr. II 4, 12, 27* eodem modo ut signa *Hofm. 756* 29 *(22. 60)* quid — quale: *Tusc. 1, 25, 60*
24 si, quid sit hoc, non vides, at quale sit, vides. 24, 11 *(22. 61)* esset: *recte, nam absolute dicendum fuit: Epicurus, cum dicebat, non modo non philosophia dignum dicebat, sed ne mediocri quidem prudentia. Cf. Plasberg ad Ac. 1, 6, 22 ; Sjö. Eranos,16,1916, 12 ss.; KStegm. 2, 185 ss.; Hofm. 704 in init.; Lébreton Études 244* 32 *(23. 63)* Diagoras: *Lact. inst. 1, 2, 1 s.* Dia-
25 goras qui *(scil.* deos) exclusit. 25, 13 Neptuni filius: *Pl. 1911 contulit Gell. 15, 21; W. Heraeus (per litteras ad Pl.) addit: filius maris Audollent defix. tab. num. 140, 17 velut Graece γλαυκή δέ σε τίκτε θάλασσα similiaque et in Catullo et in Tibullo; repudiat autem ullus a Pl. 1911 propositum* 20 s. *(23. 65)* doce me — animo vita: *Uri (diss. München 1914) p. 90 recte disputat hic non dispositionem a Cicerone esse scriptam, sed quasi rhetorice hoc unum quaeri*: quales sunt? 23 in solum: *Afran. 41 et 342 (Ribb.); Cic. epist. 9, 26, 2; Varro Men. Devicti (περί φιλονικίας) 3* 27 *(24. 66)* physicorum oracla fundo: *Lucr. 5, 110 Qua prius adgrediar quam de re fundere fata ... et Epic. gnomolog. Vat. frgm. 29 παρρησία γάρ έγωγε χρώμενος φυσιολογών (Us., -ώ Vat., -ῷ Crönert) χρησμωδεῖν τά συμφέροντα πάσιν ανθρώποις μάλλον αν βουλοίμην. Bignone Epicuro p. 153 adn. 2;*
26 *Bailey Epicurus p. 110; 380.* 26, 3 concursu ... fortuito: *de casu vel necessitate, qua atomi coguntur, Bailey p. 141 qui affert Tusc. 1, 11, 22; 18, 42* 4 h. t. o. C. Vellei: *de positione vocativi Hofm. 612* 26 *(24. 68)* beatum: *Philod. περί θεών lib. 1 col. 24, 6 περί των μακαρίων [ζώ]ιων. Cf. Diels 1 p. 41 et 90.*
27 27, 5—9 *(25. 69)* Velut Epicurus — Democritum fugerat: *Diog. Oenoand. frgm. 33 col. II 3—III 9* 6 ferrentur: *de usu vocis ferendi KarlH. Meyer Ber. sächs. G. d. W. 69, 1917, 52* 9—11 *de declinatione atomorum Bailey p. 317* 13 *(25. 70)* diiunctionibus: *fat. 16, 37 Epicureorum ... qui tales enuntiationes nec veras nec falsas esse dicunt aut ... veras esse ex contrariis diiunctiones, sed quae in his enuntiata essent eorum neutrum esse verum; Simpl. in cat. p. 406, 36 ss. (Kalbfleisch)* 31 *(26. 71)* mirabilius quam ... possitis: quam *idem quod* quam ut (si, cum *etc.) Löfstedt Peregrinatio 132, 1; Hofm. 732. 844; Bährens p. 375 affert Tac. ann. 1, 9 non aliud discordantis patriae remedium fuisse quam ab uno regeretur; Liv. 39, 16, 3 crescit et serpit quotidie malum. iam maius est quam capere id privata fortuna possit, ad summam rem p. spectat; Vell. 2, 52, 4 neque prius neque antiquius quidquam habuit quam incolumis partes (Ellis,* in omnes p. *mss.) ut militari verbo utar, dimitteret; Sen. benef. 2, 16, 2 est tamen aliquis minor quam in sinu eius con-

denda sit civitas; *dial. 8, 3, 3* si res p. corruptior est, quam adiuvari possit. — *Gaius inst. 3, 194* sed verius est natura tantum manifestum furtum intellegi; neque enim lex facere potest, ut qui manifestus fur non sit, manifestus fur non sit, non magis quam *(scil.* ut is*)* qui omnino fur non sit, fur sit. — *Stangl Pseudoasconiana 77.*   **28**, 2 ceris *mss.;* Pl*. an* ceris *retinendum esset*, 28 *dubitavit adnotans: 'tamen vide Sall. Iug. 4, 6'* . . . cum maiorum imagines intuerentur, vehementissume sibi animum ad virtutem accendi. Scilicet non ceram illam neque figuram tantam vim in sese habere   7 **(26, 72)** oscitans: *Hieron. ep. 69, 2, 7* oscitabat tantum et quasi per mentis crapulam ructans et nausians evomebat: „apostolus dixit, Paulus haec docuit". — *Kunst diss. phil. Vindob. XII p. 197, 7*   9 quod et: *Sjö. 124 affert: Att. 11, 23, 3* memini omnino tuas litteras, sed et tempus illud*; ad Q. fr. 2, 4, 3* sed et haec, ut spero, brevi inter nos communicabimus; *ad Brut. 1, 5, 3 (9, 13, 3 Sjö.)* existimo . . . absentium rationem . . . posse haberi; nam et factum est antea.— *Hofm. 661.* — *Sed ne quis in vocibus* et *non coniunctis offendat*, sciat non praedicanti *in unum verbum coaluisse quasi* neganti *H.S. Anton Stud. z. latein. Gramm. und Stilist.*[2] *Erfurt 1869 p. 17*   14 credo, p. n. *interpunxit Reitz.*   16 Saml: *Vita Epicur. 1* (Us. p. 359, 5)   19 ludi magister: *Strab. 14, 1, 18* Νεοκλῆς, ὁ Ἐπικούρου τοῦ φιλοσόφου πατήρ, γραμματοδιδάσκαλος, ὥς φασιν   24 **(26, 73)** Democrito: *fin. 1, 6, 17;* 21[1]   26 inclinatione *sed p. 27, 11 (1, 25, 69 in fine)* declinare: *vitavit opinor de decl.*[1]   27 imagines: *cf. 1, 38, 107; epist. 15, 16, 1; Plut. quaest. conv. 8, 10, 2; Alex. Aphr. in libr. de sensu comm. p. 56, 12* (Wendl.) . . . ὡς ἄρα τοῦ ὁρᾶν κατὰ τὴν ἀπὸ τῶν ὁρωμένων ἀπόρροιαν γινομένου· εἴδωλα γάρ τινα ὁμοιόμορφα ἀπὸ τῶν ὁρωμένων συνεχῶς ἀπορρέοντα καὶ ἐμπίπτοντα τῇ ὄψει τοῦ ὁρᾶν ᾐτιῶντο. τοιοῦτοι δὲ ἦσαν οἵ τε περὶ Λεύκιππον καὶ Δημόκριτον, οἳ καὶ ἐκ τῆς τῶν ἀοράτων διὰ μικρότητα παραθέσεως τὴν τῶν μεταξὺ χρωμάτων φαντασίαν ἐποίουν   30 quasi corpus: *item ut in hoc capite Philodemus de corpore deorum intricatius agere recusat cf. Diels III 2 p. 54—56.*   **29**, 2 **(26, 74)** 29 intellegere: *fin. 1, 5, 16 (de ratione Epicuri)* neque erat unquam controversia quid ego intellegerem, sed qu'd probarem; *ib. 2, 23, 75* hoc enim identidem dicitis, non intellegere nos quam dicatis voluptatem; *Tusc. 3, 17, 37* solent enim isti negare nos intellegere quid dicat Epicurus   10 **(27, 75)** eminentis: *genet. pro accus. ob aequabilitatem Sjö. 147 s.; cf. quae adnotantur ad 2, 56, 141*   15 similitudines rerum: *fortasse alludere ad* ὅμοια *Epicuri putat Philipps. 51, 1916, 592 adn. 1*   29 **(27, 77)** omnium: *del. Clark p. 362 ut v. l. pro* hominum*.*   **30**, 8 ss. **(27, 77)** 30 *de similitudine deorum et eorum, qui eos sibi fingunt, Arnob. nat. p. 123, 1 ss. Reiff (3, 16) cf. Kroll 65*   17 *de supplemento a*

*Pl-o post* putaret *addito valde dubito, quod in omni hac disputatione' de pulchritudine agitur, neque vero usquam neque in antecedenti neque sequenti de* ratione vel mente, *quae nulla in alia figura nisi in humana esse possit, agitur. Nam illud si* ratio esset in beluis *(lin. 19) minime tertium, quod dicunt,* argumentum *(p. 29, 25 — 1, 27, 76 in fine) spectat, sed ut argumentum ex pulchritudine sumptum fulciatur, additur. Veri similius videtur fuisse tale quid:* quare recte te dixisse nunquam concedam eam esse c. e. q. s.      20 *(27, 78)* tributuras fuisse: *idem quod in oratione directa* tribuerent Stamm Neue Jb. 31 *155, 1897, 222 s., sed neglexit rationem clausulae.*      31, 11 *(28, 70)* laeva: *Varro frgm. 225 (Funaioli gr. Rom. frgm. I p. 261)* a deorum sede cum in meridiem spectes, ad sinistram sunt partes mundi exorientes, ad dexteram occidentes; ⟨eo *Hertz*⟩ factum arbitror, ut sinistra meliora auspicia quam dextera esse existimentur. *Cf. div. 2, 39, 82*      14 perversissimis: *'Diom. gramm. I 489, 12 (Keil)* personis vero uti primus coepit Roscius Gallus, praecipuus histrio, quod oculis perversis erat'      15 salsum: *Catull. 86, 4* nulla in tam magnost corpore mica salis; *Lucr. 4, 1162 (puella amanti videtur)* tota merum sal; *cf. Kroll ad Catull.*      18 *(29, 80)* frontones capitones: *Arnob. nat. p. 121, 18 Reiff (III 14) cf. Kroll 65*      21 igitur aliquis non p. d.: *'interrogari vult van Wageningen Mnemos. 39, 1911, 137 qui putat non esse nonne!  Falso, nam omnes deos pulcherrimos esse necesse est secundum naturam deorum. Sed si qui pulchriores sunt aliis, sunt qui naturae deorum non congruant. Ludit ergo Cicero, cum dicit aliquem non pulcherrimum (sic enim verba coniungenda), qui deficiente summa pulchritudine deus* 32 *omnino esse non possit, deum esse.*      32, 4 *(29, 81)* Aegyptii: 'Arnob. nat. p. 122, 14 Reiff (III 15)'      9 *(29, 82)* fari: *rarissime a Cicerone sermoni insertum: Quinct. 22, 71; Tim. 11, 40; Tusc. 4, 29, 63 (vertens Eur. Or.); de glor. II (ed. Plasberg p. 89ᶜ) apud Gellium 15, 6, 3 vertens Homeri ὥς ποτέ τις ἐρέει (II 91). — Laurand 1, 94*      19 *(30, 83)* veneratoremque B: 'dubitat an verum sit Philipps. BphW 38, 1918, 412'      27 et: *raro apud Ciceronem idem quod etiam Hofm. 661.*  his vocabulis esse *abl. qual. cf. Plaut. Men. 1122* uno nomine ambo eratis.      De nominibus deorum *Arnob. nat. p. 114, 14 Reiff* (3, 4) *cf. Kroll p. 63*   28 s. *(30, 84 in init.) de ellipsi verbi* esse *Hofm. 624*      32 de 33 libris pontificiis *Lind. p. 78, 4.*      33, 5 nauseare *Hieron. ep. 69, 2, 7 ad p. 28, 7 (1, 26, 72)* oscitans adscriptum      sibi: *defendit Sjö. 122 s., qui ad Q. fr. 1, 1, 32* (nam esse abstinentem, continere omnes cupiditates, suos coercere ... facilem te in rebus cognoscendis ... praebere praeclarum magis est quam difficile) *et* suos *et* te *recte tradita esse disputat, cum in sententiis universe dictis Cicero secundam cum tertia persona commiscere*

*solitus sit; off. 2, 14, 50 (Atzert in adn.); rep. 2, 4, 9* in his vitiis inest illa magna commoditas, et quod ubique genitum est ut ad eam urbem quam incolas possit adnare, et rursus ut id quod agri efferant sui, quascumque velint in terras portare possint ac mittere. *Recte igitur Pohlenz per litt. monet Ciceronianum illud sibi displicere quasi unum verbum esse cf. Sen. tranq. 2, 7* innumerabiles deinceps proprietates sunt, sed unus effectus vitae, sibi displicere    14 *(30, 85)* sapienter id quidem: *de verbo deficiente Hofm. 626, qui addit p. 63, 21 (2, 14, 38)* bene igitur idem Chrysippus *scil.* dixit; *p. 49, 8 (2, 1, 1)* sed ad ista alias *scil.* respondebo. *Item div. 1, 1, 1; 2, 7, 19; Hor. sat. 2, 6, 49* luserat in campo: „Fortunae filius!" omnes *scil.* dicebant. — *Cf. ad p. 16, 15 (1, 15, 38)*    17 verbis — sustulisse: *Lact. ira 4, 7* denique Marcus Tullius a Posidonio dictum refert id Epicurum sensisse nullos deos esse, sed ea quae de dis locutus sit depellendae invidiae causa dixisse: itaque verbis illum deos relinquere, re autem ipsa tollere, quibus nullum motum nullum tribuit officium; *id. inst. epit. 31 (36) 3* nunc eum *(scil.* deum*)* verbo reliquisti re sustulisti. — *Cf. p. 48, 25 s. (1, 44, 123 in fine)*
19 κυρίας δόξας: *fin. 2, 7, 20* Epicuri κ. δ., id est quasi maxime ratas, quia gravissimae sint ad beate vivendum breviter enuntiatae sententiae    23 *(31, 85)* inscitia plane loquendi: *saepius sermo Epicuri vituperatur Usener Epic. p. 88; Joh. Mewaldt Die geistige Einheit Epikurs p. 3, 1 (Schriften d. Königsb. gel. Ges. 1927, nr. 1).*    34, 6 *(31, 86)* religionis: *fin. 4, 5, 11* ut pellatur mortis et religionis metus¹    14 *(31, 87)* partibus: *Tusc. 1, 28, 68* in eodem orbe *(scil.* signifero *seu* zodiaco*)* in duodecim partes distributo    22 *(31, 88)* numne: *clausula munitum Hofm. 649 cf. p. 38, 6 (1, 34, 96)* unquamne vidisti?    24 ita fit ut: *Tusc. 2, 6, 16* ita fit ut, *ubi praes. servat Pohlenz¹.*    35, 8 *(32, 89)* gradatim ... pervenire: *Lucull. 16, 49; 29, 93; Tusc. 1, 24, 57* ut gradatim respondens eodem perveniat. — *Kunst diss. philol. Vindob. XII, 197, 7*    8 sumpsisses: *de coniunctivo Blase Glotta 10, 1919, 20, 31¹; Methner ib. 11, 1921, 204 sic interpretatur* debuisti sumere    16 *(32, 90)* formae fig.: *Pl. coni.* formam et f. *cl. orat. 3, 9* in formis et figuris est aliquid perfectum et excellens; *de orat. 3, 179; opt. gen. 5, 14* nec converti *(scil.* orationes*)* ut interpres, sed ut orator, sententiis isdem et earum formis tamquam (atque *Hedicke)* figuris; *Tusc. 1, 16, 37* formam aliquam figuramque quaerebant *(Pohlenz interpretans* μορφὴν *et* σχῆμα*)*
24 *(32, 91)* quis: *¹Tusc. 4, 33, 70* quis est ... iste amor amicitiae? *ib. 17, 40* quis erit tandem modus iste?    25 homines deorum forma: *genetivus pro adiectivo cum abl. qualit. coniunctus Hofm. 432/3.*    36, 5 *(33, 91)* ¹„Thale: non adducor ut genuinum censeam" *Osann Cic. rep. 1, 14, 22 (p. 53)¹, ubi a* Thalete *ex* athleta *correctum; Probus Gr. L. 4 p. 23, 17 ss. (Keil)* Graeca les termi-

nata omnia producuntur et aut iis faciunt genetivo vel tis, ut
Thales, Thalis vel Thaletis; *Probi qui dicitur comm. in Verg.
Buc. 6, 31 (Serv. gramm. 3, 2, 344, 12 Th-H)* Hanc quidem Thaletis
opinionem ab Hesiodo putant manare 9 ss. *(33, 92) de membris corporis* *Arnob. nat. p. 120, 13 ss. Reiff (III 13s.); Kroll 64*
17 de lingua deorum *Philodemus περὶ θεῶν 3 col. 13 s. (Diels
III 1 p. 36 s.; III 2 p. 48—53)* 18 procreatio: *Arnob. nat. p. 117,*
37 *6 Reiff (3, 9).* 37, 10 *(34, 93)* scurram: *Timon frgm. 62 (Diels
poet. phil. frgm. p. 173 ss.)* ἔνθεν καὶ ὁ Τίμων αἰτιᾶται τὸν Πλάτωνα ἐπὶ τῷ οὕτω καλλωπίζειν τὸν Σωκράτην πολλοῖς μαθήμασιν· „ἢ γάρ" φησι „τὸν οὐκ ἐθέλοντα μεῖναι ἠθολόγον."
*Kroll P.-Wissowa III 442, 57'* 28 *(34, 95)* clamare *Epicureos
vel Stoicos saepius Cicero ait Helm Lukian u. Menipp. p. 149;
Löfstedt Zur Sprache Tertullians p. 79* retinendum hoc esse,
deus ut ... sit: *cf. 1,27,75* illud video pugnare te, species ut ... sit;
*2, 6, 17 (p. 56, 2); conferas quae disputat Hofm. 763 s.* de ut *explicativo (velut Plaut. Merc. 240). Cf.* quod *explicativ. Gaius inst. 2, 78*
illud palam est, quod ... competit mihi furti actio 30 verba
beatitas, beatitudo *a Cicerone spernuntur; quare in orationibus
non* beatitas, *sed* beatus *e. gr. Pis. 18, 42; Phil. 1, 14, 35. — Lau-*
38 *rand 1, 84.* 38, 6 *(34, 96)* unquamne: *cf.* numne *p. 34, 22
(1, 31, 88)* 20 *(35, 97)* paludibus fluminibus: *sine praepositionibus, ut concinant cum* terra mari *Sjö. 147* 24 Ennius:
*Arnob. nat. p. 123, 16 Reiff (3, 16)* nam quid in homine pulcrum
est, quid quaeso admirabile vel decorum, nisi quod et ciurino
cum pecore *(Pl. Truc. 269)* nescio quis auctor voluit esse commune? — *Kroll 65* 25 beluarum nulla prudentior: *gen. part.
cum vocibus, quae sunt* nemo *et* nullus, *coniunctus in sermone
Ciceroniano nusquam fere nisi comparativo adhibito Hofm.
391* 26 at figura — quae vastior? *Havers Idg. F. 43, 1926, 224.
230 ratus nominativum emphaticum s. pendentem agnosci posse
cl. fin. 3, 3, 11* ceterae philosophorum disciplinae ... eas non modo
nihil adiuvare arbitror *(cf. Madvig); Mur. 12, 26, Att. 8, 12 A, 4.
Cf. ad nat. p. 9, 10 (1, 8, 20). — Iteratum at Cicerone quidem dignissimum, sed errat Havers, cum dicit* ad figuram ex correctura Pl-i natum esse, *vide adnot. criticam. Accedit, quod verbis
ad* figuram *servatis voces* quae *(scil.* belua) *et* nulla *aptissime*
39 *sibi opponuntur.* 39, 9 *(35, 98)* deum nosse: *de sensu huius
verbi cf. Norden Agn. th. 90, 5. Sen. nat. 1 praef. 13* incipit deum
nosse 33 *(36, 100)* habebam: *imperf. sensu praesenti in sermone cotidiano Plaut. Asin. 392* quid quaeritas? Demaenetum
40 volebam. — *Hofm. 559 a.* 40, 8 *(36, 101)* Aegyptii: *Arnob.
nat. p. 122, 15 Reiff (3, 15)* Aegyptiorum ridetis aenigmata, quod
mutorum animantium formas divinis inseruerint causis. — *Kroll 65*
17 tamen *Vahlen opusc. ac. 2, 123, 23¹ qui affert div. 2, 38, 80*
Etrusci tamen habent exaratum puerum auctorem disciplinae

suae; nos quem? 18 beneficium *an* beneficia. cf. p. 72, 11 (2, 23, 60); domo 57, 144 (Capitoline, quem propter beneficia populus Romanus Optimum ... nominavit). Sed cf. Th. l. L. s. v. beneficium p. 1884, 20 ss. Cato agr. 5, 2 pro beneficio gratiam referat, ut aliis recte facere libeat; Cic. inv. 2, 39, 115 impudentem esse qui pro beneficio non gratiam, verum mercedem postulet   30—32 *(37, 103)* ne hae quidem interrogationes dispositionem praedicunt Uri diss. München 1914 p. 90; cf. 1, 23, 65.   41, 1 ss. de domicilio deorum et rerum natura- 41 lium egit Philodemus περὶ θεῶν 3 col. 8, 17 ss. εἴ γε δεῖ τεκμηριοῦσθαι τ[οῖς] φαινομένοις, ἅπερ ἔδειξ[εν] ἄλλους ἄλλαις φύσεσιν οἰκειοῦσθαι κ(αὶ) τοῖς μὲν ὑγρά, τοῖς δ' ἀέρα καὶ γῆν, [το]ῦτο μὲν ζῴων, τοῦτο δὲ φυτῶν κ(αὶ) τῶν ὁμ[οί]ων· μάλιστα δὲ τοῖς θεοῖς δεῖ, διὰ τὸ τοῖς μὲν ἄλλοις πρ(ὸς) ποσὸν χρ(όνον) εἶναι τὰς διαμονάς, τοῖς δὲ πρὸς τὸν αἰώνιον. *(Diels Philodemus III 1 p. 26)*   7 igne ¹*Apul. Socr.* 8, 137 siquidem Aristoteles auctor est in fornacibus flagrantibus quaedam parvula animalia pennulis apta volitare totumque aevum suum in igni deversari, cum eo exoriri cumque eo extingui; *Plin. nat.* 11, 119. — igne de praepositione deficiente *Hofm.* 422; *Löfstedt Syntactica* 1, 229 17 *(37, 105)* cogitatione i. e. τῇ διανοίᾳ *Philipps.* 51, 1916, 599. 42, 1 *(38, 106)* inter participia contionantem ... deferentem 42 deest et; vide p. 17, 22 (1, 15, 41) consequens ... traducens 14 *(38, 107)* 'ante omnium *non* addendum quam cf. *Hieron. in Hierem.* 3, 75, 3 nihilque insipientius non providere novissima et brevia putare perpetua, ubi Reiter: „quam supplevit Erasmus, lectio editionum priorum; sed nihil insipientius superlativi vice fungitur". Merrill Class. phil. 4, 1909, 202: Tac. ann. 2, 77 quem iustius arma oppositurum, ⟨quam⟩ Lipsius) qui legati auctoritatem... acceperit; *Plin. epist.* 2, 12, 4 quid publice minus aut congruens aut decorum notatum a senatu in senatu sedere. Sed adversatur Andresen causis non additis *Jahresber. d. phil. Vereins Berlin* 35, 1909, 302. — Cf. *Löfstedt Glotta* 3, 1912, 175 de *Plaut. Capt.* 417; *Cist.* 662 al. — *Stangl Rh.M.* 70, 1915, 245 qui affert *Senec. epist.* 90, 8; 95, 72; 110, 15¹   29 *(39, 109)* fluentium ss.: Kochalsky (*Leben u. Lehre Epikurs* p. 64) Ciceronis verbis nisus in *Epicuri epist.* 1, 47 (p. 9, 13 v. d. Mühll) inserit vult ἐπιρρυσμῷ, lacunam statuens simili modo quo Tescari (*studi ital. di fil. cl.* 15, 1907, 162): πρὸς [τὸ] τῷ ἀπείρῳ αὐτῶν [ἐπιρρυσμῷ ∗∗∗] μηθὲν ἀντικόπτειν κτλ. — De transitione visionum vide Bailey cum p. 448, 6, tum p. 456, 1. 2 et 594.   43, 7 ἰσονομία cf. quae attuli ad p. 20, 28 (1, 19, 50)   43 28 *(40, 111)* vocum φωνῶν Us. *Epic.* p. 137, 25; 141, 13¹. 44, 15 *(40, 113)* etiam ... non ¹apud Cic. hoc uno loco ut videtur 44 cf. *Krebs-Schmalz Antibarb.*⁷ 1, 256; *KStegm.* 2, 2 p. 56¹   22 venter nomen vitii cf. Husner *Leib u. Seele i. d. Sprache Senecas Philol.*

**45** suppl. *17, 1924, pars III p. 128, 2.* **45**, 1 ss. *(41, 114)* nec tamen video — affluant *Bailey* p. *459* **6** *(41, 115)* §§ *115—124 ex Posidonio haustas esse verisimile cf.* Heinem. Pos. 2, *153 ss.;* Pohlenz *GGA 1930,143* **8** ⟨Ti.⟩ *cf. etiam leg. 2, 21, 52*
**10** *(41, 115)* Xerses *In dialecto Argolica etsi aoristi vel futuri formae verborum in* -ζω *finientium* ξ *continent velut* ἐναϱμόξαι, πϱοσεφάνιξε, *tamen gutturali praecedente* σσ *adhibetur ob dissimilationem:* ἐδίκασσαν, ἐϱγάσσαντο, κατεσκευάσσαν, ἀνασχίσσαι Brugmann *Das Wesen der lautlichen Dissimilation,* Abh. d. sächs. G. d. Wiss. phil.-hist. Kl. *27, 1909, 167* **14—16** *(41, 116)* eximia... praestansque natura *Tolkiehn* WfklPh *1918, 186 s. confert Oxyrh. pap. II p. 31 nr. 215 col. 1, 28 ss.* (Diels *Ein epik. Frgm. über Götterverehrung* Sitzber. Berlin 1916 p. *903) deos venerari debes*... μόνον [πλεῖ]ον |ἐν]οϱῶν τηλικού[του] σεμνώματος κατὰ [τὴ]ν θ[ε]ωϱίαν πϱὸς τὴν [σαυ]τοῦ εὐ[δαιμ]ονίαν
**21** adversum *hic, ut saepius in scriptis philosophicis, benigna*
**46** sententia praeditum Hofm. 519. **46**, 2 *(42, 117)* superstitiosos *raro Cicero plurali forma utitur antecedentibus duobus subiectis voce aut, vel similive coniunctis velut off. 1, 41, 148 siquid Socrates aut Aristippus*... *fecerint locutive sint* Lébreton Études sur la langue et la grammaire de Cicéron *Paris 1901 p. 22 s.* **18** *(42, 119)* interpretatus... *secutus off. 2, 17, 60* Panaetius quem multum in his libris secutus sum non interpretatus **19** Ennius *Arnob. nat. p. 165, 11 Reiff (4, 29) et possumus quidem hoc in loco omnis istos, nobis quos inducitis atque appellatis deos, homines fuisse monstrare vel Agragantino Euhemero replicato, cuius libellos Ennius, clarum ut fieret cunctis, sermonem in Italum transtulit...'. Sed incertum unde sumpserit Arnobius et cur eum Agragantinum nominaverit*
**47** *(Jacoby* s. v. Euemerus *P.W. 11, 952).* **47**, 12 *(43, 121)* opem et gratiam *Epic. κ. δ. 1 (v. d. Mühll p. 51)* τὸ μακάϱιον καὶ ἄφθαϱτον οὔτε αὐτὸ πϱάγματα ἔχει οὔτε ἄλλῳ παϱέχει, ὥστε οὔτε ὀϱγαῖς οὔτε χάϱισι συνέχεται. *Cicero quidem nihil de ira*
**22** *(44, 121)* censent autem: *in autem causam antecedentis sententiae latere disputat Hofm. 668; Löfstedt peregrinatio p. 33; Th. l. L. (II 1590, 58), quem Pl. 1911 affert, conturbat exempla*
**23** amicos de amicitia *Clem. Al. strom. 2, 19, 101, 3 (Stählin) StVFr 2, 723* τϱιττὰ δὲ εἴδη φιλίας διδασκόμεθα καὶ τούτων τὸ μὲν πϱῶτον καὶ ἄϱιστον τὸ κατ' ἀϱετήν· στεϱϱὰ γὰϱ ἡ ἐκ λόγου ἀγάπη. *Marc. Aur. 9, 9.* — *Quae quin ex Posidonio sumpta sint, non dubium.* Heinem. Pos. 2, *156;* Reinh. KuS. *181 ss.*
**31** *(44, 122)* referemus *in editione Pl. 1911 p. 258 in adnotatione ad lin. 7 corrigendum* „futurum potest ferri" *in* „praesens p. f." *et addendum: p. 119, 7 (3, 1, 5)* ducit *et p. 127, 13 (3, 10, 24)*
**48** dicimus *et p. 126, 13 (3, 9, 23)* placet. **48**, 17 s. *(44, 123)* invidiae detestandae gratia *Philodemus* πεϱὶ εὐσεβείας *frgm.*

*Herculan. 1077 II*ᵃ *(p. 94 G.)* καί φασι τὸν Ἐπίκουρον ἐκπεφευ-
[γέν]αι τὸν Ἀττ[ι]κ[ὸν δῆμ]ον οὐχ ὅτι Ἐ[πί]κου[ρ]ος ὄντω[ς
ἤτ]τον ἀσεβεῖς εἶχ[εν] ὑπολήψεις ἀλ[λὰ τῷ] διαλεληθένα[ι πολ]-
λοὺς ἀνθ[ρ]ώπου[ς τὴ]ν φιλοσοφί[α]ν α[ὐτ]οῦ *cf. Philipps. 56,
1921, 366 et Bailey 478, 8.*

## LIBER SECUNDUS

**49, 8** *(1, 1)* sed ad ista alias *cf. ad p. 33, 14 (1, 30, 85)*  49
**12** *(1, 2)* inducat praesens, quamquam imperf. irreal. antecedit
*cf. KStegm. 2, 2, 193,* qui affert Plaut. Pseud. 3 si ... fieri possem certior, ere, quae miseriae te tam misere macerent
**26** *(1, 3)* partis quattuor *de partitione Ciceronis cf. Reinh. Pos.
216: prima pars 4—44; secunda 45—72; tertia 73—153; quarta
154—167. Quam partitionem non Stoicam esse, sed sumptam
a Cicerone ex enchiridio quodam Academico, ut libro secundo
doctrinam Stoicam profitenti tertius liber (i. e. Academicus)
eandem doctrinam iisdem causis rationibusque eodem ordine constitutis repugnans responderet, Heinem. Pos. 2, 166; 168; 219ss.
probare studuit. Quem Theil. 142 posse refutari credidit nisus
et Sexto Empirico et Philone: Sext. Emp. 9, 61. Philon. de virtut.
215; post. 168. Sed disputationem, qua in scholis quaestiones
ad deos pertinentes ita tractari solebant, ut pro re et contra
rem disputaretur, subesse Reinh. Pos. 210ss. statuit. Quem recte
iudicasse Ludovicus Krumme, Pohlenzii discipulus Gottingen-
sis, mox argumentis confirmabit.*   **50, 4** anteponendae B: **50**
num verum sit, dubitat *Philipps. BphW 38, 1918, 412.* Sed cf.
*KStegm. 2, 1, 63 et quae adscripsi ad p. 54, 31s. (2, 5, 15)*
**6—58, 3** *(2, 4—8, 22) de fontibus Ciceronis cf. Reinh. Pos. 215ss.;
KuS. 113ss.; Heinem. Pos. 2, 176; Pohlenz GGA 1930, 144*
**50, 13** dominatorem rerum: rerum dominator *vita s. Agnetis 327
(novem vitae sanctorum ed. Harster p. 48)*   **18** *(2, 5)* evidentius: evidens *in Ciceronis scriptis non nisi in philosophicis
velut 3, 4, 9; Lael. 8, 27; Lucull. 6, 18; 15, 46. — Laurand 1, 83*
**23** hippocentaurus *Sext. Emp. math. 9, 49. — Iust. inst. 3, 19, 1
(ex Gaio 3, 97a)* at si quis rem, quae in rerum natura non est
aut esse non potest, dari stipulatus fuerit, veluti ... hippocentaurum, qui esse non possit, inutilis erit stipulatio.   **51, 14** *(2, 6)* **51**
eo ipso die d̩i̩ẹ̩ A   **16** Faunorum *Prob. Verg. georg. 1, 10*
rusticis persuasum est incolentibus eam partem Italiae quae
suburbana est, saepe eos (Faunos) in agris conspici'. *div. 1,
101, 114*   **17** aut non ... aut *Cicero saepius posuit voculam
cum utroque membro coniungendam post priorem partem dis-
iunctionum Sjö. p. 138; idem Eranos 16, 1916, 30ss.; Cic. epist.
2, 16, 1* ut existimares aut me tam improvidum ... aut tam

**inconstantem**; *nat. 2, 15, 40; 3, 25, 64; leg. 2, 1, 1* sive aut quid scribo aut lego. — *Löfstedt Eranos 14, 1914, 147.* — Adde *Dig. 30, 108, 14* ideoque et ipsum Titium cum herede acturum et libertatem servo vel Sempronio quod rogatus sit praestare cogendum, *scil.* Titium non solum acturum esse, sed etiam cogendum **20 (3, 7)** ea quae sint *quamquam neutrius generis, tamen coniungenda cum verbis antecedentibus* rerum futurarum *cf. notam ad 2, 5, 15* **22** quodsi ea ficta: ea *delegat lectorem ad sequentia scil.* Mopsum e. q. s.; *quare* Graeca *Pl. 1917 non necessarium* **27** P. Clodi *Min. Fel. 26, 2* Clodius scilicet et Flaminius et Iunius ideo exercitus perdiderunt, quod pullorum sol**52** listimum tripudium exspectandum non putaverunt. **52,** 1 primo temeritas: primo *ex* promo *pr* A¹ **5 ss.** quid ... Iunius ... nonne amisit?: quid *non iam interrogandi, sed adiungendi causa positum 'ferner' Hofm. 627* **16 (3, 9)** Attus Navius *rep. 2, 20, 36; div. 1, 17, 31* **23** ex acuminibus: aut Martium discrimen obeuntes spem proelii sumitis ex acuminibus auspicati? *Arnob. 2, 67 (p. 102, 21 Reiff.); Kroll Rh.Mus. 1916, 71, 347* **24** in procinctu *Gaius Inst. 2, 101* nam ... testamentum faciebant ... in procinctu, id est, cum belli causa arma sumebant: procinctus est enim expeditus et armatus exercitus .... *(103)* Sed illa quidem duo genera *(calatis comitiis et* in pr.) in desuetudinem **53** abierunt. **53,** 17 *(4, 11)* captum fuisse *prius quam recordatum esse*: *Hofm. 609 in fine* **18** hortos Scipionis *Doma-* **54** *szewski, Arch. f. Rel.-Wiss. 12, 1909, 69*. **54,** 1 *(4, 12)* ne — quidem ... non *de abundantibus negationibus Hofm. 832* **2** medicina *Sallust. ed. Nock § 9*: αἵ τε ἐν τῷ κόσμῳ μαντεῖαι καὶ θεραπεῖαι σωμάτων γιγνόμεναι τῆς ἀγαθῆς προνοίας εἰσὶ τῶν θεῶν *scil.* quae a Stoicis adhibita erant ad defendendam divinationem, Sallustius cum ipsa divinatione composuit **5** omnium gentium ¹*de consensu gentium 1, 16, 43 s.; 1, 23, 62; Tusc. 1, 13, 30; 15, 35; Dio Chrys. XII 27; 39; Sext. Emp. math. 9, 50 s.; 60 s.; Max. Tyr. 11, 5 (Hobein); Arist. de caelo I 3, 270 b 4 ss. — Capelle 556, 3* **11 (5, 13)** praesensio: πρόγνωσις *Adler p. 121 (StVFr tom. IV); cf. 2, 17, 45* **14 ss.** *(5, 14)* de rebus caelestibus: de mundo 5 p. 397 a 8 ss.; Sen. nat. 5, 18, 1—5; 13 s.; I praef. 14; 7, 1, 1; Dio Chrys. 12, 28.* — *Capelle 554, 2; idem Arch. f. Gesch. d. Phil. 20, 1907, 182, adn. 42.* — *Sext. Emp. math. 9, 24* **27 ss.** *(5, 15)* de laudibus mundi 2, 6, 17; 7, 18 in fine; 16, 43; 38, 97; Tusc. 1, 28, 68 ss.; de mundo 5 p. 397 a 9 ss.* τῇ κατ' οὐρανὸν τάξει τε καὶ φορᾷ τῶν ἄστρων ἡλίου τε καὶ σελήνης, κινουμένων ἐν ἀκριβεστάτοις μέτροις ἐξ αἰῶνος εἰς ἕτερον αἰῶνα. *Aetius pl. 1, 6 (Diels dox. p. 295).* — *Capelle 553, 5.* — aequabilitatem e. q. s.: *Sext. Emp. math. 9, 26* **30** ordinem *Sallust. ed. Nock § 9*: τὴν δὲ τῶν θεῶν πρόνοιαν ἔστι μὲν καὶ ἐκ τούτων ἰδεῖν· πόθεν γὰρ ἡ τάξις τῷ κόσμῳ εἴπερ μηδὲν ἦν τὸ

τάττον;    31s. ea fortuita *respiciunt ad* quarum rerum *Löfstedt Arnobiana, Lund 1916*, p. 83s.; *Sjö. 167;* div. 2, 57, 117 ... ut eam *(scil.* mentem*)* providam rerum futurarum efficiat, ut ea *(scil.* res futuras*)* non modo cernat; *nat. 2, 1, 3* anteponenda; *2, 3, 7* ea quae sint.    **55**, 10 *(6, 16)* didicisse — reppe- 55 risse videatur *Tusc. 4, 2, 4* quae praetereo ne ea quae repperisse ipsi putamur aliunde didicisse videamur'    23—30 *(6, 17)* an vero — desipere videare *ab antecedentibus verbis Chrysippi seiungi non possunt cf. 3, 10, 26.* — *Heinem.* Pos. 2, 174; *Pl. 1911 p. 268 ad lin. 7*    32 ut ... evenerit: ut *explicativum pendens ab* hoc intellegimus. *Cf. quae adscripsi ad 1, 34, 95*
32—56, 5 'de caeli natura *2, 21, 56;* Tusc. *1, 18, 42;* 19, 45; *25, 60;* rep. 6, 17 in fine; Sen. nat. 1 praef. 1ss.; 2, 13, 4;* ira 3, 6, 1;* ep. 59, 16* talis est sapientis animus qualis mundi super lunam; *de mundo 6 p. 400 a 5ss.; 21ss.*  Wendland *Philos Schrift über d. Vorsehung 68, 1; 83.* — Capelle *537, 2.* — Heinem. *2, 174.*
**56**, 8 *(6, 18)* arripuit Jäger, *Hermes 50, 545 de Xenophontis ver-* 56 *bis (mem. 1, 4, 8)* εὐτυχῶς συναρπάσαι *et de sensu vocum* ἁρπάζειν, ἁρπαγμός *similium:* ἁρπαγμὸν idem fere esse quod ἑρμαῖον. — Cf. 3, 11, 27 (26); *Sext. Emp. math. 9,* 92ss.
10 animum Wackernagel, *Vorl. ü. Syntax 2, 13* animam *inserendum esse* putat; sed recte Pl. *1911* mentionem facit alterius loci libri tertii 11, 27    23ss. *(7, 19)* Paragraphum 19 Posidonio attribuit Reinh. KuS 111ss.; nam, cum § 18 et § 20 artius inter se cohaereant, paragraphum 19 ex altero fonte sumptam esse palam est. — *Quae in fine scribuntur* nisi ea uno divino et continuato spiritu continerentur, comparanda cum Cleomede μὴ ὑφ' ἑνὸς τόνου συνεχομένου αὐτοῦ *(scil.* τοῦ κόσμου*)* καὶ τοῦ πνεύματος μὴ δι' ὅλου ὄντος συμφυοῦς *(1, 1, 4 — p. 8, 20ss. Z.). Cf. quae adscripsi ad 2, 33, 84.* — *De similibus sententiis similiter inter se coniunctis Epicteti diss. 1, 14 Reinh. KuS 116.* Ad eandem § Capelle *553, 2 comparat* περὶ κόσμου 5 p. 396 a 33ss.; *Plut. de fac. in orb. lun. p. 928 a; Plut. de prim. frig. 951 d.* Ad verba una ... conversione cf. περὶ κόσμου *cum omne caput 6, tum p. 399 a 1ss.* διὰ γὰρ ἁπλῆς τοῦ σύμπαντος οὐρανοῦ περιαγωγῆς ἡμέρᾳ καὶ νυκτὶ περατουμένης ἀλλοῖαι πάντων διέξοδοι γίνονται, καίτοι ὑπὸ μιᾶς σφαίρας περιεχομένων, τῶν μὲν θᾶττον τῶν δὲ σχολαιότερον κινουμένων παρά τε τὰς τῶν διαστημάτων μήκη καὶ τὰς ἰδίας ἑκάστων κατασκευάς. Capelle *557, 3.* — Theil. p. 90.
**58**, 4—65, 31 *(9, 23—10, 44)* Has paragraphos nonnullis parti- 58 *bus, quae Stoicam doctrinam sapiunt, exceptis* recte Posidonio attribuit Reinh. Pos. 224ss., 232; Pohlenz *GGA 1922 p. 170;* paulo tantum dissentit Heinem. Pos. 2, 177s.    10 *(9, 23)* neque ali possent: possent *cf. p. 68, 5 (2, 19, 49)* posset; *leg. 3, 5, 12* haec est enim quam Scipio laudat ... temperationem rei publicae, quae effici non potuisset ...    15 *(9, 24)* quod ...

Cleanthes ... docet: quod *scil.* omnia quae alantur et quae crescant, continere in se vim caloris *iteratur et explicatur sententia interrogativa* quanta ... *corpore. Qua de abundantia Ciceronis cf. Sjö. 161* s.; *Otto de epexegeseos usu, diss. Münster 1912 p. 44* 19 in reliquiis ... iis quas *de collocatione verborum Vahlen opusc. ac. 2, 130 adn.*¹ *qui affert Lucull. 14, 45* erroribus ... iis qui. inest *quamquam praecedit* negat ... esse; *nam oratio recta sequitur obliquam ut saeplus: exempla affert Sjö. Eranos 16, 1916, 21* 26 vim ... vitalem *Sen. nat. 5, 5 s., quem locum ex Posidonio sumptum esse docuit Reinh. Pos. 242; 152. Cf. 2, 33, 83.* — vis vitalis *idem atque ζωτικὴ δύναμις.*

59 59, 1 *(0, 25)* puteis Adamantius περὶ ἀνέμων *p. 31 (Val. Rose anecd. Graec.)* πόθεν δὲ καὶ τὰ φρέατα κατὰ χειμῶνος ὥραν ἐχλιαίνετο, εἰ μὴ ἡ γῆ πυρὸς ἦν δοχεῖον καὶ οἰκητήριον; *Quare Reinh. Pos. 119, 2 Adamantium non solum cum Aristotele, sed etiam cum Posidonio congruere disputat* 21 s. *(10, 26)* aer ... frigidus περὶ κόσμου *2 p. 392 b 5* s.: ὁ ἀὴρ ... ζοφώδης ὢν καὶ παγετώδης τὴν φύσιν. *Plut. de prim. frig. 17 p. 952c (StVFr 2 p. 140, 40* ss.*) ἐπεὶ δὲ καὶ Χρύσιππος οἰόμενος τὸν ἀέρα πρώτως ψυχρὸν εἶναι, διότι καὶ σκοτεινόν* κτλ. *Ibidem 9 p. 948 d,f (StVFr 2 p. 141, 5* ss., *25* ss.*).* — *Rehm, Das 7. Buch der Nat. Quaest. d. Seneca, SBAMünch. 1921 p. 33, 1* 27 *(10, 27)* subiectis *Sen. contr. 5, 8 (p. 281 Kiessling)* Siciliae fuisse dicitur dominus, qui inclusos aeneis tauris homines subiectis urebat ignibus¹. —
60 *Verr. 1, 69; Cato 3, 2; Rab. Post. 13.* 60, 5 *(11, 20)* natura est igitur: de natura non dubitandum *Heinem. Pos. 2, 178, nam* φύσις, *non solum* ἕξις, *mundum continet, cf. Sext. Emp. adv. math. 9, 8*¹⁴ s., *quae paragraphi sic concluduntur (83* s.*):* οὐ τοίνυν ὑπὸ ψιλῆς ἕξεως ὁ κόσμος συνέχεται. εἰ δὲ μὴ ὑπὸ ταύτης, πάντως ὑπὸ φύσεως. — *Pohlenz GGA 1922, 170, 2* continet ... tuetur *Hadoardus; probat Mollweide W.St. 35, 1913, 317*

5—26 *(11, 20—30)* natura est igitur — omnemque vim mundi natura divina contineri *hanc partem non Posidonii esse, sed etsi comparanda esset cum Sext. Emp. adv. math. 9, 119* s., *Ciceronis argumenta tantum ex parte cum Sexto congruere Reinh. Pos. 226 demonstravit. Pohlenz GGA 1922, 170, 2* 19 s. *(11, 30)* nihil est — universi sit 2, 13, 35; 2, 14, 38; *Philon* περὶ ἀφθαρσ. κόσμου *22 (tom. 6 p. 80, 9* ss. *C.-W.)* ἐπειδὴ τοῦ ὅλον τὸ μέρος καὶ μεῖζον ἔσται καὶ κραταιότερον, ὅπερ ἐστὶν ἀτοπώτατον· ὁ γὰρ κόσμος ἀνυπερβλήτῳ κράτει χρώμενος ἄγει τὰ πάντα μέρη πρὸς μηδενὸς αὐτῶν ἀγόμενος. *Capelle 553, 4* 28 mobilior *Plat. Tim. 56a* τὸ δ' εὐκινητότατον (εἶδος) πυρί. — περὶ κόσμου
61 *2 p. 392a 34* ss. 61, 2 s. *(11, 31)* agitatus — moveatur *duo genera motus Posidonii* (agitari ab alio atque externo pulsu — per se ac sua sponte moveri) *non commiscenda cum tribus causis motus Aristotelicis (cf. 2, 16, 44*: aut natura ... aut vi

aut voluntate) *Reinh. KuS p. 37s.* — *Comment. in Arat. p. 93 (Maass)* ὁ μὲν ποιητής που λέγει *(ll. 17, 425)* 'δι' αἰθέρος ἀτρυγέτοιο' ἄγονον καὶ ἄκαρπον, ὥς τινες, αὐτὸν αἰνιττόμενος ..., εὑρίσκομεν δὲ αὐτὸν ζωογονοῦντα καὶ ζῷα ἔχοντα, μάλιστα τοὺς πλάνητας, διὰ τὸ αὐτοκίνητον. — *Achill. (comment. in Arat. p. 41 Maass):* Εἰ ζῷα οἱ ἀστέρες. Οἱ δὲ Ἐπικούρειοί φασι μὴ εἶναι ζῴδια, ἐπειδὴ ὑπὸ σωμάτων συνέχεται, οἱ δὲ Στωϊκοὶ τὸ ἀνάπαλιν. Ποσειδώνιος δὲ ἀγνοεῖν τοὺς Ἐπικουρείους ἔφη, ὡς οὐ τὰ σώματα τὰς ψυχὰς συνέχει, ἀλλ' αἱ ψυχαὶ τὰ σώματα ... ὅτι δὲ οἱ ἀστέρες ζῷα, χρῶνται πρὸς ἀπόδειξιν οἱ Στωϊκοὶ τούτοις. 'πάντα τὰ ἐν οὐρανῷ πυρώδη καὶ κατὰ φύσιν καὶ πολυχρονίως κινεῖται καὶ κυκλικῶς, οὐκοῦν καὶ κρίσιν ἔχει. εἰ δὲ κρίσιν ἔχει, καὶ ζῷά ἐστιν.' καὶ ὅτι ποικίλας ἔχουσι κινήσεις. τοῦτο δὲ τοῖς ζῴοις ἕπεται. καὶ ὅτι πάντα τὰ στοιχεῖα ζῷα ἔχει. ἄτοπον δὲ τὸ κρεῖττον πάντων τῶν στοιχείων ζῴων ἄμοιρον εἰπεῖν. *(Reinh. KuS 74ss.)* 2 ardor qui est mundi: mundi i. e. aetheris cf. *Achill. p. 35 (Comment. in Arat. Maass) Διόδωρος (Posidonianus)* δὲ ἐξαχῶς τὸν κόσμον φησὶ νοεῖσθαι ἐφ' ἑκάστου ἔννοιαν διδοὺς οὕτως .. τέταρτον· 'κόσμος ἐστὶν αἰθήρ.' οὗτος δὲ πῦρ εἰλικρινὲς ὢν ἀνώτερός ἐστι τοῦ φυσικοῦ κόσμου. — *Reinh. KuS. 79, 1*    7 *(12, 32)* duo ... motus *Sext. Emp. adv. math. 9, 75* ἡ τοίνυν τῶν ὄντων οὐσία, φασίν, ἀκίνητος οὖσα ἐξ αὑτῆς καὶ ἀσχημάτιστος ὑπό τινος αἰτίας ὀφείλει κινεῖσθαί τε καὶ σχηματίζεσθαι — ⟨genera⟩ motus conicio cf. *Tim. 10, 36* dedit autem divinis duo genera motus κινήσεις δὲ δύο προσῆψεν ἑκάστῳ. Sed cf. *2, 19, 49* conversiones duas; *Tusc. 3, 11, 24* quattuor perturbationes ... duae pert.; ibidem *4, 4, 8* duae pert.
14s. animantem ... mundum *scil. propter motum suum: Achill. (comment. in Arat. p. 35 Maass)* ζῷον δέ φασιν εἶναι τὸν κόσμον· τὸ γὰρ αὐτοκίνητον εἶναι αὐτὸν καὶ κατὰ τὰ αὐτὰ τὴν περιφορὰν ἀεὶ ποιεῖσθαι καὶ ἀπὸ τῶν αὐτῶν σημείων ἐπὶ τὰ αὐτὰ περιδινεῖσθαι νοῦν ἔχοντός ἐστι, φησὶν ὁ Πλάτων. *Tim. 47BC; leg. 897C.* — *Reinh. KuS 79s.*    16—63, 30 *(12, 32 med.)* inde ab Atque ex hoc quoque intellegi poterit ad finem cap. *14:* non Posidoniana *Reinh. Pos. 227 s.; Pohlenz GGA 1922, 171, 2*
61, 25—62, 8 *(12, 33-13, 34)* de gradibus animalium Nemesius (patr. Gr.) 40, 505s.; cf. *Jäger Nemesios p. 114s.* — *Johannes Scotus de divisione naturae 3, 38, 735—36 (patr. Lat. 122); cf. Liebeschütz Vorträge der Bibl. Warburg 1923/4 p. 105, 47*
32 *(12, 34)* a pestiferis recessum *Nemesios (patr. Gr.) 40, 585c* ἑκάστῳ (τῶν ἀλόγων) φυσικὴν, οὐ λογικὴν, ἐνέβαλε (ὁ Δημιουργὸς) σύνεσιν· τισὶ δὲ καὶ πανουργίας ἐνέθηκεν, ὥσπερ τέχνης εἰκόνα καὶ σκιὰν λογικήν, δυεῖν τούτων ἕνεκεν, ὑπὲρ τοῦ καὶ τὰς ἐνεστώσας ἐπιβουλὰς ἐκκλίνειν καὶ τὰς μελλούσας προφυλάττεσθαι. *Cf. Jäger Nemesios p. 117, 1.* — *Basil. hexaem. (patr. Gr.) 29, 102c:* σοὶ δέ, ᾧ καὶ λόγος πάρεστι ... χαλεπόν

έστι, είπε μοι, εκκλίναι τα δηλητήρια; Jäger Nemesios 133, 2.
**62** 62, 5 *(13, 34)* supra hominem: μείζω ή κατ' άνθρωπον Pohl. 25 ss. *(13, 36)* Quid autem est inscitius similis syllogismus Sext. Emp. adv. math. 9, 88 ss. (Cleanthes StVFr 1 nr. 529). Cf. Reinh. Pos. 227    25 s. naturam quae omnis res sit conplexa: 2, 13, 35 omnis naturas (natura universa) ipsa cohibet et continet, quos locos Kroll Rh.M. 71, 1916, 326 confert cum deo Arnobiano (p. 20, 29 Reiff = 1, 31) prima enim tu causa es, locus rerum ac spatium, fundamentum cunctorum quaecumque sunt, cui comparat Marci Aureli έκ σού πάντα, έν σοι πάντα, εις σε πάντα (4, 23).
**63** Cf. Norden Agn. Th. 240.    63, 9 *(14, 37)* vaginam de exemplo a gladio vaginaque petito Husner, Leib u. Seele in d. Sprache Senecas Philol. suppl. 1924, 17 pars 3 p. 87   14 ss. ipse autem homo etiam finem huius paragraphi sententiam Chrysippi profiteri Heinem. (Die Lehre v. d. Zweckbestimmung d. Menschen p. 12, 4) putat    21 *(14, 38)* Bene igitur idem Chrysippus de ellipsi verbi cf. quae adscripsi ad p. 33, 14 (1, 30, 85)
31 *(15, 39)* mundi: mundus idem quod κόσμος scil. hic aether vel caelum; Reinh. Pos. 228    31 ss. ex mundi divinitate sequitur sidera quoque divina esse; apud Achill.(comment. in Arat. p. 35 Maass) post initium eius loci, quem exscripsi ad p. 61, 14 (2, 12, 32), sequuntur haec: άλλά και ως ζώον ζωογονεί (ο κόσμος). τους δε αστέρας γεννήματα αύτου είναί φαμεν. και ηλίου δε δρόμον ορώμεν και σελήνης περιφοράς και των άλλων πλανήτων περιόδους και κινήσεις. Ιδιον δε ζώον το ύφ' αύτου κινείσθαι. και γάρ εν γη και άέρι και ύδατι ζώα εστίν. διό ακόλουθον και εν ουρανω και αιθέρι είναι. μήποτε μέντοι και "Ομηρος ως προς ζωόν φησιν (Od. 11, 109. 12, 323) ''Ηελίου δς πάντ' εφορά
**64** και πάντ' επακούει.' Reinh. KuS 79 s.    64, 2 calida atque perlucida de calore et luce, quae sint solis vires, Reinh. Pos. 228    9 *(15, 40)* non ut ... solum sed etiam de collocatione verborum cf. quae adnotata sunt ad 2, 2, 6    27 ss. *(15, 42 init.)* cum igitur aliorum animantium ... ratio qua deos esse sidera in aethere Aristoteles comprobavisse dicitur, Posidonii non est. Quam eandem Sext. Emp. adv. math. 9, 87 profert άλλ' ει εν τω αέρι πιθανόν υπάρχειν ζώα, πάντως εύλογον και εν τω αιθέρι ζώων είναι φύσιν, όθεν και άνθρωποι νοεράς μετέχουσι δυνάμεως, εκείθεν αυτήν σπάσαντες. όντων δε αιθερίων ζώων, και κατά πολύ των επιγείων υπερφέρειν δοκούντων τω άφθαρτα είναι και αγέννητα, δοθήσεται και θεούς υπάρχειν, τούτων μη διαφέροντας. Reinh. Pos. 228, 2; 229, 1. Sed induxit in argumentum Aristotelis Posidonius ζωογονίαν, quam minime quidem Aristotelicam esse (contra W. Jäger Aristot. 145 ss.; 152) Reinh. KuS 61 ss. docuit; Theil. p. 75; 78; 96. Ratione fere Posidoniana Plotinus 6, 7, 12 animantia etiam in caelo inesse putat: τά γάρ εν ζώντι πώς άν ού ζώντα; ... όπως ούν έχει και έστιν έκει

οὐρανός, οὕτω καὶ ἔχει καὶ ἔστιν ἐκεῖ τὰ ἐν οὐρανῷ ζῷα πάντα, καὶ οὐκ ἔστι μὴ εἶναι· ἢ οὐδ' ἐκεῖνος ἔσται. **65, 10 (16, 43)** intellegentiam in sideribus *intellegentiam siderum eo praestantiorem esse quo tenuiorem cibum Posidonium docuisse Reinh. KuS 109 disserit; aliter Jäger Aristot.¨151* 12 marinis terrenisque umoribus ¦*Plin. nat. 2, 223* ferunt ... in dulcibus aquis lunae alimentum esse sicut in marinis solis¦ 17—21 *(16, 43 fin.)* ordo autem siderum ... moveantur *de motione siderum Sext. Emp. adv. math. 9, 111 ss. cf. Reinh. Pos. 230 s.* 17—31 *(16, 43—44)* Duos syllogismos inde ab ordo autem siderum ... *Aristoteli adscribit Jäger Aristot. p. 145 ss. Sed priorem gravibus causis Reinh. KuS 81 ss. dempsit Aristoteli et addidit syllogismis collectis, quos Cicero his libris adhibuit. — Sed ne ex altero quidem syllogismo fragmentum Aristotelicum elicies.*
23 *(16, 44)* moveri de causis motus *cf. quae adscripsi ad 2, 11, 31* 26 in sublime ferri *Zenon fr. 99 (StVFr I p. 27)* φύσει γὰρ ἀνώφοιτα (ἄνωφυ· F, corr. Canter) ταῦτ' εἶναι (ἀέρα ἢ πῦρ)¦ 28 circumque *ob clausulam; idem quod* et circulum 31 motus — voluntarius *Lact. inst. 2, 5, 15.* **66, 7 ss. (17, 45)** § *45 comparanda cum §§ 60 et 63 (70), ex quibus tria genera deorum esse sequitur, de quibus Augustinus Varronem secutus (civ. 4, 27): Relatum est in litteras doctissimum pontificem Scaevolam dispertitas tria genera tradita deorum: unum a poetis (cf. § 63. 70), alterum a philosophis (§ 45 ss.), tertium a principibus civitatis (§ 60) e. q. s.; ib. 6, 5 ss. — Reinh. Pos. 408, 1; KuS 121, 1. — qualis ... natura cf. 3, 8, 20* 7—78, 13 *(17, 45— 28, 72) de paragraphis 45—72 i. e. de secunda parte totius disputationis Reinh. KuS 121 ss.* 14 praesentiens ex praesensione rerum futurarum 2, 5, 13 24 *(17, 46)* movebit *de usu verbi* movendi *Karl H. Meyer Perfektive, imperfektive und perfektische Aktionsart, Ber. sächs. G. d. W. 1917 p. 62* 27 ss. animans sit habeatque sensum ... rationem ... mentem: *quem locum fortasse respicit Arnobius 3, 35 (p. 134, 19 ss. Reiff)* universam istam molem mundi ... animans esse unum, sapiens rationale consultum probabili adseveratione definiunt. — *Kroll p. 69.* **67, 1 *(18, 47)*** expertes ... doctrinae *Sext. Emp. adv. math. 1, 1 (p. 599, 8 Bekker)* ἐν πολλοῖς γὰρ ἀμαθὴς Ἐπίκουρος ἐλέγχεται. *Hieron. ep. 70, 6, 1* exceptis his, qui cum Epicuro litteras non didicerunt. — *Kunst diss. philol. Vindob. XII p. 165,* 1 2 conum ... cylindrum *Heinem. 2, 181. — post* als multis editoribus et quadratum *excidisse videbatur cl. 1, 10, 24; sed. cf. Pl. 1911 et Cic. Manil. 17, 53* legati quaestores praetoresque, *at 12, 32* legati ... XII secures 14 tantum: tantundem *praefert Philipps. BphW 38, 1918, 412* 19 *(18, 48)* itaque nihil potest: 'posse iam inde a Plauti et Terenti temporibus absolute, ut aiunt, saepenumero ponitur' *Sjö. 165.* **68, 5 *(19, 49)*** globosa

*Diog. L. 7, 140* ἕνα τὸν κόσμον εἶναι καὶ τοῦτον πεπερασμένον, σχῆμ' ἔχοντα σφαιροειδές· πρὸς γὰρ τὴν κίνησιν ἁρμοδιώτατον τὸ τοιοῦτον, καθά φησι Ποσειδώνιος ἐν τῷ πέμπτῳ τοῦ φυσικοῦ λόγου καὶ οἱ περὶ Ἀντίπατρον ἐν τοῖς περὶ κόσμου *Pohl.* — esse non posset de imperfecto cf. quae adnotavi ad *2, 9, 23*   7 ss. primusque sol e. q. s.: § *49—56* Posidonio adscribit Reinh. KuS *81; 122* ss.; Pos. *217; 232; 245*   8 larga luce οὐδ' ἂν τούτου συμβαίνοντος, εἰ μὴ πάσῃ τῇ οἰκουμένῃ συμπαρεκτεταμένον ἦν τὸ μέγεθος τοῦ ἡλίου, τουτέστι τῷ πλάτει αὐτῆς ... ὥστε οὐ μόνον τῷ πλάτει, ἀλλὰ καὶ τῷ μήκει τῆς ὅλης οἰκουμένης συμπαρεκτέταται τὸ μέγεθος τοῦ ἡλίου Cleomed. *2, 1, 75 s;* (p. *138 Z.),* quem doctrinam Posidonianam sapere satis notum est. Reinh. KuS *123* adn. — Cf. Plin. nat. *2, 11, 50*   11 aequabilitas Cleomed. *1, 7, 39* (p. *70 Z.);* Reinh. KuS *123:* Καὶ τὰ μὲν κατὰ τὰς διαφορὰς τῶν κατὰ τὰς ἡμέρας καὶ τὰς νύκτας αὐξήσεών τε καὶ μειώσεων τοιαῦτά ἐστι, παρὰ πᾶσιν ἐπίσης ἐξισουμένων τῶν σκοτισμῶν τε καὶ φωτισμῶν τοῦ ἀέρος. Ἐν μὲν γὰρ τῇ διακεκαυμένῃ ἴσαι διὰ παντὸς αἱ νύκτες ταῖς ἡμέραις, ἐν δὲ τοῖς ἄλλοις κλίμασιν ἕτερον τρόπον ἐξισοῦται τὸ τοιοῦτον, τῶν παρ' ἑκάστοις μεγίστοις ἡμερῶν ταῖς μεγίσταις νυξὶν ἐξισουμένων, μήτε τῶν σκοτισμῶν μήτε τῶν φωτισμῶν τοῦ ἀέρος παρά τισι πλεονεκτουμένων, ἀλλ' εἰς ἴσα τοῦ ὅλου ἐνιαυτοῦ διαιρούντος ταῦτα. Αἴτιον δὲ πάσῃ τῆς περὶ τὰ προειρημένα διαφορᾶς ἐστι τὸ τῆς γῆς σχῆμα σφαιρικὸν ὑπάρχον   12 accessus modici et recessus Cleomed. *1, 6, 28* (p. *52 Z.)* δαιμονίως τῆς προνοίας τοιαύτην τὴν σχέσιν τοῦ ζῳδιακοῦ πρὸς τοὺς τροπικοὺς ἐργασαμένης ὑπὲρ τοῦ λεληθυίας, ἀλλὰ μὴ ἀθρόας γίνεσθαι τὰς τῶν ὡρῶν μεταβολάς. Reinh. KuS *124* s. — accessus πρόσοδος, recessus ἀναχώρησις Cleomed. l. l.   19 ex quattuor temporum mutationibus e. q. s.: ex quibus verbis rationem elucere Posidoni, qui solem esse creatorem omnis naturae docet, putat Reinh. KuS *125;* Pos. *134,* qui affert Diodor. bibl. *2, 52, 8.* — Cleomed. *2, 1, 84* (p. *154 Z.)* καὶ ὅτι αὐτός ἐστιν (scil. ὁ ἥλιος) αἴτιος τοῦ καὶ τὰ ζῷα ὑφεστάναι καὶ τοὺς καρποὺς τρέφεσθαι καὶ αὔξεσθαι καὶ τελεσφορεῖσθαι καὶ διότι μὴ μόνον τὰς ἡμέρας καὶ νύκτας, ἀλλὰ καὶ θέρος καὶ χειμῶνα καὶ τὰς ἄλλας ὥρας αὐτός ἐστιν ὁ ποιῶν   22 *(19, 50* init.) de affinitate, quae intercedit inter solem lunamque, et de vi lunae Reinh. KuS *125* ss. Cf. Plin. nat. *2, 41, 108* ss.; *98, 220*   26 de verbis tum defectibus ... recurrendo a prima manu B transpositis cf. Clark *347.*   *69,* 10 *(20, 51)* magnum annum August. gen. ad litt. imperf. c. *13* (CSEL *28 a* p. *487, 17)* et fortasse ita, cum omnia sidera ad idem redierint, annus magnus peragitur, de quo multi multa dixerunt 15 ss. *(20, 52)* hunc ordinem planetarum fortasse ex Posidonio sumptum esse mihi veri simile cf. Reinh. KuS *129, 1; Pohlenz GGA 1922, 171, 2; Bousset Jüdisch-christlicher Schul-*

*betrieb 32ss.; Heinem. Pos. 2, 180s.* **24s.** duodecim signorum orbem annis duodecim conficit *(usque ad* b *in ras., reliqua in mg) e corr.* H *(non* G) . **70,** 11 *(21, 54)* sine mente ratione **70** consilio *Achill. (comment. in Arat. p. 41 Maass)* πάντα τὰ ἐν τῷ οὐρανῷ ... πολυχρονίως κινεῖται καὶ κυκλικῶς οὐκοῦν καὶ κρίσιν ἔχει. *Idem ib. p. 35* νοῦν ἔχοντός ἐστι *(cf. quae exscripsi ad 2, 12, 32) Reinh.* KuS *77s.; 81* **28—32** *(21, 56)* nulla igitur in caelo ... versantur *Reinh.* (KuS *86s.) confert Philolaum (fr. 11; Vors. p. 314). — Gundel in Boll-Bezold Sternglaube 89s., affert Ptolom. synt. I p. 7, 19 ss. Heib.* ἀπὸ τῆς περὶ τὰ θεῖα θεωρουμένης ὁμοιότητος καὶ εὐταξίας καὶ συμμετρίας καὶ ἀτυφίας. *In hac parte Epicurum offendi palam est cf. Tusc. 1, 21, 48s. — Capelle 535, 1; 534, 1. 4.* **71,** 1 admirabilem ordinem *Capelle* **71** *534, 4 de Posidoni admiratione caeli. — Anonymus I (Comment. in Arat. p. 93 Maass)* καὶ Ὅμηρος *(Il. 3, 277)* 'Ἥλιος, ὃς πάντ' ἐφορᾷς καὶ πάντ' ἐπακούεις' ζῷον εἰπὼν ἔδειξε τὸν ἥλιον. ἔοικε δὲ καὶ διὰ τὴν τάξιν τοῦ παντὸς καὶ τὴν φύσιν. *Cleomed. 2, 1, 86 (p. 156 Z.)* καὶ μὴν διὰ τοῦ ζῳδιακοῦ ἰὼν (ὁ ἥλιος) καὶ τοιαύτην τὴν πορείαν ποιούμενος αὐτὸς ὅλον ἁρμόζεται τὸν κόσμον καὶ συμφωνοτάτην παρέχεται τὴν τῶν ὅλων διοίκησιν, αὐτὸς αἴτιος γινόμενος τῆς περὶ τὴν διάταξιν τῶν ὅλων διαμονῆς *Reinh.* KuS *74 s., 129.* **5 ss. §§ 57 et 58** *Heinem. 2, 183, quamquam obloquitur Reinhardtio Pos. 218, postea a Cicerone insertas esse et verba prima § 59, cum male congruant cum fine § 58, optime coniungi posse cum fine § 56 concedit* **7** *(22, 57)* Zeno *StVFr 1, 171. — Cf. 3, 11, 27* **19** *(22, 58)* suis seminibus *idem quod* materia *cf. Min. Fel. 5, 7* sint principio omnium semina natura in se coeunte densata, quis hic auctor deus? **25** vel providentia *in mg. add.* H *(sed hic solus.* G *primitus habet)* . **72,** 6 *(23, 59)* monogrammos *idem* **72** *atque* macros *vel* tenues *esse exponit Philipps. 51, 1916, 596 adn. 1 cl. Lucilio v. 59 M., sed Bailey p. 449, 5 hanc vocem sua propria notione usurpatam esse putat. — Diels III 2 p. 55* **11 ss.** *(23, 60 ss.) de origine deorum cf. Aetius, qui 1, 6 in titulo* πόθεν ἔννοιαν ἔσχον θεῶν ἄνθρωποι; *deorum septem distinguit genera (Diels dox. p. 295, 15ss.) Reinh.* KuS *122 adn.* **11—78, 13** *(23, 60—28, 72) multae autem aliae naturae e. q. s.:* deos ab hominibus constitutos esse *Christiani quoque saepe negant cf. Pohlenz Vom Zorne Gottes 151, 1; 153ss.* **19** sine ... Libero friget Venus *Arnob. nat. 7, 30 (p. 264, 12 Reiff)* Quid ... deo cum vino est, Veneriis re proxima? *Cf. Kroll 97* **21** *(23, 61)* Fides *R. Heinze Hermes 64, 1929, 156* **25** multis annis *Vahlen (Ges. phil. Schr. 2, 184, 7) in Iuv. Sat. 7, 88* (ille et militiae multis largitur honorem) multis *idem atque* nonnullis = manchen *esse disputat* **26** Opis *Varro ling. 5, 64; Arnob. nat. 1, 36; Aug. civ. 4, 11; 21; 7, 24. — Lind. p. 10. p. 70, 11.*

73 73, 8 ss. *(24, 62)* hinc Hercules *e. q. s.*: 'leg. 2, 8, 19 divos ... colunto et ollos quos endo caelo merita locaverint, Herculem, Liberum, Aesculapium, Castorem, Pollucem, Quirinum' 13 liberos *Lind.* p. 71, 79   26 *(24, 63)* Saturnum *de Saturno, Iunone similiter Arnobius nat. 3, 29 (p. 131, 20 ss. Reiff) cf. Kroll 68 (24, 64)* physica ratio *e. q. s.: asyndeton causale s. explicati-*
74 *vum KStegm. 2, 2, 158; Hofm. 653.*   74, 6 ss. *(25, 64—27, 69)* Saturnus *de etymologia Ciceroniana cf. Varro ling. 5, 64 ss.*: ab satu est dictus Saturnus *(64)*; quod hinc omnes et sub hoc, eundem appellans dicit *(Ennius)* 'divumque hominumque pater rex' *(65)*; et ea dicta, quod una iuvat cum Iove, Iuno *(67)*; quae 'dat cibaria' ut ait Ennius, quae 'quod gerit fruges, Ceres' (*var. 50* V²), antiquis enim quod nunc CG *(64)*; Apollinis vocabulum Graecum *(68)*; Sol ... ⟨quod⟩ solus ita lucet ut ex eo deo dies sit *(68)*; Luna, quod sola lucet noctu *(68)*; parientes eam *(Lucinam)* invocant *(69)*   14 et quidem ante optimus *Plin paneg. 88, 8* ideoque ille parens hominum deorumque optimi prius nomine, deinde maximi colitur   17 *(25, 65)* Ennius *de versibus Ennianis N. Terzaghi Studi ital. di filol. class. 6, 1928, 186 ss.*   18 sublime *K. Meister (SB. Heidelberg 1924 5 III p. 30)* sublimen *ex* superlimen *ortum esse ratus, in formis, quas* B¹ suplimim, P supplime *tradunt, vestigia veri servata esse contendit; falso, nam nihil agnoscendum nisi error scribae, qui simile verbum (vel* supplicari *vel* suppliciter*) suspicatus sit. Cf. Heraeus, Philologus 55, 1896, 196 ss.*
22 caelo fulgente *Gell. 12, 5, 11* quaere etiam ... cur (Stoicus) fulgente caelo a luminis iactu non sua sponte et caput et oculos declinet   fulgente et tonante *ne attigeris* et; *nam formula* Iove fulgente tonante *asyndeton antiqui moris velut* optimus maximus, purus putus *sim. (KStegm. 2, 2, 148; Hofm. 846); sed, cum circumscribit, Cicero suo sermone utens addidit* et
24 immoderatum aethera *Arnob. nat. 3, 30 (p. 132, 5 Reiff)* (Iovem dictitavere) aethera nonnulli flagrantem vi flammea atque ardoris inextinguibili vastitate. *Cf. Kroll 68. — De aethere deo Posidoniano Wilamowitz Glaube d. Hell. 2, 406.*   27 ss. *(26, 66) de aere Iunonis nomine: Philipps. 55, 1920, 277 Philodem. frgmt. Herculanense 1428 A 3 (2ᶜ p. 63 G.)* [Ἀφροδίτην λέγ]ουσι καὶ Δ[ιώνην τ]ὴν αὐτήν, [τὴν δ᾽ Ἥρ]αν καὶ τ[ὸν Δία φη]σὶν ἀέρα τ[ε καὶ πῦρ] εἶν᾽ Ἐμπε[δοκλῆς ἐν τ]οῖς ὕμνοις [καί. *Cf. E. Bignone Empedocle, Torino 1913, p. 542 ss. — Arnob. nat. 3, 30 (p. 132, 11 Reiff)* aer illa (Iuno) est. *Kroll 68. —* ¹Fulgent. mitol. I, III
75 de Iove et Iunone.   75, 12 recidunt: reaudant B¹ *ex* reccidant *ortum esse ratus Plasberg addidit Ov. met. 10, 17 s.*: o positi sub terra numina mundi, in quem reccidimus, quidquid mortale creamur   14 quam frugum semen esse volunt: *Arnob.*
76 *nat. 5, 37 (p. 207, 13 Reiff). Kroll 80.*   76, 3 *(27, 68)* penus

*Gell. 4, 1, 17*  5 Apollinis nomen *Macr. sat. 1, 17, 7 (StVFr 2 nr. 1095)* scribit cognominatum ... Chrysippus Apollinem ὡς οὐχὶ τῶν πολλῶν καὶ φαύλων οὐσιῶν τοῦ πυρὸς ὄντα, primam enim nominis litteram retinere significationem negandi, ἢ ὅτι μόνος ἐστὶ καὶ οὐχὶ πολλοί, nam et Latinitas eum, quia tantam claritudinem solus optinuit, solem vocavit¹  24 *(27, 09)* Venerem *Arnob. nat. 3, 33 (p. 133, 21 ss.)* praetermittimus hoc loco satietatis fuga ... quod ad cunctos veniat, Venerem ... cognominatam esse. *Kroll 69.*  77, 4 *(28, 70)* commenticios et 77 fictos '*Mur. 13, 28* rebus fictis commenticiisque; *off. 3, 9, 39* ficta et commenticiam fabulam; *Hier. ep. 70, 3, 1* testimoniis ... prophetarum et apostolorum, quae ille (Demetrianus) ficta et commenticia esse ducebat; *Lact. inst. 5, 4, 4* scripturae ... quam ille (Demetrianus) utique vanam fictam commenticiam putabat'. — *Kunst diss. phil. Vind. 12 p. 199, 3*  19 *(28, 71)* Ceres ... Neptunus *cf. 3, 25, 64.*  79, 3 *(29, 74)* arbitrato *Cato agr. 5, 6* 79 obsequito; *Cic. rep. frgm. inc. 2* nitito. *Hofm. 544; Leum. 323/4* 11/12 hominem sine arte sine litteris *idem quod* ἄτεχνον, ἄμουσον. *Ad participium, ut aiunt, deficiens cf. 1, 21, 58* Epicureos e Graecia; *3, 1, 2* sermo tuus contra Epicurum; *Phil. 2, 15, 37* pax cum civibus bello civili utilior; *Brut. 131* accusator de plebe; *177* lenitas sine nervis. — *Kroll ad Cic. Brut 131; Hofm. 629*  14 ss. *(30, 75)* §§ 75—115 *(nonnullis velut 82 ss. exceptis) non Posidonianae Reinh.* KuS *110, 149 ss.*  16 s. *de divisione disputationis Ciceroniana cf. Reinh. Pos. 216: prima pars 76—80: secuna 81—94; tertia 95—153. — Effusius iterum de sententiarum ordine, quem Cicero secutus est in componenda hac parte, Reinh.* KuS *95.* — *Heinem. 2, 183 ss.*  21 ab eaque omnia: 'omnia om. Hadoardus, quod probat Mollweide W. St. 35, 1913, 317*  27 s. *(30, 76)* deos esse ... eos aliquid agere idque praeclarum *Theon progymn. 127, 4 Sp.* εἶθ' ὅτι ἀναγκαῖόν ἐστι τὸ πρόνοιαν εἶναι· εἰ γάρ τις τὸ προνοεῖν περιέλοι τοῦ θεοῦ, ἀνῄρηκε καὶ ἣν ἔχομεν περὶ αὐτοῦ ἔννοιαν, δι' ἣν καὶ τὸ εἶναι αὐτὸν ὑπολαμβάνομεν. *Reinh. Pos. 210 adn.* 80, 22 *(31, 78)* compotes: 'compctes A¹V¹B¹ cf. Prisc. inst. 1* 80 *p. 26, 18 (Hertz)* antiqui 'compes' pro 'compos'  27 *(31, 79)* lex quae est recti: *1, 14, 36* legem ... recta imperantem prohibentemque contraria. — *StVFr 3, 315 ss.*  81, 19 *(32, 81)* 81 volumus nunc conferendus Boas *Glotta 16, 1928, 62—74*: volumus similesque formas nullius rei esse  16 ss. Ciceronem has §§ 81—150/153 Arateis exceptis ex uno Panaetio sumpsisse *Heinem. (Pos. 2, 194—217)* sibi persuasit. Pohlenz autem cum antea GGA *1922, 170* tum GGA *1930, 144 s.* duos fontes i. e. et Posidonium et Panaetium agnoscendos esse docuit  25 seminis enim vim similiter de condicionibus quibus semen concipiatur Hierocles 'Ηθική στοιχείωσις col. 1, 5 τὸ τοίνυν σπέρμ[α] κατα-

πεσὸν εἰς ὑστέρα[ν] ἔ[ν] τε καιρῷ τῷ προσήκοντι καὶ ἅμ[α ὑπ']] ἐ[ρ]ρωμένου τοῦ ἀγγείου συλληφθὲν οὐκέτι ἠρεμεῖ. *H. v. Arnim Berl. Klassikertexte 4 p. XIX.* — seminis vis δύναμις σπερματική; ali augerique ἡ τρεπτικὴ καὶ αὐξητικὴ δύναμις; moveri ἡ καθ' ὁρμὴν κίνησις vel ἡ μεταβατικὴ δύναμις; sentire ἡ αἰσθητικὴ δύναμις; adpetere ἡ θυμητικὴ δύναμις vel ὁρμή; gignere ἡ σπερματικὴ ἤγουν γεννητικὴ δύναμις. *Reinh. Pos. 244.* — Eodem ordine hae vires nominantur a Nemesio c. 26 *(patr. Gr. 40 p. 704) Reinh. Pos.* 352 ss.    **32—82,** 1 possent ut Epicurus F; *scil. omisit totum versum codicis* B *cf. Clark 8* **32—83,** 2 *(32, 82—33, 85)* in §§ *82—85 (usque ad verba* sequitur natura mundum administrari*) Cicero, quae Posidonius de συμφυΐα mundi, quam vocant, docuerat, servavit; secernanda autem a capitibus, quibus haec vere Posidoniana circumdantur* (§ *81 et 85 inde a verbis* quae enim classium navigatio e. q. s.*) Reinh. KuS* 92 ss.*;* 110 s.*; Pos.* 237 ss. *Consentit Pohlenz GGA 1926 p.* 277 ss.*; 1930, 145, 2. Sed Panaetio attribuit Heinem. Pos.* 2, *187* ss.*;* 209, *cui nuper oblocutus est Theil.*
82 *p.* 79, 3.     **82,** 1 Epicurus *Epic. fr.* 75 *Us.*    4 natura constare: ὑπὸ φύσεως συνέχεσθαι Sext. *Emp. adv. math* 9, *81;* n. c. administrarique mundum ὑπὸ φύσεως ... συνέχεσθαι καὶ διοικεῖσθαι τὸν κόσμον Cleomed. *1, 1, 4 (p. 8, 18 Z.); Reinh. KuS 100, 1;* 104 s.    — *Cum Cleomede cf. Ocellum Lucanum 10 (R. Harder p. 12* s.*; p. 66* s.*)*    5 fragmentum lapidis Plotin. 4, 4, 27 οὐ ταὐτὸν δεῖ νομίζειν σῶμα γήϊνον ἀποτμηθέν τε γῆς καὶ μένον συνεχές, οἷα λίθοι δεικνύουσιν αὐξόμενοι μέν, ἕως εἰσὶ συνηρτημένοι, μένοντες δὲ ὅσον ἐτμήθησαν ἀφῃρημένοι. Origenes περὶ εὐχῆς 6, 1 *(II 311, 19 Kl.)* λίθοι γὰρ καὶ ξύλα τὰ ἐκκοπέντα τοῦ μετάλλου ἢ τὸ φύειν ἀπολωλεκότα, ὑπὸ ἕξεως μόνης συνεχόμενα, τὸ κινοῦν ἔξωθεν ἔχει, ἀλλὰ καὶ τὰ τῶν ζῴων σώματα καὶ τὰ φορητὰ τῶν πεφυτευμένων, ὑπό τινος μετατιθέμενα, οὐχ ᾗ ζῷα καὶ φυτὰ μετατίθεται, ἀλλ' ὁμοίως λίθοις καὶ ξύλοις τοῖς τὸ φύειν ἀπολωλεκάσιν. *Theil.* 73 ss.*;* 92    6 nulla cohaerendi natura *Tim. 5, 15* ita apte cohaeret *(scil.* mundus), ut dissolvi nullo modo queat. *Ac. 1, 6, 24* neque ... materiam ipsam cohaerere potuisse, si nulla vi contineretur    9 *(33, 83)* arte naturae *(post* continentur*): a Cicerone totius huius sententiae vi perperam intellecta insertum, Reinh. KuS p.* 99 s.*; Heinem. Pos.* 2, *189* s.     10 vivunt et vigent *Sen. nat.* 6, 16, 1 non esse terram sine spiritu (πνεῦμα) palam est: non tantum illo dico, quo se tenet ac partes sui iungit, qui inest etiam saxis mortuisque corporibus, sed illo dico vitali et vegeto et alente omnia. *Sed et, quae sequuntur, cum Ciceronis verbis conferenda sunt. Reinh. KuS* 108. — *Plot.* enn. 4, 4, 36 οὐ γὰρ δή, ὥσπερ ἄψυχον οἰκίαν μεγάλην ἄλλως καὶ πολλήν ... ἔδει αὐτὸ γεγονέναι, ἀλλ' εἶναι αὐτὸ ἐγρηγορὸς (viget) πανταχῇ καὶ ζῶν (vivit). *Reinh.*

*KuS* 119 s.; *Plot.* 4, 4, *p.* 414 C τὴν μὲν οὖν φυτικὴν ψυχήν, ὡς ἔχει ἡ γῆ, ἐκ τῶν φυομένων ἐξ αὐτῆς ἄν τις τεκμαίροιτο· εἰ δὲ καὶ ζῷα πολλὰ ἐκ γῆς γιγνόμενα ὁρᾶται, διὰ τί οὐ καὶ ζῷον ἄν τις εἴποι αὐτὴν εἶναι; — *Theill.* p. 71 s.; *R. E. Witt Class. Quart.* 24, 1930, 205 adn. 12     13 alat et augeat *Macr. sat.* 1, 17, 35 Camerienses ... ἀειγενέτῃ Apollini immolant τῷ τὸν ἥλιον ἀεὶ γίγνεσθαι καὶ ἀεὶ γεννᾶν id est quod semper exoriens gignitur quodque ipse generat universa inseminando fovendo producendo alendo augendoque    alatur *de naturis quae vicissim inter se aluntur, Cleomed.* 1, 11, 62 (p. 110, 29 ss. Z.) οὐκ ἔστιν ἀδύνατος (ἡ γῆ) ἀναπέμπειν τροφὴν τῷ οὐρανῷ καὶ τοῖς ἐν αὐτῷ. Οὐδ' ἂν ἐξαμβλωθείη τούτου ἕνεκα, ἐν μέρει καὶ αὐτὴ ἀντιλαμβάνουσά τινα ἔκ τε ἀέρος καὶ ἐξ οὐρανοῦ. Ὁδὸς γὰρ ἄνω κάτω, φησὶν ὁ Ἡράκλειτος, δι' ὅλης ⟨τῆς⟩ *(add. Reinhardt)* οὐσίας τρέπεσθαι καὶ μεταβάλλειν πεφυκυίας, εἰς πᾶν τῷ δημιουργῷ ὑπεικούσης εἰς τὴν τῶν ὅλων διοίκησιν καὶ διαμονήν, *quae cum sequentibus partibus Ciceronis congruunt. — Reinh. KuS* 106 s.; *Theill.* p. 77     17 ss. *de animantibus aere sustentis Sext. Emp. adv. math* 7, 129 ἐν γὰρ τοῖς ὕπνοις μυσάντων τῶν αἰσθητικῶν πόρων χωρίζεται τῆς πρὸς τὸ περιέχον συμφυίας ὁ ἐν ἡμῖν νοῦς, μόνης τῆς κατὰ ἀναπνοὴν προσφύσεως σῳζομένης οἱονεί τινος ῥίζης. *Reinh. KuS* 102 s.     18 aer nobiscum videt Ciceronem hic Posidonium secutum esse comprobauit *Praechter Hermes* 48, 1913, 315 ss. Cf. *Pohlenz GGA* 1926 p. 279. Diligentius autem hanc sententiam perscrutatus est *Reinh. Pos.* 238; 243; *KuS* 102 ss.: *Galen. de plac. Hipp. et Plat.* p. 625 Müller
20 quacumque — qua *ad exempla a Pl.* 1911 *allata add. Vahlen Catull.* 64, 280 quoscumque ... quos ... quos; *Liv.* 35, 19, 4 ubicumque vires, ubi arma esse sciam. *KStegm.* 2, 2, 516 adn.; *Hofm.* 710     22 *(33, 84)* in medium locum *Sallust.* ed. *Nock* § 7: σφαίρας δὲ οὔσης τοῦ κόσμου (ὁ γὰρ ζῳδιακὸς δείκνυσι τοῦτο), ἐπειδὴ σφαίρας πάσης τὸ κάτω μέσον ἐστὶν (πανταχόθεν γὰρ πλεῖστον ἀφέστηκε cf. *Cic.* § 47) τά τε βαρέα φέρεται κάτω φέρεται δὲ εἰς γῆν, ⟨ἀνάγκη μέσην εἶναι τοῦ κόσμου τὴν γῆν.⟩
22 ss. *(33, 84 init.)* Similiter in 2, 16, 44 Aristoteles *de tribus motibus* deorsum, in sublime, in orbem circumque; *sed quid intersit inter Aristotelem et Posidonium disserit Reinh. KuS* 88 s.
24 continentem ... unamque naturam: *idem quod* συμφυΐα, quam item *Cleomedes* 1, 1, 4 *(p.* 8, 16 ss. *Z.)* ex audiendo videndoque comprobauit εἰ γὰρ μὴ δι' ὅλου συμφυὴς ὑπῆρχεν ἡ τῶν ὅλων οὐσία, οὔτ' ἂν ὑπὸ φύσεως οἶόν τ' ἦν συνέχεσθαι καὶ διοικεῖσθαι τὸν κόσμον, οὔτε τῶν μερῶν αὐτοῦ συμπάθειά τις ἂν ἦν πρὸς ἄλληλα, οὔτε, μὴ ὑφ' ἑνὸς τόνου *(v. Arnim,* τόπου *mss.)* συνεχομένου αὐτοῦ καὶ τοῦ πνεύματος μὴ δι' ὅλου ὄντος συμφυοῦς, οἶόν τ' ἂν ἦν ἡμῖν ὁρᾶν ἢ ἀκούειν. *Sed et Posidonius, quem Cleomedes, opinor, sequitur, similiter:* Ποσειδώ-

νιος γοῦν αὐτὴν (τὴν δρασιν) σύμφυσιν ὀνομάζει Aetius 4, 13, 3 *(Diels dox. p. 403) Reinh.* KuS 105; 103 30 ultro citro: que addendum putat Halm ad orat. de imp. Pomp. 16,48; negat autem recte Landgr. p. 132 31 ss. *(33,85 init.)* aeternitatem mundi a Panaetio separari posse negat Heinem. Pos. 2, 204 ss., qui priorem partem huius paragraphi Posidonio attribuere non vult. Recte ei obloquitur Pohlenz GGA 1930,145, 1.

83 **83, 16** *(34, 86)* seminator et sator Dio Chrys. 12, 29 πῶς οὖν ἀγνῶτες εἶναι ἔμελλον καὶ μηδεμίαν ἕξειν ὑπόνοιαν τοῦ σπείραντος καὶ φυτεύσαντος καὶ σῴζοντος καὶ τρέφοντος, πανταχόθεν ἐμπιμπλάμενοι τῆς θείας φύσεως; Wendland Arch. f. Gesch. d. Phil. I, 1888, 208; Meister Mart. diss. Breslau 1915, 101 s.; Theil. 71,1 hanc paragraphum Posidonio assignat 18 membra et partes Marc. Aurel. 7, 13 Οἷόν ἐστιν ἐν ἡνωμένοις τὰ μέλη τοῦ σώματος, τοῦτον ἔχει τὸν λόγον ἐν διεστῶσι τὰ λογικά, πρὸς μίαν τινὰ συνεργίαν κατεσκευασμένα. Μᾶλλον δέ σοι ἡ τούτου νόησις προσπεσεῖται, ἐὰν πρὸς ἑαυτὸν πολλάκις λέγῃς, ὅτι μέλος εἰμὶ τοῦ ἐκ τῶν λογικῶν συστήματος. Ἐὰν δὲ διὰ τοῦ ῥῶ στοιχείου μέρος εἶναι ἑαυτὸν λέγῃς, οὔπω ἀπὸ καρδίας φιλεῖς τοὺς ἀνθρώπους. Ex iis quae dicuntur ἡνωμένα et διεστῶτα Theil. 116; 127 concludit in Marci Aureli sententiis latere doctrinam Posidoni, ex qua etiam Ciceronis verba membra et partes fluxerint. Item verba μέρος et μέλος copulat Synes. de insomn. (patr. Gr. 66) 1285 a ἔδει γάρ, οἶμαι, τοῦ παντὸς τούτου συμπαθοῦς τε ὄντος καὶ σύμπνου τὰ μέρη προσήκειν ἀλλήλοις ἅτε ἑνὸς ὅλου μέλη τυγχάνοντα 29 s. *(34, 87)* utrum ... -ne ... an Hofm. 698, qui affert Plaut. Pseud. 709.

84 **Th. l. L.** 2,12,10 ss. **84,** 3 signum aut tabulam pictam Xen. mem. 1, 4, 3 in simili contextu: ἀνδριαντοποιίᾳ ... ζωγραφίᾳ 28 *(35, 89)* In hac parte ex Accio sumpta permulta verba poetica invenies quibus Cicero ipse nusquam usus est: Laurand p. 31; 50: fremibundus (Laur. p. 39) conciet (p. 35) undanti (p. 49) saxeam (p. 46) inciti (p. 39) perfremunt (p. 44) melos (p. 42). — pelagus autem et pontus a Cicerone poetice tantum usurpata: pelagus Phaen. 310 et in versu Pacuvi quem affert de orat. 3, 39, 157; pontus Phaen. 296; cf. progn. 183; div. 1, 8, 14. — In sermone pedestri non nisi Pontus Euxinus vel 85 regnum Ponti. Laurand p. 61. **85,** 1 dum ... dum cave conferas cum Catull. 62, 45: sic virgo dum intacta manet, dum cara suis est vel Plaut. Truc. 234. Sed Hofm. recte monet (p. 741 in fin.) dum idem esse quod interim velut in Plaut. Rud. 779 abi modo, ego dum hoc curabo recte; similiter Mil. 430 persectari hic volo ... nos nostri an alieni simus, ne dum quispiam nos vicinorum imprudentis aliquis immutaverit Hofm. 746. Quare dum ... dum conferendum cum modo ... modo vel tum ... tum. Löfstedt in Strena philologica Upsaliensi (1922) p. 408 ss. KStegm.

*2, 2, 70; 372* 11 sicut — inciti *versum corruptum puto; cf. Ax de hiatu diss. Gött. 1917 p. 46* 13 Silvani *Silvanus non modo cum Pane comparandus (Wiss. 215, 10) sed etiam, cum deus silvae sit, Argonauticis dignissimus: C.I.L. V 815* Silvano sacrum: Sectores materiarum Aquileienses ... posuerunt; *XI 363* Silvano Aug(usto) sacrum L. Titius Eutyclas negotians materiarum; *XII 2597* Deo Silvano pro salute ratiarior(um) superior(um); *XIII 6618* I. O. M. Silvano cons(ervatori) Dianae Aug(ustae) v[e]x[ill(atio) le]g(ionis XXII [Ant(onianae) pr. p. f.] ag(entium) (in) lignariis sub cur(a) Mamertin(i) Iusti on(itionis). *Cf. von Domaszewski Abhandl. zur röm. Religion p. 62* 27—90, 22 *(36, 91—40, 104)* admirabilitatem caelestium rerum et terrestrium, etsi partitio paragraphorum 91/92 repetitur in paragraphis 98—104, ab uno eclectico quodam compositam esse et cum ceteris partibus ad 2, 56, 140 (p. 106, 24—32) adscriptis coniungendam esse docet Reinh. KuS 149 ss. (aliter iudicaverat Pos. 222). 86, 6 hoc quod memoro *Varro ling. 5, 17* initium versus tantum affert id quod nostri caelum memorant. — *Fränkel Plautinisches im Plautus p. 84; Wilamowitz Glaube d. Hell. 2, 406* 10 isto nisi fuit istoc *cf. Ax de hiatu diss. Gött. 1917 p. 71* 12 *(36, 92)* princeps sol |rep. *6, 17* Sol ... dux et princeps ...; *Plin. nat. 2, 6, 12 s.* — *Capelle 566, 3*| 15 ss. |ad finem § 92 cf. *Cleomed. 2, 1, 86 (p. 156, 21 ss. Z.)* καὶ μὴν διὰ τοῦ ζωδιακοῦ ἰὼν (ὁ ἥλιος) καὶ τοιαύτην τὴν πορείαν ποιούμενος αὐτὸς ὅλον ἁρμόζεται τὸν κόσμον καὶ συμφωνοτάτην παρέχεται τὴν τῶν ὅλων διοίκησιν, αὐτὸς αἴτιος γινόμενος τῆς περὶ τὴν διάταξιν τῶν ὅλων διαμονῆς. καὶ τούτου μετασταντος ἢ καὶ τὸν οἰκεῖον τόπον ἀπολιπόντος, ἢ καὶ τέλεον ἀφαυισθέντος οὔτε φύσεται τι οὔτε αὐξήσεται, ἀλλ᾽ οὐδὲ τὸ σύνολον ὑποστήσεται, ἀλλὰ καὶ πάντα τὰ ὄντα [τε] καὶ φαινόμενα συγχυθήσεται καὶ διαφθαρήσεται. — *Capelle 566, 2*| 25 *(37, 93)* formae litterarum *Plut. de Pyth. orac. 11 p. 399 E (Usener Epic. p. 342). — Quint. inst. 1, 1, 26. Reinh. KuS 97, 1:* hoc exemplum in parte non Posidoniana 29 *(37, 94)* quemadmodum adseverant ... mundum esse perfectum anacoluthum iam *Heindorf (1815)* recte agnovit, nam more insolito verbum principale quod esse debuit perfectus est, a verbo sententiae relativae pendet velut *Ter. Ad. 648* ut opinor eas non nosse te, et certo scio, *Cic. ad Q. fr. 2, 13, 2* quoniam ut scribis poema ab eo nostrum probari *Sjö. 134. Hofm. 807; de Graecis Kühner-Gerth³ 2, 2, § 600* 31 ποιότητα *cf. Plasberg ad Acad. 1, 6, 24 (ed. mai. p. 46, 11).*
87, 9 *(37, 95)* domiciliis de deficiente in *K Stegm. 2, 1 353* 14 patefactis terrae faucibus *cf. Platonis* κατάγειος *re publ. 514 a* οἷον ἐν καταγείῳ οἰκήσει σπηλαιώδει. *Ernst Hoffmann Vorträge der Bibl. Warburg 1923/4 p. 78* 25 quae cum viderent: de relativo quae non dubitandum, nam post simile πλίγος sen-

*tentia principalis incipit a pronomine relativo* Lucr. 2, 347; Gaius inst. 2, 144 siquis ... aut noluerit ... aut decesserit ... aut exclusus fuerit ... aut defectus sit ... aut summotus fuerit ab hereditate: quibus casibus pater familias intestatus moritur, nam et prius testamentum non valet ruptum a posteriore, et posterius aeque nullas vires habet, cum ex eo nemo heres 88 extiterit. — *Hofm. 807.* **88**, 2 *(38, 96)* consuetudine *Seneca nat. 7, 1, 1. Plotin. 4, 4, 37* ἀλλ' ἡμεῖς τὰ μὲν συνήθη οὔτ' ἀξιοῦμεν ζητεῖν οὔτ' ἀπιστοῦμεν, περὶ δὲ τῶν ἄλλων τῶν ἔξω τοῦ συνήθους δυνάμεων ἀπιστοῦμέν τε ὡς ἔχει ἕκαστον καὶ τῷ ἀσυνήθει τὸ θαυμάζειν προστίθεμεν θαυμάσαντες ἂν καὶ ταῦτα, εἰ ἀπείροις αὐτῶν οὖσιν ἕκαστόν τις προφέρον ἐξηγοῖτο αὐτῶν τὰς δυνάμεις. *R. E. Witt Class. Quart. 24, 1930, 204* 19 ss. *(38, 98 ss.)* Has paragraphos Panaetio fortasse attribui posse putat Pohl.
29 *(39, 98)* altitudines *de verbis parvo spatio iteratis Stangl BphW 1905, 695; Löfstedt Spätlateinische Studien 37: Ter. Hec. 747; Prop. 3, 25, 16; Petron. 118, 2 .* Gaius inst. 2, 203 velut fructus, qui in illo fundo nati erunt, aut quod ex illa ancilla
89 natum erit. **89**, 1 *(39, 99)* volucrium *Charis. (Gr.L. I p. 146, 28)* volucrium Cicero de finibus bonorum et malorum *(2, 33, 110)*
90 28 *(40, 101)* cursus... definiunt *Tusc. 5, 24, 69`.*  **90**, 7 s. *(40, 103)* luna... maior quam dimidia pars terrae *Cleom. 2, 1, 80 (p. 146 Z.)* ἐπεὶ οὖν δὶς καταμετρεῖται ἡ σκιὰ τῆς γῆς ὑπὸ τοῦ σεληνιακοῦ μεγέθους, δοκεῖ πιθανὸν εἶναι, διπλασίονα εἶναι τὴν γῆν τῆς σελήνης     12 subiecta atque opposita *div. 2, 6, 17* quandoque eadem luna subiecta atque opposita soli nostris oculis eius lumen obscuret     14 interpositu *Plin. nat. 2, 47* 30 ss. *(41, 105 ss.) in paragraphis 105—115 multa verba, quibus Cicero nusquam nisi in versibus vel suis vel aliorum poetarum usus est, de quibus egit Laurand 1, 51 ss.: 105* cardine, polus; *106* refulget, torvus; *107* relucet, tempora, radianti, opstipum; *110* tremulam, corniger; *111* praelabitur; *112* flamina,
91 semifero; *114* squamoso, infernis, plumato.    **91**, 4 *(41, 105)* totis noctibus *recte Pl. 1911* δι' ὅλων νυκτῶν. Errat Ahlberg (Durative Zeitbestimmungen im Lat. Lund 1906 p. 23 ss.), qui docet Ciceroni, si dicere voluisset die ganzen Nächte, dicendum fuisse totas noctes *(velut 2, 28, 72; Mur. 34, 70; Att. 8, 11, 1* totos dies*) et hac de causa cum hoc loco comparandos esse versus Plautinos Mil. 212* cui bini custodes semper totis *(i. e. omnibus)* horis occubant. *Sed ipsius Ciceronis tempore usus videtur mutatus esse, nam et Cicero ipse (div. 1, 19, 38* modo maneat id ... multis saeclis verax fuisse id oraculum *Ahlberg p. 25 s.)* ablativo usus est durativo modo et *Catullus (109, 5* tota vita*) et Caesar (Gall. 1, 26* tota nocte atque in civ.*) similes formas scripserunt cf. Löfstedt peregr. Aeth. 51 ss.; Hofm. 452; 381*
6 Septem triones *legitime dirimuntur Wackernagel Vorlesungen*

*über Syntax 1, 91.* **92, 18** *(42, 110)* dein *praeter hunc lo-*
*cum in philosophicis non habet nisi rep. 1, 10, 16:* dein Tubero
*(Th.l.L. 5, 407, 18)*. **93, 11** *(43, 111)* suerunt *in sermone pe-*
*destri Ciceronis semel: epist. 15, 8* suesti M, *sed* HDF *praebent*
consuesti *Sjö.* suesti *scripsit cl. Tac. ann. 2, 52, sed et ipse*
dubitans **14** minorem septentrionem *de forma singulari*
*Gundel de stellarum appellatione (Relig.-gesch. Versuche u.*
*Vorarb. 3, 2) p. 60 s.; 152*. **94, 4** *(44, 112)* genum acc. neutr.
*cf.* cornum *Ter. Eun. 775; Ov. met. 8, 408. — Walde p. 392*
**11** pectore *de corpore in Arateis bis et ante* frigus *et ante*
semifero *a Cicerone posito cf. Bannier Rh. Mus. 69, 1914, 502. —*
*Sed Cicero ipse itidem correxisse hic in nat. videtur ut in § 111,*
*ubi* horrisonis Arateorum *mutatum est in* horriferis. *Cf. Norden*
*ad Verg. Aen. 6, 573.* **95, 4** *(44, 114)* corpore: pectore *dett.*
*cf. Hor. sat. 1, 3, 33 s.* at ingenium ingens inculto latet hoc sub
corpore: *mss. partim* pectore, *partim* corpore; *Sall. Iug. 85, 29*
cicatrices advorso corpore *vel* pectore. **96, 7 ss.** *(45, 115-*
*61, 153)* Pohlenz *GGA 1922, 168 s. et iterum GGA 1926, 279 ss.*
*auctorem huius teleologiae* Panaetium, *non* Posidonium *esse*
*confirmat; Reinh. autem ut in Pos. 248 ss., ita* KuS *139 ss. mul-*
*tis causis — neque vero argumentis, quae Pohlenz 1922 attu-*
*lerat, satis confutatis — de Posidonio non dubitat. Cf. quae*
*adscripsi ad p. 81, 16 ss.* **(45, 115 ss.)** *ex Nemesio nomina*
*Ciceronis in linguam Graecam sic fere vertit Jäger,* Neme-
*sios 107:* quasi consentiens coagmentatio ὁμόλογος *vel* σύμφωνος
ἁρμονία; copulatio σύνδεσις; vinculum δεσμός; colligare συ-
σφιγγεῖν, συνδεῖν, συνάπτεσθαι; extrema convertit ∼ ἐπιστροφὴ
καὶ ἐπίκλασις τῶν ἄκρων. *Cum verbis* vinculo circumdato colligantur *conferenda* aeterno religatus foedere mundus *Manil. astr.*
*3, 55. —* stabilis ... mundus *cf. Manil. 1, 168 ss.* idcircoque manet
stabilis, quia totus ab illa tantundem refugit mundus fecitque
cadendo undique ne caderet. — *Neque vero ex Nemesio poteris*
*comprobare hanc doctrinam ex Posidonio sumptam esse cf.*
*Heinem. 2, 210* **9** ad permanendum *cf.* mundus ... aptissimus ... ad permanendum *2, 22, 58* **11** maxime autem — colligantur: Achill. *Isag. 4 (Comment. in Arat. p. 34, 3 ss. Maass)* ὅτι
δὲ καὶ ἕστηκεν ἡ γῆ, παραδείγματι χρῶνται τούτῳ ... ὥσπερ εἴ
τις λαβὼν σῶμα δήσειε πανταχόθεν ἐξ ἑκατέρου σχοινίοις καὶ
δοίη τισὶν ἰσορρόπως ἕλκειν ἐπ' ἀκριβείας, συμβήσεται πανταχόθεν ἐπίσης περιελκόμενον στῆναι καὶ ἀτρεμῆσαι *(StVFr 2, 555*
*l. fin.). — Heinem. Pos. 2, 195, 1.* **97, 9 ss.** *(46, 118) de*
ecpyrosi *Reinh. Pos. 249;* KuS *164, 1.* Pohlenz *GGA 1926, 279 ss.*
*(ib. 1922, 169) demonstrat sententiam relativam, quae incipit a*
*verbis* ex quo, *coniungendam esse cum verbis* admodum paululum, *ita ut ecpyrosis non omnino negetur (nam exempla satis*
*multa declarant — etsi in tali coniunctione verborum nihil*

*magis valere concedimus — in verbis* aut nihil aut paululum duas partes coniungi, quarum altera non esse, exstare altera dicitur Verr. 1, 31; Catull. 68, 131; Th. l. L. 2, 1568, 78 ss.); sed Balbum ipsum sibi persuasum habere mundum non interire, ergo eo tantum, animo doctrinam scholae Stoicorum a Cicerone proferri, ne quid omitti videatur; quae cum ita sint, non Posidonio ecpyrosim profitenti, sed potius Panaetio totam partem adscribendam esse  19 *(46, 119)* concentus ex dissimillimis motibus *similiter* Nemes. (patr. Gr. 40, p. 511 b) καὶ οὕτω πᾶσι πάντα μουσικῶς συνήρμοσε καὶ συνέδησε (scil. ὁ Δημιουργός) καὶ εἰς ἓν συνήγαγε τά τε νοητὰ καὶ τὰ ὁρατὰ διὰ μέσου τῆς τῶν ἀνθρώπων γενέσεως. *Jäger* Nemesios 105 ss.; 110; 112, 2    20 ss. *doctrinam planetarum a Posidonio separari non posse* Reinh. KuS 168 *contendit; sed Pohlenz* GGA 1926, 281 *doctrinam a Cicerone relatam Posidonii sententiae, qualem docuit Vitruvius (9, 1, 16), repugnare demonstravit. — Heinem.* Pos. 2, 207 s.    23 ab eoque luna inluminata sed *Posidonius hanc doctrinam vulgarem communemque improbavit.* Reinh.
98 Pos. 201.    98, 29 *(47, 122)* sensum et appetitum *Hierocles* Ἠθικὴ στοιχείωσις col. 1, 31 ss. [Τοὐ]ντεῦθεν ἐ[νθ]υ[μητέο]ν [ἐστίν, ὅτι πᾶν] ζῷον [τοῦ] μὴ ζώ[ι]ον δυο[ῖν] ἔ[χει διαφοράν, αἰσθή]σει τε καὶ ὁρμῆι· *v. Arnim Berl. Klassikertexte 4 p. 66, qui affert Ps.-Galen.* πρὸς Γαῦρον *p. 34, 11 (Kalbfleisch Abh. Ak. Berl. 1895):* τῶν ζῴων τῶν μὴ ζῴων αἰσθήσει καὶ ὁρμῇ διαφερόντων. *Adde Basil. hom.* πρόσεχε σεαυτῷ *(patr. Gr. 31 p. 201 A)* τῶν ζῴων ἕκαστον παρὰ τοῦ τὰ πάντα συστησαμένου θεοῦ οἴκοθεν ἔχει τὰς ἀφορμὰς πρὸς τὴν φυλακὴν τῆς οἰκείας συστάσεως. καὶ εὕροις ἂν ... τῶν ἀλόγων τὰ πλεῖστα ἀδίδακτον ἔχοντα τὴν πρὸς τὸ βλάπτον διαβολήν· καὶ φυσικῇ τινι πάλιν ὁλκῇ πρὸς τὴν τῶν ὠφελούντων ἀπόλαυσιν ἐπειγόμενα. *Gronau Poseidonios*
99 *u. d. jüd.-christl. Genesisexegese p. 288.    99, 6 (47, 123)* collorum *genet. praeter hunc locum tantum* S. Rosc. 29, 80 *sectores iuisse collorum et bonorum. Cf. Landgr. ad loc.*
9 *(48, 123)* aliis generis *Plat. Protag. 321 b:* ἔστι δ' οἷς ἔδωκεν εἶναι τροφὴν ζῴων ἄλλων βοράν. — *G. Heraeus per litteras ad Pl. Ciceronem ita ut Varronem rust. 1, 2, 19 fortasse* alii *genetivo usum esse, quod a scriba per errorem cum ultima syllaba vocis* generis *confusum corruptumque esset*    14 pina *de p. et* pinotera *Madvig 3, 19, 63. — Chrysippus* StVFr. 2, 729 a
16 squilla *nonnullos scriptores, a quibus* squillae *commemorantur, affert Tappe p. 19 (diss. Gött. 1912 de Philonis libro qui inscribitur* Ἀλέξανδρος ἢ περὶ τοῦ λόγον ἔχειν τὰ ἄλογα ζῷα *qu. sel.). — Jäger* Nemesios 116, 1    pisciculi *ex versu sequenti falso irrepsit ante* parva, *sed lineolis deleta* A. *Quomodo hic error exstiterit, Clark p. 344 se ostendere posse pro-*
100 *fitetur.*    100, 3 *(49, 124)* legi etiam scriptum scriptum *del.*

*Delaruelle rev. de phil.* 36, 1912, 305. Sed recte *Mayor ad loc. comparat Deiot.* 7, 19 ut scriptum legimus  4 platalea *exempla et huius et complurium bestiarum, quas Cicero nominat, affert Tappe (cf. ad § 123) p.* 13, 4  5 *de usu vocis* advolandi *Karl H. Meyer Ber. sächs. G. d. W. 1917 p.* 32  17 *(49, 125)* grues Eusthat. Antioch., qui fertur, comm. in hexaem. (patr. Gr. 18 p. 732 D):* αἱ δὲ γέρανοι ὁμοῦ πᾶσαι ἐξ ἴσου ἵπταυται, μία δὲ προηγεῖται αὐτῶν, καὶ τακτόν τινα χρόνον προηγησαμένη εἰς τὸ κάτοπιν περιελθοῦσα τῇ μεθ' αὑτὴν τὴν ἡγεμονίαν τῆς ὁδοῦ παραδίδωσιν  21 tamquam — ita *ad Q. fr.* 3, 2, 2, omnes tamquam si tu esses, ita fuerunt; *Verr.* 3, 28, 68; *off.* 2, 13, 44. — *Hofm.* 733  22 basis... trianguli quam: *falso cont. Heindorf quem, nam et verba* basis trianguli *quasi in unum verbum coalescunt et relativum ad verbum paenultimum pertinet velut in § 124 inter se cohaerent* pulli ... aluntur ... et a quibus exclusi lotique sunt  26 succedit *non deest subiectum, sed latet in ex his. Nägelsbach-Müller Lat. Stil.*⁸ *p.* 292 s.; *Hofm.* 619.
101, 5 *(50, 126)* capras ... feras *Eusthat. Antioch. q. f. comment.* in hexaem. (patr. Gr. 18 p. 741 B): ἡ δὲ αἴξ ἡ ἀγρία κατὰ τὴν Κρήτην ἐὰν βέλει διαπαρῇ, τὸ καλούμενον δίκταμνον ἐσφαγοῦσα, ῥᾳδίως τὸ τραῦμα θεραπεύεται¹  6 et 13 *(50, 126/7)* dictamnus *et* torpedines *cf. Tappe (vide ad § 123) p.* 14, 1; 13  9 *(50, 127 init.) de bestiis se defendentibus earumque armis Hierocles* Ἠθικὴ στοιχείωσις col. 2, 5 (*Berl. Klassikertexte 4 p. 10 ss.*). — *Wellmann Hermes* 52, 1917, 132 *addit Porphyr. de abstin.* 3, 9.  102, 1 *(51, 128)* elapsum excidit *verbum* participio declaratur *cf.* 2, 11, 30 complexa teneat; 2, 18, 47 complexa continet; 2, 35, 89 (navis) ruit prolapsa (*Accius*); *off.* 1, 22, 77 delapsa arma ... ceciderunt; *Liv.* 44, 2, 4 profectus castra movit *cf. Hofm.* 832; *Vahlen op. ac.* 1, 448 ss.; *Kroll ad Catull.* 64, 179 discernens ... dividit  10 *(51, 129)* amor bestiarum *Plut. de Stoic. repugn.* 12 p. 1038 b (Χρύσιππος) ἐν δὲ τῷ πρώτῳ Περὶ δικαιοσύνης 'καὶ τὰ θηρία φησὶ συμμέτρως τῇ χρείᾳ τῶν ἐκγόνων ᾠκειῶσθαι πρὸς αὐτά, πλὴν τῶν ἰχθύων· αὐτὰ γὰρ τὰ κυήματα τρέφεται δι' αὑτῶν'. (*StVFr* 2, 724.) *Heinem. Pos.* 2, 202, 2  18 s. *(52, 129)* cubilia ... mollissume substernunt *Quint. inst.* 2, 16, 16 nam et mollire cubilia et nidos texere et educare fetus ...¹.  103, 3 *(52, 130)* Indus qui ... maximus recte, *quamquam* neutrum genus (flumen) *interponitur Hofm.* 638; *Brugmann Synt. d. einf. Satzes* 175 ss.  14 *(53, 131)* etesias: τινὲς δέ, ὧν ἐστι Παναίτιος ὁ Στωϊκὸς καὶ Εὔδωρος ὁ Ἀκαδημαϊκός, οἰκεῖσθαί φασι τὴν διακεκαυμένην τῆς κράσεως τοῦ ἀέρος γινομένης ἔκ τε τοῦ σφοδροτέρους εἶναι ἐκεῖσε τοὺς ἐτησίας καὶ ἐκ τοῦ τὴν ἀναπνοὴν τῆς ἐκεῖ μεγάλης θαλάσσης μιγνύναι τὴν ἀναθυμίασιν τῆς ψυχρότητος πρὸς τὴν τῆς θερμότητος καῦσιν (*comm..in Arat. p.* 97, 1 *Maass*). Ex

quo *Ciceronis paragraphos ex Panaetii libro* Περὶ προνοίας *sumptas esse concludit Pohlenz GGA 1922, 169. Obloquitur Reinh.* KuS *161 s.*   16 multa praetereunda s. e. t. multa dic ntur `S. Rosc. 12, 33*   28 ss. *(53, 133) Paragraphum 133 a Cicerone huic teleologiae falso insertam esse, cum sit dialectica et ab antecedentibus sequentibusque capitibus abhorreat, Reinh. Pos. 221; similiter iam Jäger Nemesios 127 s. iudicaverat. — Etiam Nemesios (patr. Gr. 40 p. 528 A), cuius causa mundus factus sit, disserit singulis argumentis melius servatis quam in libro Ciceronis*   28 sin quaeret e. q. s.: *de anacolutho Hofm.*
104 807.   104, 7 ss. *(54, 133 in fine) de corpore humano a scriptoribus antiquis inde a Xenophonte usque ad patres ecclesiasticos tractato Norden Neue Jahrb. suppl. 19, 1892/3, p. 434, 2
10 (54, 134) cibo potione spiritu Nemesios (patr. Gr. 40, 517 a)* ἀνάγκη καὶ ξηρᾶς καὶ ὑγρᾶς τροφῆς δεῖσθαι τὸ ζῷον καὶ πνεύματος. *Tria enumerat Cicero, quamquam* ξηρὰν καὶ ὑγρὰν τρ. *unam esse docuit Erasistratus; Jäger Nemesios 127. Cf. Reinh. Pos. 255*   12 dentibus de officio dentium *Arnob. nat. 3, 13 (p. 120, 24 Reiff);* Kroll 65   15 a lingua a om. *Hadoardus prob. Mollweide W. St. 35, 1913, 318 . Sed cf. off. 1, 29, 102, ubi ab omnibus ceteris manuscriptis uno Hadoardo excepto traditum est a ratione. Hofm. 435 affert off. 1, 20, 68* vinci a voluptate 16 ss. *(54, 135 ss.) In paragraphis 135—139 Gregor. Nyss. de hom. opific. (patr. Gr. 44 p. 241; 245; 248; 249) aliique iterum iterumque cum Cicerone congruunt. Gronau Poseidonios u. d. jüd.-christl. Genesisexegese p. 210 ss.*   21 depellit Nemes. *(patr. Gr. 40 p. 693 B)* μεγίστην γὰρ καὶ ἡ γλῶττα χρείαν παρέχεται τῇ διαμασήσει, συνάγουσα τὴν τροφὴν καὶ τοῖς ὀδοῦσιν ὑποβάλλουσα, καθάπερ αἱ ἀλετρίδες διὰ τῆς χειρὸς τὸν σῖτον ταῖς μύλαις· τρόπον γάρ τινα καὶ ἡ γλῶττα χείρ ἐστι τῆς διαμασήσεως. οὕτω δὲ κατεργασθεῖσα ἡ τροφὴ παραπέμπεται τῇ κοιλίᾳ διὰ τοῦ στομάχου. *Lactant. opif. 10, 16 s.* deprimit et transmittit ad ventrem   quam subiungitur *infra similibusque adverbiis Hofm. 732*   23 *(54, 136)* aspera arteria *schol. Hom. BD ad 22, 325* Πραξαγόρας ἐν τῇ ἀνατομῇ οὕτως φησίν ... Ποσειδώνιος δέ φησι κατὰ ῥιπὴν τῆς τροφῆς σκέπεσθαι ὑπὸ τῆς ἐπιγλωττίδος τὸν βρόγχον, *quo scholio collato Reinh.* KuS *165 ss. quin Cicero hanc partem ex Posidonio sumpserit, dubitandum non esse profitetur. Sed Pohlenz GGA 1926 p. 281 ss. Gellium auxilio vocat (17, 11):* Et Plutarchus *(symp. 7, 1)* et alii quidam docti viri reprehensum esse ab Erasistrato, nobili medico, Platonem scripsere, quod potum dixit *(Tim. 91 A; 70 C)* defluere ad pulmonem ... ipsum autem Erasistratum dicere duas esse quasi canaliculas quasdam vel fistulas ...; per alteram autem fistulam, quae Graece nominatur τραχεῖα ἀρτηρία, spiritum a summo ore in pulmonem atque inde rursum in os et in naris

commeare, perque eandem viam vocis quoque fieri meatum *(cf. Cic. § 136* sed cum ... reddat; *149* per quam ... funditur) ac ne ... potu ciboque intercluderetur animae via, impositam esse arte quadam et ope naturae ..., quae dicitur ἐπιγλωττίς, quasi claustra quaedam ..., eamque ἐπιγλωττίδα inter edendum bibendumque operire atque protegere τὴν τραχεῖαν ἀρτηρίαν, ne quid ex esca potuve incideret in illud quasi aestuantis animae iter. Sed cum in Homeri scholio ipse Posidonius Praxagoram attulerit, Cicero vero saepius cum Erasistrato congruat, Pohlenzio (l. l. 288) magis videtur Ciceronem non modo paragraphos 147—153, sed etiam hanc partem ad medicinam pertinentem non ex Posidonio, sed ex Panaetio, qui Erasistratum, discipulum Praxagorae, secutus esset, hausisse. — Heinem. Pos. 2, 208; Jäger Nemesios 22 adn.; Theil. 104ss.*     **105, 2** receptaculum *e. q. s.: Lact. opif. 11, 5* ... duo sunt in homine receptacula, unum aeris quod alit animam, alterum ciborum quod alit corpus **5** arcetque et *e. q. s. Theodoret. de prov. (patr. Gr. 83 p. 593 B)* κατέχει καὶ χυλοί, καὶ ἀλλοιοῖ καὶ μεταβάλλει καὶ πρὸς ἑαυτὴν ὁμοιοῖ     **16 (55, 137)** alvo secretus prorsus non intellego. Fuitne ex intestinis autem alvi? *scil. ventris summi et infimi, ut sit quasi ἐκ τῶν δὲ ἐντέρων τῶν τῆς κοιλίας. Nam Ciceronem satis perplexe voce alvi usum esse Pl. 1911 p. 328 adnotavit.* — autem ⟨in⟩ alvo dubitans Pohl.     **20** atque inde allae *Kalbfleisch hunc locum sanum, etsi non nimis perspicuum iudicabat.*
**106, 18 (55, 139)** artus finiendos *Liv. 40, 44, 10* de pecunia finitum, ne maior ludorum causa consumeretur *(scil. modus dissignatus est)*     **22** venae et arteriae: *de Praxagora, quem primum venas ab arteriis discrevisse dicunt, Jäger Hermes 48, 1913, 62 ss.*     **24—32 (56, 140)** ad hanc providentiam — animantium pertinet: *totam hanc partem Reinh. (Pos. 260 s., KuS p. 144 ss.) eclectico cuidam adscribit, ut coniungatur cum §§ 151—153 et § 130 et § 145 inde ab* Omnesque sensus *usque ad finem § 146; illa parte paragraphi 140 semota finem paragraphi 139 coniungendum esse cum verbis* Sensus autem *interpretes (140); obloquitur Theil. 104 ss. Et conferas quaeso § 140 ss. cum eis, quae Cicero leg. 1, 26 s. brevius angustiusque disseruit*     **27** humo excitatos celsos et erectos *cf. Husner Leib u. Seele i. d. Sprache Senecas (1904) p. 103 ss.; Gronau Poseidonios u. d. jüd.-christl. Genesisexegese p. 161, 3*     **28** caelum intuentes *Sen. epist. 92, 30* quemadmodum corporum nostrorum habitus erigitur et spectat in caelum; *cf. Gerhäuser Protrept. des Poseid. diss. Heidelberg 1912 p. 49*     **29** ex terra *non mutanda, nam coniungenda cum* spectatores superarum rerum a. c., *quae verba Cicero in animo habuit, cum sententiae initium scriberet, sed, ut vulgarem de hominis natura opinionem repelleret, inserendum putavit* non ut incolae atque habitatores sed . . . .

*Similiter verba* ut a matribus *interponuntur inter* ab his *et* a quibus exclusi fotique sunt *(2, 48, 124)*. *Alterius generis exempla, quae genetiva a nominibus, quibuscum coniungenda, separata esse monstrant, afferi Ströbel Tulliana, prgr. 1908 München, p. 40. Praeterea* ex terra... spectatores superarum rerum *idem esse atque* qui ex terra spectant res superas *elucet ex simili quodam loco quem scripsit Cic. fin. 3, 19, 64* nec magis est vituperandus proditor patriae quam communis utilitatis aut salutis desertor propter suam utilitatem aut salutem *i. e.* qui deserit communem salutem propter suam utilitatem   30 quasi spectatores... pertinet Sext. *Emp. adv. math. 9, 26*s.; Aetios *1, 6 Πόθεν ἔννοιαν ἔσχον θεῶν ἄνθρωποι; (Diels dox.* p. *292*s.); *Philo de opific. mundi 54 ὑπὸ γὰρ φωτὸς ἄνω παραπεμφθεῖσα ἡ ὅρασις καὶ κατιδοῦσα φύσιν ἀστέρων καὶ κίνησιν αὐτῶν ἐναρμόνιον,* ... *ἄλεκτον ἐμπαρεῖχε τῇ ψυχῇ τέρψιν τε καὶ ἡδονήν. ibid. 77 ἡ θεωρία τῶν κατ' οὐρανόν, ἀφ' ἧς πληχθεὶς ὁ νοῦς ἔρωτα καὶ πόθον ἔσχε τῆς τούτων ἐπιστήμης. Epict. diss. 1, 6, 19 τὸν δ' ἄνθρωπον θεατὴν εἰσήγαγεν αὐτοῦ τε καὶ τῶν ἔργων τῶν αὐτοῦ, καὶ οὐ μόνον θεατήν, ἀλλὰ καὶ ἐξηγητὴν αὐτῶν ibid. 4, 1, 103*s.; 107 *Tusc. 1, 19, 44; 28, 69 (cf. Pohlenz ad loc.)*.    107, 1 interpretes... in arce *Plat. Tim. 70 B δορυφορικὴ οἴκησις. 70 A ἀκρόπολις; Cic.* leg. *1, 9, 26; Tusc. 1, 10, 20.* — *Jäger Nemesios 21* ss. *Theodoret. de provid. (patr. Gr. 83 p. 601 A) ἐπειδὴ δὲ εἰς αὐτὴν ἥκομεν τὴν κεφαλήν, βλέπε αὐτὴν ὥσπερ ἀκρόπολίν τινα τῆς τοῦ σώματος πόλεως ἐν ὕψει καθημένην* 7 *(56, 141)* nares *Sallust.* ed. *Nock § 9: ἔστι δὲ (ἡ τῶν θεῶν πρόνοια) καὶ ἐκ τῆς περὶ τὴν φύσιν προνοίας ἰδεῖν. τὰ μὲν γὰρ ὄμματα διαφανῆ πρὸς τὸ βλέπειν κατεσκεύασται (cf. Cic.* § *142* /membranas oculorum/ primum perlucidas fecit, ut per eas cerni posset), *ἡ δὲ ῥὶς ὑπὲρ τὸ στόμα διὰ τὸ κρίνειν τὰ δυσώδη, τῶν δὲ ὀδόντων οἱ μὲν μέσοι ὀξεῖς διὰ τὸ τέμνειν, οἱ δὲ ἔνδον πλατεῖς διὰ τὸ τρίβειν τὰ σιτία. (Cf. Cic.* § *134) καὶ πάντα δὲ ἐν πᾶσιν οὕτω κατὰ λόγον ὁρῶμεν*   17 taetri aliquid *genet. partit. apud Ciceronem usitatior quam apud Plautum Terentiumque Löfstedt Syntactica 1, 113. Cf. nat. 1, 27, 75.* — *De natura res taetras a sensibus semovente Cic. off. 1, 35, 126* s. *cf.* Heinem. 2, *212*   22 *(57, 142)* oculos *de membris corporis* Xen. mem. *1, 4, 5* ss. Reinh. Pos. 221   22 et 25 oculos membranis *Arnob.* nat. *3, 18 (p. 124, 8 Reiff.)* superiectas pupulis... membranulas. — lubricos oculos... et mobiles: *idem 3, 13 (p. 120, 21 Reiff.)* oculorum orbiculos mobi- 108 les. — *Kroll 65.*    108, 1 *(57, 143)* munitae... vallo pilorum pilorum ambiguum? *Theodoret. de provid. (patr. Gr. 83 p. 601 D) καθάπερ δὲ δόρατα καὶ βέλη τὰς βλεφαρίδας συντίθησιν. Cic. Cato 15, 51* (viriditas spici) munitur vallo aristarum   9 leviterque *non mutandum etiam* Stangl *(Rh. M. 70, 1915, 441) docuit: Lact. opif. 10, 5* in similitudinem collium leviter (leniter codd.

*rec.*) exsurgens     nasus *hic et in Hor. sat. 2, 2, 89 primum masc. gen. Zimmermann Glotta 13, 1924, 235*     **10** quasi murus *Severianus Gabal. or. 5, 4 (patr. Gr. 56 p. 476 ubi traditae sunt homiliae sub nomine Chrysostomi)* ἡ ῥὶς ἔχει τὴν ὄσφρησιν ἀναγκαίαν· ἀλλ' ἔχει, παρὰ τὰ ἄλλα ζῷα, ὥσπερ μεσότοιχον καὶ πληροῦν τὴν εὐπρέπειαν *cf. Zellinger Die Genesishomilien des Bischofs Sev. v. Gabala, Münster 1916, p. 96, 2*     **13 (57, 144)** flexuosum *Arnob. nat. 3, 18 (p. 124, 12 Reiff.)* aures ... flexuosis tramitibus perforatas — *Cf. Kroll 65.* — *Celsus 8, 1, 6* In aure quoque primum rectum et simplex iter; procedendo flexuosum; *Pomer. de vita contempl. 3, 6, 4 (patr. Lat. 59 p. 482 B)* per flexuosos aurium meatus     **13 s.** *de brevitate sententiae* ne quid intrare possit, si simplex ... pateret *cf. Sall. Iug. 85, 10* reputate cum animis vestris, num id mutare melius sit, si quem ex illo globo nobilitatis ad hoc aut aliud tale negotium mittatis
**20** corneolos *ex Serv. Aen. 6, 894* (per portam corneam oculi significantur, qui et cornei sunt et duriores ceteris membris; nam frigus non sentiunt, sicut etiam Cicero dixit in libris de natura deorum) *sumpsit Mythogr. I 228 (script. rer. myth. Lat. tres ed. G. H. Bode, Celle 1834 p. 70):* Duae portae Elysiorum. Physiologia hoc habet, quod per portam corneam oculi significantur, qui et cornei sunt coloris, et duriores ceteris membris; nam frigus non sentiunt. — *Norden ad Aen. 6, 893 notat Macrob. somn. Scip. 1, 3, 17 s.*     **109, 4 (58, 145)** omnesque sensus **109** *e. q. s. usque ad finem paragraphi 146: cf. quae adscripta sunt ad p. 106, 24—32; Pohlenz GGA 1926 p. 288:* congruere hanc praestantiam sensuum hominum cum sententiis Panaetii. — *Reinhardtium autem sequitur Heinem. Pos. 2, 197*     **9** tum: tenuem *Walter W. St. 1930, 78*     **11** cognoscunt post vitia *in alterius verbi locum intrusum ex linea 13 opinatur Clark 362*
**24 ss.** §§ *147—153 inter se arte cohaerentes dividi non posse ex eo apparere Pohlenz GGA 1926, 286 ss. docet, quod congruant cum §§ 11—20 libri secundi de off.: Ciceronem igitur has §§ sumpsisse ex eodem auctore (non libro), quo in componendo libro secundo de off. usus esset.*     **110, 9 (59, 148)** usus **110** vitae — oblectatio *eadem bipertitio apud Nemesium (patr. Gr. 40 p. 529 c)* πρὸς ἀπόλαυσιν *vel* χρῆσιν *et* πρὸς τέρψιν καὶ ἄνεσιν. *Jäger Nemesios 132 s.*     **19 (59, 149)** nisi diligenter attenderis *e. q. s.: sic fere interpretandum:* nisi diligenter attenderis, nunquam credes, quanta opera sint, quae natura ad usum orationis machinata sit. *Recte iam Mollweide W. St. 36, 1914, 194 intellexerat:* Nur (incredibile — nisi) *wenn man eine sorgfältige Untersuchung anstellt, kann man begreifen, was für sinnreiche Einrichtungen für die Erzeugung der Sprachlaute die Natur erschaffen hat.* — *Vahlen conferebat 2, 64, 160*     **23** lingua *Arnob. nat. 3, 18 (p. 124, 14 ss. Reiff.)* . — *Kroll 65.* — *Cf. August.*

in psalm. 120, 11 (patr. Lat. 37 p. 1614) novimus linguas frusta quaedam carnis; in ore moventur et percutiendo palatum et dentes distinguunt sonos, quibus loquimur  29 s. (*60, 150*) artium ministras manus Arnob. nat. 3, 13 (120, 25 Reiff.) manus ministras operum cf. Kroll 65. — Gregor. Nyss. de opif. hom. (patr. Gr. 44 p. 148 C) μυρίας έστιν άπαριθμήσασθαι τὰς κατὰ τὸν βίον χρείας, πρὸς ἃς τὰ εὐμήχανα ταῦτα καὶ πολυαρκῆ τῶν χειρῶν ὄργανα χρησίμως ἔχει πρὸς πᾶσαν τέχνην καὶ πᾶσαν ἐνέργειαν ...
111 Gronau p. 159 s.  111, 1 pingendum fingendum de similibus asyndetis Stangl Pseudoasconiana 26  7 s. animo — sensibus — manibus cf. Hecat. Abder. καθόλου γὰρ πάντων τὴν χρείαν αὐτὴν διδάσκαλον γενέσθαι τοῖς ἀνθρώποις, ὑφηγουμένην οἰκείως τὴν ἑκάστου μάθησιν εὐφυεῖ ζῴῳ καὶ συνεργοὺς ἔχοντι πρὸς ἅπαντα χεῖρας καὶ λόγον καὶ ψυχὰς ἀγχίνοιαν. (Diodor. 1, 8, 9; Reinh. KuS 147.)  9 possemus 'an possimus retinendum? Cf. Phil. 14, 6, 17 haec interposui ... non tam ut pro me dixerim ... quam ut ... quosdam monerem (ubi Schoell confert Becherum Rh. M. 37, 1882, 586; sed Luterbacher Zeitschr. f. d. Gymn.-Wesen 62, 1908, Jahresber. p. 282 n.avult dicerem). — haberemus, non habeamus fortasse propter clausulam 10 (*60, 151*) cf. quae adscripsi ad p. 106, 24—32. Oppugnat autem Pohlenz GGA 1926 p. 284 ss., qui demonstrat §§ 147—153 inter se colligatas ab uno Panaetio compositas esse; Reinhardtium iterum sequitur Heinem. Pos. 2, 197, 4; 202  11 et 13 id est manibus et manu quaesita a Cicerone falso inserta Reinh. KuS 141; Pohlenz GGA 1926, 285, 3  21 elicimus 'Madvig emend. Liv.² p. 183, 1'.  111/112 (*60, 151—153*) Cum paragraphis 151—153 cf. Nemes. (patr. Gr. 40, 533 a) τίς δ' ἂν ἐξειπεῖν δύναιτο τὰ τούτου τοῦ ζῴου (τοῦ ἀνθρώπου) πλεονεκτήματα; Πελάγη διαβαίνει, οὐρανὸν ἐμβατεύει τῇ θεωρίᾳ, ἀστέρων κίνησιν καὶ διαστήματα καὶ μέτρα κατανοεῖ, γῆν καρποῦται καὶ θάλασσαν, θηρίων καὶ κητῶν καταφρονεῖ. Jäger Nemesios 134. — Poemandr. 10, 25 (Parthey) = Hermetica ed. Scott 1, 204; 2, 284 ὁ δὲ ἄνθρωπος καὶ εἰς τὸν οὐρανὸν ἀναβαίνει καὶ μετρεῖ αὐτὸν καὶ οἶδε ποῖα μὲν ἐστιν αὐτοῦ ὑψηλὰ ποῖα δὲ ταπεινά, καὶ τὰ ἄλλα πάντα ἀκριβῶς μανθάνει· καὶ τὸ πάντων μεῖζον, οὐδὲ τὴν γῆν καταλιπὼν ἄνω γίνεται. τοσοῦτον μέγεθός ἐστιν αὐτῷ τῆς ἐκτάσεως. διὸ τολμητέον ἐστὶν εἰπεῖν, τὸν μὲν ἄνθρωπον ἐπίγειον εἶναι θεὸν θνητόν .... Theil. 134. Reinh. KuS 142 s. has tres paragraphos ad laudes hominis pertinentes a capitibus praecedentibus ad teleologiam pertinentibus secerni vult. Sed Pohlenz (GGA 1922 p. 168 s. et iterum GGA 1926 p. 284 ss.) Ciceronem in §§ 147—153 unum auctorem i. e. Panaetium secutum esse docuit; cf. quae adnotavi ad 2, 61, 153 pietas e. q. s.
27 frigora caloresque Löfstedt Syntactica 1 p. 31 confert Caes. Gall. 5, 24, 1 frumentum ... propter siccitates angustius pro-

venerat. **112, 11 (61, 153)** cognovimus cognoscimus *Hado-* *ardus, probat Mollweide W. St. 35, 1913, 318 . Sed cf. § 155* cognovimus 15 pietas cui coniuncta iustitia est *off. 2, 3, 11* deos placatos pietas efficiet et sanctitas *(Panaetius quem etiam in N. D. Ciceronem sequi Pohlenz docuit GGA 1926 p. 287, 2; de Posidonio non dubitat Theil. 103 ss.; 115).* — *Norden Agn. Th. p. 96; Heinem. Pos. 2, 11 s.* 17 vita beata ... par et similis deorum *quibuscum verbis imprimis comparetur Chrysippi sententia StVFr 3, 54. 526.* — *Addas Lucr. 3, 322* ut nil impediat dignam dis degere vitam, *cui loco comparant Epicureum illud* τὴν εὐδαιμονίαν διχῇ νοεῖσθαι, τήν τε ἀκροτάτην, οἵα ἐστὶ περὶ τὸν θεόν, ἐπίτασιν οὐκ ἔχουσαν καὶ τὴν ⟨κατὰ τὴν⟩ προσθήκην καὶ ἀφαίρεσιν ἡδονῶν *(Usen. Epic. XXIX s.) Bignone Epicuro p. 215, 1 et Bailey Epicurus p. 420. Eandem sententiam profert Diels III 2 p. 14 ss. Aliter, non recte Epicuri locum interpretatur Kochalsky Leben u. Lehre Epik. p. 46; 75.* — *Cf. nat. 1, 19, 51.* — *Theil. 106; 109* 29 **(62, 154)** mundus quasi communis deorum atque hominum domus *Chrysippus StVFr 2, 528.* — *Philod. de piet. p. 80, 22 ss. G.* τὸν κόσμον ἕνα τῶν φρονίμων συμπολιτευόμενον θεοῖς καὶ ἀνθρώποις *cf. Diels I p. 60, 3.*
**113, 8 (62, 155)** spectaculum *Philon. de opif. mundi 1, 26, 16* (Cohn) ἵν' εἰς τὸν κόσμον εἰσελθὼν (ὁ ἄνθρωπος) εὐθὺς εὕρῃ καὶ συμπόσιον καὶ θέατρον ἱερώτατον. *Jäger Nemesios 128, 1.* — *De admiratione rerum caelestium Capelle 534, 4* 14 **(62, 156)** feta *apud Cic. hoc uno loco cf. Th. l. L. s. v.* 30 **(63, 157/8)** *iuxta versum hunc* (libe)re, hominum ... forte tanta *in mg. nescio quid duobus versiculis adscriptum erat* A 32 **(63, 158 in init.)** nisi *Süpfle in ed. epist. Cic.*[11] *p. 155:* ni *apud Ciceronem raro pro* nisi *(epist. 2, 6, 5; 3, 10, 7), plerumque in sponsione (*moriar ni*), cum ita (*ni ita res se haberet*), cum vereri (*ni vererer*).* 114, 3 s. causa *causali sensu, sed gratia finali quodam sensu Löfstedt peregrinatio p. 221* 14 **(63, 159)** bubus: *Nemes. (patr. Gr. 40, 529c)* βόες μὲν καὶ πάντα τὰ νωτοφόρα πρὸς γεωργίαν καὶ ἀχθοφορίαν *Jäger Nemes. 133* 18 aureo genere *Sen. epist. 115, 13* carmina poetarum ..., quod optimum videri volunt saeculum, aureum appellant; *Tac. dial. 12, 3* felix illud et, ut more nostro *(Maternus)* loquar, aureum saeculum. *Reitzenstein Nachr. Gött. Ges. 1914, 221* 20 proles *quam vocem sermonem poeticum sapere Cicero ipse testatur de orat. 3, 38, 153.* — *Laurand 1, 92* 21 ensis: qui quondam Hectoreo perculsus concidit ense *Cic. de glor. II ap. Gell. (15, 6, 3); nusquam alibi in sermone Cic. Laurand 1, 55* 28 **(64, 160)** qua pecude *raro tantum sing. fem. ex. gr.* Varro rust. 2, 1, 15. *Cf. Zimmermann Glotta 13, 1924, 237 s.* **115, 23 (65, 162)** inridet Epicurus ... praedictionem *Diog. Laert. 10, 135* Μαντικὴν δ' ἅπασαν ἐν ἄλλοις ἀναιρεῖ, ὡς καὶ ἐν τῇ μικρᾷ

ἐπιτομῇ. καὶ φησί· μαντικὴ οὖσα ἀνύπαρκτος, εἰ δὲ καὶ ὑπαρκτή, οὐδὲν πρὸς ἡμᾶς ἡγητέα γινόμενα *(Usen. XXXI).* Bailey 477, 4. — Diels III 1 p. 20 (Philod. de piet. col. 4, 19 ss.) χρή[σ]ιμον ... αὐτοῖς [γ]ένοιτ' ἂν διὰ τῆς γνώσεω[ς ταύ]της· ὅσα γὰρ ἀποτελεῖ τι τῶν δεόντων ἄνευ μαντικ[ῆς ἔχ]ουσι, τὰ δὲ λοιπὰ τίς χρεία; (Diels III 2 p. 13)  27 locis, rebus, temporibus *Afran. com.* Except. 140 (Nonius p. 523) . . . res, locus, tempus, simul otium hortabatur  28 *ante* publicis *multi desideraverunt* in, sed saepius posterius in vel sim. in codd. deest [fin. 2, 16, 54] KStegm. 116 2, 2 p. 636 ad p. 580; Stangl WfklPh 1905, 380.  **116, 8 (65, 163)** debebant *imperf. modestiae Plaut. Asin.* 392; 452; sed si domi est, Demaenetum volebam *Hofm.* 559, 773; *Blase Histor. Gramm.* 148 adn.  11 **(65, 164)** ad deos singulis hominibus consulentes cf. 3, 39, 93  20 **(66, 165)** consulunt qui de pronomine demonstrativo vel substantivo ante pron. relat. deficiente *Hofm.* 707 cf. rep. 6, 21 in quo, qui insistunt. nat. 3, 16, 41 nam quos ab hominibus pervenisse dicis ad deos, tu reddes rationem quem ad modum id fieri potuerit. — *Stangl Rh. M. 70, 1915, 455* insulam Chrysipp. 527 (StVFr 2, p. 168, 21 ss.); περὶ κόσμου 3 p. 392 b 21 ss. καὶ ἡ σύμπασα (scil. οἰκουμένη) μία νῆσός ἐστιν, ὑπὸ τῆς Ἀτλαντικῆς καλουμένης θαλάσσης περιρρεομένη. *Cic. rep. 6, 21; Aetna* 94 s.; *Plin. nat.* 2, 242; *Capelle* 536, 5.

117 117, 10 **(66, 167)** adflatu divino exemplis, quae affert Mayor ad locum, addas Verg. Aen. 6, 50  15 parva neglegunt *Philodem. pap. 1788 fr. IX (VIII¹ p. 62) Philipps. 56, 1921, 409; Crönert Kolotes u. Menedemos p. 19 a; 101.* — *Multa exempla, etsi nonnulla parvi momenti, collegit Capelle* 552, 3; cf. *Ernst Schröder diss. Rostock 1916 p. 43, 2*  26 **(67, 168)** mala enim et impia consuetudo est contra deos disputandi *similis brachylogiae (deficiente altero* consuetudo *ante* contra) *exemplum (Phil. 1, 11, 28) affert Sjö. 130.*

## LIBER TERTIUS

118 118 **(1, 1)** Aug. civ. 5, 9 init. Cicero ... etiam illud temptavit quod scriptum est (psalm. 13, 1) 'dixit insipiens in corde suo: non est deus', sed non ex sua persona. vidit enim quam esset invidiosum et molestum, ideoque Cottam fecit disputantem de hac re adversum Stoicos in libris de deorum natura (cf. ad nat. 3, 40, 95)  29 **(1, 4)** parum accepi *idem fere quod* intellexi *Plaut. Cas.* 187; *Merc.* 655; *Ter. Andr.* 367 'Opinor' narras? non recte accipis; certa res est. *Quint. inst.* 7, 10, 12; 8, 3, 71. *Saepius apud Iurisconsultos velut Dig.* 29, 4, 6 *pr.* ego puto Iuliani sententiam ita accipiendam, ut ... sicut *Cicero ipse fin.* 5, 9, 26 cum dicimus ... extremum ..., non ita accipiendum est, quasi

dicamus.... 119, 2 interrogare *fin. 1, 8, 29* sed uti oratione 119
perpetua malo quam interrogare aut interrogari 7 *(1, 5)* ducit
*Etsi affert Lébreton (Études sur la langue de Cicéron p. 188 ss.)
nonnulla exempla praesentis in sententia condicionali adhibiti
antecedente futuro vel imperativo velut 3, 10, 24* vide quaeso ... ,
si dicimus; *rep. 1, 34, 51; fin. 5, 24, 69, tamen hoc loco* ducet
*sensu dignius videtur neque enim secernere poteris „agere"* a
*„ducendo" quasi sit:* ut nos ducet oratio e o d e m t e m p o r e
q u o agemus 24 *(2, 5)* tertium: *eaedem tres partes leg. 2,
8, 20; 12, 30; har. resp. 9, 18* 31 potuisset *scil.* civitas (non
fundamenta, quae potuissent) *cf. Liv. 44, 1, 11* favere enim pietati
fideique deos per quae p o p u l u s Romanus ad tantum fastigii
venerit. — *De amplificanda auxilio deorum re publica cf. 2, 3, 8;
Min. Fel. 25; Tert. apol. 25; nat. 2, 17; Aug. serm. 296, 7 (patr. 38
p. 1356). — Lind. p. 75, 7.* 120, 1 *(2, 6)* tu quid sentias ... 120
rationem accipere debeo religionis: sed *Lact. inst. 2, 6, 8*
scripsit quid tu sentias ... rationem religionis accipere
debeo: *scil. Cicero voces, quas sensus inter se coagmentat
velut subiectum* tu *et verbum* sentias *vel substantivum* rationem
*et genetivum* religionis, *suo more interpositis aliis sententiae
partibus velut quid vel* accipere debeo *dirernit hoc animo,
ut principali sensu praeditae in initio collocarentur sicut Cicero has voces ex suis pronuntiationibus depromptas in initio
posuit: 1, 10, 23* animi natura intellegentis; *2, 59, 147* animum
ipsum mentemque hominis rationem consilium prudentiam;
*2, 59, 149* ad usum autem orationis *(cf. quae adscripsi ad hunc
locum); 3, 1, 4* a Balbo; *1, 20, 56* sed elatus studio vereor *scil.
ordinanda erant haec verba ita:* sed vereor ne elatus studio
longior fuerim; *3, 39, 92* haec *(providentia)* igitur quocumque se
moveat efficere posse quidquid velit *(cf. Pl. 1911 in adn.); div.
1, 5, 9* id, si placet, videamus quam habeat vim et quale sit.
*Cf. etiam Gaius inst. 2, 25* quod enim ipsi ... agere possumus,
h o c non interest nec necesse cum maiore difficultate apud
praetorem ... agere. *Hofm. Lat. Umgangssprache p. 105. — Sed
delevit Lactantius, cum solitum verborum ordinem introduxit,
et proprium Ciceronis sermonem et vim sententiae artificiosissime diligentissimeque constructae* 14 *(3, 7)* exuri *non modo
a Pl. 1911 praecedentibus aliis recte defensum, sed etiam dignissimum et Cotta et pontifice. Cf. Mur. 4, 8* tamen honoris eius
quem adeptus est amplitudo summam mihi ... infamiam *(Guilelmius:* famam *codd.)* inussisset. *Et ad verba Dionis Chrys.
4, 32, quae exscripsit Pl. 1911, addas:* ἀλλὰ κἂν ἐμπρήσῃ τις τὸν
ἄνθρωπον .. μένοι ἂν αὐτοῦ τὰ δόγματα ἐν τῇ ψυχῇ.
121, 1 *(3, 8)* quod quaeris *idem quod* cum quaeris; *nam quod* 121
*nonnunquam comparandum est cum voce quam vocant* cum
explicativum. *Hofm. 722; off. 1, 12, 37 ed. C. F. W. Müller (1882*

*Schulkommentar)* 11 *(4. 9)* lumina: *fenestrae, cf. servitutem luminum Dig.* 8, 2, 4 13 quam tu velis *Cotta Balbum non solum voluisse, cum exempla exaggeraret, sed etiam adhuc velle perspicuum esse confirmat. — Aliter KStegm.* 2, 2, 195.

**122.**, 1 *(4. 14)* placet igitur *simili interrogatione usus est Cicero S. Rosc.* 45, 131 Placet igitur in his rebus aliquid prudentia praeteriri? 9 *(5. 11)* cantheriis B, cantharīis, e *add. pr.* P, canteriis A H; canteri *CIL* 2, 2248; 6, 975ᵃ *p. lll 6. — Cf. Th. l. L. s. v.* 28 *(5. 13)* requiro ᶦ*ex nota* R (require) *ortum suspicatur Clark p.* 326 *adn. Falso, nam requiro sententia dignissimum cf.* 3,
3, 6 expecto quid requiras, *ib.* 7 quae requiro doce. **123**, 2 *(6. 14) In Plasbergi supplemento displicet, quod fatum nominatur quamquam Cicero id p.* 123, 7 *demum adfert. Cicero in lacuna portenta ac similia recte a maioribus observata esse dixit, cum putarent deorum iram averti posse.* ⟨*Cur autem nos talia signa a dis mitti putemus, si, ut vos dicitis, ea signa necessario*⟩ *secuntur. Pohl.* 8 ex omni aeternitate verum: *fat.* 16, 37 ex aeternitate verum fuit haec enuntiatio: ᶦrelinquetur in insula Philoctetes'; *nat.* 1, 20, 55; *div.* 1, 55, 125 *cf. Theil.* 96
24 *(6, 15)* rebantur *huius verbi formas congessit Laurand* 1, 96 s. **124,** 5 ss. *(7. 16—18)* §§ 16—18 *a Cicerone postea insertas esse vel inde apparet, quod* § 19 *earum nullam rationem habet et verba* A te autem *(p.* 125, 3*) finem paragraphi* 15 *excipiunt. Eo consilio conscriptas eas esse, ut dispositio libri mutaretur, testantur p.* 124, 11 ss., *ubi Cicero res, quas nunc in* §§ 22 ss. *profert, in tertiam partem, qua de providentia acturus erat, dilaturum se esse dicit: Pohl. — Cf. GGA* 1930, 144.

**125.**, 23 *(8. 20)* modo possemus modo cum coniunctivo *imperfecti in orationibus et libris philosophicis praeter hunc locum off.* 1, 25, 89 *cf. Methner Glotta* 1, 1909, 259ʾ 25 ss. *(8. 21—23) Ad syllogismos cf. Sext. Emp. math.* 9, 104. 108. *Et Cicero et Sextus compendio utitur, quo et syllogismi et refutationes continebantur. Idem valet de* § 27 *et Sext.* 9, 96. *Pohl. — Cf. GGA* 1930, 142. **126**, 10 *(9. 22)* Zeno *ex compluribus Zenonis argumentis quae attulit Cicero* 2, 8, 21 ss., *hic unum tantum adhibetur. Heinem. Pos.* 2, 175 20 *(9. 23)* dixisti *de forma* dixti *haplologice conformata Sommer* 589 s. 24 earum ... artium homines *qui usus comparandus cum gen. qualit. S. Rosc.* 41, 120 omnium deliciarum atque omnium artium puerulos *(Landgr. p.* 225); *Cic. Cael.* 27, 64 veteris et plurimarum fabularum poetriae. *Hofm.* 398; *Kroll ad Cic. Brut.* 83, 286; *Wissensch. Syntax²* p. 33. **127**, 3 ss. *(9. 24) Iisdem exemplis, quibus Cicero hic divinitatem probari posse negat, Posidonius identidem* συμπάθειαν *fulciri posse voluit: Reinh. KuS.* 136 ss.; *Pos.* 122; *div.* 2, 14, 34. — *Capelle Zu Tacitus' Archäologien Philolog.* 1929, 475 *adn.* 108 10 *(10. 24)* accessus *de iterato vel* accessus *codicis* A *Clark 344* **13 dicimus** *praes. pro futuro cf. quae Pl. 1911 adscripsit ad p. 258, 7, ubi 'futurum' corrigendum in 'praesens'; 3, 0, 15* tibi, si audivisse te dicis, credam. *KStegm. 2, 1, 146; Sjö. Futur im Altlat. 39 ss., 45. — Cf. quae adscripsi ad 3, 1, 5.* **128, 16 *(11, 27)*** ad harmoniam canere mundum: |*Plin. nat. 2, 3. Sen. nat. 1 prol. 12* (animus) secure spectat occasus siderum atque ortus et tam **diversas concordantium** (συμφωνούντων) vias; *Cic. rep. 6, 18. Cf. Capelle 557 adn. 5* **19** Iam '*sogleich' Kroll ad orat. 63, 212 qui affert Brut. 25, 96; 46, 171; Lucull. 21, 68* **22 *(11, 28)*** cognatione continuatam conspirare συγγένεια, σύμπνοια *Reinh. KuS 137.* **129, 1 ss. *(12, 29—14, 34)*** *Nullum esse corpus sempiternum Carneades putavit ex mortalitate corporum posse probari: immortale autem corpus nullum esse ex duabus causis colligit Cicero, primum quod nullum corpus individuum sit, deinde — voce -que (cumque) hanc alteram causam cum priore connectens — quod omne animal patibilem naturam habeat. Sic optime conclusio perfecta esset, nisi Cicero primam causam — quam propositioni subicere debuit — verbis ne-quidem cum sententia probanda coniunxisset: sed ita sententiam intellegi voluit:* corpus autem immortale nullum esse, *nam ne eius quidem naturae particeps esse, in qua immortalitatem positam esse necesse sit, scil. ne individuum quidem. Ex hoc autem argumento, ut docet* ergo, *oritur conclusio tripertita: 1.* nullum animal, quod secari potest *(idem enim est quod non individuum)*, aeternum est; *2.* atqui *(quae vox saepissime in propositione minore adhibetur KStegm. 2, 90)* ad accipiendam vim externam et ferundam paratum est *(idem est quod* patibilem naturam habet*); 3. inde concluditur addito verbo* igitur *(quod in conclusione saepe usitatur KStegm. 2, 135)* omne animal et mortale esse et dissolubile. *Sitne conclusio bona necne, non quaeritur, certe est conclusio. Cui conclusioni supponitur exemplum cerae. Quo finito inde a verbis* etenim omne corpus aut aqua ... ipsa argumentatio, *quam in initio § 29 in angustum Cicero coegerat, copiosius fusiusque ita tractatur, ut in fine § 30 et in § 31 nonnulla argumenta mortalitatis ex eo, quod dividi possunt corpora, promantur et in capite 13 mortalitas animalium multis causis allatis ex eo comprobetur, quod natura patibilis sit i. e. animalia sensum habeant. Additur autem in fine (cap. 14) novum argumentum sumptum ex divisione corporum. Apparet igitur duas esse rationes, quibus Carneadis sententiam comprobari voluit Cicero, eas quidem quas in initio § 31 attulit, et si ad has duas causas per compendia in § 29 allatas conclusionem tripertitam adiunctam esse recte statuimus, de ordine sententiarum initii § 29 saepissime vexato dubitari non potest. — Cum Cicerone conferantur et conclusiones ipsae Sexti Empirici (math. 9, 139.*

*141. 151. 180 s.)* et nomina Graeca: § 30 omne ... corpus mutabile est ... mortale ∼ § *151* πᾶν σῶμα μεταβλητὸν τέ ἐστι καὶ φθαρτόν. § *30 i. f.* omne corpus aut aqua ... concretum ex is ∼ § *181* εἰ δὲ ἁπλοῦν ἐστι σῶμα, ἤτοι πῦρ ἐστιν ἢ ἀὴρ ἢ ὕδωρ ἢ γῆ. § *180* εἰ δὲ σῶμά ἐστιν, ἤτοι σύγκριμά ἐστιν ἐκ τῶν ἁπλῶν στοιχείων ἢ ἁπλοῦν ἐστι καὶ στοιχειῶδες σῶμα. § *32* ∼ § *139*. *141* sensus habet αἰσθάνονται. sentit ... dulcia et amara πικράζονται καὶ γλυκάζονται. voluntatis (doloris) sensum capit εὐαρεστήσει τισὶ καὶ δυσαρεστήσει. quod autem dolorem accipit id accipiat etiam interitum necesse est δυσαρεστῶν δέ τισι καὶ ὀχλήσεως ἔσται δεκτικὸς καὶ τῆς ἐπὶ τὸ χεῖρον μεταβολῆς. εἰ δὲ τοῦτο, φθαρτός ἐστιν 13 *(12, 30)* ut — similiter *Tusc. 2, 23, 54. — KStegm. 2, 2, 449* 17 adn. *ut coniecturam suam* (e quibusdam rebus constent) *fulciret, Plasberg addidit fin. 4, 5, 12* ... ut et deos esse et quattuor ex rebus omnia constare dicerent. 130, 4 s. *(13, 32)* animal nullum ... neque natum ... et semper futurum *scil.* πᾶν τὸ γεννητὸν φθαρτόν *cf. Tusc. 1, 32, 79* 6 ss. sensus habet *simili argumentatione usus est Marcion cf. Tert. adv. Marc. 2, 16 (CSEL 47, 356, 18)* inde venit ad haereticos quoque definitio eius modi: si deus irascitur et aemulatur et extollitur et exacerbatur, ergo et corrumpetur, ergo et morietur. *Cf. Pohlenz Vom Zorne Gottes 21 s.* 14 *(13, 33)* quod ea sentiat *nisi mutandum in* sentit, *fortasse coniunctivus consecutivus sententiae relativae agnoscendus est quasi sit: id vel tale non potest esse aeternum,* quod ea sentiat. *Cf. Plaut. mil. 686* eam ducam domum quae mihi nunquam hoc dicat; *Cic. Catil. 4, 11, 24* habetis eum consulem qui ... non dubitet 33 *(14, 34)* feratur *sic recte Lambinus. Nam* quales sint naturae *disseritur, non de interitu agitur naturarum quasi 'ex compage aliqua abripiantur' ut voluerat Plasberg 1911. Cf. 2, 33, 84* quaeque in medium locum mundi qui est infimus et quae a medio in superum quaeque ... circum medium feruntur, ea continentem mundi efficiunt unamque naturam; *ibid. 2, 16, 44; 37, 93; 39, 101; 45, 117; Tusc. 1, 17, 40; fin. 1, 6, 17; 18; fat. 10, 22.*
131, 7 *(14, 35)* uno modo *off. 3, 32, 113* de quibus (decem legatis) non omnes uno modo 8 quod intellegi noluit '*It seems probable that* quod *is a variant for the missing* qui *(ante* quoniam*) which has got into the text out of place. Clark 360* 9 ignem igneam conieceret Bouhier, sed cf. *fin. 4, 5, 12* quinta quaedam natura ... Zeno id dixit esse ignem 13 amisso *de vi verbi amittendi Vahlen Hermes 35, 1900, 138*
132 cll. *Tusc. 1, 35, 85; Gell. 17, 15, 5; 15, 10, 1.* 132, 1 ss. *(14, 37)* de pastu ignis *Liebeschütz (Vorträge der Bibl. Warburg 1923/4 p. 113 adn. 63) confert Macr. sat. 1, 23, 2, cui loco addit Liebeschütz Magistri Theodorici (Thierry de Chartres) comm. ad genesim:* omne nutribile ex eodem nutriri ex quo materialiter

constat physica testatur. sed corpora stellaria ex humore nutriri physici dicunt. videntur igitur ex aquis materialiter constare *(ed. B.Hauréau Notices et Extraits de quelques manuscrits latins de la Bibl. Nat. 1890 tom. I p. 56)* 5 Cleanthes StVFr. 1, 501 6 solstitiali: solistitiali, *quod praebent* V¹B¹H, *prosthetica littera -i- auctum est, quae a Cicerone aliena est. Sommer diss. Jena 1910 p. 14; Schuchardt Vokalismus 2, 348; Varro edd. Goetz-Schoell p. 284 ad p. 151, 29* 11 s. *(15. 38)* nulla virtute praeditum *e. q. s.: de virtutibus humanis deo non attribuendis* Sext. Emp. math. 9, 152 ss. Cf. Arnob. nat. 3, 19 *(p. 124, 18 ss. Reiff.).* — Kroll 65 s. 19 iustitia ... distribuit Sen. epist. 89, 14 inspectio suum cuique distribuens; Aug. civ. 14, 27 *(CSEL 40, 2 p. 55, 22)* (deus) sua cuique distribuit; *ibid. 19, 21 (p. 408, 30)* iustitia porro ea virtus est quae sua cuique distribuit; Aug. lib, arb. 2, 59, 13 *(patr. Lat. 32, 1269)* 32 *(15. 39)* multos ... deos similem seriem deorum Athenagorae πρεσβεία I *praebet cf.* Geffcken Zwei griech. Apologeten p. 120; 160 s. 133, 1 Alabandis: *non crediderim non* Alabandis *fuisse, cum perfacile -s ante sequens* Tenedi *omitti potuerit. Est autem locativus (cf. Th. l. L. s. v.) velut* Tenedi *et cuncta Graecia. Nam etsi Cicero epist. 13, 56, 1 incolas* Ἀλαβανδεῖς *nominavit, in libro philosophico talis forma Graeca vix ferri potest. Neque sequentibus verbis* Herculem — compluris *subiectum (quod mutato nostri* inseri *voluerunt permulti) deest, nam si memoria tenes verba illa sunt enim* illa imperitorum, *non modo* Syrii *et* Aegyptii *ob imperitiam venerantur et consecraverunt, sed etiam* habent et putant *subiectum* imperiti *secum ferunt, unde inter verba* Herculem — compluris *subaudiendum est* imperiti *multos* habent ex hominibus deos. *Neque dubitandum est de collocatione verborum* Romulum nostrum *cf. fin. 1, 5, 14; 3, 2, 8; rep. 1, 10, 15* Tenen: tennen AVB²; *item traduntur et* tenen *et* tennen *in codicibus Servi in Aen. 2, 21* 2 eius Palaemonem filium *ad collocationem verborum cf. 3, 19, 48* huius Absyrtio fratri; epist. 13, 45, 1; Arch. 3, 6; Cluent. 8, 25; Brut. 26, 98; Sjö. Glotta 10, 1920, 26 19 *(16. 41)* quos: ante quos *subaudiendum est vel* de eis *vel* eorum; *cf. quae adscripsi ad 2, 66, 165* 23 Oetaeo *de synalipha qua inter se coniunguntur* Oetaeo *et* inlatae Leo Plaut. Forsch.¹ p. 344, 2 28 *(16. 42)* Ad indicem deorum cf. Michaelis W., diss. Berlin 1898, De origine indicis deorum cognominum; Wilamowitz Glaube d. Hell. 2, 420. Heinem. 2, 136 s. 134, 6 Phrygias litteras: Poim. 164 s.; Eisler Arch. f. Geschichte d. Philos. 1918, 198 18 *(17. 43)* Laelius rep. 6, 2, 2 20 ss. Ad soritas cf Sext. Emp. math. 9, 182 ss. 22 Nymphae deae: deae *recte deletum cf. 3, 9, 23* quodsi mundus universus non est deus, ne stellae quidem 30 *(17. 44)* non ut ... tolleret, sed ut ... convinceret *cf. fin 2, 13, 42; Lucull. 42, 131.*

**135** 135, 9 modus *ex Prud. psychom. 464* ss. *et Claud. in Ruf. 1, 28* ss.
**136** *suspiceris* Metus *fuisse.* 136, 6 *(18, 46)* Furinae *de luco Furinae* S. *Eitrem Philol.* 78, 1922/23, 183 ss. — *Varro ling.* 5, 84; 6, 19; Wiss. 240; *Altheim, Röm. Rel gesch.* 1, 41 s. 7 facinorum et sceleris *ad exempla a Pl. 1911 allata adde* S. *Rosc.* 9, 25 scelere et iniuriis, *ubi similiter singularis cum plurali coniungitur* 11 *(18, 47)* Natio: Orceuia Numeri nationu cratia Fortuna, Diovo filiea primogenia donom dedi *Diehl Altlat. Inschr.*[3] 65. *Cf. K. Meister Lat.-griech. Eigennamen* 1, 115 *adn. 1* 17 *(19, 47)* colimus et accepimus *scil.* accepta colimus. *Sed similiter posterius antecedit de orat.* 1, 161 nosse atque vidisse 24 *(19, 48) Λευκοθέα Tusc.* 1, 12, 28
28 Cerclenses *antiquior forma* Ce-, *non* Ci- *videtur fuisse,*
**137** *cf. Th. l. L. s. v. p. 333, 20; P. W. s. v. Circei.* 137, 3 huius Absyrtio fratri *de collocatione cf. quae adscripsi ad* 3, 15, 39
9 *(19, 49)* lege censoria: *a censoribus antiquo more vectigalia ceteraque locabantur cf. Mommsen Röm. Staatsrecht II*[2]
**138** 422, 4; 978. 138, 4 *(20, 51)* igitur *in initio sententiae cf. fin.* 1, 18, 61 Igitur neque stultorum quisquam beatus. — *Madvig ad loc.; Hofm. 683, qui affert Parzinger Progr. Landshut 1912 p. 62* 6 reponatur: ponatur *Charisius; sed cf.* 1, 15, 38; *opt. gen.* 6, 17 hunc in numerum non repono; *ad Brut.* 1, 16, 4 (*verba Bruti*) 7 Thaumante *Serv. Aen.* 9, 5 Thaumantias secundum poeticam Thaumantis filia. ceterum ex admiratione hoc nomen accepit, quae admiratio de eius coloribus nascitur. — *Schol. Hesiodi theog. 266* 9 arcus *de arcu feminina cf. Serv. Aen.* 5, 610 notandum sane etiam de Iride arcum genere masculino dicere Vergilium: Catullus et alii genere feminino ponunt referentes ad originem, sicut 'haec cattus' et 'haec gallus' legimus 19 *(20, 52)* Masso *duplex scriptura vel* Masso *vel* -s- *Liv.* 25, 2, 1; *Cic. epist.* 9, 21, 2; *Dessau* 907 Ofania C. f. Quarta uxor C. Papirius C. f. Vel. Masso tr. mil. aed. pl. q. iud. cur. fru. — *Zimmermann ALL* 13, 420 *exempla affert.* — 'Maso', *cum antiquis temporibus consonantes non geminarentur, antiquiorem scripturam fuisse, quam nonnullae familiae retinuissent, Heraeus per litteras ad Plasbergium scripsit*
20 in augurum precatione *Serv. Aen.* 12, 176 hoc per speciem augurii, quae precatio maxima appellatur, dicit; precatio autem maxima est, cum plures deos quam in ceteris partibus auguriorum precantur eventusque rei bonae poscitur ut in melius iuvent. — *Wiss.* 524, 2 23 nec *in propositione minore 2,*
**139** 8, 21; 3, 13, 34. 139, 7 *(21, 53)* Dioscoroe *Varro ling.* 5, 66 Aelius *(p. 60 Fun.)* Dium Fidium dicebat Diovis filium ut Graeci Διόσκορον Castorem. *Vide de hoc nomine K. Meister Lat.-griech. Eigennamen* 113 ss. 10 Tritopatreus: *Dittenb. Sylloge*[3] 925: ὅρος ἱε[ρὸ Τριτο|πατρέων Ζακυνάδω[ν]; *Suid. s. v. τριτοπάτορες:*

Φιλόχορος δὲ τοὺς τριτοπάτρεις πάντων γεγονέναι πρώτους κτλ
Nominis igitur forma et in titulo et in Philochori et Ciceronis
libris par    24 *(21, 54)* Acantho de Sole, filio Acanthus cf.
Malten P. W. s. v. Heliadai 7 p. 2852; Crusius P. W. s. v. Acantho 1
p. 1147    25 unde Rhodii *in tali sententia abesse verbum
solet:* Lucull. 42, 131 . . . *quorum princeps* Aristippus qui Socraten audierat, unde Cyrenaici; Tusc. 4, 12, 27 anxietas, unde
anxii.    140, 7 *(22, 55)* nominabantur *antecedit perfectum* 140
tenuit *ita ut tempus vocis* nominabantur *coniunctum videatur
cum sententia antecedenti velut de orat. 1, 34, 159* effudi vobis
omnia quae sentiebam *(scil.* et adhuc sentio*)*, nat. 2, 47, 123
manus etiam data elephantost quia habebat; Caes. Gall. 7, 69, 5
sub muro quae pars collis ad orientem solem spectabat *(scil.*
spectat etiam nunc*)*, hunc omnem locum copiae Gallorum compleverant    16 *(22, 56)* Aegyptum Caes. civ. 3, 106,1 Aegyptum iter habere; Nepos Datam. 4, 1; Liv. 31, 43, 5; 45, 10, 2 cf.
Th. l. L. I, 956, 84 ss. Hofm. 387    26 *(23, 57)* paulo antea;
antea *cum ablativo mensurae antecedenti hoc unico loco in
scriptis Ciceronis; sed monet Krebs Antib.* 1⁷ *p. 175* postea *pro
post cum ablativo coniunctum esse: inv. 2, 51, 154* postea aliquanto; Cluent. 47, 130 paucis postea mensibus.    141, 7 *(23, 58)* 141
Cupido *semper nomen proprium apud Ciceronem, nusquam
pro* cupiditate *(Verr. 4, 2, 4; 4, 55, 123; 4, 60, 135 et saepius)* Laurand 1, 36    9 Upis 'de U non dubitandum, etsi saepe Opim
scribunt: Serv. Dan. in Aen. 11, 532. 858; Claud. Don. 2 p. 495
(Georgii) ad 11, 532; Macr. sat. 5, 22, 1 ss.; Claudianus 24, 254
13 eumque: eum quem Pl. in adn. dubitans. Sed enumerationem talem sententia principalis sequi potest velut: eam saepe
Graeci Upim . . . appellant vel § 59:* sed ex ea et Marte natus
Anteros dicitur    17 *(23, 59)* Caelo et Die 'scil. Οὐρανοῦ καὶ
Ἡμέρας: Dien *non recte intellexit Dümmler P. W. 1, 2771, 50'.
142, 1 quadrigarum inventricem Reitzenstein Anf. d. Lex. d.* 142
*Photios p. 40, 8 ss.* Ἀθηνᾶ ἱππία . . . ἢ ὅτι, ὡς Μυασέας (frg. 2),
ἡ Ποσειδῶνος καὶ Κόρης τῆς Ὠκεανοῦ θυγάτηρ Ἀθηνᾶ τὸ
ἅρμα τῶν ἵππων ἐξεῦρεν.    143, 1 *(24, 62)* in enodandis . . . 143
nominibus *sic vel similiter Cicero* ἐτυμολογίαν *conatus est vertere. Wölfflin ALL 8, 1893, 421*    3 vertit: *an* vortit? *nam fuisse
potest* vort- *in* A. *Cf. Kretschmer Kuhns Ztschr. 38, 1905, 130*
9 natare 'Varro ling. 8, 74 neque oportebat consuetudinem natare alios dicere . . . alios . . .'    18 *(25, 63)* non idem significat
quod non modo: exempla collegit* KStegm. 2, 2, 66 adn. 12, hunc
locum falso interpretatus. Cf. Pl. 1911 ad 2, 64, 162    19 Febris
Lind. 77, 27 Christianos affert, qui perniciosas res deos deasque constitutas impugnant    21 Exquiliis *cum scriptura*
exsqu- P *confer exstrad CIL I² 581, 16; CIL index tomi VIII p. 1111*
coniuxs, despexsi, sexs, *unde concludendum scribam* exquiliis

*scriptum esse voluisse cf. p. 89, 14* **saxsa pars codd.** — *Sommer
248; Seelmann Aussprache d. Lateinischen 352s.* **144,3 (25,64)**
*et ut de collocatione verborum cf. quae adscripsi ad 2, 2, 6*
**18 ss.** *In sequentibus partibus libri Arnobiani verba Ciceronis
inesse putat Kroll p. 63 s., quae huic fragmento addi vult:
Arnob. nat. 3, 8 (p. 116, 18 Reiff.) ac ne tamen et nobis inconsideratus aliquis calumniam moveat, tamquam deum quem colimus marem esse credamus, ea scilicet causa, quod eum cum
loquimur pronuntiamus genere masculino, intellegat non sexum
sed usu et familiaritate sermonis appellationem eius et significantiam promi. non enim deus mas est, sed nomen eius generis masculini est. — Arnob. 3, 9 (p. 117, 6 Reiff.) quid ergo? dicemus deos procreare, deos nasci, et idcirco his additas genitalium membrorum partes, ut sufficere prolem possent . . .? —
Pohl. autem Arnobium non ad 1, 33, 92; 34, 95, sed ad hunc locum respicere negat, cum in hac parte, qua Cicero de providentia agit, disputatio de sexu deorum locum omnino non
habeat neque magis esse putat, cur Lactantii verba de ira
dei 13 (p. 146, 8 ss.) huc referamus, cum Lactantius similia
inst. 7, 4, 11 proferat, ubi eum ex Acad. IV (cf. Lucull. 120) haurire videri Plasberg ipse concedit. Epicuri vero argumentis
(p. 146, 24—147, 6) Academici, quos Cicero sequitur, omnino non
utuntur.* **145, 7 adn. crit.** *Serv. auct. ecl. 6, 33* **liquidi ignis:**
*Adde Apul. mundo 16 (p. 752, 6 Th.) (de nubium praestigiis)*
**stativa lux est quam sterigmon illi vocant sine cursu iugis et
prolixa lux stellaeque fluor et ignitus liquor qui cum latius
quatitur cometes vocatur** **13** *frgm. ex Lact. inst. 2, 8, 10* **haustum:** *de fabricatore mundi materiaque Heinem. Pos. 2, 193.*
**147, 8 (25, 65)** **istuc:** *istud cf. Eur. Medea 365 ἀλλ' οὔτι ταύτῃ
ταῦτα. Cf. Seyffert-Müller ad Cic. Lael.² p. 93* **istac et blandiloquentia** *verba Enniana nusquam a Cicerone usurpata Laurand 1, 33, 40* **8 ss. (25, 65 31, 78)** *Difficultates, quae in
§§ 65—78 oriuntur ex miro sententiarum ordine, tetigerunt et
Mayor III p. 149 s. et Plasberg 1911 p. 385 s. Sane quidem, etsi
intricatius agere locus prohibet, Cicero et conclusiones Graecas
et exempla domestica (div. 1, 26, 55 sed quid ego Graecorum?
nescio quo modo me magis nostra delectant) commiscere conatus eandem doctrinam Academicorum Stoicos repugnantium
bis proposuit eumque has duas partes in unum conflaturum
fuisse, si modo omne suum opus perpolire potuisset, mihi veri
simillimum* **13 (26, 66)** **qui volt idem fere quod si quis**
*cf. leg. 2, 8, 19 (in lege quadam a Cicerone allata)* **qui secus
faxit, deus ipse vindex erit.** *Sjö. Χάριτες 1911 p. 295 s. Adde Verg.
georg. 2, 488. Hofm. 569* **16 perniciem si fuit permitiem,** *quam
formam reliquiae codicum videntur indicare, cf. Donat. Gr. L. 4,
392, 17 K = Iulian. Gr. L. 5, 324, 13. Walde s. v.* **18 exitium...**

exilium: *de sermone Enniano* Leo Lit.gesch. p. 191, 5; Fraenkel Plautin. im Plaut. 361    23 *(26. 67)* postquam *in prisco sermone Latino nonnunquam coniungitur cum praesenti* Plaut. Capt. 487ss.; Bacch. 530ss.; Curc. 683; Most. 925. — Bennett Syntax of early Latin 1, 101; Allardice Syntax of Terence 142: Hec. 126, 158, 187, 826; Phor. 632.    **148,** 1 obtruncat *hoc uno* 148 *loco in verbis Ciceronis* Laurand 1, 43    11 *(26. 68)* miscendumst *in eodem versu* miscendum Tusc. 4, 36, 77; -mst de orat. 3, 58, 219    17 *(27. 68)* matres coinquinari . . . genus de sermone Acciano cf. Leo Lit.gesch. 404, 1    21 addo *per errorem* Pl. 1911 *et* 1917 *adnotaverat* Scriverium *scripsisse* adde; *sed habet* Petrus Scriverius *(collectanea veterum tragicorum,* Lugduni Bat. 1620 p. 106) addo    23 stabilimen *Laurand* 1, 47 „pas d'autre exemple".    **149,** 19 *(28. 70)* beneficio perverse uti Sen. nat. 149 5, 18, 4; 13. Philo de prov. 2, 110 necesse enim erat ad totius universi perfectionem, ut mundus varia genera generaret animalium omnium; non erat tamen necessarium, ut in istorum irrueret fruitionem ille qui sapientiae est proximus homo, transmutando sese in agrestem morem bestiarum = Euseb. praep. ev. 8, 14, 54 Ἀναγκαῖον μὲν γὰρ ἦν εἰς τὴν τοῦ ὅλου συμπλήρωσιν, ἵνα γένηται κόσμος ἐν ἑκάστῳ μέρει, φύναι ζώων ἰδέας ἁπάντων, οὐκ ἀναγκαῖον δὲ ἐπὶ τὴν τούτων ἀπόλαυσιν ὁρμῆσαι τὸ σοφίας συγγενέστατον χρῆμα τὸν ἄνθρωπον, μεταβαλόντα εἰς ἀγριότητα θηρίων — Capelle Arch. f. Gesch. d. Phil. 20, 1907, 193   28 ex eo quod datur *quae verba ex sententia pendenti deprompta sunt ut ante suam sententiam posita maiore cum vi audiantur; hunc enim secundum regulam ordinem exspectaremus:* ita non fit, ut voluntas . . . appareat ex eo quod datur. Cf. quae adscripsi ad 3, 2, 6    32 *(28. 71)* aut sine animi motu *post* aut subaudiri *putat* Plasberg suscipitur collatis eis quae *adnotaverat 1911 ad 2, 64, 162 (p. 341, 8) nec vero supra terram scil. extat*.    **150,** 7 timiditatis *de* timiditate *dubitabam, sed* 150 *contraria videtur* fortitudini. Cf. Tusc. 5, 18, 52s. Nam timiditas item 't iniustitia et intemperantia in vitiis numeranda 9 *(29 71)* commemorabatur *singularis praedicati coniungitur cum duobus subiectis, utique nominibus* cf. Lébreton Études sur la langue de Cicéron p. 15s.    10 subducta ratione epist. 1, 9, 10 circumspectis rebus meis omnibus rationibusque subductis 23 *(29. 73)* fructu dicitur *abl. separat. um den Ertrag betrügen velut orat.* 178 tamquam debito fraudetur (animus); Att. 1, 1, 3 cum (Caecilius) magna pecunia fraudaretur, sed etiam fallere eadem vi fungitur: nat. 3, 31, 76 patrimonia spe bene tradendi relinquimus, qua possumus falli. Hofm. 423. — *Aptissime autem* rructu *dicitur, quod et* fructus *et* nomen, *quod sequitur, ad* ius *pertinent cf.* cod. Iust. 5, 14, 11 nomina i. e. cautiones *(Schuldscheine)* faeneraticias. Sin autem hunc locum contuleris cum

*Dig. 2, 13, 10, 3* sic enim et de cautione subrepta aut corrupta competit condictio et damni iniuriae actio, *facile concedes* fructu fallere *optime congruere cum verbis* nomen avertere    25 pavidum *vox a Cicerone evitata; item* pavor *non nisi in Tusc. (4, 7, 16; 8, 19; 5, 8, 12) usurpatum, in versibus Ennianis (de orat. 3, 58, 218; Tusc. 4, 8, 19) et in versu Pacuviano (orat. 46, 155). Cf. Laurand 1, 44.*    **151**, 1 commollar *a Cicerone nusquam usur-* patum Laurand *1, 35.*    10 **(30, 74)** quid ut *commiscetur sententia interrogativa cum finali Hofm. 647; Madvig p. 248*    11 at se Qu. Sosius: id, *quod coniecerat Davisius, deesse potest; ad exempla quae Pl. 1911 attulit, addas Lucull. 35, 113* ego tamen utrumque verum puto, nec dico temporis causa, sed ita plane probo; *rep. 1, 24, 38; Tull. 13, 32; har. resp. 21, 45; Balb. 6, 14; Phil. 2, 14, 36; Iuven. 7, 15.* — *Ergo 3, 34, 83* atque homo acutus cum bene planeque percepisset *superfluum est* idque *quod coniecit Lambin. pro* atque    17 Tubuli *cf. 1, 23, 63 = Lucil. 1312 M.*    21 ope consilioque *Gaius inst. 3, 202* interdum furti tenetur qui *(cum Veron.)* ipse furtum non fecerit, qualis est cuius ope consilio furtum factum est. *Dig. 47, 2, 50, 3 (Ulpianus)* consilium autem dare videtur qui persuadet et impellit atque instruit consilio ad furtum faciendum: opem fert qui ministerium atque adiutorium ad subripiendas res praebet. *Lenel Edictum perpetuum*³ *p. 324 ss.*    actio ... iudicia *de differentia quae sit inter* 'actionem' *et* 'iudicia' *Wlassak Röm. Prozeßgesetze 1, 72 ss.; Wenger Instit. d. röm. Zivilprozeßrechts 20, 6; Costa Cicerone giureconsulto 2, 10 ss.*    22 de fide mala *off. 3, 17, 70* sed qui sint boni et quid sit bene agi magna quaestio est. Q. quidem Scaevola pontifex maximus summam vim esse dicebat in omnibus iis arbitriis in quibus adderetur EX FIDE BONA fideique bonae nomen existimabat manare latissime idque versari in tutelis societatibus fiduciis mandatis rebus emptis venditis conductis locatis quibus vitae societas contineretur; in iis magni esse iudicis statuere, praesertim cum in plerisque essent iudicia contraria, quid quemque cuique praestare oporteret; *idem top. 17, 66; Gaius inst. 4, 62* sunt autem bonae fidei iudicia haec: ex empto vendito, locato conducto, negotiorum gestorum, mandati, depositi, fiduciae, pro socio, tutelae, rei uxoriae(?) *cf. 4, 33; 182. Dig. 3, 2, 1* praetoris verba dicunt: infamia notatur ... qui pro socio, tutelae, mandati, depositi suo nomine non contrario iudicio damnatus erit. *S. Rosc. 6, 16* siqua enim sunt privata iudicia summae existimationis et paene dicam capitis, tria haec sunt fiduciae tutelae societatis. *Caec. 3, 7* qui per tutelam aut societatem aut rem mandatam aut fiduciae rationem fraudavit quempiam ... 'est enim turpe iudicium'. — *Wenger Instit. d. röm. Zivilprozeßrechts 156; 163 adn. 45. Lenel Edictum perpetuum*³ *p. 288—302*    24 iudicium publicum rei privatae

„das im Interesse eines Privaten stattfindende Gericht des Volkes" Mommsen Röm. Staatsrecht I² p. 162, 2    25 lege Laetoria Kübler per litteras ad Plasbergium confert BGU 2, 611, 6 nihil legis Laetoriae ... a]uxilio (Bruns Fontes iuris R.⁷ 1 p. 198; Girard Textes de droit R.³ 126). BGU 2, 378, 21 ἐντὸς ὢν τοῦ Λαιτωρίου νόμου¹    26 de dolo malo off. 3, 14, 60 sed quid faceret (Canius)? nondum enim C. Aquillius collega et familiaris meus protulerat de dolo malo formulas; in quibus ipsis, cum ex eo quaereretur quid esset dolus malus, respondebat cum esset aliud simulatum aliud actum (scil. actum idem quod beabsichtigt, cf. Dig. 18, 1, 6, 1 in emptis enim et venditis potius id quod actum quam id quod dictum sit sequendum est; 4, 3, 1, 2 aliud simulatur et aliud agitur). — Girard-von Mayr Gesch. u. Syst. d. röm. Rechts 458; Costa Cicerone giureconsulto² 1, 152 s.

152 **152, 6 *(30, 75)*** utinam e. q. s.: Hieron. ep. 127, 5, 2 (CSEL 56 p. 149) illud Ennianum ... Utinam ne in nemore Pelio. An ex Cicerone sumptum dubitat Kunst diss. Vindob. XII p. 216 s. 8 abiegnus apud Ciceronem non nisi in verbis alterius scriptoris Laurand 1, 32. — Ad versus Ennianos Marx index schol. Greifswald 1891 p. 10 ss.    15 *(31. 76)* urgetis cum sequenti a. c. i. rarissime coniungitur Hofm. 585. Tac. ann. 11, 26 abrumpi dissimulationem etiam Silius ... urgebat. Similia adferri possunt: 3, 13, 34 innumerabilia sunt ex quibus effici cogique possit nihil esse; Gaius inst. 2, 78 si me possidente petas imaginem tuam esse    21 dedisses: iussivus, ut dicunt, plusquamperfecti Blase Glotta 10, 1919/20, 31; Hofm. 573    24 qui potuit: qui raro usurpatum a Cicerone Hofm. 644    26 Theseus off. 1, 10, 32.

153 **153, 13 *(31, 78)*** ussuros: ussur(is) ... in alios usus CIL 13, 5042; cf. Mar. Victor. Gr. Lat. 6, 8, 5 K.    28 *(32, 79)* nam si curent Sallust. ed. Nock § 9 in fine (vide etiam p. LXXV): εἰ δὲ κακοὶ μὲν εὐτυχοῦσιν, ἀγαθοὶ δὲ πένονται, θαυμάζειν οὐ δεῖ· οἱ μὲν γὰρ πάντα, οἱ δὲ οὐδὲν ὑπὲρ πλούτων ποιοῦσι. καὶ τῶν μὲν κακῶν ἡ εὐτυχία οὐκ ἂν ἀφέλοι τὴν κακίαν, τοῖς δὲ ἀγαθοῖς ἡ

154 ἀρετὴ μόνον ἀρκέσει.    **154, 12 *(32, 81)*** dies deficiat: omisso me velut Tusc. 5, 35, 102 cf. Landgr. p. 178    23 *(33, 81)* annos post duodequadraginta Clark 360 transponendum putat ratus ex mendo librarii versuum longitudinem expediri. Sed mihi non persuasit, conferas enim ad collocationem verborum ad Brut. 9, 10 cum paucis diebus magno proelio ante vicisset; ibid. 9, 24, 4 non solum bono domino potuimus Antonio tolerare nostram fortunam; epist. 11, 16, 1 permagni interest quo tibi haec tempore epistola reddita sit; div. 1, 47, 105 tibi App. Claudius augur consuli nuntiavit    26 *(33, 82)* sustulit Caec. 33, 98 quam multam si sufferre voluissent    29 Anaxarchum — Zenonem — Socrate eadem tria exempla nominat Philo de provid. 2, 9 s. (Richter); Philodem. de morte 4 XXXV 31

*(Mekler p. 347)*; *Plut. moral. p. 1051 C* omisso *Anaxarcho. Cf.*
155 *Wendland, Philos Schrift ü. d. Vorsehung p. 48, 6.* **155,** 9
*(34, 83)* atque *cf. quae adscripsi ad 3, 30, 74* 17 esse ad
*Cato agr. 125* id (vinum murteum) est ad alvum crudam et ad
lateris dolorem et ad coeliacum; *Cic. Att. 3, 7, 2; 6, 1, 14;
Hygin. grom. (Corp. agrim. Rom. 1 p. 94, 19 Th.)* quod semper
erit in formam; *Marcell. Empir. de medicam. 11, 21* Pulvis te-
nuissimus costi ulceribus, quae in ore erunt, adpositus mire est;
*Boeth. in isag. Porph. comm. 1, 6 (CSEL 48 p. 16, 2)* porro autem
quidquid ad cuiuslibet superiecti firmitatem est, id antequam
ipsum esset, fuisse necesse est. *Löfstedt Spätlat. Studien 49 s.
Hofm. Umgangssprache p. 107*    12 et 17 Iovis — Aesculapi
eandem fabulam et *Iovis et Aesculapi irrisi narrat Arnobius*
156 *nat. 6, 21 (p. 232, 13 Reiff.) cf. Kroll 87.*    **156,** 24 *(35, 86)*
minora di neglegunt *3, 37, 90; Max. Tyr. 5, 4 (p. 57, 8 ss. Hob.)*
ἤτοι προνοεῖ τοῦ ὅλου (ὁ θεός), τῶν δὲ κατὰ μέρος οὐ φροντίζει,
ὥσπερ οἱ βασιλεῖς σώζουσι τὰς πόλεις νόμῳ καὶ δίκῃ, οὐ δια-
τείνοντες ἐφ᾽ ἕκαστον τῇ φροντίδι. *Philo de prov. 2, 102; Ca-*
157 *pelle Arch. f. Gesch. d. Philos. 20, 184 adn. 47.*    **157,** 2 *(36, 86)*
fructuum: fructum *non modo* A¹V¹B¹, sed *cf. etiam Varro rust.
1, 13, 6; 2, 1, 28. Th. l. L. s. v. 1374, 58*    23 *(36, 88)* quamvis
licet *Tusc. 4, 24, 53. Hofm. 738*    31 *(37, 89)* Diagoras specimen atheorum *cf. Geffcken Zwei griech. Apologeten p. 169 s.* —
158 *Cf. Diog. Laert. 6, 59.*    **158,** 18 *(38, 90)* expetantur eae poenae
*ad Brut. 9, 20, 2; 23, 11* in qua videtur illud esse crudele quod ad
liberos qui nihil meruerunt poena pervenit. — *Cf. Plut. de sera
num vindicta.* — *Simile iudicium apud Philon. de prov. 2, 7*
nec enim homo moderatus, iis omissis qui iniuriam faciunt, in
proximos eorum odio fertur ita ut, omissis poenis in obnoxios,
in innocentem cumulet vindictam. Quis unquam magistrorum
graviter ferens tarditatem discipulorum eorum cognatos pro ipsis
castigandos accipiat? Nemo unquam. Si medicus urere vel se-
care pro patre vel matre aegrotantibus filium sanum aggrederetur,
nonne aut furere aut exitiale quid moliri evidenter censeretur?
Quantum ergo absurdius erit id quod neque de hominibus dici
potest id de diis credere? Mihi certe nullatenus hoc sapienter
actum creditur, sed potius qui iniuriam fecit, hunc poenas luere
iudicii fas est lege prorsus sapientissima    25 satias *non*
159 *a Cicerone ipso usitatum Lqurand 1, 46.*    **159,** 7 *(38, 91)*
quem...negatis: *simili ratione deos non irasci probat Arnobius cum multis locis tum in fine libri quarti (p. 171, 21 Reiff.).
Pohlenz Vom Zorne Gottes 45*    20 *(39, 92)* haec *subiectum
ex sententia pendenti exemptum in initio ponitur cf. quae adscripsi ad 3, 2, 6.* Superfluum ergo hanc quod coniecerat secunda
manus V    21 aut nescit...aut neglegit *div. 1, 38, 82*
32 *(39, 93)* videtis ergo ¹interrogari *vult Müller Teubner 1878.*

*Sed cf. off. 3, 13, 53; Cato 22, 80; fin. 2, 26, 85; 4, 19, 52; rep. 3, 32, 44; leg. 2, 20, 50; 3, 1, 2.* **160, 17 (40, 94)** muris... quos **160** sanctos... dicitis *Gaius inst. 2, 8* sanctae quoque res, velut muri et portae, quodammodo divini iuris sunt. *Iust. inst. 2, 1, 10; Dig. 1, 8, 8, 2; 1, 8, 11; 43, 6 (ne quid in loco sacro fiat) 2; Isid. orig. 15, 4, 2 in fine. Cf. Seckel-Kübler ad Gai. 2, 8. — Plut. aet. Rom. 27.* quos... dicitis... diligentiusque urbem... cingitis: *sententia relativa coniungitur cum sententia libera: Tibull. 2, 3, 53* vestes, quas femina Coa texuit auratas disposuitque vias; *Catull. 30, 5; 81, 5; Sjö. 114* **160 in fine** *Aug. civ. 5, 9 in init.* Cicero... in libris de deorum natura... pro Lucilio Balbo cui Stoicorum partes defendendas dedit maluit ferre sententiam quam pro Cotta qui nullam divinam naturam esse contendit.

# INDEX NOMINUM ET RERUM

(NUMERI PAGINAS ET VERSUS INDICANT. NOMINA SEMICIRCULIS
INCLUSA NON SUNT APUD CICERONEM)

(Abdera) patria Democriti 47 7.
  cf. Protagoras
absolutum v. extremum
Absyrtius (Absyrtus alibi) frater
  Medeae 137 3
Academia 28 11. recentior 5 28
  6 16 31 23 117 25. Academici 1 9
  49 2 3 14 57 6 110 5 146 8 adn.
  150 16 cf. 3 30 ss 6 2 ss 19 30 22 31
  36 1 49 18 78 15 110 10 160 22.
  Academici libri Ciceronis 5 19
Acantho mater Solis IV 139 24
accidere (cf. συμπτώματα ἢ συμ-
  βεβηκότα) 82 3
accipiter 136 20
(L.) Accius poeta 84 23 133 24.
  praeterea eius versus 148 11 ss
  158 23
accommodatum naturae (οἰκεῖον)
Acheron 134 27          [41 12
Achilles 117 1 135 24
actio 71 22. in iure 151 21. cf.
  deus
ex acuminibus (auspicia) 52 23
adiungere (in sorita) 35 6
Adonis Veneris IV coniux 141 22
adpetere (ὁρμᾶσθαι) 41 11 81 31.
adpetitus, adpetitio (ὁρμή) 60 11
  61 31 62 2 71 21 98 29 130 17. cf.
  conatus
adpulsus solis (προσβολή) 10 29

adscripticii cives (παρέγγραπτοι)
  133 4
adsentiri (συγκατατίθεσθαι) 6 9
adulescentulis delectari 31 4
adumbrati di Epicuri (ἐσκιαγρα-
  φημένοι) 29 17. cf. 48 19 72 6
aedilis 9 29
Aeeta 136 26 137 2 139 26
Aegialeus (qui et Absyrtus) frater
  Medeae 137 4
Aegisthus 158 31
Aegyptus 40 13 102 32 140 4 16.
  Aegyptii 18 5 32 4 10 11 12 40 8
  132 31 139 22 140 4 14 16 17 141
  24. Hercules Aegyptius 134 6.
  Ibes Aegyptiae 101 2
(L. Aemilius) Paulus (cos. 182.
  168, quo anno vicit regem Persem, PW. 114*)) 51 11 116 28
(M. Aemilius) Paulus (cos. 219.
  216, quo anno occisus, PW. 118)
  153 35
M. Aemilius Scaurus (cos. 115,
  PW. 140) 72 22
aequilibritas (ἰσονομία) 43 6
aer 11 11 13 12 17 9 55 32 59 21
  74 27 82 14 18 86 1 89 18 96 26
  97 14 129 27. v. naturae IV
aes 111 7 22 129 16
Aesculapius 73 9 133 3 135 15 156 9
  159 3. templum Epidauri 155 18

---

*) Sic, ubi opus esse videtur, adscribo eum numerum sub quo
de eo homine agitur in encyclopaedia Pauliana a Wissowa aliisque renovata.

INDEX 219

(videtur debuisse dicere Aesculapium Epidaurium). Aesculapii III 140 19
aether 59 28 64 1 31 65 11 70 19 ss 82 15 86 3 ss 96 31 ss. ardor 16 7 64 25; *cf.* 14 16 96 28 31. caelum 64 25 73 28 89 27; *cf.* 70 17. deus 15 18 16 8 17 4. Iuppiter 17 8 74 24 75 2. Aether 135 7 139 2 21
Aetnaei ignes 87 29
Afri 32 18. Africa 32 31 116 22. ventus Africus 40 14
Africanus *v.* Cornelius Scipio
Agamemnon 116 33
Alabandus (ex homine deus) 133 1 137 23 26 28. Alabandi loc. urbis quae Graecis est τὰ vel ἡ Ἀλάβανδα (?) 133 1; *cf.* 137 24. Alabandenses 137 23; *cf.* 133 1 adn.
(T.) Albucius (Epicureus, fuit Athenis a. 121: fin. 1, 8 s) 36 31
Alcaeus poeta lyricus 31 5
Alcamenes fictor 32 24
Alcmaeo Crotoniates 12 2
Alcmena 134 11
Alco unus ex Dioscoris tertiis 139 12
L. Alenus (?) 151 14
Ales (Ὄρνις, sidus) 94 19; ales Avis 94 8. alites 89 23 115 4
Alexander (Magnus) 76 20
Almo (?) flumen 138 21
alvus (κοιλία) 105 1 ss. purgatio alvi 101 1 140 23
amicitia 47 19 ss
Amor (Ἔρως) Erebo et Nocte natus 135 9. *cf.* cupiditas, Cupido
Amphiaraus augur 51 23. cultus 137 6
Anactes (Dioscoroe) 139 9
anas 99 26
Anaxagoras philosophus 11 16
Anaxarchus Democriteus 154 29
Anaximander physicus 11 7
Anaximenes physicus 11 11 16

Andromeda (sidus) 93 20 (*cf.* 21) 94 1
Anemo (?) flumen 138 21
Anguis (Ὄφις, sidus) 92 10. *cf.* Nepa, Serpens. anguis 40 13 146 5 ·
Anguitenens (Ophiuchus, sidus) 92 7
angustia argumenti ⟨35 1⟩ 57 8 11
anima (quae spiritu ducitur) 104 26 106 7 131 18. cibus animalis 105 15. natura animalis 130 30
animal, animalia 11 22 82 7 101 31 ss 129 4 ss 131 16 ss; *cf.* 81 31. unde dictum 131 19. animal extrinsecus (?) 131 16 *cf.* 23. vis animalis 14 9
animans 10 17 (m. *cf.* 97 16) 83 5 130 29. animantes, animantia 20 3 41 11 60 3 (n.) 64 15 29 (n.) 68 29 82 17 89 24 96 30 98 11 15 (f.) 103 23 104 1 (n.) 9 105 16 106 32 112 10 131 9 18; i. e. bestiae 63 12 12 98 15 (f.) 20 23 100 2 102 1 (n.) 25. *cf.* deus, principia
animus 10 14 110 6 131 18 ss. divinus 12 3 14 2; plur. 13 24. spirabilis 56 10 *cf.* 128 13. πνεῦμα 12 5 (divinus) 143 26. animi securitas (ἀταραξία) 21 20. *v.* mundus, natura
Anio (?) flumen 138 21
Annibal 153 35
annus 68 16 112 12. magnus annus 69 10. anni divini 15 23. annorum (temporum) mutationes 15 23 68 20 89 22 90 4
anser 99 5
Ante Canem (Προκύων, sidus) 95 22
Anteros i. e. Cupido III 141 21 142 6
anticipatio (πρόληψις) 18 14 29 29 20. *cf.* cognitio, informatio, innatum, notio, praenotio, praesensio

# INDEX

Antiochus Ascalonita Academicus 4 8 7 21 ss. liber eius 7 18
Antiopa Musarum tertiarum mater 139 16
Antisthenes Socraticus. eius Φυσικός 14 5
Aoede una ex Musis primis 139 14
aper 101 11
Apis sanctus Aegyptiorum bos 32 11
Apollo 32 1 22 134 5 135 14 19 159 4 cf. 155 20. nomen 76 5. i. e. sol 76 6 138 2. Apollines IV 140 26. primus 140 2 141 23. quartus 140 19. templum Deli 157 20
Apollodorus (Atheniensis Stoicus, PW. 67?) 37 8
Apollodorus (tyrannus Cassandreae, PW. 43) 154 25
Apollonia v. Diogenes
aqua 59 9 75 5 97 5 14 132 4. cf. naturae IV, umor
Aquarius ('Υδροχόος, sidus) 94 9 10
Aquila (Ἀητός, sidus) 94 20
(M'.) Aquilius (cos. 129, PW. 10) 54 24
C. Aquillius (Gallus, praetor 66, PW. 23) 151 27 28
Ara (Βωμός, sidus) 95 12 16 133 14
araneola 99 12
Aratea carmina a Cicerone conversa 90 24
arbores 60 11 111 24
Arcades 140 19 141 4 142 1. Arcadia 139 2 140 24 141 4
Arcesilas Academicus (Ἀρκεσίλαος, PW. 19) 5 25 27 19
Arche una e Musis primis 139 14
Archilochus poeta Parius 42 14 158 29.
Archimedes Syracusanus 84 19
architectus 28 10 107 16. de deo 8 30 85 24
Arctoe duae 91 1 ss. Arcti (maioris) 92 25. Arctum (maiorem) 92 17. cf. Cynosura, Helice, Septentriones

Arctophylax (Bootes, sidus) 92 16
Arcturus (stella) 92 20
Arcus (Τόξον, sidus) 94 17. arcus (Ἶρις) 138 5 9
Ardeas ager 136 9
ardor v. aether, mundus
argentum 111 22 129 16
Argia Iuno 32 16. Argivi 32 16
Argo (sidus) 95 5 133 13
Argonautae 84 24
Argus (Ius custos) a Mercurio V interemptus 140 15
Aries (Κριός, sidus) 93 25 (cf. 26) 95 6
Aristaeus Apollinis f. 135 18
Aristippus Cyrenaicae sectae conditor 153 2
Aristo (Chius Stoicus PW. 56) 15 30 152 31
Aristoteles 37 1 42 17 64 28 65 22 87 7 100 16. περὶ φιλοσοφίας γ
Arius pagus 79 2 [14 10
ars, artes 36 16 62 12 71 9 81 24 82 8 9 83 32 ss 109 5 110 8 116 4 117 9
Arsinoa Arsippi uxor, Aesculapii III mater 140 23
Arsippus Aesculapii III pater 140 23
arteria aspera (τραχεῖα) 104 23 cf. 110 20. arteriae 58 20 106 14 22
artus 106 18 20
Asdrubal (dux Carthaginiensium bello Punico III, PW. 13) 159 6
Asia 116 22 141 13
asinus 114 25
ἀσώματον 13 19
asotus 153 1
aspis 136 20
Astarte i. e. Venus IV 141 22
Asteria soror Latonae 134 8 136 2
astra, sidera, signa 54 29 57 1 67 27 86 12 87 22 88 7 89 28 96 33 97 10 112 10 113 7 124 11. divina 12 2 26 14 28 15 8 22 16 11 17 6 63 32— 65 31 70 12 26 137 29 ss. cf. stellae

Astypalenses insulani 135 24
athei 2 2 24 32 46 1. cf. Diagoras
Athenae 23 17 30 31 32 23 66 21
113 1 116 23 136 5 137 11 21 22
139 9 140 2 27. Athenienses 25 6
33 17 79 1 113 1. cf. Atticus
⟨A.⟩ Atilius Calatinus (cos. 258.
254, PW. 36) 72 23 116 26
(M. Atilius) Regulus (cos. 267.
256, PW. 51) 154 1
atomi 22 3 25 22 26 21 22 27 6 9
28 27 35 25 43 5 45 3 87 2. cf.
corpora, corpuscula, individua
Atreus 148 (8) 15 150 9. pater
Dioscororum tertiorum 139 12
Atticus sermo 36 28. scurra Atticus (Socrates) 37 10
auctoritas 5 9 17
auditus 108 10. cf. aures
augures, augurium 22 19 48 8 51
24 52 18 19 53 2 ss 74 21 115 5 29
119 20. augurum precatio 138 20.
augurum collegium, libri 53 16.
cf. auspicia, lituus
C. (Aurelius) Cotta (cos. 75, PW.
96) P. Rutili sororis filius 154 5.
sodalis M. Drusi 154 6. familiaris M. Ciceronis 7 2 et Q. Catuli 31 7. exul (90—82) in Graecia et Athenis 136 3 137 11. ibi
audivit Zenonem Epicureum 23
17. cum Phaedro sene versatus
36 32. discipulus Philonis 8 8
23 16; Academicus 49 2 cf. 19 30
117 25; philosophus 49 12. rhetor 49 2 117 24 118 12 120 29.
princeps civis 117 21. pontifex
24 16 49 12 117 22 119 10 32 160
17. eius perpetuae orationes 22
29 ss 119 6 ss. praeterea passim
nominatur
aures 107 5 108 16 ss 109 13 ss. cf.
auditus
Auriga ('Ηνίοχος, sidus) 93 1 cf. 8
Aurora 31 10
aurum 111 23

auspicia 6 29 48 8 52 7 22 26 53 13
20 119 24 28
Avis (sidus) 94 8 cf. Ales. aves
98 15 ss 102 17 115 1. quae se
in mari mergunt 100 5 ss

Babylon cf. Diogenes
Balbus v. Lucilius
barbari 136 19. barbaria 32 4 101 3
beatitas, beatitudo, beata vita
(μακαριότης) 19 4 ss 20 6 21 10
15 20 26 11 43 19 112 17. cf. deus
bellum divinum 12 23
beluae, bestiae 60 10 61 30 62 30
89 5 98 28 ss 101 24 ss 103 31 109 5
111 16 ss 113 18 ss 147 7 20. minima bestiola 108 15. bestiarum
genera 38 17 41 4 88 32 89 14 99
23 101 17 102 7 111 14. divinae
32 6 ss 40 9 ss 132 31 136 21.
stellae 133 12. cf. aves, pecudes, sexus
Belus (Hercules V) 134 10
bilis 105 22
blatta 146 16 (?)
Boeotia 137 8
Bootes (Arctophylax, sidus) 92
16 18
bos 63 13 114 14 136 19. cf. Apis
brassica 98 12
Brittannia 84 10. aestus maritimi
Brittannici 127 9
Brutus v. Iunius

Cabirus (Caprius codd.) Dionysi III pater 141 13
Cadmus 136 25
(L. Caecilius) Metellus (cos. 251,
PW. 72) 116 27
(Q. Caecilius) Metellus (Numidicus, cos. 109, PW 97) 154 20 ?
Caecilius Statius. ex eius palliata
Synephebis versus 6 19 150 16
caelum, caelestia, res caelestes
50 8 55 14 27 85 26 ss 160 2. palatum (οὐρανός) 67 25. caelestis

ordo 70 32. ornatus (κόσμος) 87 6 ss. motus, conversio 54 28 57 1 88 7 14 90 29 124 11 19. divinum 13 23 15 5 8 ,33 8 81 11 137 29. cf. aether

Caelus (Οὐρανός) 73 25 135 6 7 142 26. pater Iovis II 139 4; Volcani I 140 1; Mercuri I 140 8; Veneris I 141 17

Calatinus v. Atilius

Calchas augur 51 24

callidus 127 21

calor 58 9—60 4 60 27—61 15 124 30 131 10 ss. cf. ignis, mundus

camellus 99 6

Camirus heros 139 25

campi 115 15

Cancer (Καρκίνος, sidus) 92 26

Canicula (Σείριος, stella) 128 7

Canis (Κύων, sidus) 95 2 5. cf. Ante Canem. canis 63 14 101 1 102 8 111 20 114 9 136 21

Cannae (i. e. pugna a. 216) 153 35

capedunculae Numae 134 16

Capitolium 42 1 4 72 22. Capitolinus v. Iuppiter

Capra (Αἴξ, sidus) 93 4 133 12 cf. 93 7. caprae ferae 101 5

Capricornus (Αἰγόκερως, sidus) 94 12

Caprius v. Cabirus

caput 107 1

Carbo v. Papirius

caritas 47 29 48 27 30

Carneades 3 13 5 25 115 22 128 30 134 30

Carthago Herculis IV filia 134 9. urbs 159 6. Carthaginienses 155 14

Cassiepia (sidus) 93 18 cf. 19

Castor et Pollux 51 4 ss 73 8 122 21 135 15 139 11. Castor 122 14. cf. Tyndaridae

casu 84 17 86 32 96 1. casus nominum 74 12. cf. fortuna

Cato v. Porcius

Catulus v. Lutatius

causarum continuatio (αἰτιῶν εἰρμός) 22 13

Centaurus (sidus) 95 13. (Nessus) 149 24. Centauri 138 10

Ceos cf. Prodicus

Cepheus (sidus) 93 14 cf. 17

cera 129 13 cf. 28 2

Cerberus 134 28

Cerclenses coloni Romani 136 28

Cercops (genet. traditur Cerconis) 42 19

cerebrum 39 21

Ceres 73 11 13. a gerendis frugibus 75 17 138 16 143 4. i. e. terra 17 11 cf. 77 19 143 27. l. e. fruges 72 17 19 133 16

cerva 101 8

Chalcidicus Euripus 127 5

Charon 134 27

Chelae (sidus) 95 14

Chimaera 42 23 50 24

Chius cf. Aristo

Chrysippus Stoicus 16 23 37 11 55 8 63 9 21 73 23 114 28 119 19 124 22 127 19 143 12_(145 3). περὶ θεῶν ᾱ 17 17 20. · β̄ 17 18. Chrysippa 37 11

cibus 65 8 101 22 104 10 ss 132 7

cincinnatae (stellae, κομῆται) 54 21

Cinna v. Cornelius

Circe 136 25 27 139 26

circulus (κύκλος, orbis) 67 12

circumire fana 136 9

civilis conciliatio et societas 80 23

M. (Claudius) Marcellus (cos. 222. [215.] 214. 210. 208, quo anno occisus; PW. 220) 72 25 116 27 153 35

P. Claudius (Pulcher, cos. 249, PW. 304) 51 27 52 7 (clodi utrobique altera pars codicum)

Cleanthes Stoicus 16 2 54 8 58 15 64 6 73 23 119 19 124 5 17 132 5 143 11

Cleomenes Lacedaemonius (rex

# INDEX 223

235—220) 146 5? (*cf.* Plut. Cleom. 39)
Clodius *v.* Claudius
coagmentatio nulla non dissolubilis 9 7 27 27 *cf.* 98 1
Cocytus 134 27
Codrus 137 13
(L.) Coelius (Antipater, PW. 7). belli Punici fragmentum (19 Petri) 52 9
cogitatio 16 27 41 17 25 56 16 126 3 136 14 149 8 32
cognatio rerum consentiens conspirans continuata, convenientia consensusque (συμφυία, συμπάθεια, σύμπνοια, συντονία) 56 24 124 26 128 21 27. *cf.* concentus, copulatio
cognitio 106 28 112 15; *cf.* 1 4. cognitiones usitatae perceptaeque, insitae, innatae (προλήψεις) 15 26 18 24 *cf.* 14 10. κατάληψις 31 25; *cf.* anticipatio, perceptio. perceptum et cognitum 1 13. cognitum conprehensumque animis 50 18
cohaerentia, cohaerendi natura (ἕξις) 82 6 113 7 *cf.* 83 30 128 25 131 1
Colchi 139 26
colere, cultus 19 8 22 23 30 2 45 12ss 46 6ss 47 10 50 28 52 15 77 22 78 5 119 15 134 15 135 24 136 28 137 24; *cf.* 102 30
κομῆται 54 21
comitia 53 10
commodum, commoditas 54 12 14 124 10 18 145 1 156 30. commoda προηγμένα 7 28
commutabilis (ἀλλοιωτός) 129 13 ss 159 17. *cf.* flexibilis
complecti *v.* definire
conatus (ὁρμή) 71 21 98 29. *cf.* adpetitus
concentus (ἁρμονία) 97 19 *cf.* 57 2 97 25 128 16

concludere ratione 110 1 *cf.* 35 1 57 8 29 66 31 103 25 126 15
concoquere, coquere (πέττειν). concoctio 58 18 100 10 105 7 10 27
Concordia (conc.) 72 27 80 30 81 2 136 13 142 15 18
conformatio (τύπωσις) animi 41 27
conglobata (ἰσόρροπος) 88 24 97 1
coniectores 22 19
coniunctio *v.* consequentium
conprehendere (καταλαμβάνεσθαι) 13 22 50 18 110 7. *cf.* cognitum, consequentium
conscientia 156 17
consecrare 40 10 18 72 24 31 73 11 75 1 80 31 132 31 137 20 138 13 142 20 143 21 157 24
consensus *v.* cognatio, *cf.* 97 25
consequentium rerum cum primis coniunctio et conprehensio (*cf.* συνημμένον ἀξίωμα) 109 29
conservatio (et salus; συντηρεῖν, διασώζειν) 71 2 101 25 103 27. conservandi sui custodia 100 2 *cf.* 100 30
conspirare *v.* cognatio
consuetudo (συνήθεια) 32 19 73 6 77 21 *cf.* 66 8 88 2 125 20
consules vitio creati 53 21
contentio (συντονία) gravitatis et ponderum 96 21 *cf.* 97 1
continuatio *v.* causarum c.. cognaconvenientia *v.* cognatio [tio
copulatio rerum (συμφυία) 97 25
coquere *v.* concoquere
cor 36 20 39 21 58 22 105 3 27 28 106 9 22
Κορία i. e. Minerva IV 142 1
Corinthus 159 5
(L. Cornelius) Cinna (cos. 87—84, PW. 106) 154 9 16
(L. Cornelius Lentulus) Lupus (cos. 156, PW. 224) 25 13 (versus Lucili)
duo (Cornelii) Scipiones (Cn. Corn. Sc. Calvus cos. 222 et

P. Corn. Sc. cos. 218 [PW. 345 et 330], obierunt a. 212 vel 211) 153 32
(P. Cornelius Scipio) Africanus (cos. 205. 194, PW. 336) 116 28. horti Scipionis 53 18
P. (Cornelius) Scipio (Nasica Corculum, cos. 162. 155, pont. max. 150, PW. 353) 53 3 119 18
P. (Cornelius) Scipio (Aemilianus) Africanus (cos. 147. 134, PW. 335) 54 25 116 29 154 2
cornix 123 11
Corona (Στέφανος, sidus) 92 6 133 14
Coronis v. Phoronis
corpus inmortale nullum nec individuum 129 2 ss. IV genera corporum (στοιχεῖα) 82 25 129 23; cf. naturae. corpora (σώματα, Epicur.) 82 2. (individua) 27 26 41 21 43 14 86 21 ss 96 1; cf. atomi, homo. quasi c. 20 9 26 29 27 28 28 3 30 ss
corpuscula (σώματα l. e. ἄτομοι) Leucippi vel Democriti 25 30. individua corpuscula Epicuri 26 16 86 30
Corsica 138 20
Ti. Coruncanius pont. max. (cos. 280) 45 8 116 26 119 17
Corvus (Κόραξ, sidus) 95 20. corvus 100 15
Corybas Apollinis II pater 141 1
Coryphe Oceani f. 141 26
Cos: Coi 134 8 ?
Cotta v. Aurelius
Crassus v. Licinius
Creta 101 5 141 1 cf. 139 6. Cretensis Iuppiter III 139 6
Cretera (Κρητήρ, sidus) 95 19
Critolaus (dux societatis Achaeorum 146) 159 5
crocodilus 32 10 40 16 99 24 102 14 136 20
Κρόνος 74 4. cf. Saturnus

Crotoniatae a Locris devicti (paulo post a. 550) 51 13. cf. 12 1
cultus v. colere
cupiditas (ἔρως) divina 12 23. cf. Amor
Cupido ("Ερως) 72 30. pinnatus 141 7. Cupidines III 142 4. secundus 141 19. cf. Amor
(M'.) Curius (Dentatus, cos. 275, PW. 9) 116 25
κύκλος (circulus, orbis) 67 12
cygnus 99 5
Cynicus Diogenes 155 2
Cynosura (Arctos minor) 91 2 8 cf. 9 12. Cynosurae Arcti (gen.) 93 16. Cynosuris (abl., incertum quo pertineat) 140 22
Cyprius tyrannus (Timocreon Tusc. 2, 52) 154 29
Cyprus Veneris IV pater (?) 141 21
Cyrene cf. Theodorus

decentia (πρέπον) 109 9
(PP.) Decii (Mures, coss. 340 et 312, 308, 297, 295; haud scio an etiam tertium dicat quem fin. 2, 61 Tusc. 1, 89, cos. 279; PW. 15. 16. 17) 123 19 cf. 52 27
declinatio (atomorum, παρέγκλισις) 27 11, cf. inclinatio. adpetitioni contraria (ἀφορμή) 130 17
dedicare 72 22 26 80 31 122 22 134 23 24 138 20 cf. 75 11
definire circumscripteque conplecti (ὁρίζειν) 110 2
Deianira Herculis uxor 149 24
Delphi 141 3 cf. 134 5
Delphinus (sidus) 94 21
Delus 157 20
Δημήτηρ quasi γῆ μήτηρ 75 18
Democritus philosophus Abderites 13 5 25 29 27 9 28 24 37 5 42 10 46 28 47 7 8 79 26. Democritea 28 23. cf. Anaxarchus, Nausiphanes

dentes 36 17 104 12 ss 110 23 ss 140 24

descendere (in dialectica) 35 12

deus, di: sint necne sint 2 1 18 11 24 13 25 5 14 20 33 29 49 26 50 6—66 6 79 18 25 118 18 120 12 —125 5. unde deorum notiones 54 8 ss 124 5 ss. consensus gentium 18 12 24 26 54 5 121 31. ficti a sapientibus 46 8. quot sint 14 25 160 5. a rebus e se natis nominati 72 16 ss; a rebus utilibus 16 17 46 12 81 12; a rebus inanimis 15 28. physici 73 19 ss. naturalis 14 6. pertinentes per naturam cuiusque rei 77 18 143 16 ss; cf. 133 16. ex beneficiis constituti 72 11 ss. poetici 152 29. populares 14 5. quos colimus et accepimus 13 24 136 17. nobiles 137 25. vocabula 32 27 72 16 74 4 ss 142 25 ss. loci atque sedes 2 6 40 30 41 9 72 8. quales sint 25 21 49 27 66 7—78 13 125 16—144 4. praestanti natura 19 10 25 22 24 29 23 38 9 39 29 45 14 47 13 66 16 25 80 6 9 125 21 127 26. optimi 73 18. omnia efficere possunt 9 27 159 10. aeterni, sempiterni, immortales 11 10 13 1 10 18 33 19 11 26 21 10 26 26 33 20 35 17 37 29 38 10 41 14 23 42 7 43 4 45 3 5 73 18 112 18 118 23. beati 12 10 14 24 31 18 33 19 11 26 20 5 21 6 10 15 26 12 26 33 9 20 37 29 38 10 40 32 41 14 22 42 6 43 19 ss 118 22. doloris et laboris expertes 9 26 21 7 22 22 40 24 44 27 71 33. voluptatis participes 13 21 21 10. animantes 15 17 28 16 2 20 4 66 15 80 21 121 29 125 24. sentientes 11 5 26 12 17 21 13 2 13 20 14 18 21 31 15 3 12 19 16 1 60 6. omnia scientes 12 11 110 4 158 15. intellegentes, prudentes, sapientes 13 20 14 22 33 10 80 12. providentes 80 12 cf. 104 7. falli non possunt 152 24. consilium, mens, ratio 60 7 80 22 ss 84 18 103 25 149 12 159 32. mentis actio, agitatio, motus 19 17 41 13 44 30. virtus 132 12. vitiorum expertes 17 29 ss 77 10 ss 80 17 147 1 ss; irae et gratiae 19 6 14 159 8, cf. 47 14 48 26. corporei 13 18 14 21 25 21. quasi corporei 20 9 26 29 27 28 ss 28 30 ss 48 19. facies, figura, forma, species 2 6 11 14 12 21 13 13 28 14 26 15 4 ss 16 10 19 17 ss 20 3 ss 29 8 ss 31 20 32 2 34 12 35 16 36 7 37 21 41 17 42 6 48 19 66 11 72 1 ss 77 6 118 20 143 17. motus 40 26 41 10. actio 40 6 26 48 24 66 4 71 33 72 7 118 19. vita, actio vitae 2 6 19 17 21 4 25 21 40 31 43 22 45 14 79 28. administratio, fabrica mundi, rerum 2 10 3 4 14 15 19 31 21 15 23 39 30 49 27 50 10 ss 78 14—104 5 144 5 21 —146 6. sollertia 21 25 92 24. res ad usum hominum fabricati 3 12 103 13 28 ss 112 25 ss. rerum humanarum procuratio 2 17 3 5 21 18 45 13 48 13 49 28 104 6 ss 136 8 144 6 146 7 ss. singulis consulunt 116 10 ss. homines neglegunt 153 25 ss 158 1 159 26. magna curant, parva neglegunt 117 15 156 24 158 13. iniqui 158 20. praesentes 51 1 ss 117 3 122 3. adflatus divinus (ἐνθουσίασις) 117 10. metus deorum 22 21 33 15 34 2. cognitio 106 28 112 15. cf. adumbrati, aether, athei, beati, homines, mens, monogrammi, mundus, providentia, ratio, sexus, sidera

devotiones imperatorum 52 29 123 19

Diagoras Melius Atheos 2 2 24 32 46 1 157 31 32 158 10

dialectici 27 13 34 31.
Diana unde dicta 76 14. Ephesia 76 20 22. i. e. luna 76 6 138 2. Lucifera ($Φωσφόρος$) 76 11. Omnivaga 76 13. Dianae III 141 6. prima 142 4
dictamnus herba 101 6
Dies ('$Ημέρα$) 135 8. Caeli uxor 140 8 141 17. dies et nox 68 8 87 20 90 2 103 23
Digiti ($Δάκτυλοι$) Idaei 134 7. digiti 39 15 110 30 ss
diiunctio ($διεζευγμένον$) 27 13
diligentes 78 8
Diodotus Stoicus 4 8
Diogenes Apolloniates physicus (PW. 42) 13 12
Diogenes Babylonius Stoicus (PW. 45) $περὶ τῆς Ἀθηνᾶς$ 17 23
Diogenes Cynicus (PW. 44) 155 2 157 28
Diomedes heros 116 33
Diona mater Veneris III 141 20
Dionysius maior, Syracusarum tyrannus 154 22 155 5
Dionysus unus ex Dioscoris primis 139 10. Dionysi V 141 10. cf. Liber
Dioscoroe tribus modis nominati 139 7
Dis pater i. e. terra, $Πλούτων$ 75 11
discordia divina 12 23
dissolubilis, dividuus 129 12
divinatio ($μαντικὴ$) 22 17 115 26 117 9 123 2 adn. 11 ss 125 10. divini 123 15. cf. praedictio, praesensio, significatio
dolor 130 9 ss 131 28
Dolus Erebo et Nocte natus 135 9
Draco (signum) 91 16 ss 26
Drusus v. Livius
(C.) Duellius (cos. 260, PW. 3) 116 26

Elea, Eleates 154 30, cf. adn.
elegantes 78 7

elephantus 38 25 99 7 111 19 115 9
Eleusis 46 22
Elis urbs 141 17
eloquendi vis 110 10 cf. 36 17
eminens, eminentia ($ἐξοχή$) 29 10 41 26
Empedocles Agrigentinus poeta philosophus 12 27 36 26
Engonasin (sidus) 92 5
Q. Ennius poeta. eius annales 86 27. Euhemerus 46 19. versus 38 24 50 12 14 67 25 74 13 18 19 121 25 127 8 133 8 147 8 ss 152 7 153 28
enuntiatio categorica et hypothetica 33 26
? Ephillus (cf. Diog. L. 7, 39) 37 8 adn.
Epicurus Atheniensis 66 22. pater, adulescentia 28 16 ss. magistri 28 8 ss 37 6. Democriteus 28 24 37 5 46 29; cf. 42 10 79 26. libri: $περὶ κριτηρίου ἢ κανών$ 18 18; $περὶ εὐσεβείας$, $περὶ ὁσιότητος$ 45 7 48 10; $κύριαι δόξαι$ 19 4 33 19 cf. 44 17. voces 43 27. laudatur .18 9 ss 20 11 14 22 20. exagitatur 27 5 22 28 6 20 33 23 36 24 37 1 ss 40 21 44 19 47 11 48 11 66 20 67 24 79 11. praeterea nomen est 8—48 passim, 49 15 23 72 6 79 26 82 1 115 24 118 10 16, cf. 27 17 146 24 adn. Epicuri hortus ($κῆπος$) i. e. Epicurei 36 29; cf. 46 29. Epicureus 26 7 10 29 14 115 2. Epicurei 7 6 8—48 passim; exagitantur 8 15 34 32 67 1 78 17 79 6
Epidaurus (? cf. Aesculapius) 155 18
Equos ($Ἵππος$, sidus) 93 21 94 9 95 14. equus 63 13 136 20
Erebus Noctis coniux 135 12
Erectheus rex Atheniensium 137 11 20. eius filiae 137 21
Eridanus (sidus) cf. 95 7 8

INDEX 227

etesiae venti 103 14
Etrusci haruspices 53 3 cf. 9 13
Eubuleus unus ex Dioscoris primis 139 10
Eucolus (?) unus ex Dioscoris tertiis 139 12
Euhemerus Messenius 46 18 19
Eumenides 136 4. cf. Furiae
Eunuchus fabula Terentiana 150 13 cf. 72 19
Euphrates flumen 103 2
Euripidis versus 74 22
Euripus Chalcidicus 127 5
Europa tauro vecta 30 23. pars terrae 116 22 127 8 (versus Enni)
expressum 29 10
Exquiliae 143 21
exspiratio terrae (ἀναθυμίασις) 82 14 cf. 97 5
extremum atque perfectum, absolutum, ultimum sim. (τέλειον) 62 9 ss 63 7 ss

Q. (Fabius) Maximus (Verrucosus, cos. 233. 228. 215. 214. 209, PW. 116) 72 26 116 27 153 34. eius filius (Q. F. M., cos. 213, PW. 103) 153 34
(C.) Fabricius (Luscinus, cos. 282. 278, PW. 9) 116 25
fabulae 51 23 25 73 27 75 6 77 12 17 142 25 143 12 152 29 cf. 122 19
faelis 32 10 40 17 136 21
Fatum Erebo et Nocte natum 135 10. fatum (εἱμαρμένη) 17 2 123 2 adn. 7 8 125 11. cf. necessitas
Faunus, Fauni 51 16 123 27 124 1
Febris fanum 143 19. febres tertianae et quartanae 127 13
ferrum 111 7 21
Fides 72 21 23 80 30 136 13 157 24 cf. 81 2 142 14 18
Fides (Χέλυς, sidus) 94 6
Figulus v. Marcius
C. Flaminius (cos. II 217, PW. 2) 52 9

flexibilis (τρεπτός) 159 16
fluctibus hostia immolata 138 15
Flumen (Ποταμός, Eridani sidus) 95 7. flumina 103 18 138 19
Fontis delubrum 138 19
forma quae pulcherrima 10 18 29 24. formae V ex quibus reliqua formantur Platoni 8 31 cf 22 5
Formianus fundus P. Rutili 156 28
formica 126 6
fortitudo 132 23
fortuita bona et mala 157 8
Fortuna 142 22. cf. Mala Fortuna. fortuna 35 23 65 19 86 29 112 23 157 22 158 11. cf. casus
Fraus Erebo et Nocte nata 135 11
fructus, fruges 63 11 103 8 113 14 157 1
Furiae 136 6. cf. Eumenides
Furinae lucus 136 6

gallina 99 26 102 17
Ganymedes 44 7
Gelo tyrannus Syracusarum (Carthaginienses devicit apud Himeram a. 480) 155 14
Gemini (Δίδυμοι, sidus) 93 2 95 21. cf. Nati
genae 108 8
genealogi antiqui 135 8
geometria 157 17 cf. 67 16 23
Gigantum bella 77 15
gignere 81 32
Glauce Dianae III mater 141 9
globus (σφαῖρα) 67 11 68 5
Gracchus v. Sempronius
gradatim (in sorita) 35 8 9 10 116 13
Graecia 5 27 23 10 72 12 73 24 116 30 132 32 133 2 136 3 142 8 154 24 155 22. Graeci 4 26 28 7 9 13 18 54 21 60 13 69 16 31 71 22 75 11 18 26 76 11 86 31 92 4 93 11 122 23 123 23 128 27 134 3 136 24 138 2 141 10. Graecus adi. 4 24 76 6 86 1. Graece 67 12 70 3 71 25 74 4 75 14 86 9 99 15. Grai 139 7;

# INDEX

in versibus Pacuvi 86 7, Ciceronis 91 2 92 9. Graius 86 8; adi. in versu Ciceronis 95 22. Graiugena in versu Pacuvi 86 10
Gratia ($X\acute{\alpha}\varrho\iota\varsigma$) Erebo et Nocte nata 135 11
gravitas 27 10 96 22 cf. 65 25
grus 99 5 100 17 ss
gustatus 107 10 109 1 19

Haedi ("$E\varrho\iota\varphi\sigma\iota$, sidus) 93 7
Hammon Iuppiter 32 18
Hannibal 153 35
harioli 22 19
harmonia 128 16. cf. concentus
Harpalus praedo (Scirpalus Diog. L. 6, 74, Scirtalus Suid.) 155 3
haruspices 22 19 27 30 52 30 53 3 9 28 115 28 119 26 cf. 52 2 117 7
Hasdrubal v. Asdrubal
Hecata 136 1
$\dot{\eta}\gamma\varepsilon\mu o\nu\iota\varkappa\acute{o}\nu$ 60 14
$\varepsilon\dot{\iota}\mu\alpha\varrho\mu\acute{\varepsilon}\nu\eta$ 22 12. cf. fatum
Helenus augur 51 24
Helice (Arctos maior) 91 3 (cf. 10 25) 93 3
Heliopolis Aegypti 139 23
Heraclides Ponticus (PW. 45) 15 1
Heraclitus Ephesius philosophus 29 7 131 6
Hercules 73 8 133 3 135 15 137 27 28 149 23 157 15 cf. 133 23. sex 133 27 ss
Hermarchus Epicuri familiaris 36 25
Hesiodus 15 24 17 18. cf. genealogi
Hesperides Erebo et Nocte natae 135 11
"$E\sigma\pi\varepsilon\varrho o\varsigma$ stella Veneris 70 4
'$E\sigma\tau\acute{\iota}\alpha$ Vesta 75 27
Hiero I tyrannus Syracusarum 23 31 24 3 cf. 155 14 adn.
hippocentaurus 41 26 50 23
Hippocrates medicus 159 2
Hippolytus Thesei f. 152 26

Hipponax poeta Ephesius 158 28
Hispania 32 31 153 33. aestus maritimi Hispanienses 127 9
historia 34 23
historici antiqui 140 3
Homerus 17 19 42 14 77 13 116 32 122 7 133 25
homo, homines: ortus 35 27 63 14. non perfectus 63 16 28. bestiis antecedunt 147 7. figura 20 1 8 106 27 ss. membra 36 10 ss 39 15 ss 104 6 — 112 23 159 12. ingenia 65 5. societas 132 20. cultores terrae 89 3 102 26; animantium 102 26 28; cultus 102 30. inmortalitatem consecuti 177 46 14 73 6 ss 122 6 132 32 133 19 ss. cf. cibus, deus, intellegentia, mens, ratio, sapientia, sensus, virtus
honesta ($\varkappa\alpha\lambda\acute{\alpha}$, Stoice) 7 26
Honos 72 24 136 13 cf. 142 14 19
horae machinatione motae 88 12. cf. solarium
$\dot{o}\varrho\mu\acute{\eta}$ 71 22. cf. adpetitus
(Tullus) Hostilius 52 18 (cf. div. 1, 31, ubi Priscus Tarquinius) L. (Hostilius) Tubulus (pr. 142, PW. 26) 25 12 (versus Lucilii) 151 17
Hyades (Suculae, sidus) 93 11
Hydra (sidus) 95 17
$\ddot{v}\varepsilon\iota\nu$ pluere 93 12
Hyperborei 141 3
Hyperion Solis II pater 139 21

Ialysus heros 139 25
Ianus, iani, ianuae 75 23 ss
Iason Pheraeus 149 25.
ibis 32 10 40 10 101 2 136 20
ichneumon 40 16
Idaei Digiti 134 7
Idyia 137 2
Iecur 39 21 105 17 ss 106 11. fissum iecoris 123 11
ignis 58 28 64 12 111 26 124 30

129 27 131 5 ss. igneus motus 58 21 23. duo genera (τεχνικόν, ἄτεχνον) 64 13 ss. ignis artificiosus ad gignendum progrediens via (πῦρ τεχνικὸν ὁδῷ βαδίζον εἰς γένεσιν) 71 7 cf. 73 28. ignis divinus 17 3 97 15. cf. calor
imagines (εἴδωλα) Democriti vel Epicuri 13 5 20 19 ss 28 27 41 30 42 3 7 10 ss 45 4 47 2 4 6 79 26. cf. simulacra
imbres 89 21 138 13
immensitas (ἀπειρία) 22 1 cf. 21 30. cf. infinitas
imperiti 40 3 66 10 132 28 30. cf. indocti
inane (κενόν) 22 3 25 26 28 27 82 3. cf. motus
inclinatio (atomorum, παρέγκλισις) 28 26. cf. declinatio
India 134 10
individua (ἄτομοι) 20 21 26 20. cf. 25 26 129 3. cf. atomi
indocti 133 5. cf. imperiti
Indus flumen 103 3
inferi 50 26 134 26
infinitas, infinitum (ἀπειρία, ἄπειρον) 11 20 12 16 20 25 22 2 28 27. cf. immensitas
informatio (πρόληψις) 18 16 19 1 29 20 40 1. cf. anticipatio
innatum et in animo quasi insculptum (ἔμφυτον) 54 6
Ino (Leucothea, Matuta) 133 2 136 23 137 5
intellegentes 78 9. intellegentia 109 29 132 16 143 26. intellegentia nostra divina 13 8
intermundia (μετακόσμια Epicuri) 8 17
intestina 105 16 106 3. medium intestinum (μεσεντέριον) 105 18
inventores 16 17 135 19 139 5 140 20 24 142 1
Invidentia Erebo et Nocte nata 135 10

Iris cf. 138 7
Isis 136 18
ἰσονομία Epicuri 20 28 (aequabilis tributio) 43 7 (aequilibritas)
Italia 32 30
iudicia 151 24 ss. cf. nota
Iugurthina coniuratio (cf. Sall. Iug. 40, a. 110) 151 16
(M. Iunius) Brutus, Caesaris interfector 1 2
⟨L.⟩ Iunius (Pullus, cos. 249, PW. 133) 52 6 8
Iuno 15 27 32 1 75 1 140 5. a Iuvando 75 5. i. e. aer 75 1 4. Argia 32 16. Lucina 76 12. Romana 32 16. Sospita Lanuvinorum 32 13 17
Iuppiter 15 26 17 24 31 29 32 21 40 2 50 13 73 26 74 9 75 2 7 134 8 24 156 26 160 25. unde appellatus 74 11 12. Capitolinus 32 17 121 27. optumus maxumus 74 14 157 12. Hammon 32 18. Olympius 155 12 13 156 9. pater divusque hominumque 50 14 (versus Enni) 74 13. Ioves tres 134 2 12 138 29; primus 134 2 139 9 21 141 6 11; alter 139 14 141 25; tertius 134 11 139 11 16 140 5 12 141 3 8; incerti 141 2 14 20 26. i. e. aether, caelum, mundus 17 9 74 21 26 75 2, versus Enni: 74 19 121 26 133 9. i. e. lex aeterna 17 14. Iovis stella (Φαέθων) 69 23 97 21
ius civile 135 22. naturae 135 23. pontificium 134 16
iustitia 112 16 132 19
Iuventas (Ἥβη) 44 7

Labor Erebo et Nocte natus 135 9
lac 102 2
Lacedaemon 113 1 122 8. cf. Sparta. Lacedaemonii 113 2 159 3
C. Laelius (Sapiens, cf. 119 20; cos. 140, PW. 3) 116 29. augur 119 20. oratio de collegiis 119 22 134 18

Laetoria lex 151 25
Lanuini 32 17. *cf.* Roscius, Vel-
Larum aedis 143 20 [Ieius
Latinorum bellum 51 2. Latinus
adi. 4 21 37 10 86 3 90 25. feriae
7 4. Latine 4 26 70 3 86 5 8
Latona 134 8 136 1 2. Iovis III
uxor 141 3 8
Leda Iovis III uxor 139 11
legendi vis 78 10
Lemnus 46 24 140 5
Leo (sidus) 92 27 133 13. leo
101 11
Leonaticum (?) delubrum Athe-
nis quod Λεωκόριον nominatur
137 22
Leontium meretricula 36 27
Lepus (Λαγωός, sidus) 95 3
Leucippus physicus 25 29
Leucothea (Ino, Matuta) 133 1
136 24
lex 80 27 *cf.* 112 31. censoria 137
9. lex naturalis (aeterna) divina
15 13 17 12
Liber 135 15. Semela natus 73 9.
Cerere natus (Iacchus) 73 11 14
15. Iovis I filius 139 3. i. e. vinum 72 18 19 (versus Terenti)
133 16. *cf.* Dionysus
Libera 73 11 14
Libertas 72 27
Libya 40 13 127 8 (versus Enni)
L. (Licinius) Crassus (cos. 95,
PW. 55) familiaris C. Vellei 23 8
(*cf.* adn.)
Ligusticum bellum (a. 233) 72 26
Lindus heros 139 25
lingua 104 15 ss 110 23 ss
litterarum XXI formae 86 25. litterae interiores et reconditae
134 1; *cf.* 135 8 139 1 140 3 142
8. litterae priscae Graecorum
134 3. litterae veterum 137 4.
litterae Phrygiae (Φρύγια γράμ-
ματα) 134 6
lituus 52 16 123 13

(M. Livius) Drusus (tr. pl. 91, PW.
18) 154 6 20
loci i. e. uterus 101 30
Locri (Epizephyrii, Crotoniatas
devicerunt paulo post a. 550)
51 14 122 5. urbs 155 6
Lubentina Venus 72 30
Lucifer stella Veneris 70 3 138 3
Lucifera *v.* Diana
(C.) Lucili versus 25 14
Q. Lucilius Balbus Stoicus (PW. 20)
7 7 *cf.* 120 1. ad eum missus liber
Antiochi 7 19. loquens inducitur
passim, perpetua oratione libro II. plerumque dicitur Balbus; Lucilius 50 6 122 20 160
10; Lucilium 49 9; Lucili 9 9 19
29; Lucilio 118 14. eius pater
54 23
Lucina *v.* Iuno
Luna i. e. Diana 76 7 138 1 3. Iovis I uxor 141 15. luna 34 16
54 29 56 29 68 22 ss 69 11 84 13
87 23 90 7ss 97 23 113 6 125 2
132 3. unde dicta 76 9. defectio
90 14. divina 14 31 17 5 33 8 81
10. infra lunam 70 31
Lupus *v.* Cornelius
lupus 136 21
Lusius flumen Arcadiae 140 25
(C.) Lutatius (Catulus, cos. 242,
PW. 4) 116 27
Q. (Lutatius) Catulus (cos. 102,
PW. 7) 154 11. versus 31 7. eius
filius (Q., cos. 78, PW. 8), pontifex, familiaris C. Cottae 31 7
Lycium i. e. schola Peripatetica
28 12
Lycurgus Lacedaemonius 159 5
Lysithoe 134 4

Maemalius pater Volcani IV 140 6
magi 18 5
Maia Iovis III uxor 140 12
Mala Fortuna 143 21
malitia 152 3

malum: mala 153 18
mammae 102 4 ss
μαντική 22 17. *cf.* divinatio
manus 110 30 ss
Marcellus *v.* Claudius
C. (Marcius) Figulus (cos. 162, PW. 61) 53 3
mare, maria 55 28 87 17 89 10 ss 96 22 ss 97 5 111 32 115 14 138 18 143 27 160 2. maritimi aestus 103 18 127 9; cursus 103 15 115 17. maritimae res 112 1; perturbationes 124 12
C. Marius (cos. septiens) 154 10 14
Mars Veneris III adulter 141 21 142 6. *cf.* Mavors. stella Martis (Πυρόεις) 69 27 97 21 22
Masso *v.* Papirius
materia rerum (ὕλη) 145 13 ss 159 15
mathematici 69 10 90 7
Matuta (Ino, Leucothea) 136 24
Mavors qui magna vertit 75 20 143 2
Maximus *v.* Fabius
Medea 137 1 147 (11) 22 150 9
medicamenta 103 21
medici 100 32 104 23 123 16 *cf.* 152 16 153 9
mediterranei 34 24
medium 82 22 96 10 20
Melampus unus ex Dioscoris tertiis 139 12
Melete una e Musis primis 139 15
Melus *cf.* Diagoras
Mens 72 21 80 30 136 13 157 24 *cf.* 81 2 142 14 17. mens 11 6 26 20 17 21 27 29 26 126 3. divina 11 4 18 ss 12 14 14 12 15 2 7 16 31 34 9 38 3 56 6; *cf.* 47 3. humana 56 7 15 60 10 80 29 ss 109 24 ss 159 12. quiddam simile mentis 60 10. *cf.* animus, deus, mundus, natura
mensis 76 18 112 12. menses divini 15 23
Mercurius 135 14. Mercurii V 140 8; secundus 140 21; incertum qui 141 19 142 4 5. stella Mercuri (Στίλβων) 69 30 *cf.* 97 22
Mesopotamia 103 1
Metellus *v.* Caecilius
Metrodorus Epicuri familiaris 33 28 36 25 37 3 44 18 20
Miletus *v.* Thales
miluus 100 14
Minerva 17 23 32 1 22 40 2. unde dicta 75 20 143 3. Iovis II filia 139 4. Minervae V 141 23; prima 140 2. de ea liber Diogenis Babylonii 17 23
⟨minimum (ἐλάχιστον) 25 25⟩
Miseria Erebo et Nocte nata 135 10
Mneme una e Musis primis 139 14 adn.
Mnemosyne 139 15
modus nomen dei corruptum 135 9
Moneta 136 13
monogrammi di Epicuri 72 6 *cf.* 29 17 48 19
mons: montes 103 19 115 16
monstra 51 21 119 25 *cf.* 135 13
Mopsus augur 51 23
Mors Erebo et Nocte nata 135 10. mortis timor 34 1 6
motus 11 19 14 22 ⟨25 25⟩ 58 11 21 61 7 31 65 15 22 71 20 81 31 82 20 159 12 13. mentis ac rationis 41 13. inanis (κενοπάθημα) 41 28 42 2. *cf.* deus, mundus
P. (Mucius) Scaevola pont. max. (cos. 133) 45 8 119 18
Q. (Mucius) Scaevola pont. max. (cos. 95, occisus 82) 154 8
mulus 114 24
mundi innumerabiles 11 9 21 25 26 14 28 28 38 7 67 22 86 33. mundi natura 71 15 ss *cf.* 27 ss. cohaerentia 82 6 96 8 113 7. continens unaque natura (συνέχεια, ἕνωσις) 82 25 ss. stabilitas 96 8.

figura 8 22 66 23 67 22 68 5 96 16.
motus 39 29 85 20 126 29. partes,
membra 10 27ss 39 25 57 2 58 30
60 18 61 23 82 31 83 18 27 88 22ss
96 10ss. ornatus (κόσμος) 55 26
71 30 101 15 126 29. pulchritudo
124 25 125 26. fervor, ardor, calor 60 27ss. mundus aeternus
71 27 82 32. ignescit et reno-
vatur 97 13ss. deorum et hominum causa factus 104 5 112
27 125 27; eorum domus, urbs,
res p. 55 28 80 24 112 30 128 9.
perfectus 63 7ss 71 28 81 7. animans 8 22 10 12 57 27 58 1 62 27
66 19 29 125 24 128 13. sentiens 8
22 57 22 66 29 125 2. intellegens,
rationis compos, sapiens 10 12
57 16 27 58 2 60 22 61 21 62 23 27
63 4 20 30 66 29 125 28; cf. ratio.
mundi animus 16 30; principatus 16 31; mens 71 24 125 2;
virtus 63 27 30. mundus deus
8 22 10 31 13 23 14 13 15 2 16 4
29 21 12 34 9 57 20 60 25 62 6 63
4 30 66 19ss 81 11 125 22ss 133
7. beatus 38 2ss 57 17. cf. calor
cognatio
munerum omnium vacatio (ἀλη-
τουργησία) 21 21
muri urbis sancti 160 17
mus 146 16 (?)
Musae 157 18; tribus modis nominatae 139 13
Musaeus poeta Orphicus 17 18
mutabilis (ἀλλοιωτός) 129 17ss
Myrtilus Oenomai auriga 158 24
(Acci versus)
mysteria 46 22ss 73 12

nares 104 11 107 7 16 108 24 109
18 110 27
nasus 108 9
Nati Gemini (sidus) 92 25. cf.
Gemini
Natio dea 136 8 11

natura Epicuro et Stoicis quid
71 7ss 82 1ss. de quavis re 10
14 11 21 48 13 59 29 60 5 7 61 18
62 14ss 71 19 83 9 85 9 105 1
143 17; primae ultimae, incoha-
tae perfectae naturae 61 25. naturae IV i. e. στοιχεῖα 9 26 12
29 41 1 82 29 83 22 129 30 130 31;
enumerantur 8 30 9 27 41 3 82 27
129 23ss 130 29 146 3 cf. 17 5 77 18;
singulae 85 28 131 24; cf. mundi
partes. animantis 130 29; hominis 18 25 73 1 104 8; rerum
12 5 15 21 35 23 62 21 125 23 126 1
131 10 cf. 60 17; universa, quae
continet mundum 60 5ss 62 17 25
83 2; quae per mundum funditur (πνεῦμα) 96 13. omnia subiecta naturae 79 21 81 16. n. quasi
persona 18 12 19 1 19 21 22 25 26
26 3 17 30 11 61 28 62 11 71 11 82
10 15 83 4ss 84 20 98 21 28 101 27
103 9 30 107 13 18 110 20 30 126
21 127 5 128 12 17 26. sollers, callida 36 16 83 6 106 25; opifex
107 20; artificiosa (τεχνική), artifex (τεχνίτις) 71 16 128 18; i. e.
ignis 71 7; benigna, providens
103 9 cf. 106 24; constans 90 31
cf. 98 1. animans 48 13; inanima 15 10 80 4. sentiens 79 21
83 8. intellegens 98 4. rationis
particeps 81 22 84 2; expers 65
18 23 81 20 96 3 127 29 cf. 127 5
128 12 26. naturae mens atque
animus 16 5 29; iudicia 50 27;
vis, vires 128 26 130 32. n. i. e. naturalis facultas 116 4. naturā 17 4
59 29? 99 21 129 28 132 9 10. quae
secundum naturam sunt (τὰ κατὰ
φύσιν) 130 18ss. res non naturales (οὐ φυσικά) 72 31. n. i. e.
inguen 140 9 cf. 81 28. cf. accommodatum, ius, lex
Nausiphanes Democriteus 28 21
37 6

# INDEX 233

Attus Navius augur (*cf.* Hostilius) 52 16 123 13
necessitas (ἀνάγκη) 27 8 80 4 7 84 18 146 15. rerum futurarum 17 2; fatalis 17 14 22 12; *cf.* fatum
Neocles pater Epicuri 28 17
Nepa (Σκορπίος, sidus) 92 14 95 11 133 12. *cf.* Anguis
Neptunus Iovis frater 75 7 134 25 Thesei pater 135 20 152 25 27. facies 32 1 23. nomen 75 9 143 7 10. i. e. aer per maria manans 17 10 77 19 143 25; mare, maria 75 7 138 18. Neptuni filius proverbialiter 25 13 (versus Lucili)
nervi 105 5 106 20
(Nessus) Centaurus 149 24
Nilus pater Herculis II 134 6. Volcani II 139 22 140 3. Mercurii IV 140 13. Dionysi II 141 12. Minervae II 141 24. flumen 102 32
nimbi 138 13
nobilitas 52 19
Nodinus flumen 138 21
nominum enodatio 142 26 ss *cf.* 74 4 ss. nova nomina 18 30; *cf.* verba
Nomion (an Νόμιος?) i. e. Apollo IV 141 5
nota (σημεῖον) iudicandi et adsentiendi 6 9
notio animi (πρόληψις) 16 13 18 12 66 14 16. informata in animis (ἔννοια) 54 9 124 5. primae notiones 19 24. *cf.* anticipatio, deus
Nox 135 12. nox *v.* dies
Nubes (Νεφέλη) Centaurorum mater 138 10. nubes 87 17 89 20 138 8 ss
Numa (Pompilius) 42 15 119 28 134 17
ad numerum (κατ' ἀριθμόν *cf.* *app.*) 20 18 41 19
Nymphae 134 20 21 22

Nysa interempta a Dionyso II 141 12
Nysus Dionysi V pater 141 16

Oceanus 64 11 127 7 136 26 137 2 141 26
Octavianum bellum (Cn. Octavi cos. 87) 54 22
M. Octavius (tr. pl. 133) 42 1 3
Octavius Mamillius Tusculanus Latinorum dux (a. 499) 51 3
oculi 107 3 16 22 ss 109 5 ss 121 2 ss. oculi animi 8 25
odor 107 8
Oetaeus mons 133 23 (verba Acci)
oliveta 113 17
Olympia 51 15. *cf.* Iuppiter
Olympias mater Alexandri 76 22
omne (τὸ πᾶν) 12 14 *cf.* 82 2 129 16. *cf.* universum
Omnivaga *v.* Diana
Opas (immo Pthas) i. e. Volcanus secundus 140 4
operculum i. e. ἐπιγλωττίς 104 28
Ophiuchus (Anguitenens, sidus) 92 9
opifices 30 6 81 25
opinio (δόξα) 50 26 149 33
Ops 72 26 *cf.* 157 26
oracla 115 29
oratio 110 18
orbis (κύκλος, circulus) 67 12
⟨Orbona 143 20⟩
Orcus (Πλούτων) 134 25 29. *cf.* Dis
Orion (sidus) 94 22 128 7 *cf.* 95 1
Orpheus Musae f. 135 25. poeta 17 18 42 17 19. Orphicum carmen 42 18. sacra Orphica 141 15
ortum interitus consequitur 9 8 11 15 26 24
os humanum 104 10 ss 107 10 12 109 2 110 21 ss
os: ossa 106 16
oscines 115 5
ostenta 51 21 117 7
ovis 114 5

(M.) Pacuvius poeta tragicus. eius versus 86 6 10 137 4
Palaemon Inus filius 133 2
Palatium 143 20
palatum 104 18 cf. 67 25
Pallas Minervae V pater 142 2
palpebrae 107 29 ss
Pamphilus Platonis auditor 28 15 19 (Platonicus)
Pan 140 13. cf. Panisci
Panaetius Stoicus 97 12
Panisci 134 21. cf. Pan
panthera 101 2
(C. Papirius) Carbo (cos. 120) 25 13 (versus Lucili)
(C. Papirius) Masso (cos. 231) 138 19
Parcae Erebo et Nocte natae 135 11
Paris Priami f. 158 32
Parmenides poeta philosophus 12 18
Pasiphae Solis et Perseidis f. 136 25
patibilis ($\pi\alpha\vartheta\eta\tau\iota\varkappa\acute{o}\varsigma$) 129 5
Paulus v. Aemilius
pecudes 62 10 102 28 103 13 113 21 115 16. cf. beluae
Peducaea rogatio (Sex. Peducaei tr. pl. 113) 151 18
Pelium nemus 152 7 (versus Enni)
Peloponnesus (de loco errat Cicero, cf. Clem. Alex. protr. 4, 52, 2) 155 11
Pelops 139 13
di Penates 76 2
Penelopa Mercuri III uxor 140 13
penetrales i. e. di Penates 76 4
penus 76 3
perceptio, percipere ($\varkappa\alpha\tau\acute{\alpha}\lambda\eta\psi\iota\varsigma$, $\varkappa\alpha\tau\alpha\lambda\alpha\mu\beta\acute{\alpha}\nu\varepsilon\sigma\vartheta\alpha\iota$) 6 11 20 20 31 25 41 17 110 7 111 8. cf. cognitio
peremnia (auspicia) 52 23
perfectum v. extremum
Peripatetici 7 16 ss
Persaeus Stoicus 16 15

Perseis Oceani f. 136 26
$\Pi\varepsilon\varrho\sigma\varepsilon\varphi\acute{o}\nu\eta$ v. Proserpina
Perses rex Macedonum (victus a. 168) 51 6 9
Perseus (sidus) 94 1 cf. 3
perspicuitas ($\dot{\varepsilon}\nu\acute{\alpha}\varrho\gamma\varepsilon\iota\alpha$) 121 6
Pertinacia Erebo et Nocte nata
Phaedo Socraticus 37 2 [135 11 19 (Platonicus)
Phaedrus Epicureus 36 31
Phaethon Solis f. 152 25. $\Phi\alpha\acute{\varepsilon}\vartheta\omega\nu$ Iovis stella 69 23
$\Phi\alpha\acute{\iota}\nu\omega\nu$ Saturni stella 69 16
Phalaris tyrannus Agrigentinus 154 25
Pheneatae 140 15
Pherae v. Iason
Philo Academicus 4 8 8 8 23 16 18 44 15
philosophia 4 35 143 22. IV philosophiae quae in honore sunt 7 17. philosophi 8 24 41 28 66 10 77 25 85 18 120 1 31 123 14 133 6 135 1 152 28 32 ss 153 17. dissentientes 1 8 ss 6 14 ss 11 1 ss. antiqui 31 3. magni atque nobiles 3 3. senatus philosophorum 37 13
Phoenices 91 9
Phormio persona Terentiana 151 6
Phoronis (potius Coronis) Valentis uxor 140 11
$\Phi\omega\sigma\varphi\acute{o}\varrho o\varsigma$ stella Veneris 70 3. cf. Diana
Phrygiae litterae 134 6
physicus, physici 15 9 25 27 30 9 32 18 67 17. physica ratio 58 7 70 18 73 19 26 159 15 cf. 77 3. physica 23 28 28 24. physice adv. 124 30. cf. 14 5
physiologia i. e. naturae ratio 9 5 17 24 28 29
($\varphi\upsilon\tau\acute{\alpha}$) 60 12 61 28 62 29 81 30 82 6 9 12 17 83 5 98 5 ss 101 17 ss 102 25 103 14 29 115 11. ($\eta\upsilon\tau\iota\varkappa\acute{o}\nu$) 61 30
Picenus ager 151 12

# INDEX 235

pictores 30 5
Pieriae, Pierides i. e. Musae tertiae 139 17
Pierus Musarum tertiarum pater 139 16
pietas 2 18 28 31 6 27 19 8 10 22 23 45 6 19 21 77 24 112 15 cf. 117 26
pina (πίννη) 99 14 ss
Pisces ('Ιχθύες, sidus) 93 27 95 6 10. pisces 100 13 102 12 114 30 132 30 136 20
Pisistratus Atheniensium tyrannus 154 25
Piso v. Pupius
Pistrix (Κῆτος, sidus) cf. 95 6 adn.
platalea avis (platea Plin. nat. 10, 115) 100 4
Plato philosophus 8 26 10 19 13 14 ss 14 4 7 11 24 32 26 25 28 15 36 25 42 15 61 6 154 32. eius Leges 13 16 23; Timaeus 8 20 13 15 22. Platonicus deus 9 13. cf. Pamphilus
Πλούτων 75 11
poenae a posteris expetitae 158 18
Poenus, Poeni 153 33 154 1
poetae 17 28 30 5 44 6 73 21 74 12 76 5 114 18 116 32 139 17 152 27 158 26. tragici 21 27
ποιότης 86 31
Pollux v. Castor
polus 90 33
pomerium 53 18 19
pomum 113 32
pondus 96 22
pontifices 48 8 160 17. cf. C. Aurelius Cotta. pontifices maximi 45 8 119 18. pontificii (libri) 32 32. ius pontificium 134 16
(M. Porcius) Cato (Censorius, cos. 195) 116 28. princeps a. 168: 122 11
portae iecoris (πύλαι τοῦ ἥπατος) 105 18 24
portenta 51 22 54 20 116 1 119 25 cf. 8 24 158 27

Portunus a porta 75 8
Posidonius Stoicus 4 9 48 15. sphaera 84 12. περὶ θεῶν ε 48 16
A. Postumius dictator bello Latinorum (a. 499) 51 2 122 4
A. Postumius superioris filius (a. 484) 122 21
in potestate nostra quod est (τὸ παρ' ἡμᾶς) 27 7
potio 104 10 105 2
praedictio rerum futurarum 51 19 54 1 115 24 119 25 123 1. cf. divinatio
praenotio (πρόληψις) 18 30. cf. anticipatio
praesensio (πρόληψις) 66 14 16; cf. anticipatio. praesensio rerum futurarum 51 19 54 11 123 1 124 8; cf. divinatio
precari venerarique 46 16 48 8. precatio 76 1; augurum 138 20. preces 15 20
primae res (in dialectica) 109 30
princeps civitatis 154 9 cf. 122 12
principatus (ἡγεμονικόν) 16 31 60 9 ss cf. 15 7
principia (ἀρχαί) animantia (i. e. σπερματικοὶ λόγοι) 79 22. pr. men-
probabilia (πιθανά) 6 10 [tis 47 3
procellae 138 13
in procinctu testamenta 52 24
Procyon (sidus) 95 22
Prodicus Cius 46 11
prodigia 51 22
πρόλη(μ)ψις 18 15 31. cf. anticipatio
Pronoea Stoicorum 8 21 9 9 24 78 21 115 2. πρόνοια 71 26. cf. providentia
Proserpina 155 6. Περσεφόνη i. e. frugum semen 75 13. Iovis primi filia 139 3; uxor 139 9 141 6 11; cf. 140 10. cf. Libera
Protagoras Abderites 2 2 13 2 25 2 46 2

proverbium 122 24
Providentia 8 21 78 21 153 11. providentia vel prudentia i. e. πρόνοια 71 25. providentia deorum, divina 78 22 ss 79 14 80 20 83 31 101 16 124 20 145 14 ss 159 19 160 12; naturae 106 24. prudentia deorum 115 25 144 5. prudentia (φρόνησις) 80 28 132 12. cf. deus, Pronoea
Pthas v. Opas
publicani 137 7
pulmones 39 21 104 26 ss 106 7 8 110 20
Punicum bellum primum 51 27 (clades apud Drepanum accepta a. 249) 116 26
M. (Pupius Calpurnianus) Piso (Frugi, cos. 61) 7 16 20
pupula 107 27 31
Pyriphlegethon 134 27
Πυρόεις stella Martis 69 27
Pyrrhi bellum 116 25
Pythagoras Samius 5 16 12 5 29 6 36 25 42 15 128 17 157 17. Pythagorei 5 13 42 18

quadrupes (θηρίον, sidus sine certo nomine) 95 15
quaestiones 151 16
qualitas (ποιότης) 86 30
Querella Erebo et Nocte nata 135 11
quindecimviri sacris faciendis cf. 119 25
Quirinus 73 16

rana marina 100 11
raritas (μανότης) 105 12
ratio divina (λόγος) 15 21 16 12 28 31. recta constansque (ὀρθὸς λόγος) 62 5. mundi 56 14 21 cf. 26 18 35 23 81 22 88 9 126 3 127 30 128 6. deorum hominumque 80 26 104 2 3 112 31 cf. 132 16. in qua figura habitet 20 7 30 ⟨17⟩

19 34 11. hominum 56 14 62 1 80 26 112 9 128 6 147 8—153 15. λογισμός 19 20 24 34 24 38 8 45 10 46 9 110 1 134 18. cf. concludere.
Reatina praefectura 51 7 [deus
Regillus lacus (proelium a 499) 51 2 122 4 13
Regulus v. Atilius
religio 1 5 2 19 29 6 27 45 10 46 6 ss 47 10 12 52 9 15 27 53 27 78 1 ss 119 17 ss 160 18 cf. 53 7. religiones 24 16 34 6 50 29 52 12 119 13 26
renes 105 23     [142 9 144 17
replicatio (ἀνείλιξις) 14 15
respirare (ἀναπνεῖν) 104 27 105 14 106 9. respiratio (ἀναθυμίασις) 59 24
Rhesus Musae f. 135 25
Rhodus 116 24 139 24.  Rhodii 139 25
ritus populi Romani 138 12
rogare (dialectice, ἐρωτᾶν) 134 20
Roma 51 7 116 23 cf. 116 30 119 29 126 2 136 5. Romana Iuno 32 16. eques R. 151 12. populus R. 50 28 52 5 53 14 119 23 122 10 123 21 138 12. Romani homines 36 4 cf. 4 25 73 10 74 13 76 12 24 78 1 79 9 80 30 119 15 120 2 16 134 16 138 14
Romulus 42 15 73 15 119 28 133 3
(Q.) Roscius (Gallus) Lanuvinus (PW. 16) 31 8 11 (versus Q. Catulli)
P. Rutilius (Rufus, cos. 105, PW. 34) 154 5 156 29
rutundae formae 67 10 97 3. deus 8 23. stellarum r. ambitus 68 6

Sabazia 141 14
sacrificatio 76 1
sacrum: sacra 48 8 119 12 ss 143 19
saecla 9 16
saepia 101 13
Sagra fluvius 51 13 122 5 23 25
Saietae Aegyptii 141 24
Salaria (via) 122 4

salinae 103 20
**Salus** 72 27 *cf.* 142 15 19 157 25
Samothraca 157 31. Samothracia 46 24
Samus 28 16
sanctitas 2 18 28 6 27 22 23 45 6 23 48 10 12 77 23. sanctitates 50 29
sanguis 105 23 106 11 13. quasi s. 20 10 26 29 27 29 28 4 30 ss
sapientes 1 11 10 4 10 30 1 45 16 46 8 47 22. sapientia 153 19 157 23. *cf.* deus, mundus
**Saturnus** (Κρόνος) 73 25 26 74 2 6 135 4 142 27 143 2. Iovis III pater 139 6. Saturni stella (Φαίνων) 69 15 25 97 20
Satyri 134 21
Scaevola *v.* Mucius
scientia (ἐπιστήμη) 110 3
Scipio *v.* Cornelius
Scorpios (sidus) 94 16
Scylla 42 23
Scythia 84 10
securitas *v.* animus
Semela Liberi mater 73 10
semen 81 25 82 12 83 10 101 19 ss 103 5 *cf.* 35 26
Ti. (Sempronius) Gracchus (cos. 177. 163, PW. 53) 53 4 6 11 116 28
Ti. (Sempronius) Gracchus (tr. pl. 133, PW. 54) 41 30 42 3
(C. Sempronius) Tuditanus (cos. 129) 54 24
senatus consultum 122 22
Senectus Erebo et Nocte nata 135 10
sentire 11 26 12 17 81 31 130 6 ss 131 25 ss. sensus collective 11 5 21 12 21 14 18 20 17 41 18 60 20 61 30 83 31 98 29 103 30 125 2 128 6 130 24 ss 131 25 ss. pluraliter 27 20 23 64 5 71 23 106 32 —109 23 110 6 111 8 20 130 6 ss. *cf.* 82 18
Septem Triones 91 6 Septentriones 92 15. minor Septentrio 93 14. *cf.* Arctoe

Serapis 136 18
Seriphus 34 26
Serpens (sidus) 92 12. *cf.* Anguis. serpentes 99 24 146 16 (?)
seselis herbula 101 9
sex primi (scribarum quaestoriorum) 151 14
sexus bestiarum 101 26. deorum 36 18 37 24 144 20
Sibyllae interpretes 119 25. Sibyllinae vaticinationes 52 29
Sicilia 140 7. fretum Siciliense sidera *v.* astra [127 7
significatio rerum futurarum 117 5. *cf.* divinatio
signum: signa caeli *v.* astra. XII signorum (signifer) orbis 69 24 29 31 70 5
Sillis (?) 37 8
Silvanus 85 13 (Acci versus)
similitudo 35 15 38 23 28 57 28. et transitio (*cf.* Philippson Herm. 51, 602; Diels Abh. d. Berl. Akad. 1916, 6, 28 n. 1) 20 19 41 20
Simonides poeta 23 30 24 5
simulacra deorum 30 4 81 1 142 20 155 24. Democriti (εἴδωλα) 79 26; *cf.* imagines
Socrates 5 25 37 9. Xenophonteus 13 28 56 8 128 13. Platonicus 117 17 154 31. — Socraticus *v.* Phaedo
Sol (Ἥλιος) 136 26 137 2 152 24. i. e. Apollo 76 6 138 1. Soles V 139 20. sol 54 29 64 6 ss 69 32 70 4 7 84 13 86 12 87 18 89 29 97 6 22 125 2 128 15 132 3. unde dictus 76 7 139 19. cursus 34 13 56 27 68 7 ss 69 11 90 1 ss 113 6 132 5. geminatus 54 23. defectio, obscuratio 90 13 112 12. divinus 14 1 30 17 5 33 8 34 9 38 2 81 10. *cf.* Titan
solarium 84 6
soliditas, solidum 29 10 41 18 25 86 21
Somnia Erebo et Nocte nata

# INDEX

135 12. somnia 116 1. 159 29 160
24 cf. 117 6
sonus 107 5 108 22 109 15 110 24
111 3
soritae 35 1 ss 38 31 ss 116 12 ss
134 20 ss 159 23 ss
sortes 123 12
Q. Sosius eq. R. ex agro Piceno
151 11
Sospita *v.* Iuno
Sparta 116 24 159 4. cf. Lacedaemon
specillum 140 20
Spes 136 13 cf. 142 14 17 157 25
Speusippus Platonicus 14 7
sphaera (globus) 67 3 ss 96 20.
stellarum inerrantium 70 22. machinatione mota 84 11 20 88 11
Spicum (Στάχυς, sidus) 92 22
Spino flumen 138 21
spiritus hominum, animantium
56 13 89 23 96 30 104 10 11 27 105
1. 3 10 13 106 6 8 13. divinus (πνεῦμα) 57 4 128 25
spongiis adsimilis mollitudo(σπογγοειδής σομφότης) 105 12
spuma procreata Venus II 141 18
squilla 99 16 ss
stellae 97 4 ss 125 2. vagae, errantes (πλανῆται) 14 28 15 3 76
14 81 11 126 31 138 4. earum cursus, motus 34 17 68 5 ss 69 1
—70 13 84 14 90 15 97 18 127 1.
inerrantes (ἀπλανεῖς) 70 14 90
19 ss 138 5. divinae 81 11 133 11.
cincinnatae (κομῆται) 54 21. cf.
sidera
στεφάνη Parmenidis 12 19
στερέμνια Epicuri 20 19
Στίλβων stella Mercuri 69 30
Stoici 7 21 26 8 21 47 21 74 27 78
21 cf. 9 9 24 10 3 11 1 15 12 ss
17 21 19 29 49 14 25 79 17 97 11
110 26 115 23 117 16 118 11 119
22 122 2 123 7 124 4 125 12 126
25 129 19 131 5 16 132 20 29 134

18 135 1 142 9 146 10 153 20 158
26 159 8 9 27 ss 160 12 26. Stoica
7 8. Stoica somnia 16 23
stomachus (φάρυγξ) 104 16 ss
στρατήγημα 123 23
Strato physicus 15 9
Stratonicus (citharoedus aetate
Alexandri Magni) 137 26
stulti 10 5 122 2. stultitia 153 17
Suculae (Hyades, sidus) 93 12
sucus is quo alimur (χυλός, χυμός) 105 17
sumere, sumptio (λαμβάνειν, λῆμμα) 35 2 38 31 39 1 131 20
supercilia 108 6
superstitio 19 9 22 18 30 3 45 28
46 5 73 22 77 6 78 1 ss. superstitiose 159 14
superus: supera omnia meliora
55 31
supervacuaneum 36 15 39 13
sus 102 7 114 26
συμπάθεια 128 27
Synephebi fabula *v.* Caecilius Statius
Syracusae 155 6 cf. 154 24
Syri 32 4 132 30. Syria Veneris IV
mater 141 21

tabularium 151 10
tactus 64 6 107 13 109 10
Tantalidae 158 23 (Acci versus)
Taurus (sidus) 93 9 133 13 cf
93 10. taurus 101 11
Telamo persona Enniana 153 25
Tellus i. e. terra 138 17
temperantia 132 21
Tempestates 138 12
Tenebrae Erebo et Nocte natae
135 10
Tenedus 133 1
Tenes (ex homine deus) 133 1
(P.) Terentius (Afer); eius versus 72 19 150 14 151 7
terra 13 24 15 5 17 10 55 31 56 26
70 2 75 6 82 10 85 27 86 14 87 16

88 22 ss 90 1 ss 96 19 97 5 13 113
14 115 14 138 16 144 1 160 2.
terrae 54 13 18 55 28 86 16 18 101
23 116 15. terrae regiones 10 28
65 6. continuatio 116 15. orbis
116 21. terrestres res 86 16 98 3.
terrenus 112 2 124 13. terrenum,
terrena natura 58 31 75 10 129
26. cf. naturae IV
testudo 99 24 102 14
Thales Milesius 11 2 36 5
Thaumas Iridis pater 138 7
Thelxinoe una e Musis primis
an earum mater 139 14
Theodorus Cyrenaicus 2 3 25 1 46 1
theologi 139 1 20
Theophrastus philosophus 15 6
36 27
Theseus Neptuni f. 135 19 152 26
Theyt i. e. Mercurius V 140 17
Thyestes 148 (13) 25
Thyone Dionysi V mater 141 16
Tiberinus 138 20
Timaeus Tauromenitanus in historia 76 19
Timaeus dialogus Platonis 8 20
Timocrates Epicureus 37 3 44 20
(Timocreon) Cyprius tyrannus
154 29
Tiresias augur 51 23
Titan i. e. sol 94 13. Titanorum
bella 77 15
titillatio (γαργαλισμός) 44 13
Tmolus (?) unus ex Dioscoris tertiis 139 12
Tolossanum aurum (a Q. Servilio
Caepione consule a. 106 ex
templis sublatum, cf. Gell. 3, 9, 7;
PW. 49) 151 16
torpedo 101 13
tosillae 104 18
tragici incerti versus 147 23 ss.
cf. poetae
transitio 42 30. cf. similitudo
Transumenus (lacus; pugna a.
217) 52 10

tributio v. ἰσονομία
trieterides (sacra Thebana) 141 16
Triton 30 26 85 6 (Acci versus)
Tritopatreus unus ex Dioscoris
primis 139 10
Trophonius 137 7. i. e. Mercurius II 140 11
Tubulus v. Hostilius
Tuditanus v. Sempronius
(M. Tullius Cicero): familiaritates
4 7 7 2 20. animi aegritudo 4 30.
orationes 4 5. carmina Aratea
90 24. philosophandi studium
3 27 ss 7 13. Philonis discipulus
8 7. libri 3 25 4 14 5 19 (6 4). obiurgatores et vituperatores 3 20.
loquens inducitur 7 14. cf. 160 28
Tullus v. Hostilius
turbines 138 13
Tusci 53 13. cf. Etrusci
Tusculum cf. Octavius Mamilius
Tyndaridae (Castor et Pollux)
51 5 122 6 16 133 3
Tyrus 134 9

Ulixes 116 33 133 26
ultimum v. extremum
umor 97 13 129 26. umores corporis humani 72 3. cf. aqua
universum, universa rerum natura, universitas rerum 17 1 6
60 19 62 16 21. cf. omne
Upis Dianae III pater 141 9. ipsa
Diana III 141 10

Valens (Ἴσχυς) Mercuri II pater
140 10
Q. Varius (Hybrida, tr. pl. 91) 154
19 22
vates, vaticinatio 22 19 115 29
P. Vatinius (a. 168) 51 6 122 4 9
10 22. eius nepos (quaestor 63)
51 7
Velovis 143 6
C. Velleius Lanuvio ortus 31 8
32 13. senator 7 5. laudatur 23

# INDEX

8 79 9. loquitur perpetua oratione 8 15 ss, praeterea 8 6 49 1 118 8 15 144 10 160 24. nominatur plerumque sine praenomine, sed vocativus C. Vellei est 26 1. *cf.* L. (Licinius) Crassus

vena cava (φλὲψ κοίλη) 105 26 106 11. venae 58 20 105 28 106 13 22

venatio 115 8

venerari, veneratio 19 12 30 1 33 15 45 26 77 21 25 81 1 138 29. *cf.* precari

ventriculi cordis (κοιλίαι τῆς καρδίας) 106 10

ventus: venti 87 17 89 21 103 14 111 32 *cf.* 40 13

Venus 72 19 (versus Terenti). unde dicta 76 24 77 1 143 4. Lubentina 72 30. Veneres IV 141 17. secunda 142 5. tertia 142 6. Coa 29 11. stella Veneris (Lucifer, Φωσφόρος, Ἕσπερος) 70 3 *cf.* 97 22

venustas 77 1

verba usu mollienda 38 1 86 25; *cf.* nomina

Vergiliae (Πληιάδες, sidus) 94 5

veritas 80 26. rerum futurarum sempiterna 17 15 22 13 123 8. veritatis similitudo (πιθανότης) 160 28

versutus 127 20

Vesta 15 27 154 8. i. e. Ἑστία 75 26

Victoria 72 27 *cf.* 142 15 19 157 26. Victoriolae aureae 155 23

Vincla (Δεσμοί. sidus) 95 9

vipera 146 20 ?

Virgo (Παρθένος, sidus) 92 22

viri vocantur 52 24

Virtus 72 21 80 30 157 21. virtus 20 6 38 15 43 20 47 23 63 27 ss 81 2 109 11 112 16 132 12 ss 135 28 142 14 18 157 3 ss

visio 41 19 42 30

visum (φαντασία) 27 21 22

visus insignis et inlustris (ἐναργὴς φαντασία) 6 11

vita 104 9. vitalis vis 58 26. calor 59 30 131 11. spiritus 96 20 vites 62 10 83 5 98 10 113 17

vocabula *v.* nomina

Volcanus 32 1 26 30 135 14 143 6. Volcani IV 140 1. primus 140 27. secundus 139 22. coniux Veneris tertiae 141 20. Alcamenis 32 24. Volcaniae insulae 140 7

volgus 18 6 40 3 66 9 132 28

Voluptas 72 30. voluptas 43 23 ss

vota 15 20 134 23 159 30 ss. nautarum 158 2

vox 109 16 110 21

Xenocrates Platonicus 14 25 28 13

Xenophanes poeta philosophus 12 13

Xenophon in iis quae a Socrate dicta rettulit 13 26 56 8 128 13

Xerses 45 10

Zeno Eleates 154 30

Zeno Epicureus 23 16 36 30 37 7

Zeno (sic septies, Zenon 27 21) Stoicus 15 12 16 3 15 27 19 21 57 7 13 71 7 17 73 22 119 19 124 27 126 9 10 14 127 28 128 19 143 11 153 2 *cf* 15 30 126 25 145 6

www.ingramcontent.com/pod-product-compliance
Lightning Source LLC
Chambersburg PA
CBHW030437300426
44112CB00009B/1051